国 家 精 品 课 程 配 套 用 教 材

国家示范性高等职业院校优质核心课程改革教材

公路工程 CAD 制图

编 著 阮志刚

主 审 陈华卫

人民交通出版社

内 容 提 要

本书以AutoCAD 2008中文版软件为平台，针对公路工程领域的制图内容，结合实例讲述了使用AutoCAD软件的基本操作以及使用AutoCAD完成公路工程图样的绘制、编辑修改、标注和打印输出的方法与技巧。

全书通过11个项目31个具体任务，介绍了AutoCAD 2008的基本操作，使用AutoCAD绘制一般公路工程图样及书写文字、填写表格和完成尺寸标注的方法，还介绍了包括三维实体建模、AutoCAD应用技巧和图形打印输出等相关知识。

本书使用了大量公路工程制图实例，并有针对性地设置了一些实训内容，具有较强的可读性和可操作性，适合各级职业技术院校道路桥梁工程技术专业及相关专业师生使用，亦可供相关工程技术人员学习参考。

图书在版编目（CIP）数据

公路工程CAD制图/阮志刚编著. --北京：人民交通出版社，2011.8

ISBN 978-7-114-09250-3

Ⅰ.①公… Ⅱ.①阮… Ⅲ.①道路工程—计算机辅助设计—AutoCAD软件 Ⅳ.①U412.6

中国版本图书馆CIP数据核字（2011）第132866号

国 家 精 品 课 程 配 套 用 教 材

书　　名：国家示范性高等职业院校优质核心课程改革教材

公路工程CAD制图

著 作 者：阮志刚

责任编辑：黎小东

出版发行：人民交通出版社股份有限公司

地　　址：（100011）北京市朝阳区安定门外外馆斜街3号

网　　址：http://www.ccpress.com.cn

销售电话：（010）59757973

总 经 销：人民交通出版社股份有限公司发行部

经　　销：各地新华书店

印　　刷：北京市密东印刷有限公司

开　　本：787×1092　1/16

印　　张：16.25

字　　数：395千

版　　次：2011年8月　第1版

印　　次：2018年1月　第8次印刷

书　　号：ISBN 978-7-114-09250-3

定　　价：40.00元

四川交通职业技术学院
优质核心课程改革教材编审委员会

序 Xu

为贯彻教育部、财政部《关于实施国家示范性高等职业院校建设计划,加快高等职业教育改革与发展的意见》(教高【2006】14 号)和《关于全面提高高等职业教育教学质量的若干意见》(教高【2006】16 号)精神,作为国家示范性高等职业院校建设单位,我院从 2007 年开始组织探索如何设计开发既能体现职业教育类型特点,又能满足高等教育层次需求的专业课程体系和教学方法。三年来,我们先后邀请了多名国内外职业教育专家,组织进行了现代职业技术教育理论系统学习和职业技术教育课程开发方法系统的培训;在课程开发专家团队指导下,按照"行业分析,典型工作任务,行动领域,学习领域"的开发思路,以职业分析为依据,以培养职业行动能力为核心,对传统的学科式专业课程进行解构和重构,形成了以学习领域课程结构为特征的专业核心课程体系;与企业专业技术人员共同组成课程开发团队,按照企业全程参与的建设模式、基于工作过程系统化的建设思路,完成了 10 个重点建设专业(4 个为中央财政支持的重点建设专业)核心课程的学材、电子资源、试题库、网络课程和生产问题资源库等内容的建设和完善,在课程建设方面取得了丰厚的成果。

对示范院校建设工程而言,重点专业建设是龙头;在专业建设项目中,课程建设是关键。职业教育的课程改革是一项长期艰苦的工作,它不是片面的课程内容的解构和重构,必须以人才培养模式创新为核心,实训条件的改善、实训项目的开发、教学方法的变革、双师结构教师团队的建设等一系列条件为支撑。三年来,我们以课程改革为抓手,力图实现全面的建设和提升;在推动课程改革中秉承"片面地借鉴,不如全面地学习",全面地学习和借鉴,认真地研究和实践;始终追求如何在课程建设方面做出中国特色,做出四川特色,做出交通特色。

历经 1 000 多个日日夜夜的辛劳,面对包含了我们教师团队心血,即将破茧的课程建设成果的陆续出版,感到几分欣慰;面对国际日益激烈的经济的竞争,面对我国交通现代化建设的巨大需求,感到肩上的压力倍增。路漫漫其修远兮,吾将上下而求索！希望更多的人来加入我们这个团结、奋进、开拓、进取的团队,取得更多更好的成果。

在这些教材的编写过程中,相关企业的专家给予了很多的支持与帮助,在此谨表示衷心的感谢!

四川交通职业技术学院院长

前　　言

随着计算机技术的迅速发展和公路测设新技术、新手段的不断涌现，特别是当前计算机硬件和软件系统已经达到了很高的水平，使公路设计工作逐渐向自动化、智能化方向发展，大大提高了公路工程设计效率。同时，计算机的普及也促进了AutoCAD在公路工程设计中的广泛应用，越来越多的人都认识到了AutoCAD在公路工程设计中的重要性和便捷性，AutoCAD也已成为道路与桥梁工程专业教学的一门重要课程。计算机绘图技术的发展要求道路与桥梁工程等土木类专业学生在学习完“道路工程制图”和相关专业课程的基础上，必须要学习并熟练掌握使用AutoCAD绘图的相关知识和操作技能，以适应当今土木工程设计的需要。

AutoCAD是美国Autodesk公司开发的一种通用计算机辅助设计软件，它在世界上拥有广泛的用户群，在工程技术辅助设计领域有着极高的市场占有率，因其具有良好的二次开发功能而且简单易学，目前，国内外有大量的公路工程设计软件依赖于AutoCAD这个软件平台开发和应用。自1982年AutoCAD的第一个版本AutoCAD1.0版推出至今，Autodesk公司不断对其进行改进，已先后发布了20多个版本。本书基于AutoCAD 2008版本，针对公路工程制图的特点，精选了大量典型实例，全面系统地介绍了如何使用AutoCAD完成公路工程图样的绘制、编辑、标注、打印等工作。

公路工程制图与其他工程制图相比，有很多特殊的线型、构造、图例和标注等。本书针对公路工程制图的这些特征，选用了大量公路工程的典型图例来进行介绍，并尽可能将命令的讲解融入典型图例的绘制过程中。通过任务驱动的方式，结合公路设计中的平面图、纵断面图、结构图、钢筋构造图等，介绍了使用AutoCAD完成公路工程制图的步骤和要点、可能出现的问题与解决方法等。对于常用的AutoCAD命令，本书均从其调用方式、功能和操作要点几个方面进行详细介绍，并在每一个项目学习完成后都设置了有针对性并且与公路工程联系紧密的实训内容，可以有效地帮助读者巩固所学内容。

全书共分为认识工作界面和学习基本操作、绘制点、直线及直线几何图形、绘制曲线平面图形、填充图案、绘制具有重复特征的平面图形、编辑修改平面图形、书写方字和表格、尺寸标注、创建三维实体、AutoCAD应用技巧、打印输出图纸等11个项目学习，通过设置31个学习任务帮助读者认识和学习AutoCAD软件的操作。全书由四川交通职业技术学院阮志刚编写完成。

在本书编写过程中得到了四川交通职业技术学院李全文、杨平、盛湧、陈华卫、李力、申莉、李刚等老师的大力支持，在此表示感谢。限于作者的水平和经验，书中难免有不当之处，恳请各位读者予以批评指正。

编　者

2011年6月

目　　录

项目一　认识工作界面和学习基本操作

熟悉 AutoCAD 2008 的工作界面，认识 AtutCAD 2008 工作界面中每一部分的功能是学习使用 AutoCAD 的第一步，在此基础上，学会如何与软件进行对话，即如何向软件下达指令以及产生问题后如何进行处理，这将为后面的学习奠定基础。

学习目标：

认识并熟悉 AutoCAD 2008 的工作界面。
掌握创建新图形文件和保存图形文件的方法。
掌握在 AutoCAD 2008 中调用命令的方法。
学会设置图层、线型、线宽和颜色的方法。
掌握视图缩放及平移的方法。

任务一　布置工作界面

AutoCAD 2008 的工作界面主要由标题栏、菜单栏、工具栏、绘图窗口、选项卡控制栏、命令提示窗口、状态栏、面板等组成，其中，在绘图窗口中还包含十字光标、坐标系统图标等辅助工具。在默认设置下，启动 AutoCAD 2008 后显示的工具选项板如图 1-1 所示。

一、AutoCAD 2008 工作界面各部分功能简介

1. 标题栏

标题栏位于工作界面的最上方，其左端显示软件的图标、名称、版本以及当前图形的文件名称，右端的按钮用于控制整个工作界面的最小化、最大化或者关闭 AutoCAD 2008 的工作界面。标题栏的组成元素如图 1-2 所示。

2. 菜单栏

菜单栏位于标题栏的下方，包括“文件”、“编辑”、“视图”、“插入”、“格式”、“工具”、“绘图”、“标注”、“修改”、“窗口”和“帮助”等 11 个主菜单选项。单击任意主菜单项，屏幕会弹出其下拉菜单。通过下拉菜单可以执行 AutoCAD 2008 绝大部分命令。下拉菜单所包含的菜单选项功能和作用如图 1-3 所示。与以前版本相比，AutoCAD 2008 的菜单栏右侧新增加了一个搜索栏，用于获取实时帮助。

3. 工具栏

工具栏提供了调用 AutoCAD 2008 命令的快捷方式。单击工具栏上的命令图标按钮即可调用相关命令。将光标移动到工具栏图标上停留片刻，图标旁边会出现相应的命令提示，同

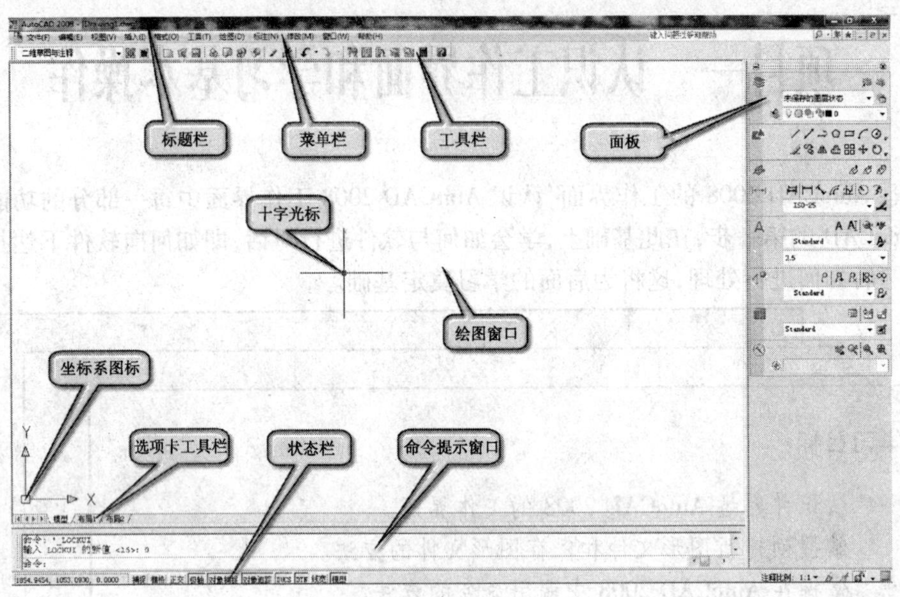

图 1-1　AutoCAD 2008 的初始工作界面

图 1-2　标题栏的组成元素

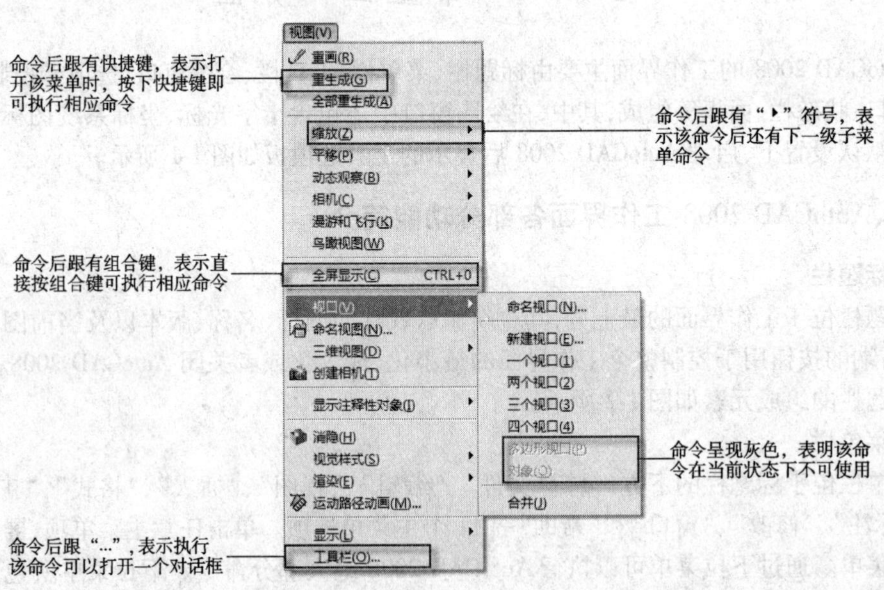

图 1-3　下拉菜单的选项功能和作用(以"视图"菜单为例)

时，在工作界面的底部将显示该命令的功能介绍。

AutoCAD 2008 提供了 20 多个分类详细的工具栏，默认状态下，其工作界面只显示了"标准注释"和"工作空间"2 个工具栏，如图 1-4 所示，其余工具栏可以根据需要调用。

图 1-4 “工作空间”和“标准注释”工具栏

特别提示：

用户有时可能由于误操作而关闭了 AutoCAD 2008 工作界面上的主菜单和工具栏，如需要恢复原来的状态，只需在命令窗口中键入“MENU”命令，然后在弹出的对话框中选择“acad. mnc”并打开，即可恢复显示。

4. 绘图窗口

绘图窗口是创建和编辑图形对象的重要区域，也是整个工作界面中占据范围最大的区域，它类似于手工绘图时所使用的图纸。在系统默认状态下，绘图窗口的背景颜色显示为黑色，但这并不是固定的，用户可以自行对其进行设置。绘图窗口中还包括十字光标和坐标系图标等元素。

鼠标箭头在绘图窗口中以十字光标的形式出现，十字光标会随着鼠标的移动而移动，并且会因为位置的不同或当前操作的步骤不同而呈现不同形状。十字光标的大小可以自行设置，在系统默认状态下，十字光标的大小为屏幕大小的 5%。

绘图窗口的左下角是坐标系图标，它主要用来显示当前使用的坐标系及坐标的方向。在不同的视图下，坐标系图标所指的方向也有所不同。坐标系图标可以通过 UCSICON 命令来控制其大小、颜色、形式、位置以及是否显示等。

5. 选项卡控制栏

AutoCAD 2008 中为用户提供了“模型”和“布局”两种图纸空间，其中“模型”空间可以用于建立三维坐标系的绘图空间，用户的绝大多数设计工作均在此进行。而“布局”空间主要用于对图形最后输出的效果进行打印设置，它只能完成二维操作，因此又称为“图纸空间”。通过单击选项卡控制栏中的选项卡标签，可以方便地实现在模型空间与布局空间之间的切换，如图 1-5 所示。

模型 / 布局1 / 布局2

图 1-5 “模型”和“布局”选项卡

6. 命令窗口

命令窗口位于绘图窗口的下方，主要用来接受用户输入的命令、参数和显示 AutoCAD 2008 系统的提示信息。默认情况下，命令窗口只显示最后三行所执行的命令或提示信息。若想查看以前输入的命令或提示信息，可以将鼠标移动至命令窗口的上边缘，当鼠标的形状变成“$\doteqdot$”时，按住鼠标左键并上下拖动，可以将命令窗口放大或缩小。

命令窗口中位于最下面的一行称为命令提示行。执行某一命令的过程中，AutoCAD 2008 会在此行给出提示信息，以提示用户当前应进行的操作，用户向 AutoCAD 输入参数、坐标等工作也主要是在这里进行。当命令行上只有“命令：”提示时，可通过键盘输入新的命令。

特别提示：

在命令提示行中输入文本内容后，可以按下【F2】键，此时屏幕上会弹出“AutoCAD 文本窗口”对话框，该对话框可以最大化地显示命令提示行中执行过的命令。该窗口具有与命令提示行一样的功能，也可以在其中输入需要执行的命令。

7. 状态栏

状态栏位于绘图窗口的下边，包括坐标显示栏和状态设置栏两部分，主要用来显示当前的绘图状态。其中坐标显示栏用于实时显示当前十字光标所在的位置（坐标）。在坐标显示栏上单击鼠标左键可以打开或关闭坐标的实时显示。状态设置栏用于控制绘图时是否打开栅格捕捉、栅格显示、正交、极轴、对象捕捉等功能以及是否打开动态输入选项等。状态栏的右侧还提供了一些辅助功能按钮，用于设置状态栏辅助工具按钮的显示状态和图形对象的注释比例等。状态栏各组成元素如图 1-6 所示。

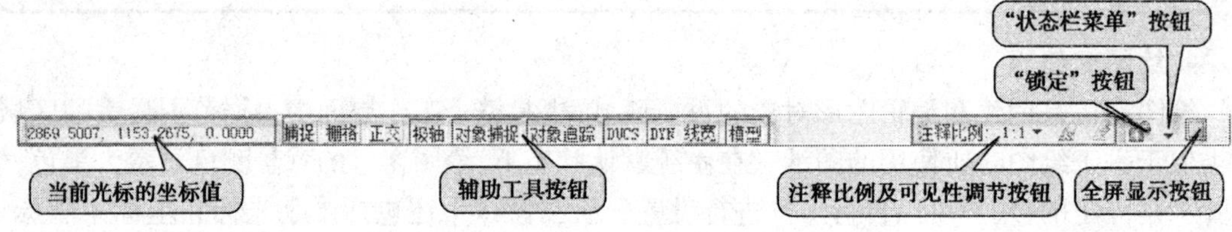

图 1-6 状态栏的组成要素

8. 面板

面板是 AutoCAD 2008 提供的一种特殊的选项板，也是 AutoCAD 2008 的主要命令调用区域，它包含了 16 个控制台，可以更加方便地完成创建和编辑图形对象、访问图层、调整注视比例、书写文字、标注尺寸、修改对象属性以及块属性等多种操作，大大提高了工作效率。如果需要调用或隐藏面板中的控制台，可以在面板上单击鼠标右键，然后通过快捷菜单来选择是否显示或隐藏各个控制台，如图 1-7 所示。

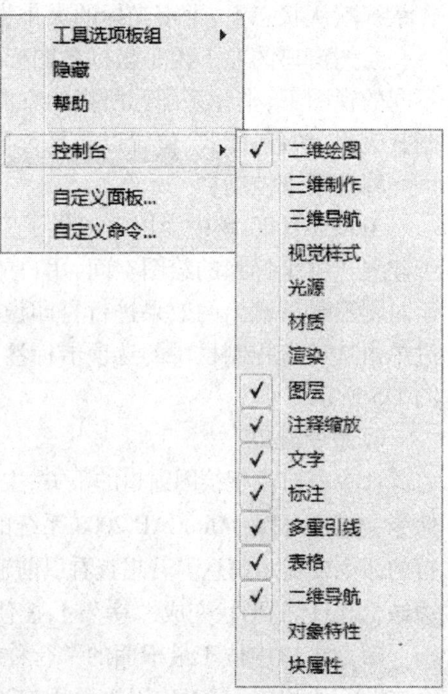

图 1-7 “面板”选项快捷菜单

二、设置绘图窗口颜色和十字光标

AutoCAD 2008 系统默认的绘图窗口颜色为黑色，十字光标的大小为屏幕大小的 5%，实际使用过程中，用户可以根据自己的习惯对绘图窗口的颜色和十字光标的大小进行设置。

【操作步骤】

(1) 使用鼠标选择菜单命令【工具】→【选项】或在绘图窗口单击鼠标右键，打开快捷菜单，选择“选项(O)…”，打开“选项”对话框，如图 1-8 所示。

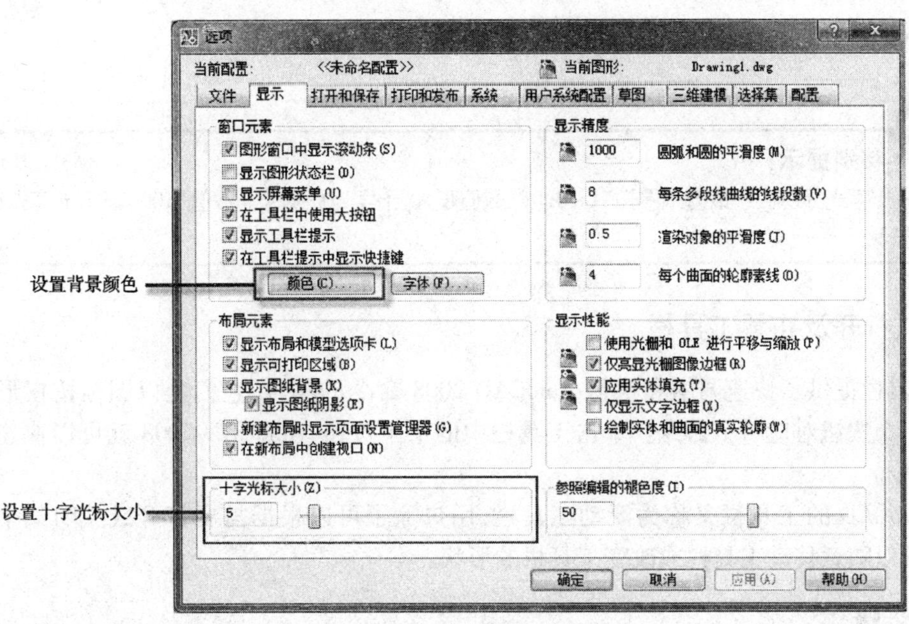

图 1-8 “选项”对话框

(2)单击按钮 颜色(C)... 按钮,打开“图形窗口颜色”对话框,如图 1-9 所示。在“颜色”下拉列表框中选择自己习惯的颜色,选择完成后单击 应用并关闭(A) 按钮,返回“选项”对话框。

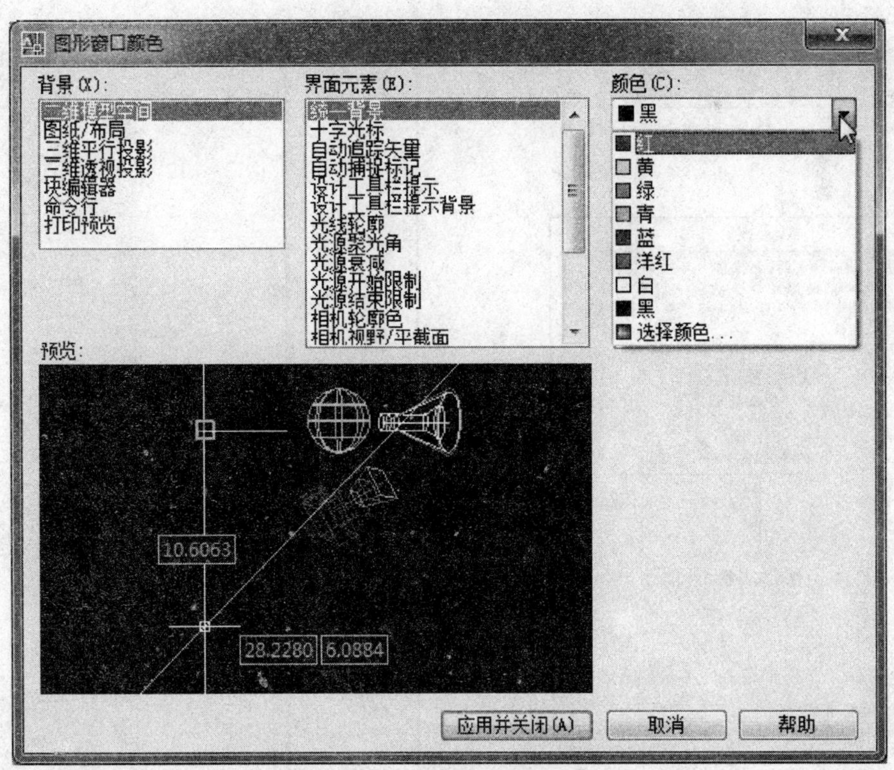

图 1-9 “图形窗口颜色”对话框

(3)在“十字光标大小”设置区(如图 1-8 所示)的文本框中输入数字,或直接拖动文本框右侧的滑块到适合位置，单击 确定 按钮，保存设置并关闭对话框。

特别提示：

十字光标的大小取值范围为“1～100”，数值越大，十字光标越大。数值“100”表示十字光标全屏幕显示。

三、打开及布置工具栏

工具栏提供了快速调用和执行 AutoCAD 2008 命令的集合，它们是以图标按钮形式存在的，每一个按钮对应一个命令。单击工具栏中的某个按钮，AutoCAD 2008 就可以快速执行相应的命令。

AutoCAD 的工具栏又称为浮动工具栏，用户除了可以根据需要打开或关闭某个工具栏外，还可以随意移动工具栏或改变工具栏的形状。

【操作步骤】

（1）将鼠标光标移动到任意一个工具栏上，单击鼠标右键，弹出快捷菜单，如图 1-10 所示。该菜单列出了 AutoCAD 2008 种所提供的全部工具栏的名称。如果名称前面带有“√”标记，则表明该工具栏已经打开。使用鼠标单击快捷菜单中的某一个选项，就可以打开或关闭相应的工具栏。

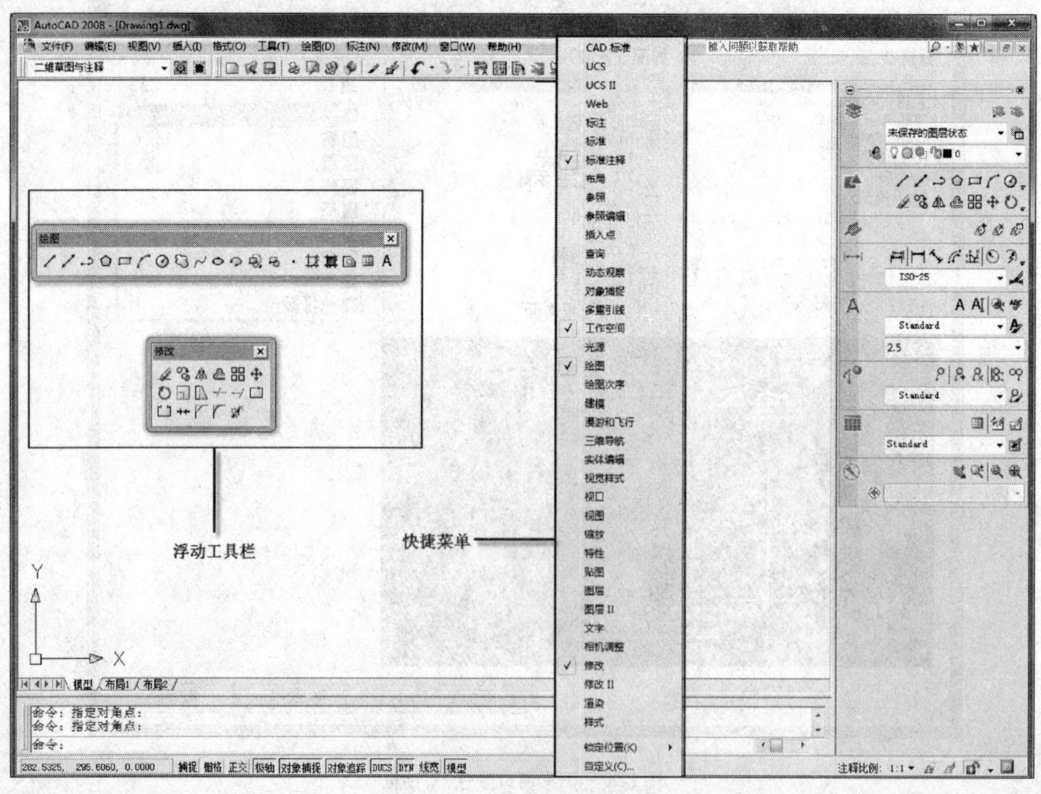

图 1-10　浮动工具栏与快捷菜单

(2)将鼠标光标移动至工具栏边缘或双线处，如图 1-11 所示，按住鼠标左键并拖动，工具栏就随着鼠标移动；将鼠标光标移至拖出的工具栏边缘，光标变成双向箭头，如图 1-12 所示，按住鼠标左键并拖动鼠标，工具栏的形状会发生相应变化。

四、切换工作空间

工作空间是 AutoCAD 为用户提供的经过分组和组织的菜单、工具栏、选项板和面板的集合。AutoCAD 2008 为工作空间的使用和管理提供了多种方式。当用户需要处理不同任务时，可以在 AutoCAD 2008 所提供的“二维草图与注释”、“三维建模”和“AutoCAD 经典”三种工作空间中切换，也可以依据自己的使用习惯将自己所熟悉的自定义工作界面保存为自定义工作空间，便于调用，不用时也可以将其删除。

【操作步骤】

方法一　使用鼠标选择菜单命令【工具】→【工作空间】，在【工作空间】子菜单中选择要切换的工作空间，或自定义工作空间，如图 1-13 所示。

图 1-11　工具栏边缘双线处

图 1-12　双向箭头

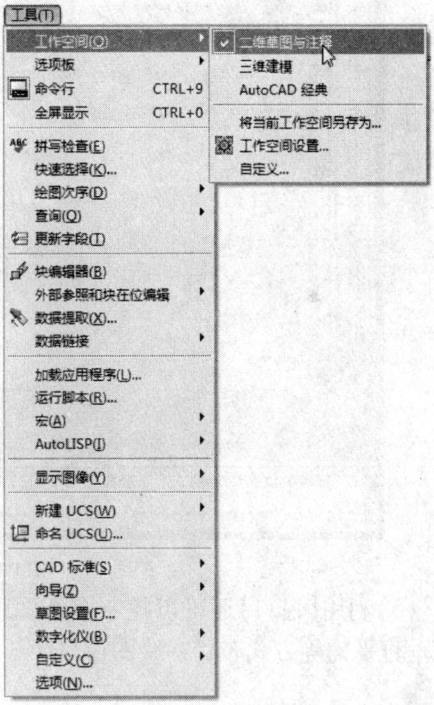

图 1-13　菜单方式切换工作空间

方法二　使用鼠标单击“工作空间”工具栏窗口右侧的“▾”按钮，展开下拉列表，在其中选择要切换的工作空间，或单击“自定义”选项，打开“用户自定义界面”对话框，完成工作空间的自定义设置，如图 1-14 所示。

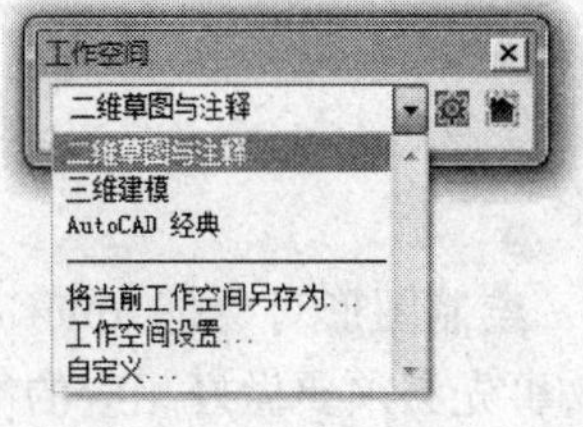

图 1-14　工具栏方式切换工作空间

五、多文档设计环境

AutoCAD 从 2000 版开始就支持多文档环境。在此环境下，用户可以同时打开多个图形文件。多文档设计环境具有 Windows 的剪切、复制及粘贴等功能，用户可以快捷的在各个图形文件中复制及移动文件。此外，还可以直接选择图形对象，然后按住鼠标左键将其拖放到其他图形文件中使用。

如果考虑到复制对象需要在其他图形文件中准确定位，可以事先指定复制对象的基准点，这样在执行粘贴操作时就可以根据基准点将图形对象准确复制到指定位置。

【操作步骤】

(1)在已经打开的多个文件窗口中使用鼠标单击任意一个窗口，可以激活该文件，并将其置于最上层，然后可以在该图形文件中完成绘图和编辑修改等工作。

(2)使用鼠标选择【窗口】菜单，在各文件之间进行切换，如图 1-15 所示。该菜单下部列出了所有已经打开的图形文件名称，文件名前带“√”标记的文件就是当前正在使用的文件。如果想激活其他文件，只需要用鼠标单击选择即可。

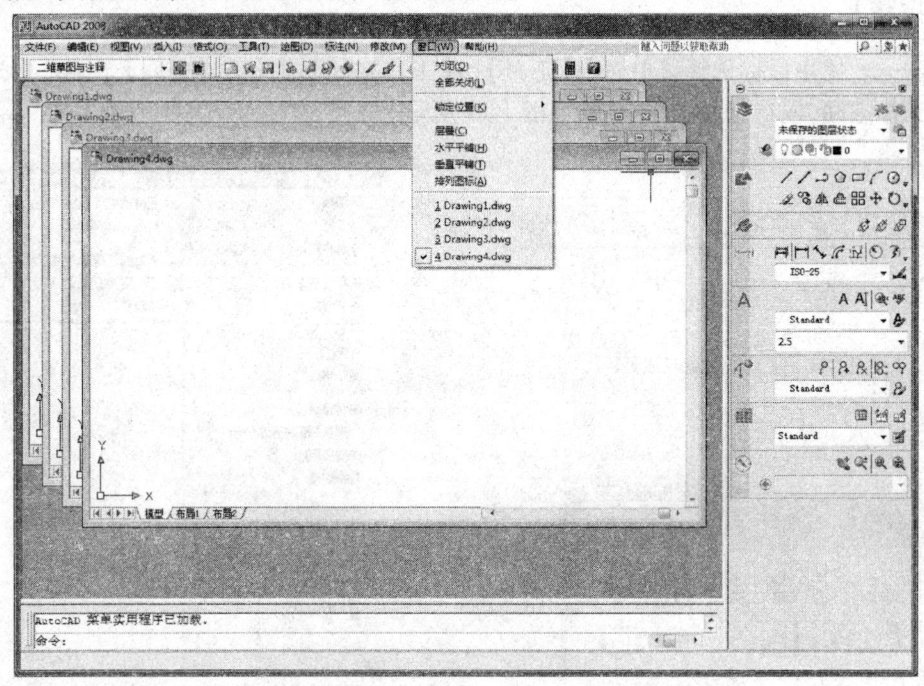

图 1-15　多文档设计环境

(3)利用【窗口】还可以控制多个图形文件的显示方式，例如可以将文件以层叠、水平平铺、垂直平铺等方式布置在绘图窗口中。

特别提示：

连续按下【Ctrl】+【F6】键，可以依次在所有打开的图形文件中进行切换。

任务二　绘制简单平面图形

绘制图形对象是 AutoCAD 的最基本的功能，但要想快速、准确地完成图形对象的绘制工作，事先必须要做好相应的准备工作。本任务就是通过完成一组简单图形的绘制工作来介绍 AutoCAD 2008 绘制图形的基本过程和常用的操作方法。

一、AutoCAD 2008 中执行命令的方式

在绘图之前,首先应该掌握在 AutoCAD 2008 中调用命令的方式,因为大多数图形对象的创建和编辑工作都需要用户向 AutoCAD 2008 发出指令后才能执行。在绘图过程中,灵活使用各种命令调用方式,可以有效地提高绘图效率。

1. 使用工具栏图标按钮绘图

AutoCAD 2008 的工具栏提供了绝大多数的命令,使用工具栏图标按钮绘图是最常用、最方便的命令执行方式。其方法是使用鼠标单击所需执行命令的工具栏图标按钮,此时,在命令提示行中将显示相应的命令及提示,然后根据命令提示行提示即可完成相关操作。如果需要查找某个工具栏按钮图标所代表的命令,只需要将鼠标光标移动至该按钮上停留几秒钟,就会出现该按钮图标的相关信息,如图 1-16 所示。

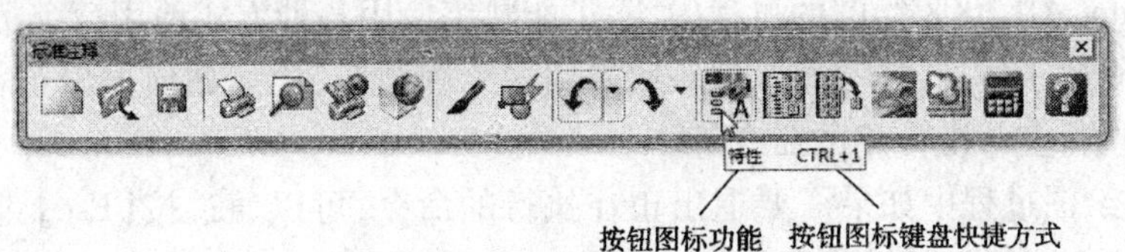

图 1-16 工具栏图标按钮绘图

2. 使用菜单命令绘图

如果在工具栏中找不到命令对应的图标按钮,可以使用菜单命令来完成执行命令的工作。AutoCAD 2008 为用户提供了 11 个菜单选项,每个都由不同的命令组成,并且这些命令又都具有某些共性,所以操作起来比较方便和直观。例如,在“绘图”菜单中集中了可用以执行绘制各种基本图形对象的名令,包括“直线”、“射线”、“圆”、“正多边形”等,而在“修改”菜单中,则集中了用于对图形对象进行编辑修改的名令,包括“删除”、“复制”、“镜像”、“移动”、“旋转”等。

3. 使用命令绘图

通过在命令提示行输入命令的方式绘图是 AutoCAD 中使用频率较高的一种绘图方式。AutoCAD 2006 版以后,引入了动态命令输入的方式,其实质与在命令提示行中进行的工作是一样的。当需要图形对象的绘制或对图形对象编辑修改时,只需要在命令提示行或动态输入窗口输入该项工作对应的命令,然后按下【Enter】键或空格键进行确认,再根据命令提示行的提示进行相应的操作就可以完成绘图或编辑修改任务。

使用命令绘图的前提条件是熟悉各项工作的命令形式,比如 LINE 是绘制直线的命令,TRIM 是修剪图形对象的命令等。在命令提示行中输入命令时,还需要注意以下几点:

- 中括号中的选项:在命令提示行中输入命令并确认后,很多时候会出现用中括号“[]”注释的内容,其中有一个或多个用“/”分隔开的选项,这些选项大多是执行命令时选用的不同参数或命令执行方式,若要选择某个选项,只需要输入选项后“()”内的字母,并按【Enter】键或空格键确认就可以了。

- 尖括号中的数值:在执行某些命令时,会遇到命令提示行后面有一个尖括号“< >”,其中的数值表示执行该命令的当前值,此时如果按下【Enter】键或空格键表示直接使用当前值,如果需要重新赋值,只需要在尖括号后输入新的数值,再按【Enter】键或空格键确认就可

以了。

• 命令的简化输入法：在 AutoCAD 中，为了方便用户记忆命令和提高工作效率，大部分的命令都有其缩写形式，如绘制直线命令 LINE 可以直接输入字母“L”来替代，绘制正多边形命令 POLYGON 可以用命令缩写“POL”来代替。

特别提示：
AutoCAD 中的输入命令和选择选项时，可以不区分英文字母的大小写。

【知识链接】

在使用 AutoCAD 2008 绘图的过程中，除了能熟练使用各种方式地用命令帮助用户完成各种绘图或编辑修改工作外，还需要掌握一些常用的绘图技巧，比如如何退出正在执行的命令，如何快速重复执行上一次使用的命令等。

• 用户在绘图过程中如果需要退出正在执行的命令，可以通过按【Esc】键、【Enter】键或空格键来实现，其中【Enter】键或空格键主要用于正常结束命令，命令执行的结果将被保存下来，而【Esc】键则用于取消当前正在进行的操作。

• 在绘图过程中，某一些命令可能会多次使用到，如果需要重复执行前一次操作的命令，可以在命令提示行显示“命令：”状态下直接按【Enter】键或空格键，系统将自动执行前一次操作的命令；如果需要选择前面已经执行过的某一命令，可以连续按【↑】键，此时命令提示行中将依次显示前面已经执行过的命令或参数，当出现需要执行的某一命令时，按【Enter】键或空格键即可。

• 若要取消前一次或前几次所执行的操作，可以单击“标准”或“标准注释”工具栏中的按钮，依次取消前面所执行的操作，直到最后一次保存图形时为止。也可以紧接前一次操作在命令提示行中执行 UNDO 命令，取消前一次或前几次操作执行的结果。

• 若要取消前一次或前几次已撤销的操作，可以在执行了 UNDO 命令后，紧接着执行 REDO 命令来恢复已撤销的前一步操作，也可以在“标准”或“标准注释”工具栏中单击按钮。

二、启动 AutoCAD 2008

启动 AutoCAD 2008 的方法很多，常用的启动方法有以下 3 种。

方法 1：在 Windows 操作系统桌面上使用鼠标双击 AutoCAD 2008 的快捷方式图标。

方法 2：单击 Windows 操作系统桌面左下角的“开始”按钮，在开始菜单中依次选择“程序”→“Autodesk”→“AutoCAD 2008-Simplified Chinese”→“AutoCAD 2008”，调用 AutoCAD 2008。

方法 3：使用鼠标左键任意一个 AutoCAD 图形文件（*.dwg 文件），可以在启动 AutoCAD 2008 的同时打开该图形文件。

三、利用样板创建新的图形文件

启动 AutoCAD 2008 后，将直接进入一个默认文件名为 Drawing1.dwg 的图形文件，用户可以在该图形文件中完成各项图形对象的创建、编辑、修改和保存工作。但在具体的设计工作中，为了使图纸风格、样式统一，许多项目都需要设置统一的标准，如字体样式、标注样式、图层、标题栏等。为了免去每次绘图都需要重复设置上述一系列标准的麻烦，最有效的方法就是使用样板文件。在样板文件中已经保存了各种标准设置，这样一来，每当建立一个新的图形文件时，就可以以此样板文件为原型，将它的设置直接应用到新的图形文件中，使新图形文件具有与样板相同的绘图环境。用户可以使用 AutoCAD 2008 提供的样板文件，也可以自定义样板后保存为样板文件。

【操作步骤】

(1) 启动 AutoCAD 2008，进入工作界面。

(2) 使用鼠标选择菜单命令【文件】→【新建】，打开“选择样板”对话框，如图 1-17 所示。

图 1-17 “选择样板”对话框

(3) 在对话框中选择所需要的用于创建新图形的样板文件，单击 打开(O) 按钮，进入相应的样板，开始绘制新图形。AutoCAD 2008 系统默认的样板文件是“acadiso. dwt”

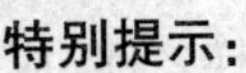

特别提示：

单击“标准”或“标准注释”工具栏上的“□”按钮，或者在命令提示行中输入“NEW”命令，也可以打开“选择样板”对话框。

四、设定绘图区域的大小

AutoCAD 2008 所能提供的绘图空间是无限大的，但允许用户自行设定在绘图窗口中显示的绘图区的大小。为了使用户充分了解图形分布的范围和布局情况，绘图前，应先对绘图区域的大小进行设定。绘图区域设定完成后并不意味着用户只能使用或观察设定的区域，在绘图过程中,可以随时根据需要缩放图形,以控制其在屏幕上的显示效果。

【操作步骤】

(1)用鼠标选择菜单命令【格式】→【图形界限】,或者在命令提示行输入命令 LIMITS 后回车,AutoCAD 2008 提示:

```
命令:LIMITS                                    ←输入设置绘图界限命令,按【Enter】键
重新设置模型空间界限:
指定左下角点或[开(ON)/关(OFF)]<0.0000,0.0000>:
                                               ←输入绘图界限的左下角坐标或选择参数
指定右上角点<12.0000,9.0000>:                  ←输入绘图界限的右上角坐标,此处输入“420,297”是
                                                 设置了一个 A3 图幅大小的绘图区域,输入完成后按
                                                 【Enter】键完成设置
```

(2)使用鼠标选择菜单命令【视图】→【缩放】→【全部】,或者单击标准工具栏上的按钮,或是在命令提示行输入命令 ZOOM(命令缩写 Z)后回车,根据提示再输入“A”,选择“全部”命令选项,可以将所设置的绘图区域以最大的方式显示在绘图窗口中。

【知识链接】

- 绘图界限命令 LIMITS 除了可以设置绘图区域的大小外,还可以通过选项开关控制是否允许图形绘制超出所设置的绘图区域。在“指定左下角点或[开(ON)/关(OFF)]<0.0000,0.0000>:”提示下如果选择“ON”,则不允许直接在绘图区域以外创建新的图形对象,但可以将图形对象复制或移动到绘图区域之外;如果选择“OFF”,则图形对象的创建位置不受绘图区域的限制。
- LIMITS 命令还可以改变栅格显示的长宽尺寸及位置。栅格是 AutoCAD 所提供的辅助绘图的点阵,可以通过状态栏中的栅格按钮打开或关闭。这些点阵在矩形区域中按行、列形似排列,当栅格在绘图窗口中显示后,用户就可以根据栅格分布的范围估算出当前绘图区域的大小。

五、设置绘图单位

对于任何图形而言,都有其绘制时所使用的单位、精度和数值表示方式。在使用 AutoCAD 绘图时,屏幕上显示的长度只是屏幕单位,但屏幕单位应该对应一个真实的单位。不同的单位其显示格式可能是不同的。针对这些问题,在使用 AutoCAD 绘制工程图样之前,应该设定绘图单位并选择长度值、角度值得表示方式(类型)、精度和方向等。

【操作步骤】

(1)使用鼠标选择菜单命令【格式】→【单位】,或者在命令提示行输入命令 UNITS(命令缩写 UN)后回车,打开“图形单位”对话框,如图 1-18 所示。

(2)使用鼠标单击“长度”设置区的“▼”按钮,分别展开“类型”和“精度”下拉列表,将长度类型设置为“小数”,将精度设置为“0.000”;单击“角度”设置区的“▼”按钮分别展开“类

型”和“精度”下拉列表，将角度类型设置为“度/分/秒”，将精度设置为“0d00′00″”。

（3）单击 确定 按钮，将设置的单位格式保存后退出“图形单位”对话框。

【知识链接】

● “角度”选项区中的“顺时针”选项用于控制角度方向的正负。AutoCAD 默认角度方向沿逆时针方向为正，如果勾选“顺时针”选项，则设置角度方向沿顺时针方向为正，通常不选择该选项。

● “插入比例”选项区用于控制从 AutoCAD 设计中心插入一个块时，其单位如何换算。单位可以通过下拉菜单选择。

● “输出样例”选项区用于预览完成单位设置后的长度和角度单位格式。

● 使用鼠标单击 方向(D)... 按钮后，则打开图 1-19 所示“方向控制”对话框。该对话框用于设定基准角度方向。设计者可以 根据实际需要通过单选项将北、西、南等方向设置为正方向。例如，在测量坐标系中，通常是以正北方向为 0°方向，在直接使用测量坐标数据绘图时，就可以先将 0°方向设置为“北”。如果要设定除东、南、西、北以外的其他方向为正方向，可以选择“其他”选项，并在激活的文本框中输入角度值。AutoCAD 默认 0°方向为正东方向。

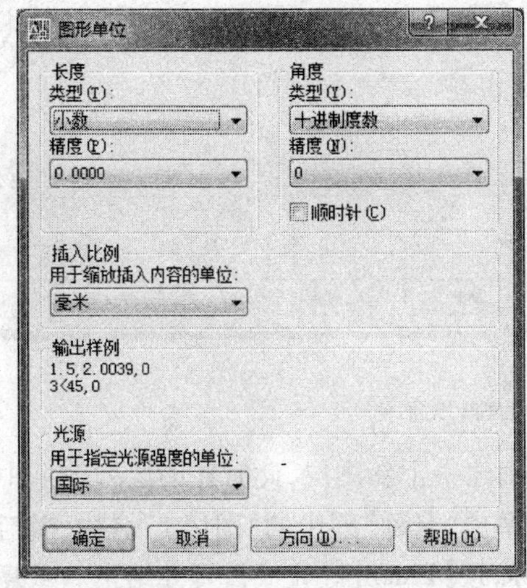

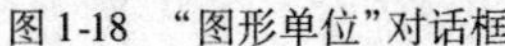
图 1-18 “图形单位”对话框

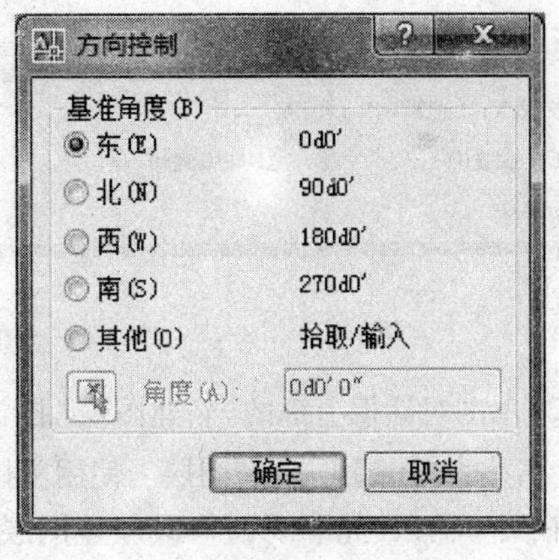

图 1-19 “方向控制”对话框

六、设置图层、线型、线宽和颜色

分层绘图和分层管理是 AutoCAD 绘图的一个重要思想。在 AutoCAD 中，图形对象是绘制在被称为图层的某一层面上的，一个图层就像一张透明的图纸，用户可以在不同的图纸上绘制不同的图形对象，然后将这些透明图纸叠加起来，得到最终的图形，也可以去掉其中一些透明图纸，组成另外一幅图形。

在 AutoCAD 中，把正在使用的图层称为当前层。AutoCAD 的默认当前图层为“0”层，其余图层由用户使用图层命令创建。绘图前可以根据需要建立若干个图层，并为每一个图层设置不同的名称、线型和颜色等属性以示区别。当在某一图层上绘图时，生成图形对象的颜色、线型、线宽等属性就与其所在图层的设置完全一致。图形对象的颜色有助于辨识图样中相似的实体,而线型、线宽等特性有助于表达不同类型的图形对象,熟练地应用图层可以大大提高绘图效率和图形的清晰度。

【操作步骤】

(1)打开“图层”工具栏,单击按钮,打开图1-20所示的“图形单位”对话框。列表框中显示图层名称为“0”,状态为“√”,表明该图层是当前图层。

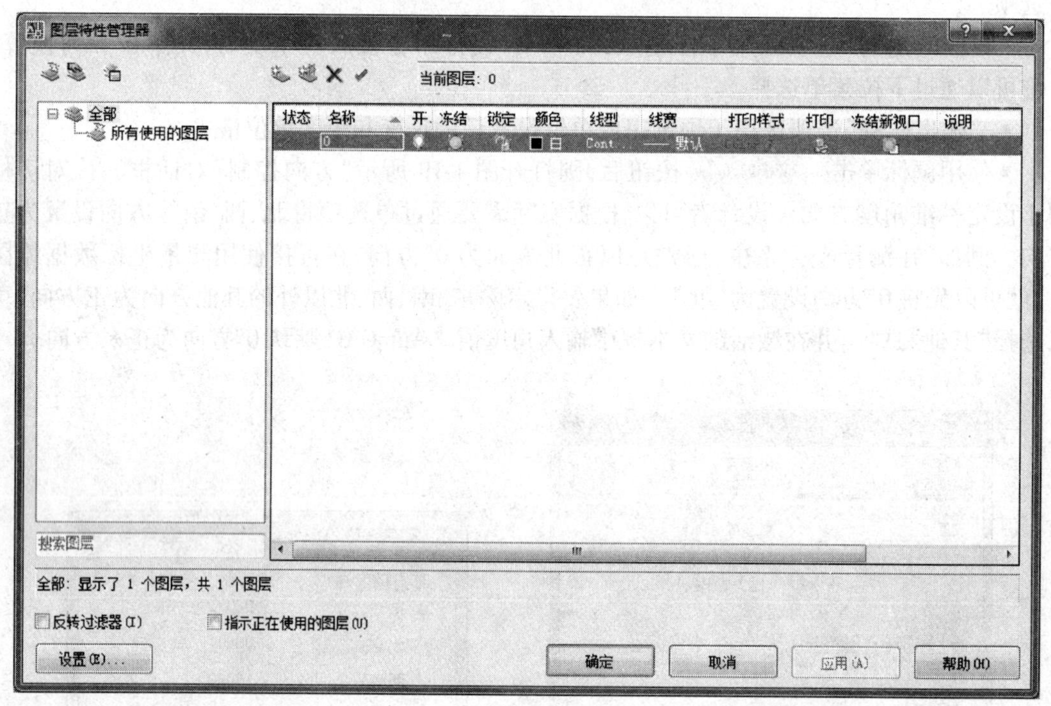

图1-20 “图层特性管理器”对话框

(2)单击对话框上部的“新建图层”按钮,创建一个新图层,此时在图层列表框中会添加一个名称为“图层1”的新图层。使用鼠标左键单击“名称”列中的“图层1”名称,激活文本框,并在其中输入“轮廓线”,修改新建图层的名称,按【Enter】键完成设置并结束。重复以上工作,分别创建名称为“点划线”和“虚线”的两个图层。

特别提示:

在“图层特性管理器”对话框的列表框中先选择某个已有图层,再单击按钮或按下【Enter】键,则新建图层将会与被选中的图层具有相同的颜色、线型和线宽等特性。

(3)在“图层特性管理器”对话框的列表栏中选中某个图层,单击图层特性列表中“颜色”列的“■白”图标,打开“选择颜色”对话框,如图1-21所示。通过此对话框可以选择所需的颜色。本例中,将“轮廓线”层设置为白色,“点划线”层设置为红色,“虚线”层设置为蓝色。

图 1-21 “选择颜色”对话框

特别提示：

AutoCAD 的颜色选项卡中没有白色，当工作区的背景颜色设置为黑色时，选择黑色色块，系统会自动将其设置为白色。

(4)图层特性列表中的“线型”列中显示了与图层相关联的线型。在默认情况下，图层的线型是“Continuous”，即“实线”。单击线型名称，可以打开“选择线型”对话框，如图 1-22 所示。单击 加载(L)... 按钮，打开“加载或重载线型”对话框，如图 1-23 所示。该对话框列出了 AutoCAD 2008 所能提供的所有线型，用户可以在其中选择所要使用的一种或多种线型，再单击 确定 按钮，选择的线型就被加载到系统中。本例中的线型设置：轮廓线层为 Continuous，点划线层为 ACAD_ISO04W100，虚线层为 ACAD_ISO02W100。

(5)单击图层列表中“线宽”列中的“—— 默认”项，可以打开图 1-24 所示“线宽”对话框。此对话框中，用户可以设置线宽。本例中，“轮廓线”层的线宽为 0.6mm，“点划线”层的宽为 0.3mm，“虚线”层采用默认线宽。

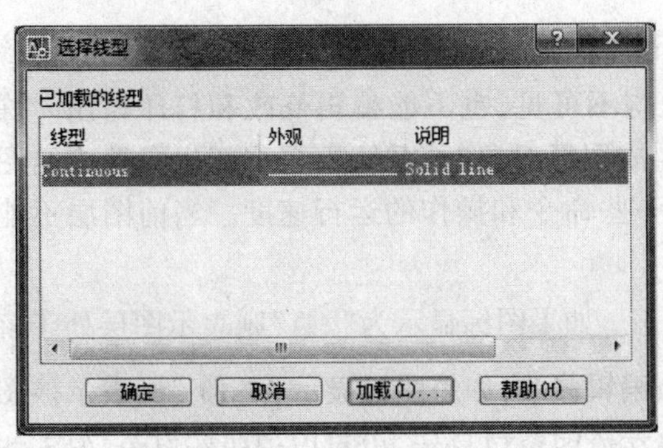

图 1-22 “选择线型”对话框

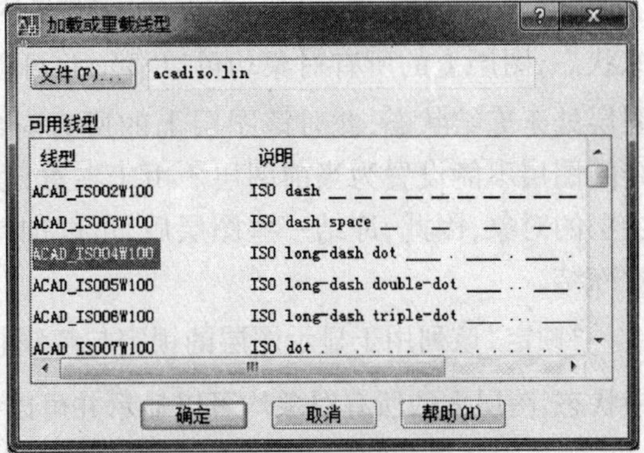

图 1-23 “加载或重载线型”对话框

特别提示：

线宽设置完成后，如果需要观察绘制图线的实际宽度，需要打开状态栏中的线宽按钮，否则所有对象都是按照默认线宽显示。

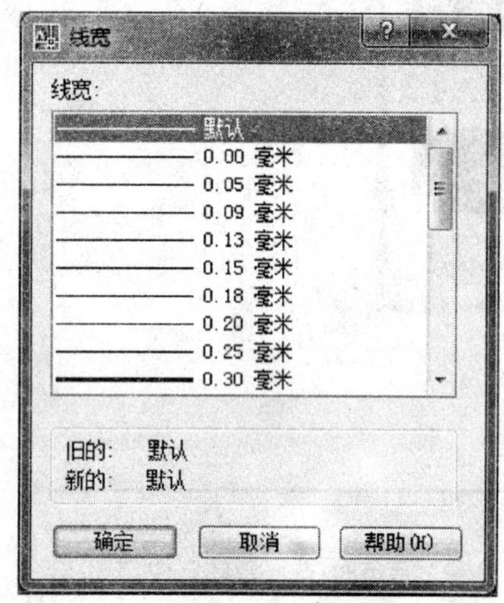

图 1-24 "线宽"对话框

【知识链接】

● "图层特性管理器"对话框中各选项按钮的功能如下：

单击" "按钮可以新建一个图层，图层的各项设置可以在右侧的图层状态窗口中完成。

单击"×"按钮可以将选中的图层删除。"0层"、"当前图层"和已经使用的图层不能被删除。对图层的删除操作需要在单击应用(A)按钮后才能执行。

单击"✓"按钮可以将选中的图层设置为当前图层。

● 图层特性的设置工作均在图层列表中完成，各列的设置和显示情况如下：

"状态"列显示图层的当前的工作状态，如果显示为" "图标，表示该图层并非当前正在使用的图层；如果显示为"✓"则表示该图层为当前图层。

"名称"列显示图层的名称。在选中的图层名称上单击鼠标左键可以激活文本窗口以修改图层名称。

"开关"列用于显示图层的开关状态。如果图标显示为" "表示该图层为打开状态，在该状态下该图层上的所有图形对象均可以显示在绘图窗口并可以编辑修改；如果图标显示为" "表示该图层处于关闭状态，图层上的所有图形对象无法在绘图窗口显示出来，也不能被打印，但仍然可以在该图层上完成创建新对象和编辑已有对象等操作。

"冻结"列用于显示图层的冻结与解冻状态。如果图标显示为" "则表示图层处于解冻状态，图层上的所有对象均可以显示并可以被编辑修改；如果图标显示为" "则表示该图层处于冻结状态，此时该图层上的所有对象均不可见，也不能编辑修改和打印输出。冻结的图层不能设置为当前图层。由于在重新生成图形对象时，系统不再重新生成被冻结图层上的对象，因此，冻结一些图层后，可以加快一些命令和操作的运行速度。当前图层不能被冻结。

"锁定"该列用于显示图层的锁定与解锁状态。如果图标显示为" "则表示图层处于解锁状态，图层上的所有对象均可以显示并可以被编辑修改；如果图标显示为" "则表示该图层处于锁定状态，此时该图层上的所有对象可以在绘图窗口显示，也可以创建新对象，但不能对该层上的图形对象进行编辑修改。

"打印"列用于设置选中图层是否可以被打印输出。如果图标显示为" "则表示该图层可以被正常打印输出；如果图标显示为" "则表示该图层不能被打印输出。通常将用于绘制辅助线的图层设置为不打印的图层。

- 如果要使图形对象的线宽在模型空间中显示的更宽或更窄一些，可以调整线宽比例。在状态栏中辅助工具栏的线宽按钮上单击鼠标右键，弹出快捷菜单，选择"设置"命令选项，打开"线宽设置"对话框，如图 1-25 所示。使用鼠标在"调整显示比例"区中移动滑块，可以改变显示的比例值。

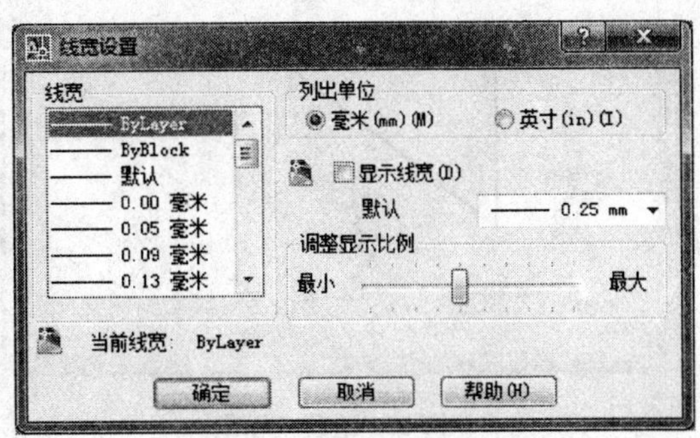

图 1-25 "线宽设置"对话框

七、在不同图层上绘制简单图形

图层设置完成后，在绘图过程中可以单击"图层"工具栏中图层选择窗口右侧的按钮，打开下拉选择菜单，如图 1-26 所示，通过鼠标单击可以在已经设置好的图层中进行切换。选中的图层会显示在选择窗口中，成为当前图层，接下来的绘图工作就在该图层中进行。

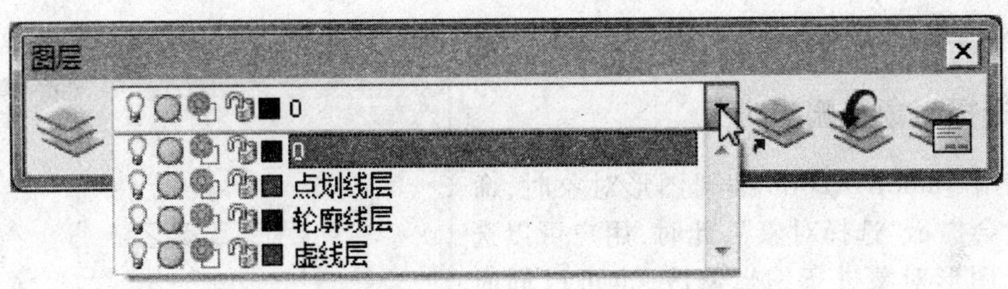

图 1-26 使用"图层"工具栏切换图层

【操作步骤】

(1)打开"图层"工具栏，单击按钮选择"轮廓线"层作为当前图层。

(2)单击"绘图"工具栏上的按钮，然后根据 AutoCAD 2008 命令窗口提示进行如下操作：

```
命令：_line 指定第一点：100,100                ←此处输入 100,100 为第一点的坐标值，按【Enter】键确认
指定下一点或［放弃(U)］：100,400               ←输入第二点的坐标值，按【Enter】键确认
指定下一点或［放弃(U)］：500,400               ←输入第三点的坐标值，按【Enter】键确认
指定下一点或［闭合(C)/放弃(U)］：c              ←输入选项"C"，使直线围成闭合图形，按【Enter】键结束命令
```

绘图结果如图 1-27 所示。

(3)在"图层"工具栏上单击按钮选择"点划线"层作为当前图层。按【Enter】键重复画直线命令，使用鼠标在绘图窗口单击绘制线段，如图 1-28 所示。

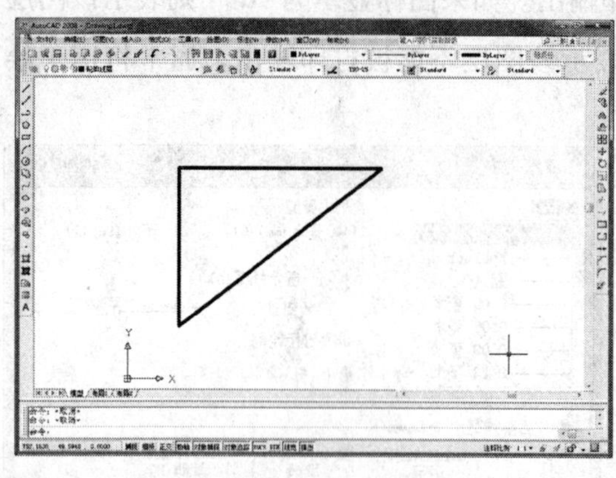

图 1-27　绘制三角形

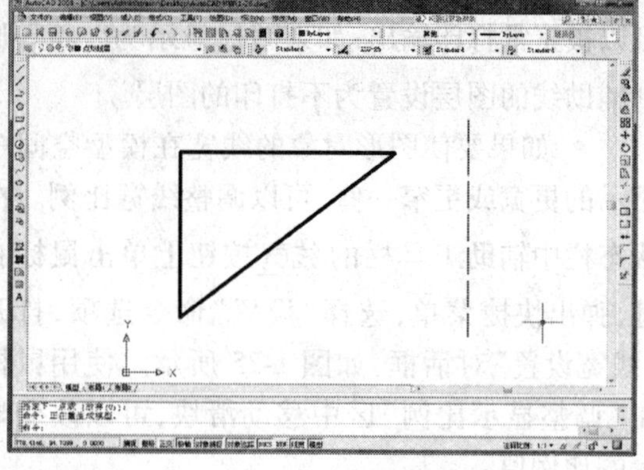

图 1-28　绘制线段

（4）在"图层"工具栏上单击▾按钮选择"虚线"层作为当前图层。在命令提示窗口输入圆的绘制命令 CIRCLE（命令缩写 C），然后根据 AutoCAD 提示进行如下操作：

指定圆的圆心或［三点(3P)/两点(2P)/相切、相切、半径(T)］：500,200
　　←输入圆心的坐标值，指定圆心位置，按【Enter】键确认
指定圆的半径或［直径(D)］：50　　←输入圆的半径值，按【Enter】键确认并结束命令

绘图结果如图 1-29 所示。

八、选择对象和删除对象

在使用 AutoCAD 2008 编辑图形对象时，命令窗口常会提示"选择对象"，此时，用户可以选择某一个图形对象进行编辑修改，也可以同时选择多个对象构成一个选择集。AutoCAD 2008 系统提供了多种构造选择集的方法，在默认情况下，用户可以使用鼠标逐个单击拾取图形对象，构成选择集，也可以使用窗口或交叉窗口一次选取多个对象构成选择集。

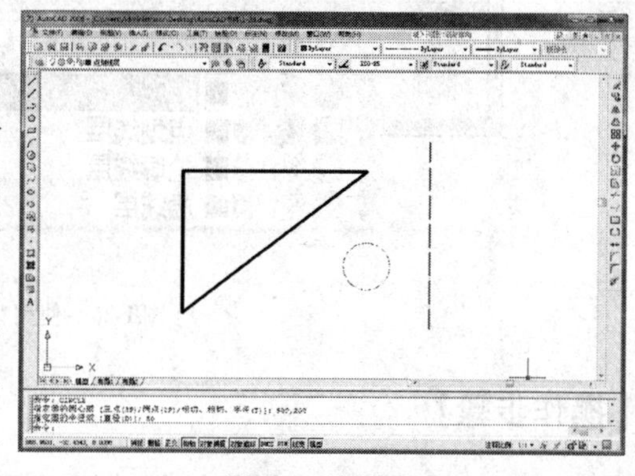

图 1-29　绘制圆

在绘图过程中会经常使用删除一个已有图形对象的操作。要执行删除操作，用户可以先选择好一个或多个图形对象，然后单击"修改"工具栏上的按钮，或是在命令提示行输入 ERASE（命令缩写 E）后按【Enter】键，即可将其删除。用户也可以先执行删除命令，再根据命令窗口提示选择需要删除的对象。

【操作步骤】

单击"修改"工具栏上的按钮，AutoCAD 2008 命令窗口提示：

命令：_erase　　←输入命令，按【Enter】键确认
选择对象：指定对角点：找到 3 个　　←使用交叉窗口方式选择三角形，如图 1-30 所示
选择对象：　　←按【Enter】键后删除构成三角形的三条直线

命令：	←按【Enter】键重复执行删除命令
ERASE	
选择对象：指定对角点：找到 1 个	←使用窗口方式选择圆形，如图 1-31 所示
选择对象：	←按【Enter】键后删除圆形
命令：	←按【Enter】键重复执行删除命令
ERASE	
选择对象：找到 1 个	←使用鼠标单击选择直线
选择对象：	←按【Enter】键后删除直线

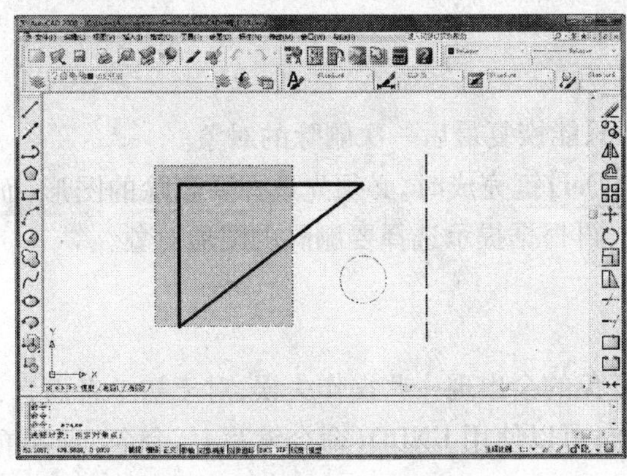

图 1-30　交叉窗口方式选择三角形

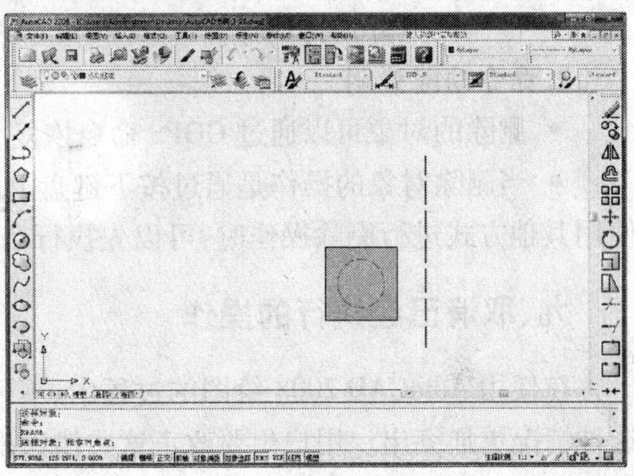

图 1-31　窗口方式选择圆形

【知识链接】

(一)关于对象选择

AutoCAD 2008 提供了多种对象选择的方式，除了使用鼠标单击选择单个图形对象外，如果需要同时选中多个对象，可以采用窗口选择方式。选择窗口是一个矩形，点选的拾取点作为窗口的第一个对角点，移动鼠标再拾取第二个对角点。根据第二点相对第一点的方向不同，窗口选择又可分为包容窗口和交叉窗口两种工作方式，如图 1-32 所示。

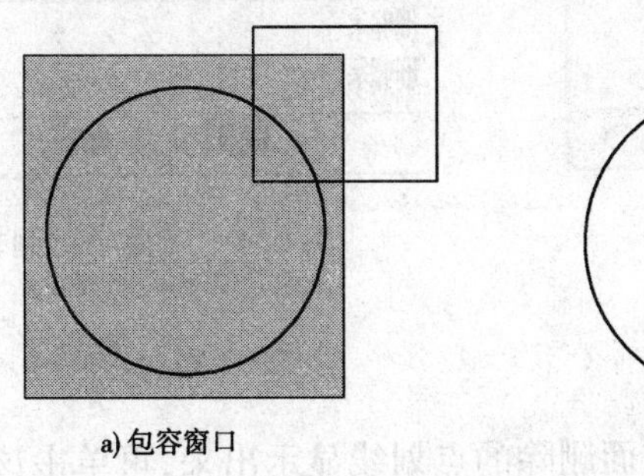

a) 包容窗口　　b) 交叉窗口

图 1-32　使用选择窗口方式选择对象

- 包容窗口：包容窗口选择即通常所说的窗口选择。如果按住鼠标左键从左向右拖出选择窗口，则窗口为包容窗口。包容窗口的边界为实线。它要求被选中的对象必须完全包含在窗口内。被选中对象将会用虚线高亮显示。

- 交叉窗口：交叉窗口选择即通常所说的窗交选择。如果按住鼠标左键从右向左拖出选择窗口，则窗口为交叉窗口。交叉窗口的边界为虚线，凡是包含于窗口中或与窗口范围有相交关系的对象均会被选中。

（二）关于删除对象命令

1. 命令调用方式

- 命令行：ERASE
- 命令快捷方式：E
- 菜单：【编辑】→【清除】
- 工具栏按钮：修改工具栏→
- 键盘快捷方式：【Del】

2. 命令功能说明

- 删除的对象可以通过 OOPS 命令恢复，但只能恢复最后一次删除的对象。
- 当删除对象的操作是通过按下键盘上的【Del】键完成时，必须先选择要删除的图形，而使用其他方式进行删除操作时，可以先执行命令，再根据提示选择要删除的图形对象。

九、取消已经执行的操作

在使用 AutoCAD 2008 绘图的过程中，不可避免的会出现一些操作失误，对于初学者而言，这种情况更加突出。用户想要改正这些错误操作，可以使用 UNDO（命令缩写 U）命令，或者单击“标准”工具栏上的按钮。如果想要取消已经执行的多个操作，可以重复执行 UNDO 命令或连续单击按钮。此外还可以连续按下【Ctrl】+【Z】键或者打开“标准”工具栏上的“放弃”下拉列表，选择要放弃的操作步骤，如图 1-33 所示。

当取消一个或多个操作后，如果又想恢复原来的工作，可以使用 REDO 命令或单击 “标准”工具栏上的按钮。此外，也可以按下【Ctrl】+【Y】键或者打开“标准”工具栏上的“重做”下拉列表，然后选择要恢复的操作步骤，如图 1-34 所示。

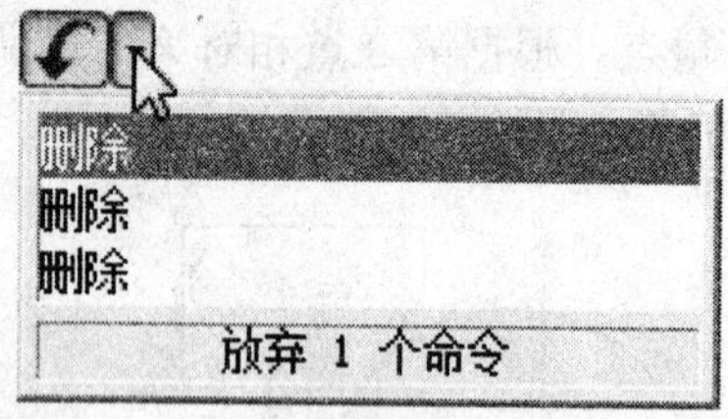

图 1-33 “放弃”下拉列表

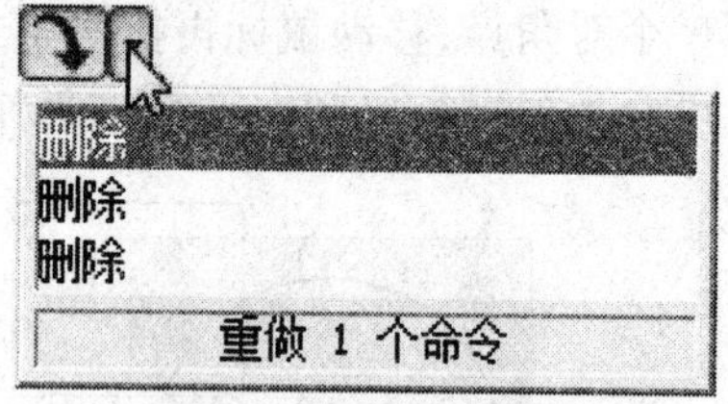

图 1-34 “重做”下拉列表

【操作步骤】

单击“标准”工具栏上的按钮，前面删除的点划线显示出来，再单击该按钮，前面删除的圆就显示出来，继续单击按钮，最先删除的三角形也重新显示出来，最终恢复到图 1-29 所示的状态。

十、移动和缩放图形

AutoCAD 2008 提供了便捷完善的图形移动和缩放功能，方便用户快速将需要观察的图形对象移动到醒目的位置，绘图时可以通过“标准”工具栏上的和按钮来实现。

【操作步骤】

(1)单击“标准”工具栏上的按钮,绘图窗口中的鼠标变成形状,按住鼠标左键并拖动鼠标,工作区中的图形对象将按照鼠标移动的方向运动,直至在绘图窗口中不可见。按【Esc】键或【Enter】键退出。

(2)单击“标准”工具栏上的按钮,是图形对象重新显示在绘图窗口。

(3)单击“标准”工具栏上的按钮,绘图窗口中的鼠标变成形状,此时按住鼠标左键并向下拖动鼠标,图形缩小,按住鼠标左键并向上拖动鼠标,图形放大,按【Esc】键或【Enter】键退出。

特别提示:

鼠标的滚轮可以快速实现图形对象的移动和缩放工作。按下鼠标滚轮,可以实现与按钮同样的功能,而转动滚轮则可以实现按钮的功能,向上滚动滚轮可以放大图形对象,向下滚动为缩小图形对象。图形的缩放均是以十字光标为中心进行的。

十一、保存图形

图形文件创建或编辑修改完成后,应及时对其进行保存,以便下一次调用或查看。将图形文件存入指定位置一般有两种方式,一种是以当前文件名和路径直接保存,另一种是为图形文件指定新的文件名称和保存路径。另外,为了保护图形文件不被其他人擅自使用和修改,AutoCAD 2008还允许用户在保存文件时,根据需要设置打开图形文件的密码。

【操作步骤】

(1)使用鼠标选择菜单命令【文件】→【保存】,打开“图形另存为”对话框,如图1-35所示。

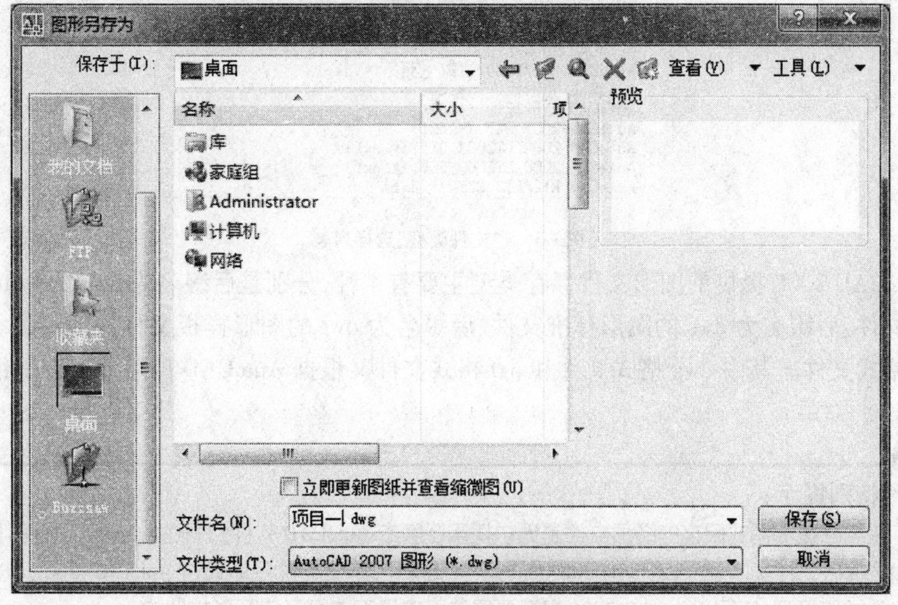

图1-35 “图形另存为”对话框

(2)选择文件保存位置,在“文件名称”文本框中输入新文件名称“项目一. dwg”,单击 保存(S) 按钮完成保存工作。

【知识链接】

1. 快速保存图形文件的命令执行方式

- 菜单命令:【文件】→【保存】
- 工具栏按钮:“标注工具栏”上的按钮
- 命令:QSAVE
- 键盘快捷键:【Ctrl】+【S】

执行快速保存命令后,AutoCAD 2008 系统会将当前图形文件以原文件名称直接存入原来的位置,不会向用户做任何提示。如果当前图形文件名是默认文件名(即“Drawing#. dwg”,此处#代表数字 1、2、3、…),并且是第一次储存图形文件,系统会弹出“图形另存为”对话框,如图 1-35 所示。在此对话框中,用户可以设置文件的储存位置、文件名称和文件类型等。

2. 换名保存图形文件的命令执行方式

- 菜单命令:【文件】→【另存为】
- 命令:SAVEAS
- 键盘快捷键:【Ctrl】+【Shift】+【S】

换名保存图形文件主要用于对图形文件进行编辑修改后,在保存时改变原图形文件的名称、保存位置或是文件类型。执行命令后,系统始终会弹出“图形另存为”对话框,如图 1-35 所示。

3. AutoCAD 2008 图形文件的类型

在“图形另存为”对话框中,允许用户设置保存文件的类型。在“图形另存为”对话框中单击“文件类型”选择框右侧的按钮,可以打开文件类型选择列表,如图 1-36 所示。

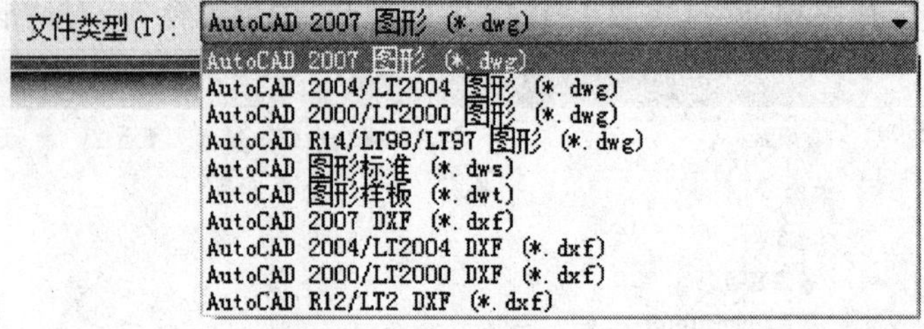

图 1-36 “文件类型”选择列表

AutoCAD 2008 提供的图形文件保存类型主要有 4 种,分别是后缀名为 dwg 的 AutoCAD 图形文件文件、后缀名为 dws 的图形标准文件、后缀名为 dwt 的图形样板文件和后缀名为 dxf 的二进制格式文件。其中 dwg 格式文件和 dxf 格式文件又根据 AutoCAD 的版本进行了细分。

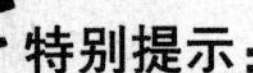

特别提示:

采用高版本格式保存的图形文件是无法使用低版本 AutoCAD 软件打开的。例如,在保存图形文件时选择的文件类型是“AutoCAD 2007 图形(*.dwg)”,则该文件只能通过 AutoCAD 2007 以后版本的软件才能打开,使用 AutoCAD 2006 甚至更早的版本是无法打开该图形文件的。

4. 加密图形文件

如果需要提高图形文件的安全性，可以在保存文件时对其进行加密操作。

打开“图形另存为”对话框，单击对话框右上角的 工具(L) ▾ 按钮，在打开的下拉菜单中选择“安全选项”，打开图 1-37 所示“安全选项”对话框。在“密码”选项卡中的“用于打开此图形的密码或短语”文本框内输入打开权限密码，单击 确定 按钮，系统会弹出图 1-38 所示“确认密码”对话框，提示用户再次输入相同的权限密码。在“再次输入用于打开此图形的密码”文本框中输入相同的密码后，单击 确定 按钮，返回“图形另存为”对话框。完成其他保存设置，单击 保存(S) 按钮，即保存了一个经过加密的图形文件。

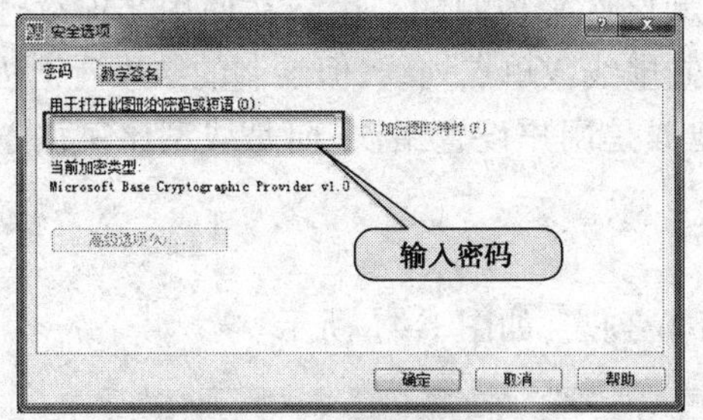

图 1-37 “安全选项”对话框

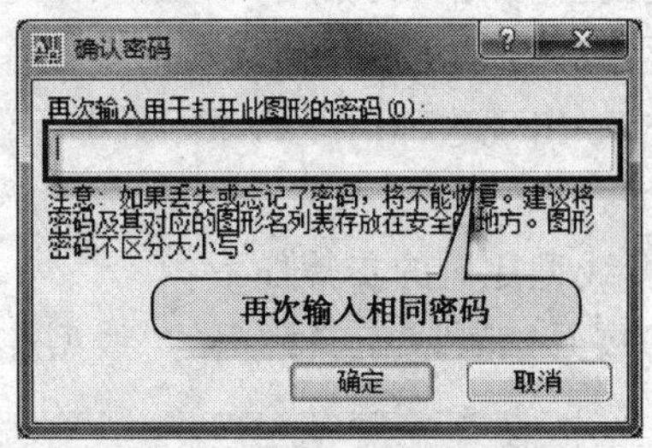

图 1-38 “确认密码”对话框

一旦为图形文件设置了密码，在下一次打开该文件时，系统会提示用户输入正确的权限密码，如图 1-39 所示，否则将无法打开盖文件。

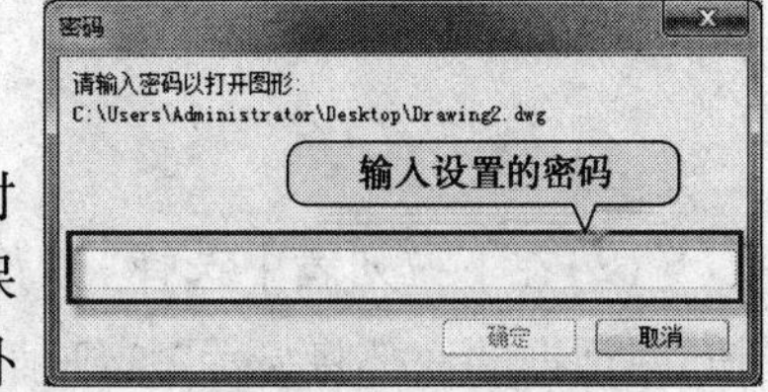

图 1-39 输入打开权限密码

5. 自动保存图形文件

自动保存图形文件，即通过设置定时保存图形文件的时间，由系统对正在进行的图形绘制和编辑修改工作自动完成保存操作。这样做的目的不仅可以保证图形文件不会因为意外情况完全丢失，还可以免去随时手动保存的麻烦。但需要注意的是，系统自动保存的图形文件只是一个临时文件，其作用是避免数据丢失以及检测错误，并不能替代人工保存图形对象的操作。其具体的操作步骤如下。

(1)使用鼠标选择菜单命令【工具】→【选项】，打开“选项”对话框，如图 1-40 所示。

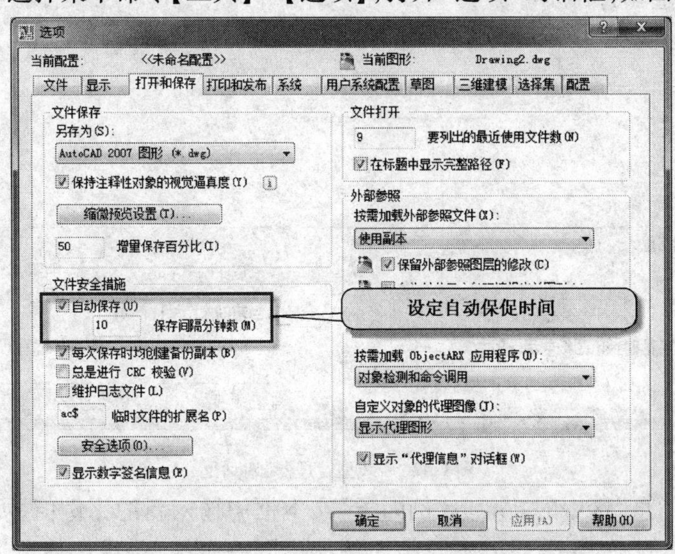

图 1-40 设置定时保存图形文件的时间

(2)单击“打开和保存”选项卡，在“文件安全措施”栏中选中“自动保存”，然后在下面的文本框中输入自动保存的时间间隔，单位为分钟。

(3)单击 确定 按钮，保存设置并关闭“选项”对话框。

项目拓展

本项目拓展介绍修改非连续性线型外观的方法。

非连续性线型是指由短横线、空格和点等构成的重复图线，如虚线、单点划线、双点划线等，这些线型中的短线长度和空格大小是由线型比例来控制的。用户在使用非连续性线型绘图时往往会遇到这样的情况，本来设置好是绘制虚线或单点划线，但绘制的结果看上去却是和实线一样。出现这种情况的原因并非系统出错或是用户设置错误，而是线型比例设置的太大或太小。

改变线型比例的步骤如下：

(1)展开“特性”工具栏上的“线型控制”下拉列表，如图 1-41 所示。

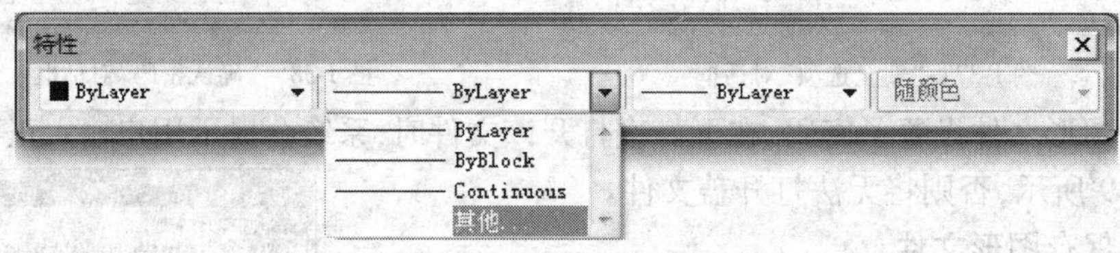

图 1-41 “线型控制”下拉列表

(2)在下拉列表中选择“其他”选项，打开“线型管理器”对话框，再单击 显示细节(D) 按钮，对话框的底部将显示“详细信息”设置区，如图 1-42 所示。

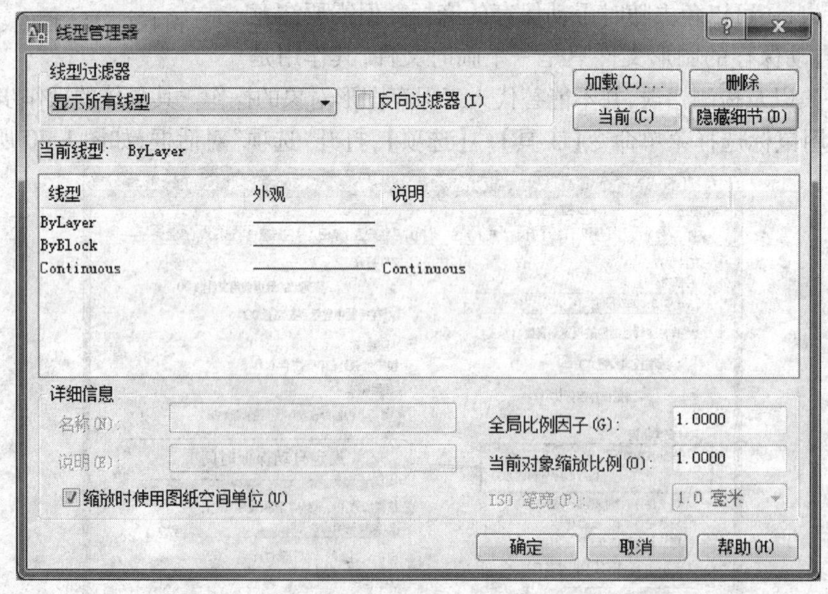

图 1-42 “线型管理器”对话框

(3)在“详细信息”区中的“全局比例因子”文本框中输入新的比例值，可以改变所有非连续性线型的线型比例，如果需要以不同的比例使用同一个线型，可以修改“当前对象缩放比例”文本框中的比例值。

(4)设置完成后,单击 确定 按钮保存设置并返回。

项目小结

本项目主要内容总结如下:

◆ AutoCAD 2008 的工作界面主要由标题栏、菜单栏、工具栏、绘图窗口、面板、状态栏和命令窗口组成。在进行图形对象的绘制、编辑修改时,用户可以通过选择菜单命令选项、单击工具栏图标按钮或在命令提示行输入命令等方式向 AutoCAD 发出指令,并根据提示在绘图窗口完成相应的操作。状态栏为用户提供了各种辅助工具,掌握并熟悉这些辅助工具可以大大提供设计工作的效率和绘图的精准度。

◆ AutoCAD 2008 为用户提供了多文档设计环境,方便用户在使用过程中同时打开多个图形文件,并能随时在不同文件间切换,以及在不同文件之间完成图形元素、对象特性的复制等操作,给设计工作带来了很大便利。

◆ 使用“样板”可以方便用户创建具有统一标准和绘图环境的图形文件。

◆ 选择对象在设计过程中会频繁使用,AutoCAD 2008 提供了多种方法方便用户选取图形对象,熟悉各种选取对象的方法可以帮助用户快速、准确的完成对象的编辑修改工作 。

实训

一、布置工作界面并设置绘图环境

具体要求如下:

(1)将 AutoCAD 2008 的工作空间切换至“AutoCAD 经典”,关闭“工具选项板”,打开“标注”工具栏。

(2)将绘图窗口的背景颜色设置为白色,将十字光标的大小设置为“20”。

(3)将绘图区域的大小设置为“420 × 297”,打开栅格查看绘图区的范围。

(4)将长度类型设置为“小数”,精度为“0. 00”;将角度类型设置为“度/分/秒”,精度为“0d00′00″”。

(5)按表 1-1 所示的要求设置图层。

设置图层列表 表 1-1

名称	颜色	线型	线宽	打印状态
轮廓线	黑色	Continuous	0.6mm	打印
轴线	红色	ACAD_ISO04W100	默认	打印
标注	蓝色	Continuous	默认	打印
辅助线	绿色	DASHED2	0.2mm	不打印

二、绘制简单图形

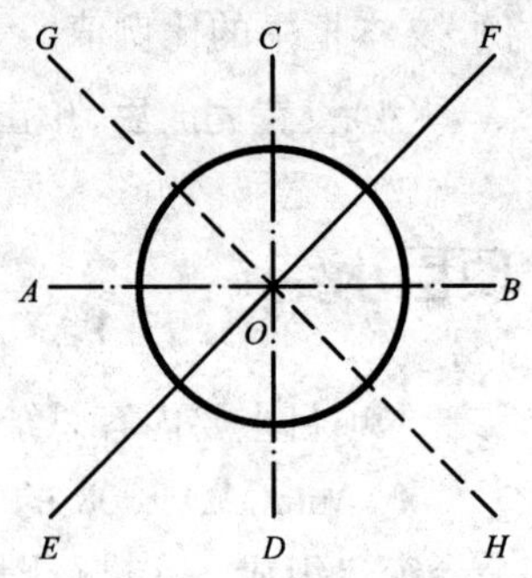

图 1-43　实训图

具体要求如下：

(1)利用实训所建立的绘图环境,分别使用菜单、工具栏图标和命令方式绘制直线 *AB*、*CD*、*EF*、*GH* 和圆 *O*,如图 1-43 所示。其中直线 *AB*、*CD* 绘制在"轴线"层上,直线 *EF* 绘制在"标注"层,直线 *GH* 绘制在辅助直线层,圆 *O* 绘制在"轮廓线层",半径为 30。各点坐标见表 1-2。

(2)绘制完成后,将"轴线"层锁定,将"辅助线"层冻结,将"标注"层关闭,体会图层状态控制的不同效果。

各点坐标表　　表 1-2

点	*X* 坐标	*Y* 坐标	点	*X* 坐标	*Y* 坐标
A	100	100	F	200	150
B	200	100	G	100	150
C	150	150	H	200	50
D	150	50	O	150	100
E	100	50			

项目二　绘制点、直线及直线几何图形

点和直线是构成平面图形的主要元素，学会这些图形元素的创建和编辑方法并掌握相应的绘图技巧，可以为今后高效的完成设计工作奠定基础。本项目将介绍绘制点和直线类图形元素的相关内容。

学习目标：

掌握坐标输入的方法。

掌握点和直线类元素绘制命令的使用方法。

学会如何使用对象捕捉、对象追踪、极轴、正交等功能画线。

学会绘制矩形的方法。

学会根据已知条件绘制正多边形。

任务一　使用坐标和辅助工具精确绘制直线

本任务将学习如何通过输入点的坐标来精确画线以及怎样结合对象捕捉、极轴、对象追踪等辅助工具高效绘制直线。

一、通过输入点的坐标绘制画线

直线是构成图形对象的基本几何元素之一。“两点确定一条直线”是一个基本公理，要准确表达一条直线段的位置，可以通过制定该直线段的起点坐标和终点坐标来实现。

如图 2-1 所示，如果已知 A 点的坐标和图形其他各段的尺寸关系，可以使用绘制直线命令 LINE，通过指定各线段起点和终点坐标的方式来绘制此图形。

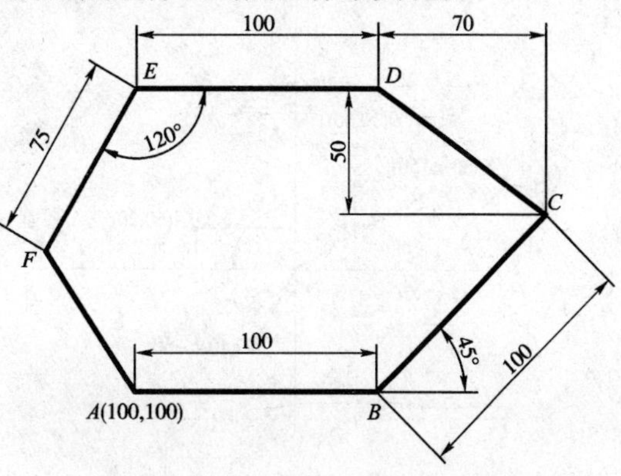

图 2-1　使用坐标绘制直线图形对象

【操作步骤】

关闭状态栏上的DYN按钮，在命令提示行输入命令 LINE（命令缩写 L）后回车，然后根据 AutoCAD 2008 的提示进行如下操作。

```
命令：LINE                                          ←输入直线绘制命令，按【Enter】键确认
指定第一点：100,100                                 ←输入 A 点的绝对直角坐标，按【Enter】键确认
指定下一点或［放弃(U)］：200,100                    ←输入 B 点的绝对直角坐标，按【Enter】键确认
指定下一点或［放弃(U)］：@100<45                    ←输入 C 点的相对极坐标，按【Enter】键确认
指定下一点或［闭合(C)/放弃(U)］：@ -70,50           ←输入 D 点的相对直角坐标，按【Enter】键确认
指定下一点或［闭合(C)/放弃(U)］：@ -100,0           ←输入 E 点的相对直角坐标，按【Enter】键确认
指定下一点或［闭合(C)/放弃(U)］：@75< -120          ←输入 F 点的相对极坐标，按【Enter】键确认
指定下一点或［闭合(C)/放弃(U)］：c                  ←输入选项参数“C”，按【Enter】键确认，使直线闭合
```

【知识链接】

1. AutoCAD 2008 的坐标输入

执行绘制直线命令 LINE 后，AutoCAD 2008 提示用户指定直线的端点。指定端点最直接的方法是使用鼠标在绘图窗口单击确定直线端点的位置，但这样指定的端点具有一定的随意性。若要指定准确的端点位置，就需要通过输入该点的坐标来完成了。AutoCAD 提供的点的坐标表示方式有 4 种：绝对直角坐标、绝对极坐标、相对直角坐标、相对极坐标。

1）绝对直角坐标和绝对极坐标

绝对坐标是指相对于坐标原点的坐标值。绝对直角坐标的输入格式为“X,Y”。X 表示点的 x 坐标值，Y 表示点的 y 坐标值。两坐标值之间用“,”分隔，例如（50,20），（ −30,60）分别表示图 2-2 中的 A、B 两点。

绝对极坐标的输入格式为“$L<\alpha$”。L 表示点到坐标原点之间的距离，α 表示点与坐标原点的连线方向与 X 轴正方向之间的夹角。若从 X 轴正方逆时针旋转到点与坐标原点的连线方向，α 角为正，否则为负。例如（80 < 150），（40 < −60）分别表示图 2-2 中的 C、D 两点。

2）相对直角坐标和相对极坐标

相对坐标是指相对于另一个非原点几何点的坐标值。当能确定某点与其他点的相对位置关系，用户可以使用相对坐标来完成该点的坐标定位。通常是以上一点为基点输入相对坐标。相对直角坐标的输入格式为“@X,Y”，例如（@50,20）表示图 2-3 中的 B 点。

相对极坐标的输入格式为“@$L<\alpha$”。L 表示点到另一点之间的距离，α 表示两点连线方向与过已知点水平正方向之间的夹角。例如（@80 < 150）表示图 2-3 中的 C 点。

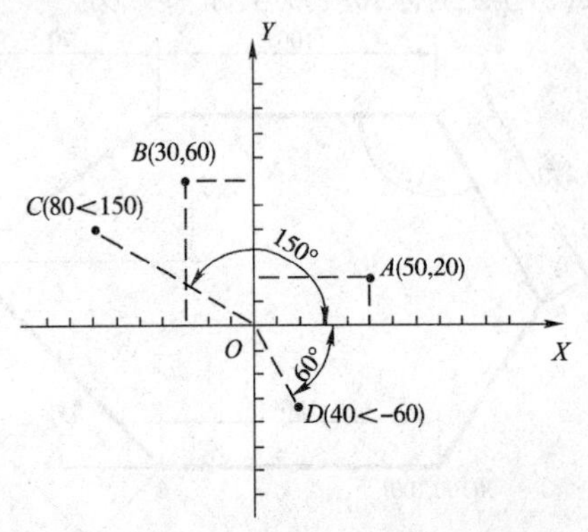

图 2-2　点的绝对直角坐标和绝对极坐标输入

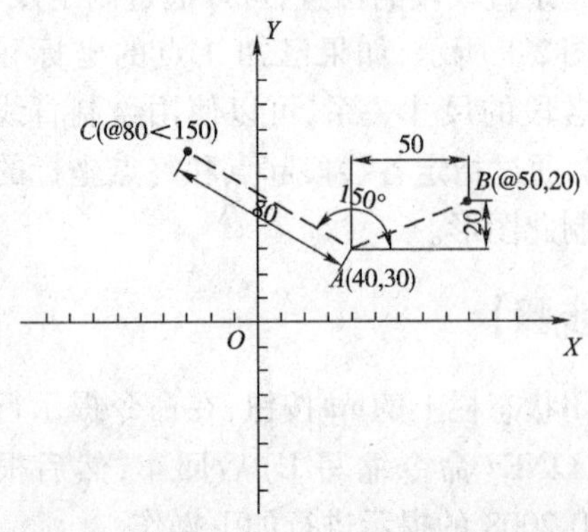

图 2-3　点的相对直角坐标和相对极坐标输入

> **特别提示：**
>
> 输入坐标值时，数字之间的逗号必须用西文逗号而不用中文逗号，即在半角状态下或英文状态下输入的逗号，否则命令提示行会提示“点无效”。

2. 关于直线命令

(1)命令调用方式：

- 命令行：LINE
- 命令快捷方式：L
- 菜单：【绘图】→【直线】
- 工具栏按钮：绘图工具栏→

(2)命令功能说明：

- 利用直线命令绘制如图 2-4 所示 1 ~4 点间直线段，绘至第 4 点时，在不同参数选择情况下，会有不同结果：单击右键，在菜单选项下选择“确定”、“取消”或直接按【Enter】键结束画线，如图 2-4a)所示；单击右键，在菜单选项下选择“闭合”或在命令提示行输入参数 C，封闭线段，如图 2-4b)所示；单击右键，在菜单选项下选择“放弃”或在命令提示行输入参数 U，退回到上一点，如图 2-4c)所示。

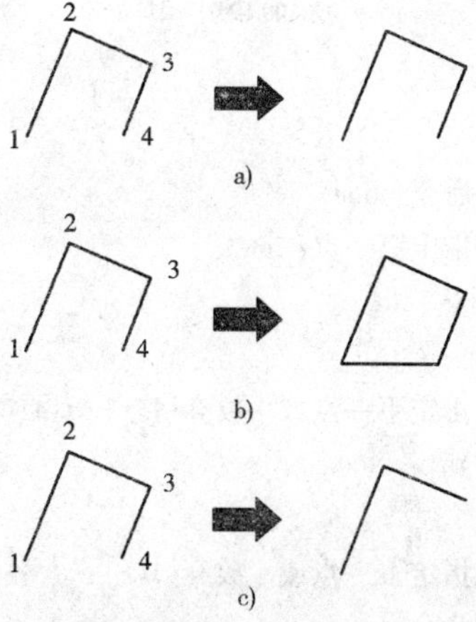

图 2-4　直线绘制功能说明

- 如果在绘制圆弧命令后调用直线绘制命令，则第一点可以直接用【Enter】键产生圆弧的切线。
- 绘制任意方向上指定长度的线段，可以在指定第一点后，先利用光标确定线段方向，然后直接输入线段长度，再按【Enter】键即可，与状态栏中的“正交”和“极轴”辅助功能配合可以快速绘制某一特定方向上规定长度的直线段。

二、使用对象捕捉功能精确绘制直线

在绘图过程中，用户常常需要将一些特殊位置点作为直线的起点或止点，例如直线的端点、中点，两直线的交点以及圆心等。在这种情况下，如果不借助辅助工具，很难直接通过计算输入坐标值或是直接使用鼠标准确拾取到这些点的位置。为了帮助用户快速准确地拾取这些特殊点，AutoCAD 2008 提供了一系列辅助工具，这些工具可以通过打开如图 2-5 所示“对象捕捉”工具栏调用，也可以通过设置状态栏上的“对象捕捉”工具自动完成捕捉。

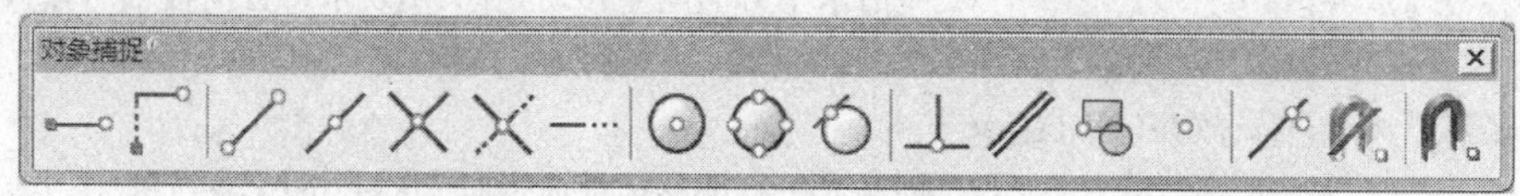

图 2-5　“对象捕捉”工具栏

如图 2-6 所示，使用 LINE 命令配合对象捕捉功能，在图 2-6a)基础上完成图 2-6b)的绘制。

【操作步骤】

完成图 2-6a)后，在命令提示行输入命令 LINE(命令缩写 L)后回车，然后根据 AutoCAD

2008 的提示进行如下操作。

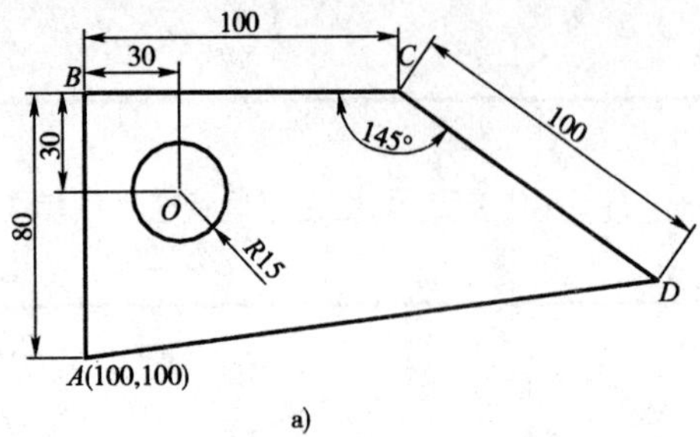

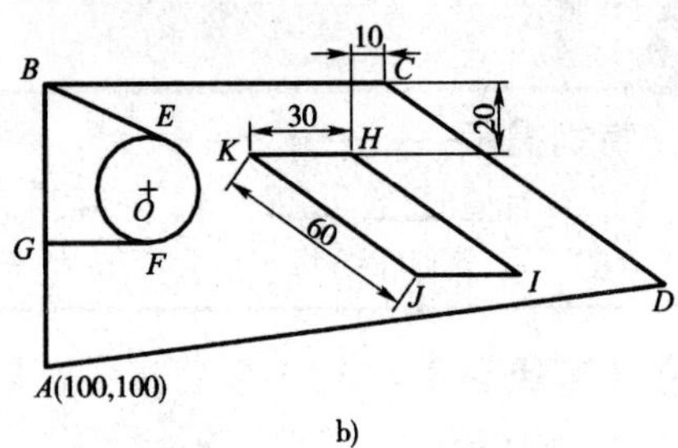

图 2-6　使用对象捕捉精确绘制直线

命令：line	←输入直线绘制命令,按【Enter】键
指定第一点：int	←输入捕捉交点命令"INT"并按【Enter】键
于	←移动光标至 *B* 点附近,出现交点捕捉标记后单击鼠标左键,自动从 *B* 点开始绘制直线
指定下一点或［放弃(U)］：tan	←输入捕捉切点命令"TAN"并按【Enter】键
到	←移动光标至圆 *O* 附近,出现切点捕捉标记后单击鼠标左键,完成线段 *BE* 绘制
指定下一点或［放弃(U)］：	←按【Enter】键结束
命令：	←按【Enter】键重复执行直线绘制命令 LINE
LINE 指定第一点：qua	←输入捕捉象限点命令"QUA"并按【Enter】键
于	←移动光标至圆 *O* 下方的象限点附近,出现象限点捕捉标记后单击鼠标左键,自动从 *F* 点开始绘制直线
指定下一点或［放弃(U)］：per	←输入捕捉垂足命令"PER"并按【Enter】键
到	←移动光标靠近直线 *AB* 与 *FG* 的垂足附近,出现垂足点捕捉标记后单击鼠标左键,完成线段 *FG* 的绘制
指定下一点或［放弃(U)］：	←按【Enter】键结束
命令：	←按【Enter】键重复执行直线绘制命令 LINE
LINE 指定第一点：fro	←输入偏移捕捉命令"FRO"并按【Enter】键
基点：int	←输入捕捉交点命令"INT"并按【Enter】键
于 <偏移>：@ -10, -20	←移动光标捕捉到 *C* 点,输入 *H* 点相对于 *C* 点的相对坐标值
指定下一点或［放弃(U)］：par	←输入平行偏移捕捉命令"PAR"并按【Enter】键
到 60	←移动光标与直线 *CD* 重合,出现平行偏移捕捉标记后,再向下移动光标至出现平行偏移轴,输入线段 *HI* 的长度 60,后按【Enter】键
指定下一点或［放弃(U)］：30	←沿水平方向向左移动光标,出现水平方向极轴后输入线段 *IJ* 的长度 30 后,按【Enter】键
指定下一点或［闭合(C)/放弃(U)］：par	←输入平行偏移捕捉命令"PAR"并按【Enter】键
到 60	←移动光标与直线 *HI* 重合,出现平行偏移捕捉标记后,再向上移动光标至出现平行偏移轴,输入线段 *JK* 的长度 60,后按【Enter】键
指定下一点或［闭合(C)/放弃(U)］：c	←使线框闭合,完成平行四边形 *HIJK* 的绘制

其结果如图 2-6b)所示。

【知识链接】

1. AutoCAD 2008 的对象捕捉功能

对象捕捉功能仅能在 AutoCAD 命令执行过程中才有效。在执行某些绘图或编辑命令后，当 AutoCAD 提示输入点时，用户可以使用对象捕捉功能指定某一个特殊点。如果直接在命令提示行输入对象捕捉命令，系统将提示错误。AutoCAD 2008 提供的常用对象捕捉功能如下：

- ：设置临时追踪点。
- ：偏移捕捉，用于相对一个已知点定位另一点，调用命令为 FROM(命令缩写 FRO)。该捕捉方式可以建立一个临时参照点作为偏移后续点的基准点。
- ：捕捉直线和圆弧等图形对象的端点，调用命令为 ENDP(命令缩写 END)。启动端点捕捉后，只要将光标移动至图形对象端点附近，AutoCAD 系统会出现端点标记“□”并自动捕捉该点，此时单击鼠标左键确认即可。
- ：捕捉直线和圆弧等图形对象的中点，调用命令为 MID。启动端点捕捉后，只要将光标移动至图形对象中点附近，AutoCAD 系统会出现端点标记“△”并自动捕捉该点，此时单击鼠标左键确认即可。
- ：捕捉图形对象间的交点，包括真实交点和延伸交点，调用命令为 INT。启动端点捕捉后，只要将光标移动至图形对象交点附近，AutoCAD 系统会出现端点标记“×”并自动捕捉该点，此时单击鼠标左键确认即可。若两图形对象没有直接相交，可以先将光标移至其中一个对象，在出现拾取框后，单击鼠标左键，然后将光标移至另一个对象上，待出现拾取框后，单击鼠标左键，此时 AutoCAD 会自动捕捉到图形对象延伸后的交点。
- ：捕捉到外观交点，调用命令 APPINT(命令缩写 APP)。该捕捉功能在二维空间中与交点捕捉功能相同，在三维空间中，可用以捕捉两个对象的视图交点，即在投影图中显示为相交，但实际上并不一定相交的情况。
- ：捕捉延伸点，调用命令为 EXT。使用延伸点捕捉时，当用户将光标从直线或圆弧端点开始移动，此时会沿该对象显示出捕捉辅助线和捕捉点的相对极坐标，输入捕捉距离后，就定位了一个新点。
- ：中心点捕捉，用于捕捉到圆、圆弧以及椭圆和椭圆弧的圆心，调用命令为 CEN。启用中心点捕捉后，将光标移动至与圆、圆弧以及椭圆和椭圆弧等图形对象相交的位置，AutoCAD 系统会出现中心点标记“○”并自动捕捉该点，此时单击鼠标左键确认即可。
- ：象限点捕捉，用以捕捉圆、圆弧、椭圆和椭圆弧的 0°、90°、180°或 270°角处的象限点，调用命令为 QUA。启动象限点捕捉后，当光标靠近圆、圆弧、椭圆或椭圆弧时，AutoCAD 2008 就会在光标最近的象限点上显示“◇”标记，此时单击鼠标左键确认即可。
- ：切点捕捉，用于在绘制相切的几何对象时，准确捕捉到切点，调用命令为 TAN。启动切点捕捉后，当光标靠近圆、圆弧、椭圆或椭圆弧时，AutoCAD 2008 就会在切点上显示“ō”标记，此时单击鼠标左键确认即可。
- ：垂足捕捉，用于在绘制相互垂直的几何图形对象时，能使用户快速准确地捕捉到垂足，调用命令为 PER。启动垂足捕捉后，当光标移动到直线、圆弧等对象附近时，AutoCAD 2008 就会在垂足上显示“⊾”标记，此时单击鼠标左键确认即可。

- ：平行捕捉，用于绘制平行线，调用命令为 PAR。如要绘制某直线的平行线，在调用直线绘制命令 LINE 后，首先指定直线的起点，然后调用平行捕捉命令，将光标移动到原有直线上，在出现“//”标记后，移动光标至出现辅助轴线，此时输入直线长度或单击鼠标左键确定点，即可绘制原有直线的平行线。

- ：插入点捕捉，用于捕捉块、文字、光栅图形等对象的插入点位置，调用命令为 INS。启动插入点捕捉后，当光标靠近块、文字、光栅图像、外部参照等对象时，AutoCAD 2008 就会在插入点上显示“ᒥᒧ”标记，此时单击鼠标左键确认即可。

- ：节点捕捉，用于捕捉由 POINT 等命令创建的点对象，调用命令为 NOD。启动点捕捉后，当光标靠点对象时，AutoCAD 2008 就会在插入点上显示“⊠”标记，此时单击鼠标左键确认即可。

- ：最近点捕捉，用于捕捉距离光标中心最近的几何对象上的点，调用命令为 NEA。启动点捕捉后，当光标靠点对象时，AutoCAD 2008 就会在距离光标中心最近的位置上显示“⧖”标记，此时单击鼠标左键确认即可。

2. 调用对象捕捉功能的方法

调用对象捕捉的方法一般有三种：

（1）在绘图过程中，当 AutoCAD 2008 提示指定一个点的位置时，用户可以打开图 2-5 所示“对象捕捉”工具栏并单击所需使用的对象捕捉按钮或输入捕捉命令来启动对象捕捉，然后将光标移动到要捕捉的特征点附近，系统就可以自动捕捉该点。

（2）在执行 AutoCAD 命令过程中，按下【Shift】键并同时单击鼠标右键，可以弹出图 2-7 所示快捷菜单，通过此菜单用户可以选择捕捉何种类型的特征点。

（3）在状态栏的对象捕捉按钮上单击鼠标右键，弹出快捷菜单，选择“设置”命令选项，打开如图 2-8 所示“草图设置”对话框，在对话框的“对象捕捉”选项卡中设置对象捕捉的类型，完成后单击 确定 按钮，关闭对话框，然后再单击对象捕捉按钮，打开自动捕捉方式。

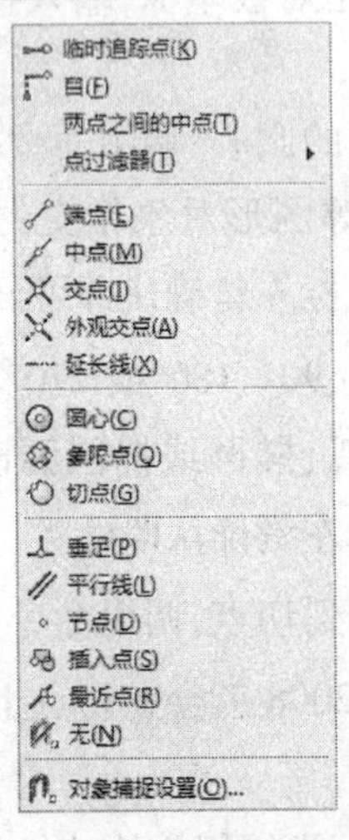

图 2-7　快捷菜单设置对象捕捉

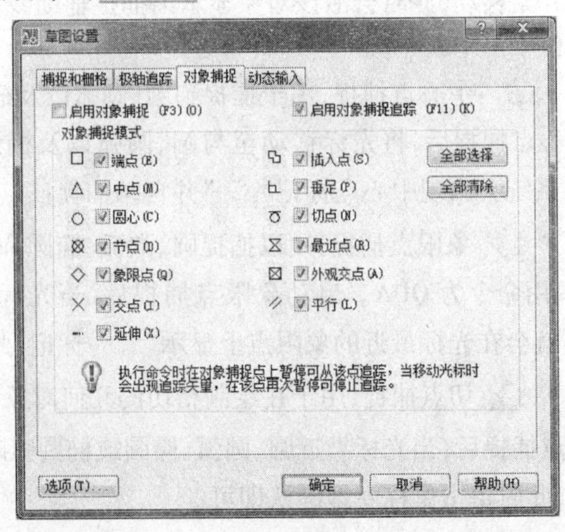

图 2-8　“草图设置”对话框设置自动对象捕捉

特别提示：

“对象捕捉”工具栏方式、命令方式和右键快捷菜单方式[即上述(1)、(2)两种调用方式]仅对当前操作有效，命令结束后，捕捉模式会自动关闭，这种捕捉方式也称为覆盖捕捉方式。自动捕捉(上述第三种方式)方式不会随着当前操作完成而关闭。

三、使用极轴、对象追踪、对象捕捉等功能精确绘制直线

使用 AutoCAD 2008 绘制图形对象时，除了可以使用的状态栏中的“对象捕捉”按钮精确捕捉到特征点外，还可以结合极轴、对象追踪等辅助功能快速、准确的完成直线的绘制。图2-9所示平面图形就是使用直线绘制命令 LINE 配合极轴、对象追踪、对象捕捉等功能完成的。

【操作步骤】

(1)在状态栏的 极轴 按钮上单击鼠标右键，弹出快捷菜单，选择“设置”命令选项，打开“草图设置”对话框，选择“极轴追踪”选项卡，如图 2-10 所示。

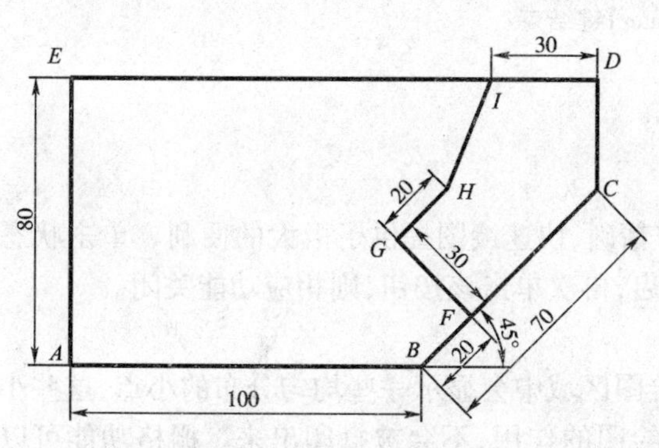

图 2-9　绘制的平面图形

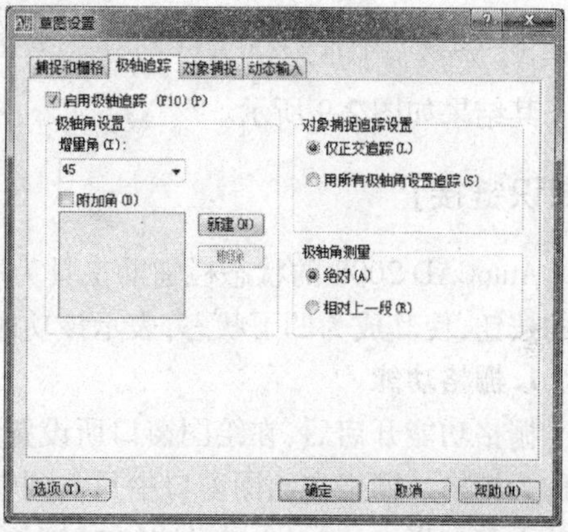

图 2-10　“草图设置”对话框设置极轴追踪

(2)在“极轴追踪”选项卡的“增量角”下拉列表中设置极轴增量角为 45°，在“对象捕捉追踪设置”区中选择“仅正交追踪”选项。

(3)在“对象捕捉”选项卡(如图 2-8 所示)中设置对象捕捉方式“端点”、“交点”。

(4)单击 确定 按钮，关闭“草图设置”对话框。按下状态栏上的 极轴 、对象捕捉 和 对象追踪 按钮，打开极轴追踪、对象捕捉和对象追踪功能。

(5)单击“绘图”工具栏上的 ╱ 按钮，然后根据 AutoCAD 2008 提示进行如下操作。

命令：_line 指定第一点：	←使用鼠标单击，在绘图区指定 *A* 点
指定下一点或［放弃(U)］：100	←向 *A* 点右侧移动鼠标，在出现水平方向极轴后输入线段 *AB* 的长度 100，按【Enter】键
指定下一点或［放弃(U)］：70	←向上移动鼠标，在出现 45°方向极轴后输入线段 *BC* 的长度 70，按【Enter】键
指定下一点或［闭合(C)/放弃(U)］：	←按【Enter】键结束

命令：　←按【Enter】键重复执行直线绘制命令

LINE 指定第一点：　←移动光标捕捉到 *A* 点，单击鼠标从 *A* 点开始画线

指定下一点或［放弃(U)］：80　←沿竖直方向向上移动鼠标，在出现竖直方向极轴后输入线段 *AE* 的长度 80，按【Enter】键

指定下一点或［放弃(U)］：　←移动光标追踪到 *C* 点，移动光标至出现水平方向和竖直方向两条轴线，单击鼠标，完成线段 *ED* 的绘制

指定下一点或［闭合(C)/放弃(U)］：　←移动光标捕捉到 *C* 点，单击鼠标绘制线段 *CB*

指定下一点或［闭合(C)/放弃(U)］：　←按【Enter】键结束

命令：　←按【Enter】键重复执行直线绘制命令

LINE 指定第一点：20　←移动光标捕捉到 *B* 点，然后沿 *BC* 方向移动光标至出现 45°方向极轴，输入追踪值 20，指定 *F* 点，按【Enter】键

指定下一点或［放弃(U)］：30　←移动光标至出现与水平方向成 135°极轴，输入线段 *FG* 长度值 30，按【Enter】键

指定下一点或［放弃(U)］：20　←移动光标至出现与水平方向成 45°极轴，输入线段 *GH* 长度值 20，按【Enter】键

指定下一点或［闭合(C)/放弃(U)］：30

←移动光标追踪到 *D* 点，然后沿 *DE* 方向移动光标至出现水平方向极轴，输入追踪值 30，按【Enter】键，完成线段 *HI* 绘制

指定下一点或［闭合(C)/放弃(U)］：　←按【Enter】键结束

其结果如图 2-9 所示。

【知识链接】

AutoCAD 2008 的状态栏辅助工具为用户精确、快速绘图提供了极大的便利。单击状态栏中的按钮，使其成为凹下状态，表示该功能开启，再次单击该按钮，则相应功能关闭。

1. 栅格功能

栅格功能开启后，在绘图窗口所设置的绘图区域中会显示一些均匀分布的小点，这些小点被称为栅格。栅格在绘图窗口中只起到辅助绘图的作用，不会被打印出来。栅格功能可以通过单击状态栏中的栅格按钮或按【F7】键打开或关闭。

2. 捕捉功能

捕捉功能开启后，十字光标在绘图窗口中会按一定的间距移动，使用该功能可以通过捕捉点的方式，绘制直线、斜线等。如果将移动间距与栅格间距设置为相同值，此时光标就会自动捕捉到相应的栅格点上。因此，栅格功能常常与捕捉功能配套使用。捕捉功能可以通过单击状态栏中的捕捉按钮或按【F9】键打开或关闭。

3. 正交功能

启用正交功能后，用户可以在绘图窗口中绘制水平方向或竖直方向上的直线。正交功能可以通过单击状态栏中的正交按钮或按【F8】键打开或关闭。

4. 极轴追踪功能

启用极轴追踪功能后，可以在系统要求指定一个点时，按预先设置的角度增量显示一条无限延长的辅助轴线，沿着这条轴线，用户可以快速、方便地追踪到所需要的特征点。系统默认的极轴追踪角度为 90°，用户可以根据需要打开图 2-10 所示对话框自行设置极轴追踪角度。极轴追踪功能可以通过单击状态栏中的极轴按钮或按【F10】键打开或关闭。

5. 对象捕捉功能

使用对象捕捉功能可以快速指定图形对象上 些特征点的精确位置。在“草图设置”对话框的“对象捕捉”选项卡中可以设定让 AutoCAD 自动捕捉到图形对象上的某一种或多种特征点，如图 2-8 所示。单击状态栏上的对象捕捉按钮或按【F3】键来打开和关闭执行对象捕捉功能。

6. 对象追踪功能

启用对象追踪功能后，当自动捕捉到图形中的某个特征点时，系统将以该点为基准点沿正交方向或某个设定的极坐标方向搜寻另外一个特征点，与此同时在追踪方向上显示一条辅助轴线。单击状态栏上的对象捕捉按钮或按【F11】键来打开和关闭执行对象追踪功能。

7. 动态输入功能

动态输入功能是 AutoCAD 2008 在光标附近提供的一个命令界面，以帮助用户专注于绘图区域。利用动态输入执行命令或输入参数的方式与命令提示中的操作类似。启用动态输入后，工具栏提示将在光标附近显示信息，该信息会随着光标移动而动态更新。当某条命令为活动时，工具栏提示将为用户提供输入的位置。单击状态栏上的DYN按钮或按【F12】键执行关闭对象追踪功能。

特别提示：

启用动态输入功能后，使用坐标方式指定点的位置时，系统将默认所有输入的直角坐标和极坐标为相对坐标。

8. 线宽显示/隐藏功能

在 AutoCAD 2008 中可以根据需要设置所绘制图形对象的线宽，但为了避免显示线宽后影响绘图时对图形对象之间的关系的观察与判断，绘图时往往不显示对象的实际线宽。状态控制栏中的线宽按钮就是用于控制是否在绘图窗口显示对象的实际线宽，如图 2-11 所示。

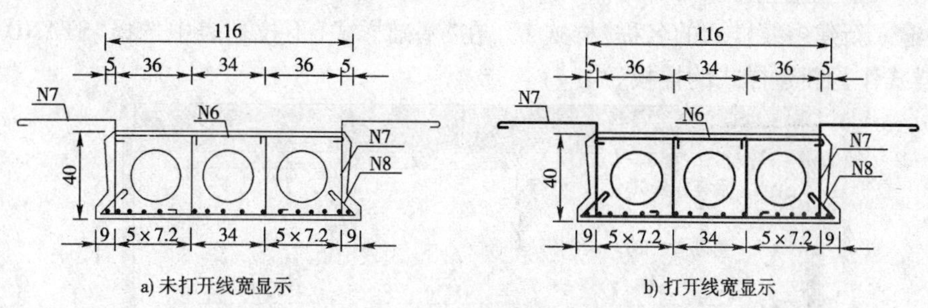

a) 未打开线宽显示　　b) 打开线宽显示

图 2-11　线宽显示示例

任务二　绘制由多线和多段线构成的平面图形

本任务将学习如何使用多线和多段线相关命令绘制平面图形等。

一、绘制多线构成的平面图形

在交通土建工程制图工作中，常常需要使用平行直线来表达一些具有一定厚度或宽度的实体对象，如建筑平面图中表示墙体的双线，在道路工程制图中用来示意道路的标线等。正是由于制图工作中的这些需求，AutoCAD 2008 为用户提供了一个称之为“多线”的功能，它能同时绘制多达 16 条平行直线，并且可以自行设置直线间的间距、颜色及线型等属性，并且提供了完善的多线编辑修改的工具。综合使用相关工具，可以完成图 2-12 所示图形对象。

【操作步骤】

1. 设置所需要的多线样式

(1)单击【格式】菜单，选择【多线样式…】菜单选项或者在命令提示行执行多线样式命令 MLSTYLE，打开图2-13所示“多线样式”对话框。

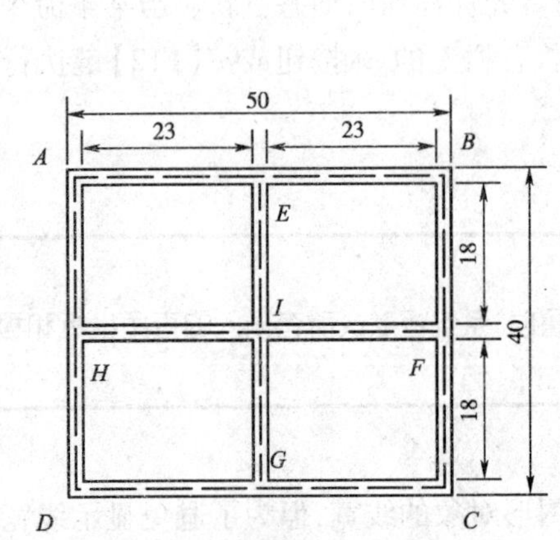

图 2-12　多线创建图形对象

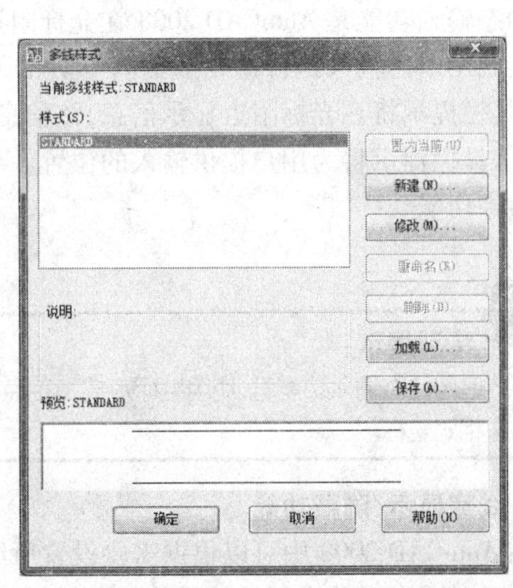

图 2-13　“多线样式”对话框

(2)单击 新建(N)... 按钮，打开图 2-14 所示“创建新的多线样式”对话框，在“新样式名”文本框中输入新建多线样式的名称“样式 1”，在“基础样式”下拉列表中选择“STANDARD”选项，将该样式作为新建样式的样板。

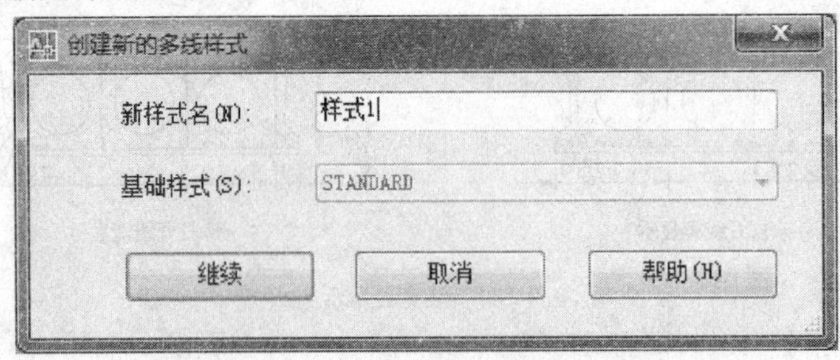

图 2-14　“创建新的多线样式”对话框

(3)单击 继续 按钮，在弹出图 2-15 所示的“新建多线样式”对话框后，在对话框中完成如下操作。

- 在“说明”文本框中输入关于多线样式的说明文字。
- 在“图元”设置区单击 添加(A) 按钮，新增加一条线，然后在“偏移”文本框中输入数值 0；在“线型”设置栏中单击 线型(Y)... 按钮，打开图 2-16 所示“选择线型”对话框，单

图 2-15 “编辑多线样式”对话框

击[加载(L)...]按钮；打开图 2-17 所示“加载或重载线型”对话框，选择“ACAD_ISO02W100”线型，再单击[确定]按钮关闭“加载或重载线型”对话框并返回“选择线型”对话框；在“选择线型”对话框的已加载线型列表中选中“ACAD_ISO02W100”线型，再单击[确定]按钮完成对该图元的设置。

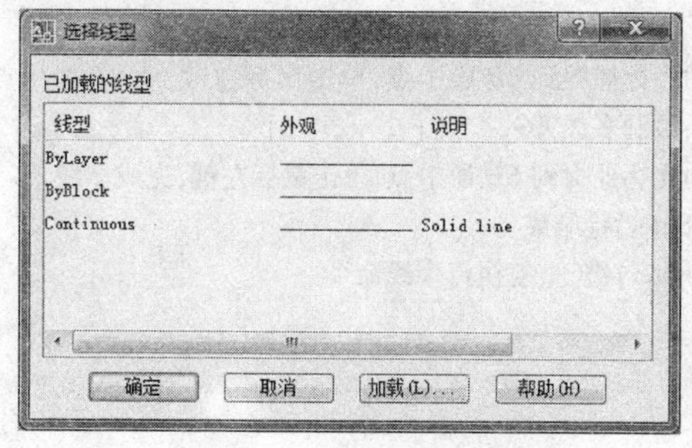

图 2-16 “选择线型”对话框

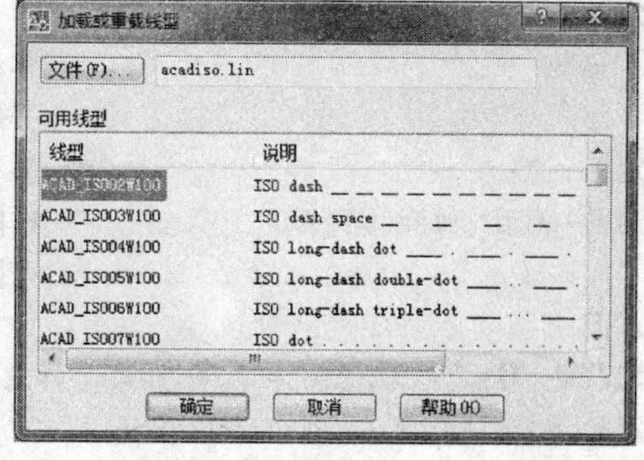

图 2-17 “加载或重载线型”对话框

- 在“图元”列表框中选中偏移值为 0.5 的图元，然后在“偏移”文本框中将其偏移值设置为 1。
- 在“图元”列表框中选中偏移值为 -0.5 的图元，然后在“偏移”文本框中将其偏移值设置为 -1。

(4)单击[确定]按钮，返回“多线样式”对话框，单击[置为当前(U)]按钮，将新样式设置为当前使用的样式。

2. 创建多线

使用鼠标选择菜单命令【绘图】→【多线】，或者在命令提示行输入命令 MLINE(命令缩写 ML)后回车，然后根据 AutoCAD 2008 的提示进行如下操作。

```
命令：mline                                   ←输入多线绘制命令，按【Enter】键，开始绘制多线
当前设置：对正 = 上，比例 = 20.00，样式 = 样式1
指定起点或[对正(J)/比例(S)/样式(ST)]：s
                                              ←输入选项S，按【Enter】键，设置多线绘制比例
输入多线比例 <20.00>：1                        ←输入数值1，将设多线绘制比例设置为1，按【Enter】键
当前设置：对正 = 上，比例 = 1.00，样式 =样式1
指定起点或[对正(J)/比例(S)/样式(ST)]：
                                              ←使用鼠标在绘图窗口单击确定第一点的位置
指定下一点：50                                 ←将用光标沿水平方向向右移动至出现水平方向极轴，输入
                                                数值50，按【Enter】键，确定AB段多线
指定下一点或[放弃(U)]：40                      ←将用光标沿竖直方向向下移动至出现垂直方向极轴，输入
                                                数值40，按【Enter】键，确定BC段多线
指定下一点或[闭合(C)/放弃(U)]：50              ←将用光标沿水平方向向左移动至出现水平方向极轴，输入
                                                数值50，按【Enter】键，确定CD段多线
指定下一点或[闭合(C)/放弃(U)]：c               ←输入选项C，按【Enter】键，使多线框闭合
命令：                                         ←按【Enter】键，重复执行多线命令
MLINE
当前设置：对正 = 上，比例 = 1.00，样式 =样式1
指定起点或[对正(J)/比例(S)/样式(ST)]：j
                                              ←输入选项J，按【Enter】键，设置多线对正方式
输入对正类型[上(T)/无(Z)/下(B)] <上>：z
                                              ←输入选项Z，将多线对正方式设置为"无"，按【Enter】键
当前设置：对正 = 无，比例 = 20.00，样式 =样式1
指定起点或[对正(J)/比例(S)/样式(ST)]：
                                              ←移动光标捕捉到AB段中点，单击鼠标左键，从AB段中点
                                                开始绘制多线EG
指定下一点：                                   ←移动光标捕捉到CD段中点，单击鼠标左键，完成多线EG
指定下一点或[放弃(U)]：                        ←按【Enter】键结束
                                              ←按【Enter】键，重复执行多线命令
MLINE
当前设置：对正 = 无，比例 = 1.00，样式 =样式1
指定起点或[对正(J)/比例(S)/样式(ST)]：
                                              ←移动光标捕捉到AD段中点，单击鼠标左键，从AD段中点
                                                开始绘制多线HF
指定下一点：                                   ←移动光标捕捉到BC段中点，单击鼠标左键，完成多线HF
指定下一点或[放弃(U)]：                        ←按【Enter】键结束
```

3. 编辑多线

使用鼠标选择菜单命令【修改】→【对象】→【多线…】，或者在命令提示行输入命令MLEDIT后回车，打开图2-18所示的"多线编辑"对话框。对话框中的小图标形象地表明了各种多线编辑功能。

(1)用鼠标单击"十字合并"选项图标，然后根据AutoCAD 2008的提示进行如下操作：

图 2-18 “多线编辑工具”对话框

命令：mledit	
选择第一条多线：	←使用鼠标单击选择 *HF* 段多线
选择第二条多线：	←使用鼠标单击选择 *EG* 段多线
选择第一条多线 或［放弃(U)］：	←按【Enter】键结束

(2)用鼠标单击“T 形合并”选项图标,然后根据 AutoCAD 2008 的提示进行如下操作：

命令：mledit	
选择第一条多线：	←使用鼠标单击选择 *EI* 段多线
选择第二条多线：	←使用鼠标单击选择 *AB* 段多线
选择第一条多线 或［放弃(U)］：	←使用鼠标单击选择 *IF* 段多线
选择第二条多线：	←使用鼠标单击选择 *BC* 段多线
选择第一条多线 或［放弃(U)］：	←使用鼠标单击选择 *IG* 段多线
选择第二条多线：	←使用鼠标单击选择 *CD* 段多线
选择第一条多线 或［放弃(U)］：	←使用鼠标单击选择 *HI* 段多线
选择第二条多线：	←使用鼠标单击选择 *AD* 段多线

结果如图 2-12 所示。

【知识链接】

1. 关于多线

(1)命令调用方式：

- 命令：MLINE
- 命令快捷方式：ML
- 菜单：【绘图】→【多线】

（2）命令选项功能：

● 对正（J）：该选项用于设置基准对正位置，即多线中哪条线段的端点与十字光标的中心重合并随光标移动。键入“J”选项后，系统会提示三种对正类型：“[上(T)/无(Z)/下(B)] <上>：”，其中“上(T)：”选项表示以多线的外侧线为基准绘制多线；“无(Z)：”选项表示以多线中偏移量位0的位置为基准；“下(B)：”选项以多线的内侧为基准绘制多线，分别如图2-19a)～c)所示。

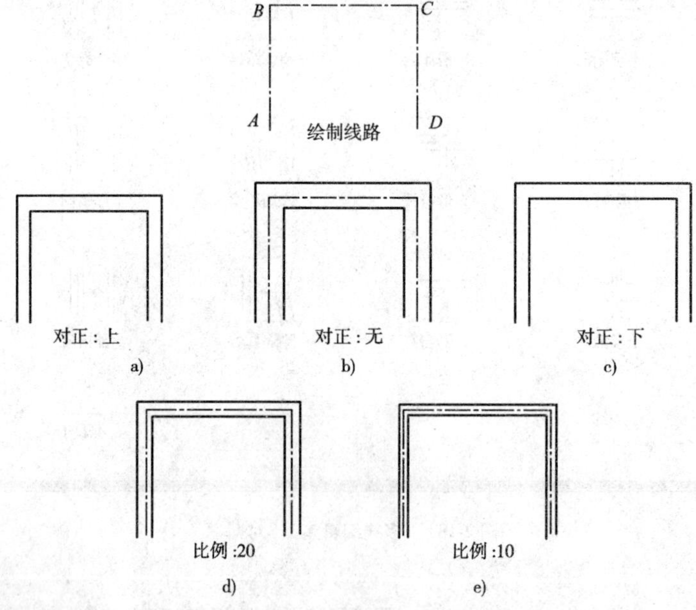

图2-19　多线绘制功能说明

● 比例（S）：该选项用于设定多线的宽度比例，即两条平行线之间的距离大小，其初始比例与样式设置有关，如图2-19d)、图2-19e)所示。

● 样式（ST）：该选项用于选择由“MLSTYLE”命令定义的多线样式，缺省为Standard。样式名称需要手动输入，如想查询已经存在的多线样式，可以在“输入多线样式名或[?]：”提示下键入“?”查询。

● 多线绘制过程中出现“闭和（C）”及“放弃（U）”选项功能与直线相同。

2. 关于多线样式

（1）命令调用方式：

● 命令：MLSTYLE

● 菜单：【格式】→【多线样式】

（2）“新建多线样式”对话框中常用选项功能：

● “说明”文本框：可以为创建的多线样式添加简要说明。

● “直线”复选框：用于在多线两端形成直线段封口形式，如图2-20a)所示。

● “外弧”复选框：用于在多线两端形成外圆弧封口形式，如图2-20b)所示。

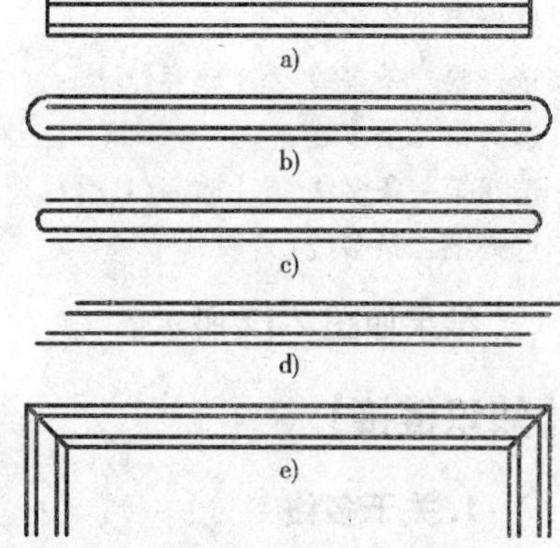

图2-20　多线的各种特性

● “内弧”复选框：用于在多线两端形成内圆弧封口形式，如图2-20c)所示。

● “角度”复选框：用于在多线某一端的端口连线与多线的夹角，如图2-20d)所示。

● “填充颜色”下拉列表：用于设置在多线之间用不同颜色进行填充。

● “显示连接”复选框：选中该选项，则系统在多线的转角处将显示连接线，如图2-20e）所示。

● 添加(A) 按钮：单击此按钮，系统可以在多线中添加一条新线，该线的偏移量可以在“偏移”文本框中设置。

● 删除(D) 按钮：在图元列表中选中某个图元后，单击该按钮，可以删除多线中对应的线元素。

● “颜色”下拉列表：用于设置在多线中选定线元素的颜色。

● 线型(Y)... 按钮：用于指定图元列表中选定线元素的线型。

（3）若要对某种样式的多线样式进行修改，首先在“多线样式”对话框的“样式”栏中选中需要修改的样式，再单击 修改(M)... 按钮，进入到图2-15所示对话框中，对选中样式进行编辑修改。

（4）“多线样式”对话框中的 保存(A)... 按钮用于将当前多线样式保存为“＊.mln”文件，加载(L)... 按钮用于加载外部的多线样式“＊.mln”文件。若未对当前设置的样式进行保存，则在关闭软件后，设置的样式会丢失。

3. 关于多线编辑

多线的编辑修改需要使用特定的命令MLEDIT来打开“多线编辑”对话框完成，使用“多线编辑”可以改变两条多线的相交形式，可以在多线中加入控制顶点或删除顶点，还可以将多线中的线条切断或接合。

（1）命令调用方式：

● 命令：MLEDIT

● 菜单：【修改】→【对象】→【多线】

（2）功能说明：

● 多线编辑不论是十字工具、T形工具、角点结合还是剪切等实质上都是将修改的部分隐藏，因此，大多数情况下可以通过“全部结合”方式进行恢复。

● 在使用十字工具、T形工具、角点结合等编辑方式时，特别要注意选择多线的次序和位置，否则可能无法达到修剪的目的。

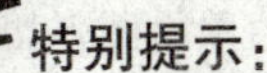

特别提示：

在已经创建完成的多线对象上双击鼠标左键，也可以打开“多线编辑工具”对话框，通过对话框可以完成对多线的编辑修改操作。

二、绘制多段线构成的平面图形

AutoCAD 2008允许用户使用多段线一次性绘制由一系列具有宽度性质的直线段和圆弧段组成的单一对象。下面使用多段线命令，绘制如图2-21所示的图形。

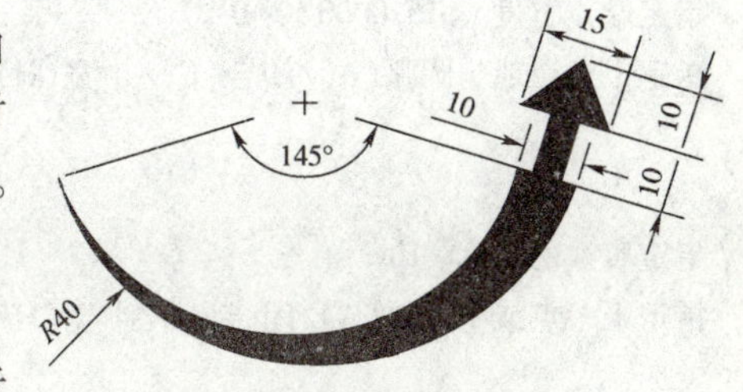

图2-21　多段线创建图形对象

【操作步骤】

使用鼠标选择菜单命令【绘图】→【多段线】，或者在命令提示行输入命令 PLINE（命令缩写 PL）后回车，然后根据 AutoCAD 2008 的提示进行如下操作：

命令：pline ←输入多线绘制命令，按【Enter】键，开始绘制多线
指定起点： ←使用鼠标在绘图窗口任意位置单击指定第一点
当前线宽为 0.0000
指定下一个点或［圆弧（A）/半宽（H）/长度（L）/放弃（U）/宽度（W）］：a
←输入参数 A，按【Enter】键开始绘制第一段圆弧
指定圆弧的端点或
［角度（A）/圆心（CE）/方向（D）/半宽（H）/直线（L）/半径（R）/第二个点（S）/放弃（U）/宽度（W）］：w
←输入参数 W，按【Enter】键设置第一段圆弧的线宽
指定起点宽度 <10.0000>：0 ←输入数值“0”，按【Enter】键设置圆弧的起点宽度
指定端点宽度 <0.0000>：10 ←输入数值“10”，按【Enter】键设置圆弧的终点宽度
指定圆弧的端点或
［角度（A）/圆心（CE）/方向（D）/半宽（H）/直线（L）/半径（R）/第二个点（S）/放弃（U）/宽度（W）］：a
←输入参数 A，按【Enter】键通过设置圆心角方式确定圆弧的形状
指定包含角：145 ←输入数值“145”，按【Enter】键设置圆弧的圆心角度
指定圆弧的端点或［圆心（CE）/半径（R）］：r
←输入参数 R，按【Enter】键通过设置半径的方式确定圆弧的大小
指定圆弧的半径：40 ←输入数值“40”，按【Enter】键设置圆弧的半径
指定圆弧的弦方向 <73>：0 ←输入数值“0”，按【Enter】键设置圆弧的方向
指定圆弧的端点或
［角度（A）/圆心（CE）/闭合（CL）/方向（D）/半宽（H）/直线（L）/半径（R）/第二个点（S）/放弃（U）/宽度（W）］：l ←输入参数 L，按【Enter】键切换回绘制直线方式
指定下一点或［圆弧（A）/闭合（C）/半宽（H）/长度（L）/放弃（U）/宽度（W）］：w
←输入参数 W，按【Enter】键设置第二段直线的线宽
指定起点宽度 <10.0000>：5 ←输入数值“5”，按【Enter】键设置直线的起点宽度
指定端点宽度 <5.0000>：5 ←输入数值“5”，按【Enter】键设置直线的终点宽度
指定下一点或［圆弧（A）/闭合（C）/半宽（H）/长度（L）/放弃（U）/宽度（W）］：l
←输入参数 L，按【Enter】键使直线沿圆弧切线方向绘制
指定直线的长度：10 ←输入数值“10”，按【Enter】键设置线段的长度
指定下一点或［圆弧（A）/闭合（C）/半宽（H）/长度（L）/放弃（U）/宽度（W）］：w
←输入参数 W，按【Enter】键设置第三段直线的线宽
指定起点宽度 <5.0000>：15 ←输入数值“15”，按【Enter】键设置直线的起点宽度
指定端点宽度 <15.0000>：0 ←输入数值“0”，按【Enter】键设置直线的终点宽度
指定下一点或［圆弧（A）/闭合（C）/半宽（H）/长度（L）/放弃（U）/宽度（W）］：l
←输入参数 L，按【Enter】键使直线沿前一段线段方向绘制
指定直线的长度：10 ←输入数值“10”，按【Enter】键设置线段的长度
指定下一点或［圆弧（A）/闭合（C）/半宽（H）/长度（L）/放弃（U）/宽度（W）］：
←按【Enter】键结束多段线的绘制

其结果如图2-21所示。

【知识链接】

1. 多段线命令调用方式

- 命令:PLINE
- 命令快捷方式:PL
- 菜单:【绘图】→【多段线】
- 工具栏按钮:绘图工具栏→

2. 多段线命令选项说明

- 圆弧(A):切换至圆弧绘制模式,绘制方式选项如下:
  - ◆ 角度(A):通过输入圆心角度值控制圆弧的绘制。
  - ◆ 圆心(CE):通过指定圆心方式控制圆弧的绘制。
  - ◆ 方向(D):通过确定圆弧的切线方向控制圆弧绘制。
  - ◆ 直线(L):由圆弧绘制切换至直线绘制。
  - ◆ 半径(R):通过输入半径控制圆弧绘制。
  - ◆ 第二个点(S):通过三点方式控制圆弧绘制。
- 半宽(H):设置多段线一半的宽度。
- 闭合(C):用于封闭起点和最后一个绘线点,并结束命令。
- 放弃(U):退回至上一点。
- 宽度(D):设置多段线绘制的起始与结束的宽度值。
- 长度(L):绘制与前一段直线角度相同或与前一段圆弧相切的指定长度线段。

3. 命令功能说明

● 多段线可以用于绘制具有一定宽度的直线或圆弧。若需要绘制有宽度的部分需要先行进行设置,在绘制过程中若有宽度变化,仍需先修改宽度,再绘制宽度线。

● 在绘制多段线命令下选择"长度(*L*)"选项可以绘制与前一段直线角度相同的指定长度线段,若前一段为圆弧,则在选择"长度(*L*)"选项后可以绘制与前一段圆弧止点相切的指定长度线段。

● 多段线的宽度填充是否显示可以通过 FILLMODE 变量进行设置。系统默认变量值为"1",如果将变量值设置为"0",则所绘制的多段线会以线框的形式显示。

● 多段线的属性修改可以通过多段线的专用编辑命令 PEDIT 来完成。

任务三　使用点等分对象

本任务将学习如何创建点,并使用点完成等分对象的工作等。

一、设置点样式并绘制指定坐标的点

点在 AutoCAD 图形中有多种不同的表示方式,它的默认样式是细小的圆点,如果不进行设置,在绘图过程中几乎无法看到。使用时应该根据需要对点的样式和显示方式进行设置。

【操作步骤】

(1)单击【格式】菜单,选择【点样式】选项或者在命令提示行执行点样式命令 DDPTYPE,打开图 2-22 所示"点样式"对话框。

(2)使用鼠标选中第二行第四列的点样式,再选中"按绝对单位设置大小"单选框,并在"点大小"文本框中输入数值 5,将每次绘制的点的大小设置为 5 个单位。

(3)单击 确定 按钮,完成点样式的设置。

(4)在命令提示行输入命令 POINT(命令缩写 PO)后回车,然后根据 AutoCAD 2008 的提示进行如下操作。

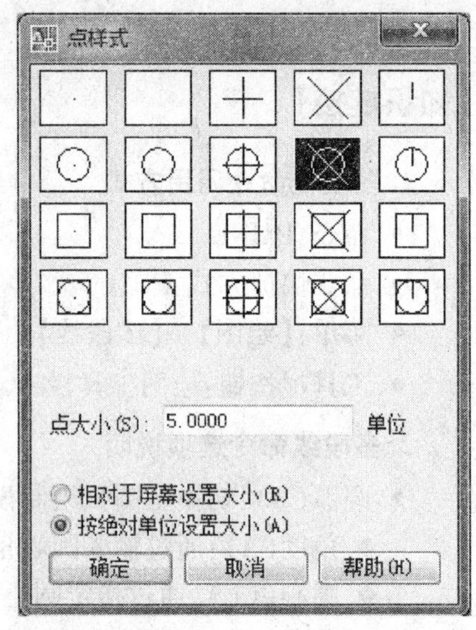

图 2-22 "点样式"对话框

命令: point	←输入命令,按【Enter】键
当前点模式: PDMODE = 35 PDSIZE = 5.0000	
指定点: 100,100	←输入点坐标值(100,100)按【Enter】键结束多绘制

在绘图窗口坐标为(100,100)位置会出现一个按步骤 2 设置的点。

【知识链接】

1. 关于点样式

(1)命令调用方式:

- 命令行:DDPTYPE
- 菜单:【格式】→【点样式】

(2)对话框选项说明:

- "相对于屏幕设置大小"选项:按屏幕尺寸的百分比设置点的显示大小。在这种方式下创建点对象后,进行视图缩放时,点的显示大小并不改变。
- "按绝对单位设置大小"选项:按"点大小"下指定的实际单位设置点显示的大小。在这种方式下创建点对象后,进行视图缩放时,显示的点大小随之改变。

2. 关于点的绘制

(1)命令调用方式:

- 命令:POINT
- 命令快捷方式:PO
- 菜单:【绘图】→【点】→【单点】/【多点】
- 工具栏按钮:绘图工具栏→

(2)命令功能说明:

- 通过菜单方式操作时,"单点"选项表示只输入一个点,"多点"选项表示可输入多个点。
- 通过命令方式(POINT 或 PO)绘制点,系统默认为单点绘制方式,采用工具栏按钮方式调用点绘制时采用的是多点方式。

- 打开状态栏中的"对象捕捉"开关并选中 "节点"捕捉模式,可以帮助用户在绘图过程中准确拾取点对象。
- 改变系统变量值 PDMODE 和 POSIZE 后,只影响以后绘制的点,而已画好的点不会发生变化,只有在用重生成命令或重新打开图形时才会改变。
- 连续绘点命令执行过程实际是单点命令的重复,按【Esc】键可以终止执行。
- 点绘制命令通常与其他命令组合使用,通过与对象捕捉结合使用作为其他绘图命令的控制点或参考点。

二、使用点等分直线对象

使用点来等分对象时,根据其等分方式的不同,在 AutoCAD 中分为定数等分和定距等分两种类型。定数等分即通常所说的绘制等分点,它是根据需要等分的数目在图形对象上绘制等分点,这些点并不分割对象,只是标明等分点的位置。定距等分又称为绘制测量点,它是用于在图形对象上按指定的距离绘制等分点。

本操作介绍定距等分点和定数等分点的画法。

【操作步骤】

1. 绘制直线 *ABC*

在命令提示行输入直线绘制命令 LINE 后回车,然后根据 AutoCAD 2008 的提示进行如下操作:

命令:line	←输入命令,按【Enter】键
指定第一点:200,100	←输入 *A* 点坐标值(200 ,100)按【Enter】
指定下一点或[放弃(U)]:100,0	←输入 *B* 点坐标值(100 ,0)按【Enter】
指定下一点或[放弃(U)]:200,20	←输入 *C* 点坐标值(200 ,20)按【Enter】
指定下一点或[闭合(C)/放弃(U)]:	←按【Enter】键结束直线段绘制

结果如图 2-23a)所示。

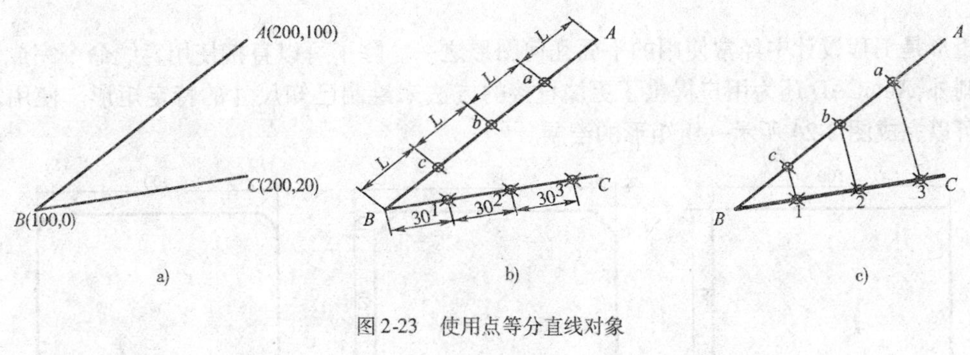

图 2-23　使用点等分直线对象

2. 设置点的样式。

使用 DDPTYPE 命令打开图 2-22 所示"点样式"对话框,将点的样式设置为其中任意一个可以明显辨识的样式(本例中选择的是第二行第四列所示样式)。

3. 将线段 AB 等分为四段

在命令提示行输入定数等分命令 DIVIDE(命令缩写 DIV)后回车,然后根据 AutoCAD 2008 的提示进行如下操作:

```
命令：divide                                ←输入命令，按【Enter】键
选择要定数等分的对象：                      ←使用鼠标单击选择线段 AB
输入线段数目或 [块(B)]：4                   ←输入等分数量“4”，按【Enter】完成
```

4. 将线段 *BC* 从 *B* 端按长度 30 进行等分

在命令提示行输入定数等分命令 MEASURE(命令缩写 ME)后回车，然后根据 AutoCAD 2008 的提示进行如下操作：

```
命令：measure                               ←输入命令，按【Enter】键
选择要定距等分的对象：                      ←使用鼠标单击选择线段 BC
指定线段长度或 [块(B)]：30                  ←输入等分长度“30”，按【Enter】完成
```

结果如图 2-23b)所示。

5. 连接各等分点

在状态栏中打开如前图 2-8 所示“草图设置”对话框，设置自动对象捕捉模式为“节点”，打开对象捕捉工具，使用直线绘制命令 LINE 依次连接各点，连接顺序如图 2-23c)所示。

特别提示：

使用定距等分命令 MEASURE 时，选择对象的位置决定了等分的方向，即在选择对象时，鼠标单击靠近等分对象的哪一端，等分工作就从哪一端开始，等分到最后剩余部分不够等分长度，则该段长度保持不变。

任务四　绘制多边形

本任务将学习如何创建矩形和正多边形对象。

一、绘制矩形

矩形是工程设计中经常使用的平面几何图形之一。除了可以直接使用直线命令完成矩形的绘制外，AutoCAD 还为用户提供了更加直接的方法来绘制已知尺寸的特定矩形。使用矩形命令可以完成图 2-24 所示一组矩形的绘制。

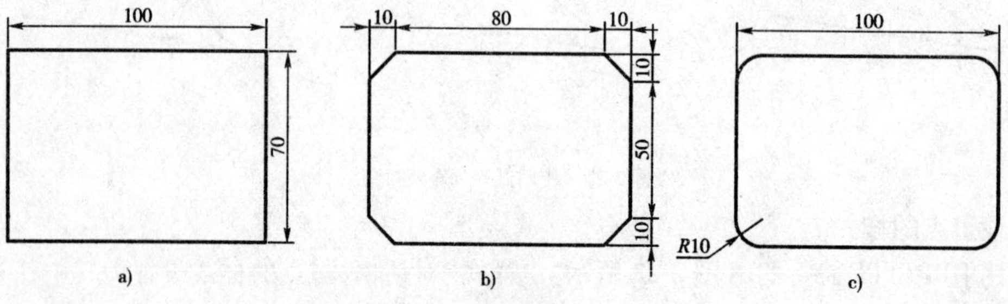

图 2-24　绘制不同样式的矩形

【操作步骤】

(1)绘制图 2-24a)所示长 100，宽 70 的标准矩形。

在命令提示行输入矩形绘制命令 RECTANG(命令缩写 REC)后回车,然后根据 AutoCAD 2008 的提示进行如下操作:

```
命令:rectang                                          ←输入命令,按【Enter】键
指定第一个角点或[倒角(C)/标高(E)/圆角(F)/厚度(T)/宽度(W)]:0,0
                                                      ←输入矩形一个角点坐标值(0,0)按【Enter】
指定另一个角点或[面积(A)/尺寸(D)/旋转(R)]:100,70
                                                      ←输入矩形一个角点坐标值(100,70)按【Enter】完成矩
                                                        形绘制
```

绘制完成的结果如图 2-24a)所示。

(2)绘制图 2-24b)所示总长 100,总宽 70,倒角长度为 10 的切角矩形。

在命令提示行输入矩形绘制命令 RECTANG 后回车,然后根据 AutoCAD 2008 的提示进行如下操作:

```
命令:rectang
指定第一个角点或[倒角(C)/标高(E)/圆角(F)/厚度(T)/宽度(W)]:c
                                          ←输入选项参数"C",按【Enter】键,绘制切角矩形
指定矩形的第一个倒角距离 <0.0000>:10       ←输入第一个倒角距离,按【Enter】键
指定矩形的第二个倒角距离 <10.0000>:10      ←输入第二个倒角距离,按【Enter】键(如果第二个
                                            倒角距离与第一个相同,也可以直接按【Enter】
                                            键确认)
指定第一个角点或[倒角(C)/标高(E)/圆角(F)/厚度(T)/宽度(W)]:140,0
                                          ←输入坐标(140,0),按【Enter】键确定第一个角点
                                            位置
指定另一个角点或[面积(A)/尺寸(D)/旋转(R)]:d
                                          ←输入选项参数"D",按【Enter】键,使用尺寸关系
                                            绘制矩形
指定矩形的长度 <10.0000>:100              ←输入矩形长度值 100,按【Enter】键(此处应输入
                                            未倒角的长度值)
指定矩形的宽度 <10.0000>:70               ←输入矩形宽度值 70,按【Enter】键(此处应输入未
                                            倒角的宽度值)
指定另一个角点或[面积(A)/尺寸(D)/旋转(R)]: ←移动鼠标确定矩形的放置方向,单击左键确认
```

结果如图 2-24b)所示。

(3)绘制图 2-24c)所示总长 100,总宽 70,圆角半径为 10 的圆角矩形。

在命令提示行输入矩形绘制命令 RECTANG 后回车,然后根据 AutoCAD 2008 的提示进行如下操作:

```
命令:rectang
当前矩形模式:倒角=10.0000 x 10.0000       ←提示当前矩形绘制的模式
指定第一个角点或[倒角(C)/标高(E)/圆角(F)/厚度(T)/宽度(W)]:f
                                          ←输入选项参数"F",按【Enter】键,绘制圆角矩形
指定矩形的圆角半径 <10.0000>:10            ←输入圆角半径值 10,按【Enter】键
指定第一个角点或[倒角(C)/标高(E)/圆角(F)/厚度(T)/宽度(W)]:280,0
                                          ←输入坐标(280,0),按【Enter】键确定第一个角点
                                            位置
```

指定另一个角点或［面积(A)/尺寸(D)/旋转(R)］: d	←输入选项参数“D”，按【Enter】键，使用尺寸关系绘制矩形
指定矩形的长度 <100.0000>: 100	←输入矩形长度值 100，按【Enter】键(此处应输入未倒角的长度值，尖括号内为系统记录的前一次绘制矩形的长度)
指定矩形的宽度 <70.0000>: 70	←输入矩形宽度值 70，按【Enter】键(此处应输入未倒角的宽度值)
指定另一个角点或［面积(A)/尺寸(D)/旋转(R)］:	←移动鼠标确定矩形的放置方向，单击左键确认

绘制完成的结果如图 2-24c)所示。

【知识链接】

1. 命令调用方式

- 命令行：RECTANGE
- 命令快捷方式：REC
- 菜单：【绘图】→【矩形】
- 工具栏按钮：绘图工具栏→

2. 命令选项说明

- 倒角(C)：用于绘制设置倒角的矩形。
- 高程(E)：用于绘制具有一定位置高度的矩形。
- 圆角(F)：用于绘制设置圆角的矩形。
- 厚度(T)：用于绘制具有一定厚度的矩形。
- 线宽(W)：用于绘制具有一定线宽的矩形。
- 面积(A)：用于绘制确定面积的矩形。
- 尺寸(D)：用于绘制确定尺寸的矩形。
- 旋转(R)：用于绘制指定旋转角度的矩形。

3. 命令功能说明

- 使用 RECTANG 命令可以绘制一些特殊的矩形，如带圆角的矩形、带倒角的矩形以及具有一定宽度的矩形等，但绘制这些特殊的矩形需要先调用相应的参数，再通过指定对角点或指定尺寸等方式来绘制矩形。
- 在执行矩形绘制命令后，相应的参数，如倒角距离、倒圆半径、线宽等将被系统记录，作为下一次绘制矩形的默认参数，若需要重新绘制矩形，需要将对应参数进行调整。
- 用“面积(A)”选项通过指定面积和长或宽度创建矩形时，指定长度或宽度后，系统自动计算另一个宽度后绘制出矩形。如果矩形被倒角或圆角，则长度或宽度计算中会考虑此设置。
- 用“高程(E)”选项绘制矩形时，可以指定矩形高程(Z 坐标)，即把矩形画在高程为 *Z*，和 *XOY* 坐标面平行的平面上，绘制完成后，在 *XY* 投影面上，无法直接观察出高程变化，可以通过变换视图进行观察。
- “旋转(R)”选项可以与“面积”、“尺寸”选项配合，根据需要绘制任意角度的矩形。
- 绘制矩形时，以上各参数可以任意组合使用。
- 绘制完成的矩形是以一个整体的形式出现，类似于多段线，若需要单独对某一条边进行编辑修改，需要使用分解命令 EXPLODE 将矩形分解为单个的线段再进行编辑修改。矩形分解后，设置的线宽特性会丢失。

二、绘制正多边形

AutoCAD 2008 可以让用户根据已知正多边形的参数，选择指定中心点方式绘制正多边形或者指定边长方式绘制正多边形。下面将分别使用者两种方式完成图 2-25 所示一组正多边形的绘制。

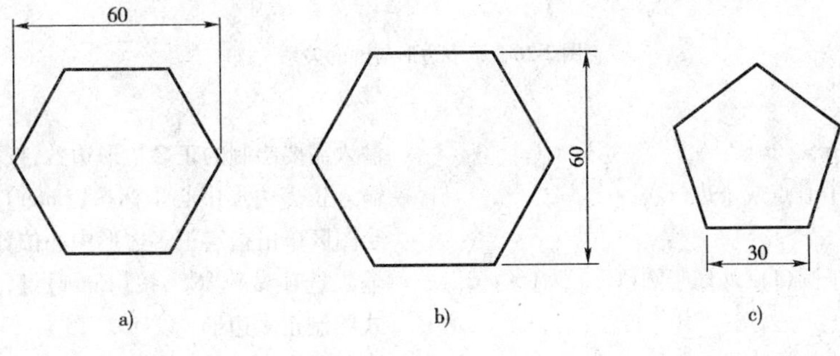

图 2-25　绘制正多边形形

【操作步骤】

1. 绘制图 2-25a）所示正六边形。

在命令提示行输入矩形绘制命令 POLYGON（命令缩写 POL）后回车，然后根据 AutoCAD 2008 的提示进行如下操作：

命令：polygon	
输入边的数目 <4>：6	←输入需要绘制的正多边形边数，按【Enter】
指定正多边形的中心点或［边(E)］：	←输入正多边形中心坐标按【Enter】或使用鼠标在绘图区单击指定正多边形中心位置
输入选项［内接于圆(I)/外切于圆(C)］<I>：I	←输入选项参数“I”，按【Enter】键，用内接于圆方式绘制正多边形
指定圆的半径：30	←输入正多边形外接圆半径值 30，按【Enter】完成正六边形绘制

绘制完成的结果如图 2-25a）所示。

分析：图 2-25a）所示正六边形的已知尺寸参数为两对顶角之间的距离，AutoCAD 中的 PLOYGON 命令提供的绘制正多边形的方式有指定中心点方式和指定边长方式。显然，在本图中如果采用指定边长的方式绘制，就必须先计算出边长，虽然正六边形在已知对顶角距离下计算边长比较容易，但如果是正八边形、正十边形等其他正多边形，计算边长的工作就很复杂了，因此，采用指定中心点的方式绘制该图形。同时，根据几何知识我们知道，以正多边形中心位圆心的圆和正多边形之间会存在外接和内切两种情况，并且圆的半径与正多边形的尺寸参数之间会存在一定的关系，如图 2-26 所示，故此，在绘制本图时采用指定该正六边形的外接圆半径方式确定其尺寸。

2. 绘制图 2-25b）所示正六边形

在命令提示行输入矩形绘制命令 POLYGON 后回车，然后根据 AutoCAD 2008 的提示进行如下操作：

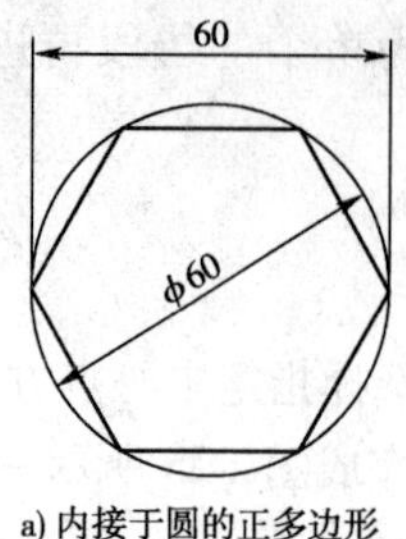

a) 内接于圆的正多边形

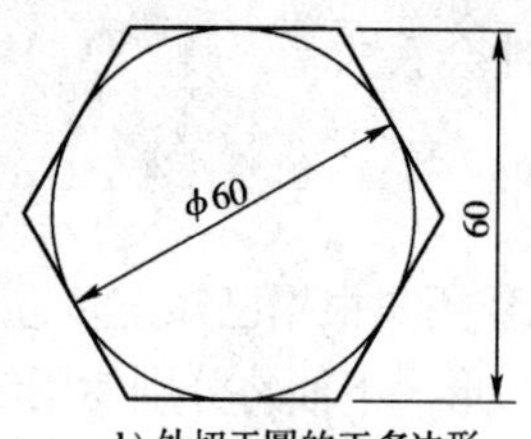

b) 外切于圆的正多边形

图 2-26　正多边形与圆的关系

命令：polygon	
输入边的数目 <6>：6	←输入需要绘制的正多边形边数，按【Enter】
指定正多边形的中心点或［边(E)］：	←输入正多边形中心坐标按【Enter】或使用鼠标在绘图区单击指定正多边形中心位置
输入选项［内接于圆(I)/外切于圆(C)］<I>：C	←输入选项参数"C"，按【Enter】键，用外切于圆方式绘制正多边形
指定圆的半径：30	←输入正多边形内切接圆半径值 30，按【Enter】完成正六边形绘制

绘制完成的结果如图 2-25b）所示。

3. 绘制图 2-25c）所示正五边形。

在命令提示行输入矩形绘制命令 POLYGON 后回车，然后根据 AutoCAD 2008 的提示进行如下操作：

命令：polygon	
输入边的数目 <6>：5	←输入需要绘制的正多边形边数，按【Enter】
指定正多边形的中心点或［边(E)］：E	←输入选项参数"E"，按【Enter】键，采用指定边长方式绘制正五边形
指定边的第一个端点：	←在绘图区单击鼠标左键，指定正五边形第一个端点的位置
指定边的第二个端点：30	←移动鼠标指定边长方向，输入边长值 30，按【Enter】，完成正五边形的绘制

绘制完成的结果如图 2-25c）所示。

分析：图 2-25c）所示正五边形的已知尺寸参数为边长，此时如果还是像绘制前面两个正六边形那样采用指定中心点，给出内切（外接）圆半径的方式绘制正多边形，势必要先计算圆的半径值。在已知正多边形的边长的情况下，可以直接采用指定边长的方式绘制正多边形。

【知识链接】

1. 命令调用方式

- 命令行：POLYGON
- 命令快捷方式：POL
- 菜单：【绘图】→【正多边形】
- 工具栏按钮：绘图工具栏→⬠

2. 命令功能说明

● 正多边形绘制命令可以完成边数最小为3,最大为1024的正多边形的绘制。

● 如果选择"边"选项,则只要指定多边形的一个顶点和边长,系统就会以指定的顶点为基点创建正多边形。

● 选择内接于圆还是外切于圆绘制正多边形,主要与已知正多边形的尺寸参数有关,具体绘制时需加以分析。

● 绘制完成的正多边形同样是以一个整体的形式出现,类似于多段线,若需要单独对某一条边进行编辑修改,需要先将其分解为单个的线段再进行编辑修改。

项目拓展

本项目拓展介绍构造线的使用方法。

构造线是指通过两点或通过一点并确定了方向且向两端无限延长的直线。在使用AutoCAD绘图时,构造线一般用做辅助线。在绘制三面投影图时,通常有"长对正,高平齐,宽相等"的要求,当绘制的图形比较大,比较复杂时,利用目测很难实现这样的要求,这时就可以先画一些构造线作为辅助线,利用这样的辅助线就可以比较方便快捷地绘出需要的图形。

1. 命令调用方式

● 命令行:XLINE

● 命令快捷方式:XL

● 菜单:【绘图】→【构造线】

● 按钮:绘图工具栏→

2. 命令功能说明

调用构造先绘制命令 XLINE 后,然后根据 AutoCAD 2008 的提示进行如下操作:

```
命令: xline
指定点或 [水平(H)/垂直(V)/角度(A)/二等分(B)/偏移(O)]:
```

(1)指定点选项可以让用户用两个点绘制一条或一组穿过起点和各通过点的无限长直线。在"指定点:"提示下,选一个点,在"指定通过点:"提示下,再指明另一个点,如图2-27a)所示。

(2)水平(H)选项可以画出一条或一组穿过指定点并与当前用户坐标系 X 轴平行的无限长直线。输入选项参数"H"选择水平选项后,AutoCAD 提示"指定通过点",此时在绘图窗口指定一个点,就可以绘制一条通过该点且与 X 轴平行的构造线,如图2-27b)所示。

(3)垂直(V)选项可以画出一条或一组穿过指定点并与当前用户坐标系 Y 轴平行的无限长直线。输入选项参数"V"选择垂直选项后,AutoCAD 提示"指定通过点",此时在绘图窗口指定一个点,就可以绘制一条通过该点且与 Y 轴平行的构造线,如图2-27c)所示。

(4)角度(A)选项可以画出一条或一组与当前坐标系 X 轴成任意指定角度的无限长直线。输入选项参数"A"选择角度选项后,若在"输入构造线的角度 (0) 或 [参照(R)]:"提示下直接输入一个角度值,AutoCAD 会要求确定一个经过点,此时,会绘制一条通过该点与当前用户坐标系 X 轴成输入角度值得构造线;若输入选项参数"R"选择参照选项,AutoCAD 会要求

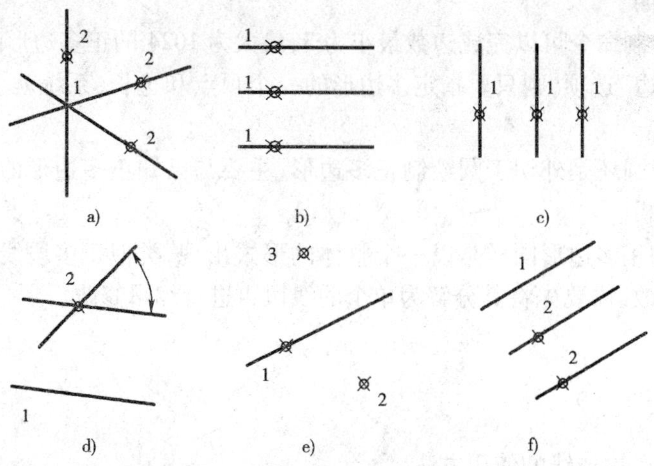

图 2-27　构造线绘制功能说明

用户选择一条直线对象作为参考对象，然后指定角度和经过点，此时绘制的构造线将会是以选择的参照直线方向为 0 度方向，再旋转指定角度值后的直线，如图 2-27d)所示。

(5)二等分(B)选项可以通过给定的三点画一条或一组无穷长直线，该直线穿过“1”点，并平分“1”点(顶点)与“2”点和“3”点构成的夹角，如图 2- 27e)所示。因此，二等分选项常用于绘制角平分线类的辅助线。

(6)偏移(O)选项可以选择一条任意方向的直线来画一条或一组与所选直线平行的无限长直线。输入选项参数“O”选择偏移选项且偏移选项响应后，用户可通过输入平移距离来确定构造线与原直线对象之间的位置关系，也可以利用“[通过(T)]”选项确定构造线所要经过的点来确定与原直线对象之间的位置关系。不管使用何种方法，下一步都是选择直线，若指定偏移距离，AutoCAD 会再次给出“指定向哪侧偏移：”提示，此时，用户在希望构造线出现在所选的直线的那一侧单击鼠标左键拾取一点即可，如图 2-27f)所示。

项目小结

本项目主要内容总结如下：

◆ 在 AutoCAD 2008 中精确绘制图形对象主要依靠输入点坐标的方式完成。坐标可以是直角坐标也可以是极坐标，输入的方式分为绝对坐标和相对坐标两种。

◆ AutoCAD 2008 为用户提供了多种辅助工具，如正交、对象捕捉、极轴追踪等，掌握并灵活使用辅助工具可以帮助用户迅速、准确地完成图形对象的绘制。

◆ 创建直线类对象的命令很多：LINE 命令主要用于在两点之间绘制线段；MLINE 命令用于同时绘制多条平行线；PLINE 命令主要用于绘制直线和圆弧组合线段和具有宽度变化的线段，另外，还可以使用 XLINE 命令绘制两端无限延长的构造线，使用 RAY 命令绘制射线等，在开展绘图工作时，可以根据需要选择使用。

◆ 矩形命令 RECTANGE 可以绘制确定长度和宽度的矩形，并可以完成切角、圆角等工作。

◆ 正多边形命令 POLIGON 提供了指定边长或指定内切(外接)圆心与半径两种方式精确绘制边数最小为 3，最大为 1024 的正多边形。

实训

1. 结合输入点的坐标及对象捕捉等辅助功能绘制如图 2-28 所示直线。

2. 结合矩形命令和多段线命令绘制图 2-29 所示的交通标志牌。

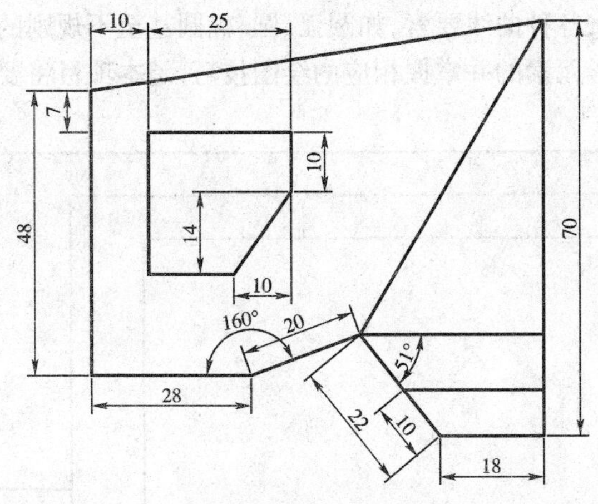

图 2-28　实训 1 图

图 2-29　实训 2 图

要求：图中圆角矩形框的宽度为 1。

3. 绘制图 2-30 所示 U 型桥台的三面投影图。

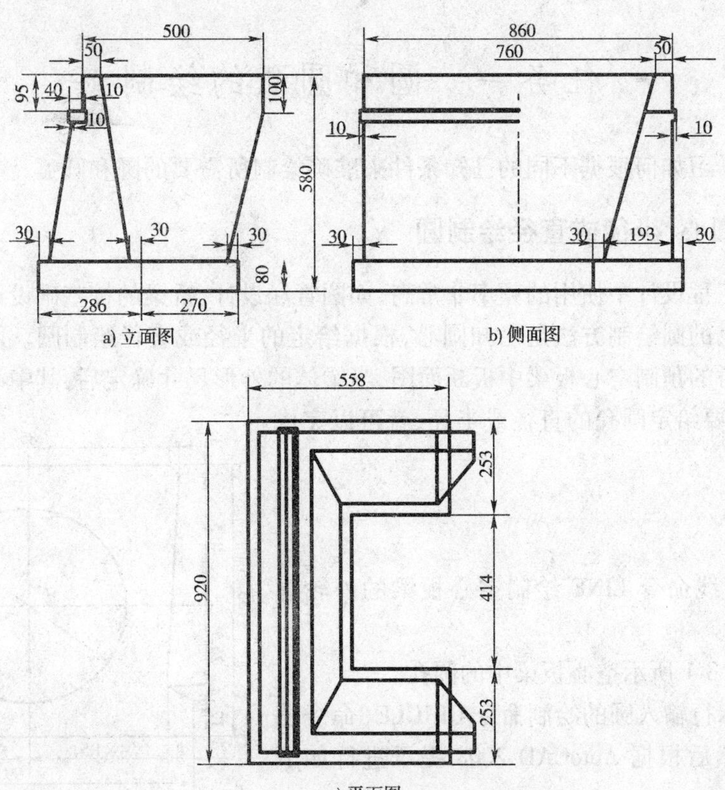

a) 立面图

b) 侧面图

c) 平面图

图 2-30　实训 3 图

项目三　绘制曲线平面图形

建筑物和构造物并不只是由直线构成,各种曲线要素,如圆弧、圆、椭圆甚至不规则的曲线等也是常用的几何元素,如何创建这些图形元素的并掌握相应的绘图技巧,是本项目将要介绍的内容。

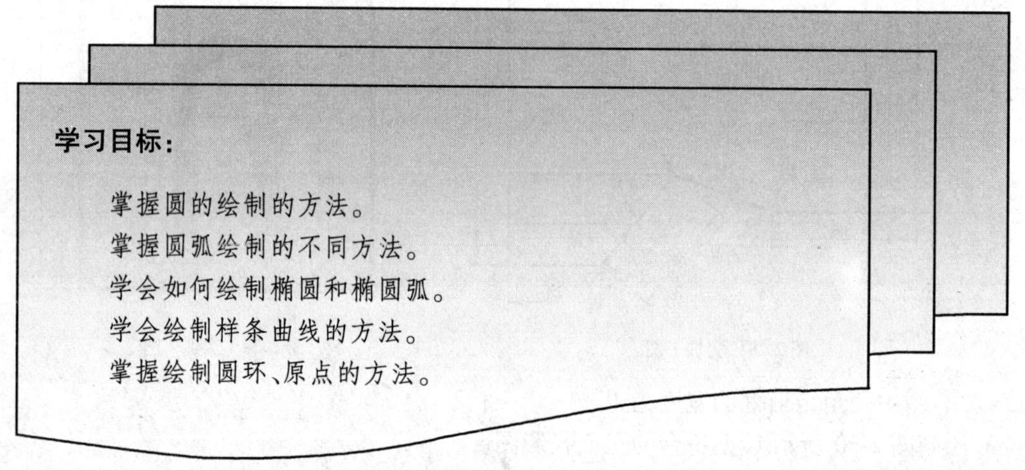

任务一　圆和圆弧的绘制

本任务将学习如何根据不同的已知条件来准确绘制所需要的圆和圆弧。

一、已知圆心、半径或直径绘制圆

圆在公路工程设计中使用的频率非常高,如圆管涵设计、桥梁的桩基础设计等都会用到圆的绘制。最常见的圆绘制方法是已知圆心,根据给定的半径或直径绘制圆。图 3-1 所示为某钢筋混凝土梁桥的预制空心板梁中板断面图,当梁体的外形尺寸确定后,其中心圆孔的圆心就确定了,此时只要给定圆孔的直径或半径,就可以完成圆孔的绘制。

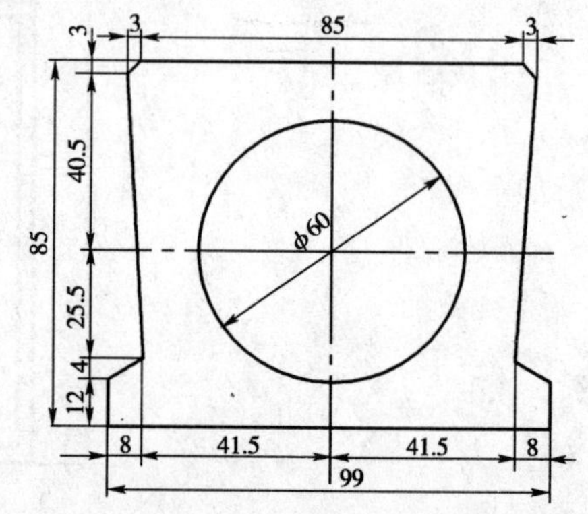

图 3-1　空心板梁中板断面图

【操作步骤】

(1)使用直线命令 LINE 绘制空心板梁的外轮廓(步骤略)。

(2)绘制图 3-1 所示空心板梁中的圆孔。

在命令提示行输入圆的绘制命令 CIRCLE(命令缩写 C)后回车,然后根据 AutoCAD 2008 提示进行如下操作:

命令: circle　　←输入命令,按【Enter】键
指定圆的圆心或［三点(3P)/两点(2P)/相切、相切、半径(T)］:
　　←打开对象捕捉中的"交点"捕捉工具,使用鼠标捕捉到点划线交点位置,单击鼠标左键,确定圆心位置
指定圆的半径或［直径(D)］: d　　←输入选项参数"D",按【Enter】键,使用"圆心—直径"方式绘制圆
指定圆的直径: 60　　←输入圆的直径"60",按【Enter】键,完成圆的绘制

绘制完成的结果如图3-1所示。

特别提示:

如果已知圆心的坐标,也可以在"指定圆的圆心或［三点(3P)/两点(2P)/相切、相切、半径(T)］:"提示下直接输入圆心的坐标值,按【Enter】键确定圆心的位置。

二、利用两点、三点以及相切方式绘制圆

绘制圆的过程中并不一定能在所有的情况下都能明确地知道圆心位置和圆的直径、半径等尺寸关系,此时就需要借助AutoCAD提供的一些特殊方式来准确绘制圆,如图3-2所示的三角形的外接圆与内切圆,就无法直接通过"圆心—半径(直径)"的方式来绘制,此时需要用到一些特殊的方式来绘制圆。

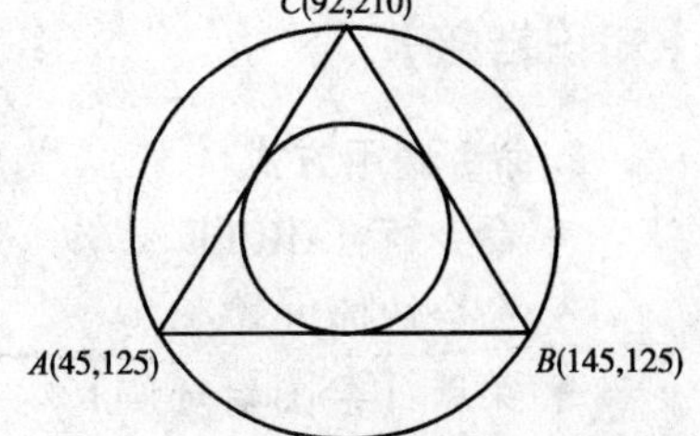

图3-2　绘制三角形的外接圆和内切圆

【操作步骤】

1. 用直线命令LINE绘制三角形*ABC*

关闭状态栏上的DYN按钮,在命令提示行输入命令LINE(命令缩写L)后回车,然后根据AutoCAD 2008的提示进行如下操作:

命令: LINE　　←输入命令,按【Enter】键
指定第一点: 45,125　　←输入*A*点的绝对直角坐标
指定下一点或［放弃(U)］: 145,125　　←输入*B*点的绝对直角坐标
指定下一点或［放弃(U)］: 95,210　　←输入*C*点的相对极坐标
指定下一点或［闭合(C)/放弃(U)］: C　　←输入选项参数"C",按【Enter】键,使三角形闭合

2. 绘制图三角形*ABC*的外接圆

在命令提示行输入命令CIRCLE(命令缩写C)后回车,然后根据AutoCAD 2008的提示进行如下操作:

命令: CIRCLE　　←输入命令,按【Enter】键
指定圆的圆心或［三点(3P)/两点(2P)/相切、相切、半径(T)］: 3p
　　←输入选项参数"3P",按【Enter】键,选择使用三点方式绘制圆
指定圆上的第一个点: 95,210　　←输入第一点的绝对直角坐标,按【Enter】键
指定圆上的第二个点: 45,125　　←输入第二点的绝对直角坐标,按【Enter】键
指定圆上的第三个点: 145,125　　←输入第三点的绝对直角坐标,按【Enter】键,完成外接圆的绘制

3. 绘制图三角形 *ABC* 的内切圆

使用鼠标选择菜单命令【绘图】→【圆】→【相切、相切、相切】，然后根据 AutoCAD 2008 的提示进行如下操作：

```
命令：_circle 指定圆的圆心或［三点(3P)/两点(2P)/相切、相切、半径(T)］：_3p 指定圆上的第一个点：_
tan 到                        ←使用鼠标单击选择三角形的一条边作为与之相切的第
                                一个对象
指定圆上的第二个点：_tan 到    ←使用鼠标单击选择三角形的第二条边作为与之相切的
                                第二个对象
指定圆上的第三个点：_tan 到    ←使用鼠标单击选择三角形的第三条边作为与之相切的
                                第三个对象
```

绘制完成的结果如图 3-2 所示。

特别提示：

"相切、相切、相切"方式绘制圆无法通过命令选项参数调用，只能通过菜单方式选择。

【知识链接】

1. 命令调用方式

- 命令行：CIRCLE
- 命令快捷方式：C
- 菜单：【绘图】→【圆】
- 工具栏按钮：绘图工具栏→

2. 命令选项说明

- 圆心、半径：已知圆心、半径绘制圆。
- 圆心、直径(D)：已知圆心、直径绘制圆。
- 两点(2P)：通过确定圆上两点绘制圆。
- 三点(3P)：通过确定圆上任意三点绘制圆。
- 相切、相切、半径(T)：已知两相切对象及半径值绘制圆。
- 相切、相切、相切：已知 3 个相切对象绘制圆。

3. 命令功能说明

- "两点(2P)"选项绘制圆时所指定的两点将作为圆直径的两个端点，如图 3-3a)所示。
- "三点(3P)"选项所指定的 3 个点可以是圆周上的任意点，通过 3 个点只能确定唯一圆，如图 3-3b)所示。
- "相切、相切、半径(T)"选项绘制圆时，只需要确定相切对象即可，选择对象的位置并不一定就是切点所在位置。但选择位置可能会影响到相切的方式是内切还是外切。图 3-4 给出了以"相切、相切、半径"方式绘制圆的各种情形（其中加粗的圆为最后绘制的圆）。

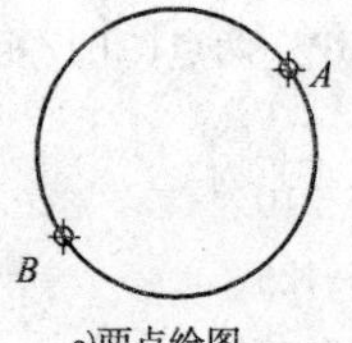

图 3-3　圆绘制功能说明

• “相切、相切、相切”的绘制方法只能菜单方式执行。使用该方式绘制圆时同样只需要确定相切的对象而不一定指定切点的具体位置，系统会自动完成计算，绘制出与选定任意 3 个对象均相切的唯一圆。

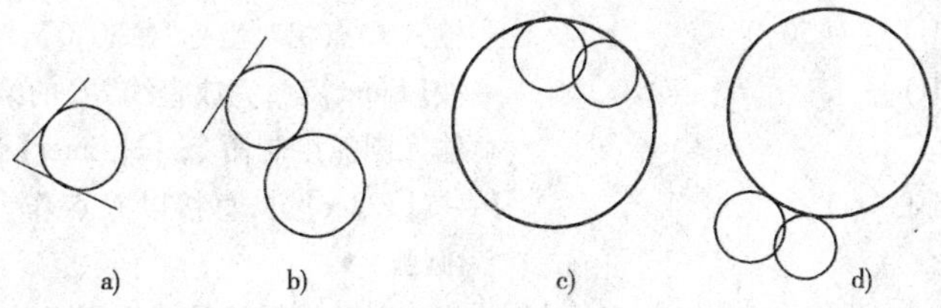

图 3-4 相切方式绘制圆的功能说明

三、绘制圆弧

圆弧是圆的一部分，在工程图样中，它常会被用来作为直线间的连接部分，例如公路路线平面图中的单圆曲线就是典型的直线与圆弧的连接。与圆相比，圆弧的绘制就比较灵活多样，根据不同的控制条件和已知要素，用户可以选择不同的方法来绘制圆弧。图 3-5 所示就是由圆弧和直线围成的平面图形。

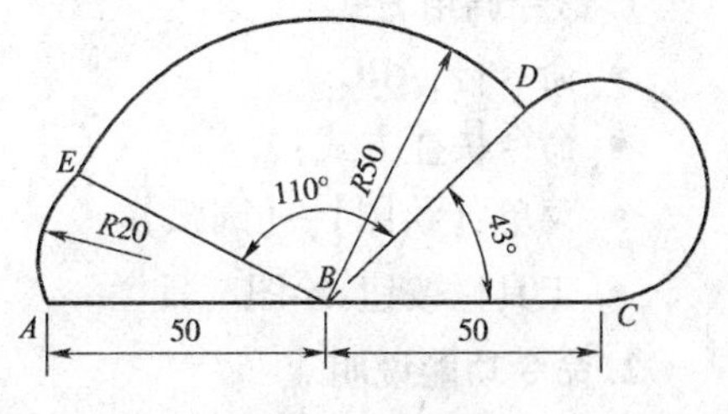

图 3-5 圆弧绘制

【操作步骤】

在命令提示行输入命令 LINE（命令缩写 L）后回车，然后根据 AutoCAD 2008 的提示进行如下操作：

命令：LINE	←输入直线绘制命令，按【Enter】键
指定第一点：	←在绘图区任意点单击鼠标左键，指定 *A* 点
指定下一点或［放弃(U)］：@50,0	←输入 *B* 点相对坐标“@50,0”，按【Enter】键
指定下一点或［放弃(U)］：	←按【Enter】键，完成直线 *AB* 的绘制
命令：ARC	←输入圆弧绘制命令，按【Enter】键
指定圆弧的起点或［圆心(C)］：c	←输入选项参数“C”，按【Enter】键
指定圆弧的圆心：	←配合对象捕捉工具捕捉到 *B* 点，单击鼠标左键
指定圆弧的起点：@50<43	←输入相对坐标值，按【Enter】键，确定 *D* 点
指定圆弧的端点或［角度(A)/弦长(L)］：a	←输入选项参数“A”，按【Enter】键
指定包含角：110	←输入圆弧的包含角度值，按【Enter】键，完成 *DE* 段圆弧绘制
命令：	←按【Enter】键，重复调用圆弧绘制命令 ARC
ARC 指定圆弧的起点或［圆心(C)］：	←配合对象捕捉工具捕捉到 *E* 点，单击鼠标左键
指定圆弧的第二个点或［圆心(C)/端点(E)］：e	←输入选项参数“E”，按【Enter】键，调用指定端点选项
指定圆弧的端点：	←配合对象捕捉工具捕捉到 *A* 点，单击鼠标左键
指定圆弧的圆心或［角度(A)/方向(D)/半径(R)］：r	←输入选项参数“R”，按【Enter】键，
指定圆弧的半径：20	←输入 *AE* 段圆弧半径值“20”，按【Enter】键，完成 *DE* 段圆弧绘制
命令：line	←输入直线绘制命令，按【Enter】键
ARC 指定圆弧的起点或［圆心(C)］：	←配合对象捕捉工具捕捉到 *E* 点，单击鼠标左键

指定圆弧的第二个点或［圆心(C)/端点(E)］：e ←输入选项参数“E”，按【Enter】键，调用指定端点选项
指定圆弧的端点： ←配合对象捕捉工具捕捉到 *A* 点，单击鼠标左键
指定第一点： ←配合对象捕捉工具捕捉到 *B* 点，单击鼠标左键
指定下一点或［放弃(U)］：@50,0 ←输入 *C* 点相对坐标“@50,0”，按【Enter】键
指定下一点或［放弃(U)］： ←按【Enter】键，完成直线 *BC* 的绘制
命令：arc ←输入圆弧绘制命令，按【Enter】键
指定圆弧的起点或［圆心(C)］： ←按【Enter】键，直接以 *C* 点作为圆弧起点绘开始制圆弧
指定圆弧的端点： ←配合对象捕捉工具捕捉到 *D* 点，单击鼠标左键完成 *CD* 段圆弧绘制

绘制完成的结果如图 3-5 所示。

【知识链接】

1. 命令调用方式

- 命令行：ARC
- 命令快捷方式：A
- 菜单：【绘图】→【圆弧】
- 工具栏按钮：绘图工具栏→

2. 命令功能说明

- 用命令方式画圆弧时，可以根据系统提示选择不同的选项，具体功能和用“绘制”菜单的“圆弧”子菜单提供的 11 种方式相似。这 11 种圆弧的绘制方式如图 3-6 所示。

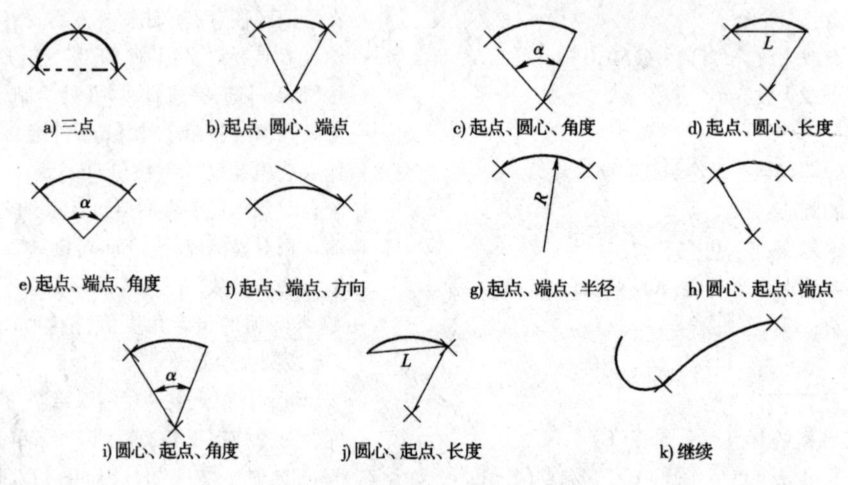

图 3-6　圆弧绘制功能说明

特别提示：

AutoCAD 2008 中默认绘制圆弧的旋转方向为逆时针方向，因此，在指定圆弧的起点和端点的顺序上要特别注意，否则可能无法得到所需要的圆弧。

- 采用“继续”方式绘制圆弧时，圆弧与上一线段或圆弧相切，此时只要指定端点即可确

定圆弧。

- 圆弧绘制菜单选项中的“长度”所指的均为圆弧对应弦长而非弧长。
- 如果在使用完直线绘制命令后接着绘制圆弧，则可以在“指定圆弧的起点或［圆心（C）］：”提示下直接按下【Enter】键绘制与最后一条直线相切的圆弧。

任务二　椭圆和椭圆弧的绘制

本任务中学习如何准确绘制所需的椭圆和椭圆弧。

一、绘制椭圆

手工绘制椭圆是比较麻烦的一项工作，虽然绘图工作者在长期的实践中总结出了诸如“四心圆弧法”、“同心圆法”、“共轭轴法”等多种方法，但这些方法都是绘制近似椭圆。AutoCAD利用其强大的计算和绘图功能，可以帮助用户准确绘制椭圆和椭圆弧。对于如图3-7所示的一组椭圆，就可以根据各自的已知条件，使用椭圆绘制命令ELLIPSE迅速准确地绘制。

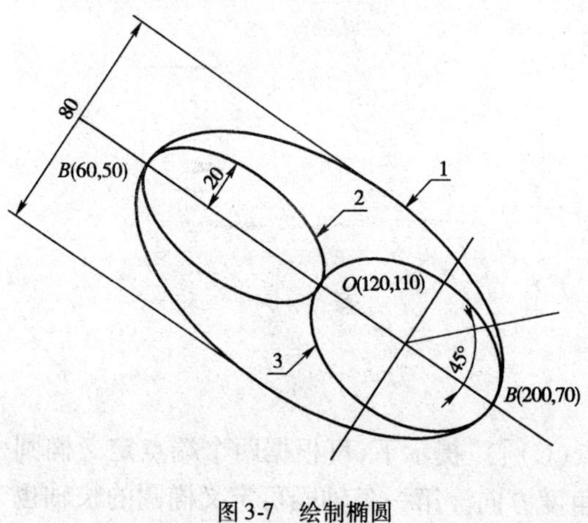

图3-7　绘制椭圆

【操作步骤】

1. 绘制椭圆1

在命令提示行输入椭圆绘制命令ELLIPSE（命令缩写EL）后回车，然后根据AutoCAD 2008的提示进行如下操作：

命令：ellipse	←输入命令，按【Enter】键
指定椭圆的轴端点或［圆弧（A）/中心点（C）］：c	←输入选项参数“C”，按【Enter】键，调用指定椭圆圆心选项
指定椭圆的中心点：120,110	←输入椭圆心坐标，按【Enter】键
指定轴的端点：60,150	←输入椭圆一端的轴端点坐标，按【Enter】键
指定另一条半轴长度或［旋转（R）］：40	←输入椭圆另一半轴长度，按【Enter】键，完成椭圆1的绘制

2. 绘制椭圆2

打开对象捕捉辅助功能选项，选择“圆心”、“象限点”捕捉方式。在命令提示行输入椭圆绘制命令ELLIPSE（命令缩写EL）后回车，然后根据AutoCAD 2008的提示进行如下操作：

命令：ellipse	←输入命令，按【Enter】键
指定椭圆的轴端点或［圆弧（A）/中心点（C）］：	←配合对象捕捉功能，使用鼠标捕捉到椭圆1的圆心，单击鼠标左键确定
指定轴的另一个端点：	←配合对象捕捉功能，使用鼠标捕捉到椭圆1上的象限点A，单击鼠标左键确定
指定另一条半轴长度或［旋转（R）］：20	←输入椭圆另一半轴长度，按【Enter】键，完成椭圆2的绘制

3. 绘制椭圆 3

在命令提示行输入椭圆绘制命令 ELLIPSE(命令缩写 EL)后回车,然后根据 AutoCAD 2008 的提示进行如下操作:

命令: ellipse	←输入命令,按【Enter】键
指定椭圆的轴端点或[圆弧(A)/中心点(C)]:	←配合对象捕捉功能,使用鼠标捕捉到椭圆 1 的圆心,单击鼠标左键确定
指定轴的另一个端点:	←配合对象捕捉功能,使用鼠标捕捉到椭圆 1 上的象限点 *B*,单击鼠标左键确定
指定另一条半轴长度或[旋转(R)]: r	←输入选项参数“R”按【Enter】键,调用旋转方式绘制椭圆选项
指定绕长轴旋转的角度: 45	←输入旋转角度,按【Enter】键,完成椭圆 3 的绘制

绘制完成的结果如图 3-7 所示。

【知识链接】

1. 命令调用方式

- 命令行:ELLIPSE
- 命令快捷方式:EL
- 菜单:【绘图】→【椭圆】
- 工具栏按钮:绘图工具栏→

2. 命令功能说明

- 在“指定椭圆的轴端点或[圆弧(A)/中心点(C)]:”提示下,可根据两个端点定义椭圆的第一轴。第一条轴的方向就确定了整个椭圆的角度方向。第一条轴既可定义椭圆的长轴也可定义短轴。
- “旋转(R)”选项可以通过绕第一条轴旋转圆来创建椭圆。这种创建椭圆的方法是假设将一个圆绕其直径旋转一定角度后再进行正投影,此时得到的圆的投影图就成了一个椭圆。指定绕长轴旋转的角度时可以移动鼠标指定旋转角度,也可以输入一个角度值来确定旋转角度,输入角度值越大,椭圆的离心率就越大;如果输入角度值为“0”或者“180”,则绘制一个圆;如果输入角度值为“90”或“270”,此时,AutoCAD 将会提示“ * 无效 * ”
- “圆弧(A)”选项用于创建一段椭圆弧。

二、绘制椭圆弧

AutoCAD 2008 中绘制椭圆弧的方法与绘制圆弧不太一样,需要先输入必要的参数确定椭圆弧所在的母圆,再通过确定椭圆弧的起始位置和终止位置,从完整椭圆中截取椭圆弧。下面通过绘制图 3-8 所示圆弧与椭圆弧的组合图形来介绍椭圆弧的绘制。

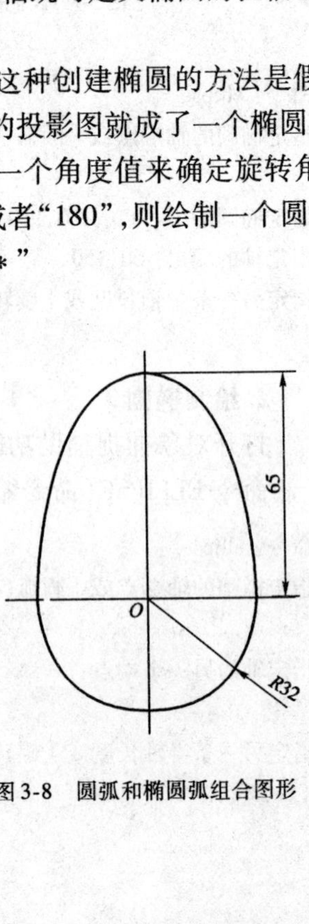

65
O
R32

图 3-8　圆弧和椭圆弧组合图形

【操作步骤】

1. 绘制圆弧

首先使用直线命令 LINE 绘制轴线(略)后,再在命令提示行

输入圆弧绘制命令 ARC(命令缩写 A)后回车,然后根据 AutoCAD 2008 的提示进行如下操作:

命令: arc	←输入命令,按【Enter】键
指定圆弧的起点或[圆心(C)]: c	←输入选项参数“C”,按【Enter】键,调用先指定圆心方式绘制圆弧
指定圆弧的圆心:	←配合对象捕捉功能,使用鼠标捕捉到轴线交点 O,作为圆弧的圆心位置
指定圆弧的起点: @ -32,0	←输入相对坐标值,按【Enter】键,确定圆弧起点位置
指定圆弧的端点或[角度(A)/弦长(L)]: a	←输入选项参数“A”,按【Enter】键,调用指定圆心角式绘制圆弧
指定包含角: 180	←输入角度值,按【Enter】键,完成圆弧绘制

2. 绘制椭圆弧

在命令提示行输入椭圆弧绘制命令 ELLIPSE(命令缩写 EL)后回车,然后根据 AutoCAD 2008 的提示进行如下操作:

命令: ellipse	←输入命令,按【Enter】键
指定椭圆的轴端点或[圆弧(A)/中心点(C)]: a	←输入选项参数“A”,按【Enter】键,调用绘制椭圆弧选项
指定椭圆弧的轴端点或[中心点(C)]: c	←输入选项参数“C”,按【Enter】键,调用先指定圆心方式绘制椭圆弧
指定椭圆弧的中心点:	←配合对象捕捉功能,使用鼠标捕捉到轴线交点 O,作为椭圆弧的圆心位置
指定轴的端点: @0,65	←输入相对坐标值,按【Enter】键,确定椭圆长轴端点位置
指定另一条半轴长度或[旋转(R)]:	←配合对象捕捉功能,使用鼠标捕捉到先前完成圆弧的任意端点,确定椭圆短轴长度
指定起始角度或[参数(P)]:	←配合对象捕捉功能,使用鼠标捕捉到先前完成圆弧的右侧端点,确定椭圆弧的起点
指定终止角度或[参数(P)/包含角度(I)]:	←配合对象捕捉功能,使用鼠标捕捉到先前完成圆弧的左侧端点,确定椭圆弧的终点,单击鼠标左键后,绘图工作完成

绘制完成的结果如图 3-8 所示。

特别提示:

AutoCAD 2008 中椭圆绘制和椭圆弧绘制的命令是完全一样的,不同的是,如果需要绘制椭圆弧,需要在调用椭圆命令 ELLIPSE 后,输入“圆弧(A)”选项参数“A”进入椭圆弧绘制进程。当然,也可以单击绘图工具栏上的椭圆弧绘制工具按钮“ ”直接开始椭圆弧绘制。

【知识链接】

1. 命令调用方式

- 命令行:ELLIPSE

- 命令快捷方式:EL
- 菜单:【绘图】→【椭圆】→【圆弧】
- 工具栏按钮:绘图工具栏→

2. 命令功能说明

- 椭圆弧实质为所绘制椭圆的一部分,绘制思路为先指定椭圆弧所在椭圆的尺寸和方向,再确定所要绘制的椭圆弧。指定椭圆的步骤与前面绘制椭圆命令完全相同。
- "指定起始角度:"和"指定终止角度:"选项所需要指定的角度是指椭圆弧起点(或终点)与椭圆中心点连线与水平方向的夹角,角度正方向以水平方向为起始方向逆时针旋转。
- "包含角度(I):"选项用以定义椭圆弧所对应的圆心角,其角度值为从起始点开始逆时针旋转的角度。

三、绘制等轴测圆

轴测投影图是用平行投影的方法绘制的一种富有立体感的图形,在工程上常把轴测图作为辅助图样,来说明建造物的结构、安装、使用等情况,在设计中,也常使用轴测图帮助构思、想象物体的形状,以弥补正投影图的不足。但是轴测图一般不能反映出物体各表面的实形,特别是在表达圆形的时候,由于投影方式的原因,正平圆、水平圆、侧平圆的正等测投影形状是椭圆。与绘制一般的椭圆相比,往往在绘制等轴测圆时仅知道圆心和半径,这为准确绘制投影后的椭圆带来一定的困难,如图 3-9 所示等轴测图。如果使用 AutoCAD 提供的辅助工具结合椭圆命令,这项工作将变得非常方便。

【操作步骤】

1. 设置等轴测作图模式

在状态栏 栅格 按钮上单击鼠标右键,在打开的快捷菜单中选择"设置…"选项,打开"草图设置"对话框。在"捕捉类型"区选中"等轴测捕捉",如图 3-10 所示。为了使作图方便,还可以将"捕捉 Y 轴间距"和"栅格 Y 轴间距"均设置为 10,并将"栅格行为"区中的"自适应栅格"选项取消,这样,可以在绘图窗口清晰显示等轴测栅格。设置完成后,单击 确定 按钮,返回绘图窗口。

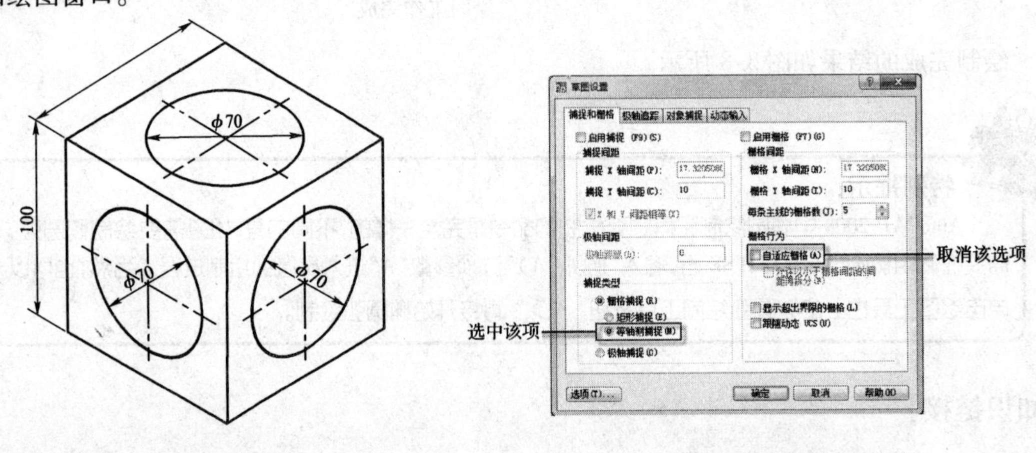

图 3-9　绘制等轴测圆

图 3-10　"草图设置"对话框

在状态栏 栅格 按钮上单击鼠标左键,打开栅格显示,此时绘图窗口中栅格点的排列将会按照正等测投影的轴间角方向(120°),并且十字光标也会发生显著变化,如图 3-11 所示。

2. 绘制正六面体的等轴测投影

在状态栏 捕捉 按钮上单击鼠标左键,打开栅格捕捉辅助功能。此时,十字光标将只能在每一个栅格点上移动。此时使用直线命令 LINE 沿对应栅格点方向绘制正六面体轮廓线(本操作具体步骤略),得到图 3-11 所示的图样。

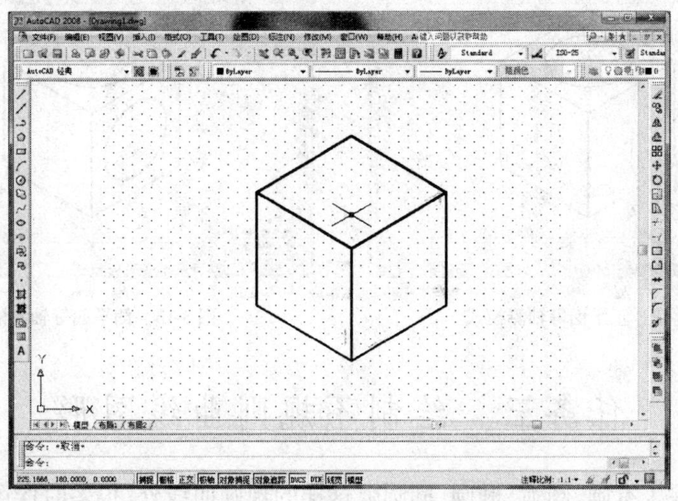

图 3-11　等轴测作图模式

3. 绘制水平圆的轴测投影

在命令提示行输入椭圆弧绘制命令 ELLIPSE(命令缩写 EL)后回车,然后根据 AutoCAD 2008 的提示进行如下操作:

命令:ellipse	←输入椭圆绘制命令,按【Enter】键
指定椭圆轴的端点或[圆弧(A)/中心点(C)/等轴测圆(I)]:i	
	←输入选项参数"I",按【Enter】键,调用绘制等轴测圆选项
指定等轴测圆的圆心:	←配合对象捕捉功能和对象追踪功能,使用鼠标单击确定正六面体顶面形心为之为圆心位置
指定等轴测圆的半径或[直径(D)]:d	←输入选项参数"D",按【Enter】键,调用直径选项确定椭圆参数
指定等轴测圆的直径:70	←输入轴测圆直径数值"70",按【Enter】键,完成正六面体顶面水平轴测圆绘制

特别提示:

椭圆绘制命令中的"等轴测圆(I)"选项只有在将栅格捕捉方式设置为"等轴测捕捉"时才会出现。而在"等轴测圆(I)"方式下绘制椭圆,只需要像绘制圆一样,制定圆心和半径(直径)就可以了。

4. 绘制正平圆的轴测投影

按下【F5】键或使用键盘快捷方式【Ctrl】+【E】,将等轴测平面切换为正平面等轴测平面模式,如图 3-12 所示(注意十字光标的变化)。重复步骤 3 的绘制过程,完成正六面体正面上正平圆的轴测投影。

5. 绘制侧平圆的轴测投影

按下【F5】键或使用键盘快捷方式【Ctrl】+【E】，将等轴测平面切换为侧平面等轴测平面模式，如图 3-13 所示。重复步骤 3 的绘制过程，完成正六面体正面上侧平圆的轴测投影。绘制完成的结果如图 3-9 所示。

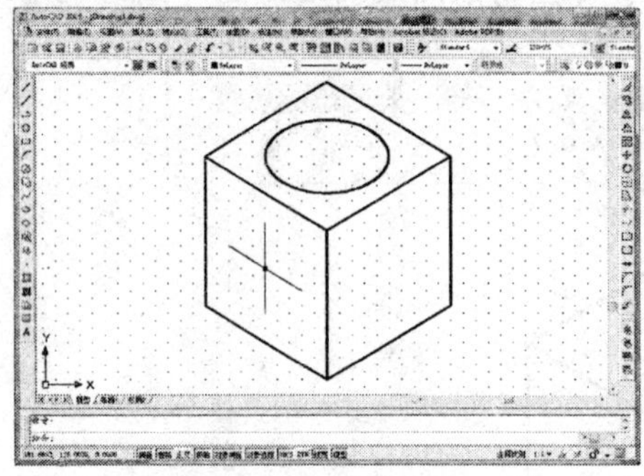
图 3-12　正平面等轴测模式

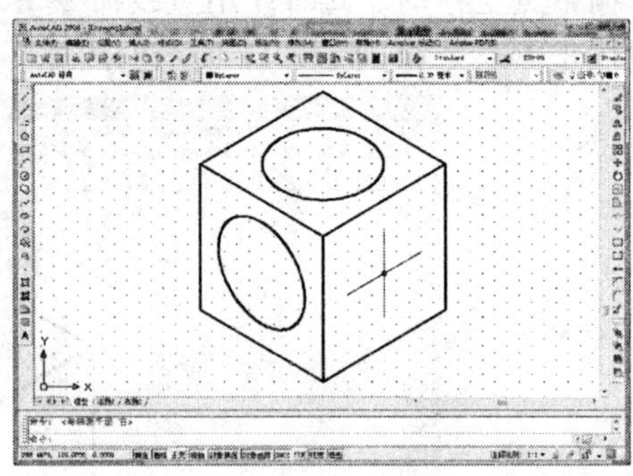
图 3-13　侧平面等轴测模式

任务三　绘制不规则曲线图形

工程图样中除了有圆、圆弧、椭圆、椭圆弧这样的规则曲线外，很多时候还会用到有一些不规则的曲线，例如地形图中的等高线就是典型的不规则曲线。另外，用来表达圆柱结构断开界线的波浪线以及反映局部剖面图中剖切位置的波浪线等，都是不规则曲线，这些曲线都无法使用圆弧或椭圆弧来准确描绘，此时，AutoCAD 提供的样条曲线和徒手线就会派上很大的用场。本任务中将学习如何使用这两种不规则曲线。

一、使用样条曲线绘制波浪线

在工程图样中需要表达柱状构件的断开界限时，常会用到波浪线，如图 3-14 所示某桩柱式桥墩立面图，其桩柱部分的断开界限就是用波浪线来表示的，在使用 AutoCAD 绘图时，该处的波浪线可以使用样条曲线来完成。

下面以图 3-14 所示的桥墩桩基础部分断开界面绘制为例来说明样条曲线命令 SPLINE 的使用方法。

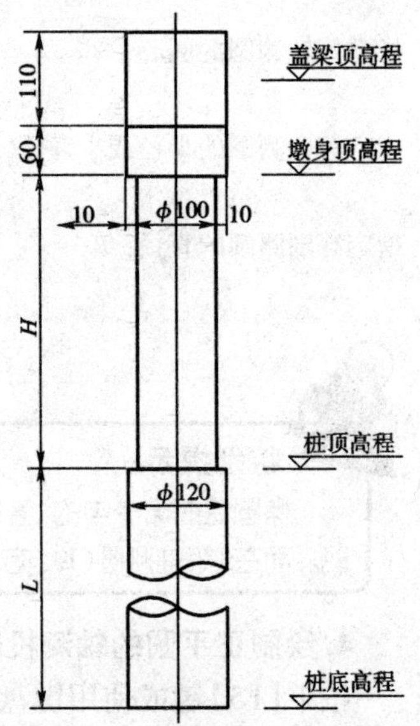

图 3-14　桩柱式桥墩立面图

【操作步骤】

(1)使用直线命令 LINE 绘制桥墩桩基础部分轮廓线，如图 3-15a)所示。

(2)使用直线命令 LINE 分别绘制辅助线段 *AB*、*BC*、*DE*、*EF*、*GH*、*HI*，如图 3-15b)所示，桩基础下半部分辅助线按同样方式绘制。

(3)使用样条曲线绘制波浪线。

打开对象捕捉辅助功能选项，选择“端点”、“中点”捕捉方式。在命令提示行输入样条曲线绘制命令 SPLINE(命令

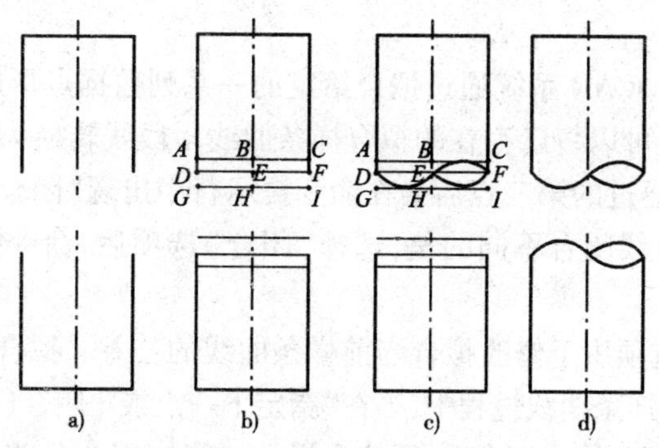

图 3-15　绘制断开界面的步骤

缩写 SPL)后回车,然后根据 AutoCAD 2008 的提示进行如下操作：

命令：spline	←输入样条曲线绘制命令,按【Enter】键
指定第一个点或［对象(O)］:	←配合对象捕捉功能,使用鼠标捕捉到 *D* 点,单击鼠标左键确认
指定下一点:	←配合对象捕捉功能,使用鼠标捕捉到 *GH* 段线段的中点,单击鼠标左键确认
指定下一点或［闭合(C)/拟合公差(F)］ <起点切向>:	←配合对象捕捉功能,使用鼠标捕捉到 *E* 点,单击鼠标左键确认
指定下一点或［闭合(C)/拟合公差(F)］ <起点切向>:	←配合对象捕捉功能,使用鼠标捕捉到 *BC* 段线段的中点,单击鼠标左键确认
指定下一点或［闭合(C)/拟合公差(F)］ <起点切向>:	←配合对象捕捉功能,使用鼠标捕捉到 *F* 点,单击鼠标左键确认
指定下一点或［闭合(C)/拟合公差(F)］ <起点切向>:	←配合对象捕捉功能,使用鼠标捕捉到 *HI* 段线段的中点,单击鼠标左键确认
指定下一点或［闭合(C)/拟合公差(F)］ <起点切向>:	←配合对象捕捉功能,使用鼠标捕捉到 *E* 点,单击鼠标左键确认
指定下一点或［闭合(C)/拟合公差(F)］ <起点切向>:	←按【Enter】键,完成点的指定
指定起点切向:	←直接按【Enter】键,完成起点的切向的指定
指定端点切向:	←直接按【Enter】键,完成起点的切向的指定并结束波浪线的绘制

绘制完成的结果如图 3-15c)所示。

(4)重复步骤 3 工作,绘制桩基础下半部分的波浪线,注意指定点的顺序。完成后将辅助线删除,得到图 3-15d)所示结果。

【知识链接】

1. 命令调用方式

- 命令行:SPLINE
- 命令快捷方式:SPL
- 菜单:【绘图】→【样条曲线】
- 工具栏按钮:绘图工具栏→

2. 命令功能说明

- 样条曲线是由 AutoCAD 系统通过拟合给定的一系列数据点形成一条曲线。
- "对象(O):"选项可以将已存在的拟合样条曲线多段线转换为等价的样条曲线。
- 在指定样条曲线通过的第三点后会在命令提示行中出现"闭合(C)"选项,选择该项可以使曲线首尾闭合。与直线闭合不同的是,选择"闭合"选项后,命令提示行会继续提示用户指定终点的切线方向。
- "拟合公差(F)"选项用于修改拟合当前样条曲线的公差。拟合公差决定了所画曲线与制定点的接近程度。绘制样条曲线过程中,当在"指定下一点或[闭合(C)/拟合公差(F)] <起点切向>:"提示下选择了"拟合公差"后,系统会提示:"指定拟合公差<0.0000>:",此时输入需要的公差值即可。当输入拟合公差为0时,样条曲线将通过指定点;若输入的公差值不为0,则绘制的样条曲线将偏离指定点,公差值越大,样条曲线偏离指定点越远,如图3-16所示。

特别提示:

输入公差值只能为正。

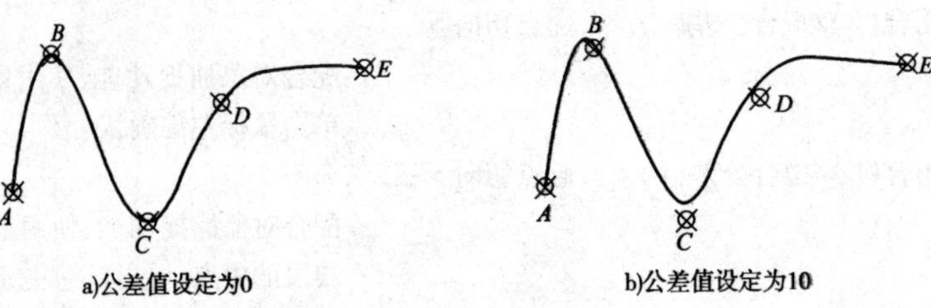

图3-16　不同拟合公差样条曲线示例

二、徒手线画线

工程制图中并不是所有的图形对象都能严格地按照既定尺寸或某种规律准确绘制,如图3-17所示的某城市道路的标准横断面图中的绿化树木,它就没有任何尺寸或者线型的构成规律可言,对于这样的信手绘制的图样,AutoCAD 为用户提供了徒手线命令 SKETCH,以方便完成此类绘图工作。

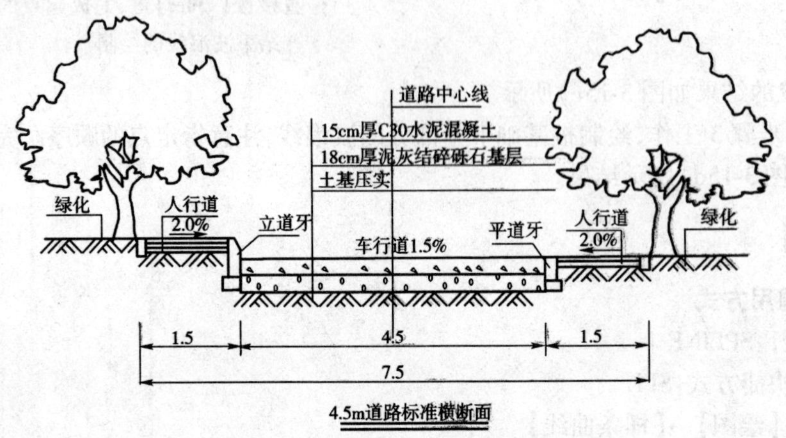

图3-17　某城市道路标准横断面图

【操作步骤】

1. 调整系统变量,设置徒手画线为一个单一对象

在命令提示行输入系统变量设置命令 SKPOLY 后回车,然后根据 AutoCAD 2008 的提示进行如下操作:

命令:skpoly	←输入命令,按【Enter】键
输入 SKPOLY 的新值 <0>:1	←输入变量参数“1”,按【Enter】键,将徒手线设置为一条单独的多段线

2. 徒手绘制绿化树木

在命令提示行输入徒手画线命令 SKETCH 后回车,然后根据 AutoCAD 2008 的提示进行如下操作:

命令:sketch	←输入命令,按【Enter】键
记录增量 <1.0000>:1.5	←输入所需要的记录增量值,按【Enter】键
徒手画. 画笔(P)/退出(X)/结束(Q)/记录(R)/删除(E)/连接(C)。p	
	←输入选项参数“P”,按【Enter】键,落下画笔,开始绘制徒手线
<笔 落>	←移动鼠标,将鼠标作为画笔开始勾画树木轮廓
<笔 提>	←输入选项参数“P”,抬起画笔,移动鼠标到要画线的位置
<笔 落>	←输入选项参数“P”,落下画笔,继续画线
<笔 提>	←按【Enter】键完成绘图

重复以上步骤,直至完成绘图工作,其结果如图 3-18 所示。

图 3-18 徒手线绘制绿化树

【知识链接】

1. 命令调用方式

- 命令行:SKETCH

特别提示:

徒手画线只能通过命令方式完成调用。

2. 命令参数说明

- 记录增量:用于控制绘制徒手线时的记录步长,其数值越小,记录越精确。
- 画笔(P):其本质是个开关,用于控制笔的起落,决定移动鼠标时是否在图面上留下轨迹。
- 退出(X):退出徒手画线,将鼠标轨迹转换成记录并回到命令行状态。功能等同于按下键盘上的空格键或【Enter】键。
- 结束(Q):选择该项将结束徒手画线,但对鼠标的轨迹不做记录。其效果等同于按下键盘上的【Esc】键。
- 记录(R):将画笔的轨迹转变成记录,并退出 SKETCH 命令。此时在图形文件中将保存生成的轨迹，并且该轨迹不可以通过"删除(E)"选项删除轨迹。

- 删除(E)：删除所有未记录的轨迹。
- 连接(C)：将光标位置用一条线与最近绘制的端点连起来。

3. 命令功能说明

- 徒手线实质上是由较短的线段连接模拟而成的。在执行徒手线绘制命令 SKETCH 后，用户通过移动光标就能绘制出曲线，光标移动到哪里，线就画到哪里。用户可以根据需要自行设置线段的最小长度(即记录增量)。当光标从某一端点开始移动一段距离，而这段距离又超过了设定的最小长度值时，系统就产生新的线段。因此，如果设定的最小长度值较小，那么所绘曲线中就会包含大量的微小线段，从而增加图样的大小，反之如果设定了较大的数值，则绘制的曲线看起来就像连续折线。
- 系统变量 SKPOLY 用于控制徒手画线是否是一个单一对象，当设置 SKPOLY 值为"1"时，SKETCH 命令绘制的曲线是一条单独的多段线。
- 单击鼠标也可以改变抬笔或落笔状态。
- 徒手线对于一些使用数字化仪输入已有图纸的工作比较适用，同时大量应用于地理、气象、天文等专业图形的绘制上。

项目拓展

本项目拓展介绍圆环的绘制方法。

DONUT 命令可创建填充圆环或圆点。执行该命令后，根据提示依次输入圆环内径、外径及圆心，AutoCAD 就可以生成圆环。若要画圆点，则指定内径为"0"即可，如图 3-19 所示的圆环和实心圆点，就可以使用圆环命令 DONUT 来绘制。

a)内径≠0

b)内径=0

图 3-19 DONUT 命令绘制圆环

【操作步骤】

在命令提示行输入圆环绘制命令 DONUT(命令缩写 DO)后回车，然后根据 AutoCAD 2008 的提示进行如下操作：

命令：donut	←输入命令，按【Enter】键
指定圆环的内径 <0.0000>：3	←输入新的圆环内径值，按【Enter】键确认
指定圆环的外径 <6.0000>：6	←输入新的圆环外径值，按【Enter】键确认
指定圆环的中心点或 <退出>：	←移动鼠标到需要绘制圆环的位置上，单击鼠标左键，完成一个圆环绘制
指定圆环的中心点或 <退出>：	←按【Enter】键，结束圆环绘制
命令：	←按【Enter】键，再次调用圆环绘制命令
DONUT	
指定圆环的内径 <3.0000>：0	←输入新的圆环内径值，按【Enter】键确认
指定圆环的外径 <6.0000>：	←按【Enter】键确认继续使用上一次的外径值
指定圆环的中心点或 <退出>：	←移动鼠标到需要绘制圆环的位置上，单击鼠标左键，完成一个圆环绘制
指定圆环的中心点或 <退出>：	←按【Enter】键，结束圆环绘制

【知识链接】

1. 命令调用方式

- 命令行:DONUT
- 命令快捷方式:DO
- 菜单:【绘图】→【圆环】

2. 命令功能说明

- 使用 DONUT 命令绘制的圆环实际上是具有一定宽度的多段线,用户可用多段线编辑命令 PEDIT 对其进行编辑修改。
- 系统变量 FILL 可以控制圆环是否填充。在命令提示行输入系统变量设置命令 FILL 后回车,AutoCAD 2008 会提示:

```
命令: fill
输入模式 [开(ON)/关(OFF)] <开>:
```

输入 ON 表示填充,输入 OFF 表示不填充。当选择不填充时,圆环间实质上是用射线填充而非完全不填充,如图 3-20 所示。

- 在“指定圆环的中心点或 <退出>:”提示下继续指定圆环的中心点,则继续绘制相同内外径的圆环,直至按【Enter】键、空格键或单击鼠标右键结束命令。
- 当绘制圆环时选择内外径相等,则绘制的圆环是以圆的形式出现,但这个圆和使用圆绘制命令 CIRCLE 绘制的圆在特性上有很大差别。

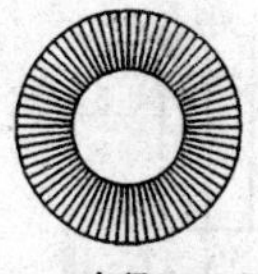
a)内径≠0

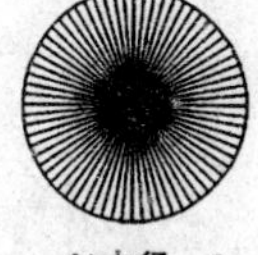
b)内径=0

图 3-20　不填充状态下绘制的圆环

圆环命令在公路工程制图中使用的频率是比较高的,在如图 3-21 所示钢筋混凝土桥墩立柱的钢筋断面图中,用来表达纵向钢筋投影的小黑点,就可以使用圆环命令来绘制。

项目小结

本项目主要内容总结如下:

◆ AutoCAD 提供了多种方式用以精确绘制圆、圆弧和椭圆等具有一定规律的曲线图形,用户可以根据已知条件的不同,灵活选择绘图方式。由于 AutoCAD 在绘制圆弧和椭圆弧默认的绘图方向为逆时针方向,因此,绘制圆弧和椭圆弧时一定要注意指定起点和端点的顺序。

◆ 对于不规则的曲线图形,用户可以根据需要选择使用样条曲线或者画徒手线。样条曲线主要用来将各已知点用光滑曲线连接,而徒手线则是用鼠标模拟传统意义上的画笔来随意绘制线段。

◆ 圆环命令 DONUT 可以绘制实心或者空心圆环,用户还可以通过设置系统变量 FILL 来确定是否对圆环进行填充。

实训

1. 按照图中尺寸要求,绘制图 3-22 所示的图形。

2. 按照图 3-23 中尺寸要求，使用圆弧命令绘制吊钩图。

提示：可以先在辅助线图层将所有圆弧所在的完整圆绘制出来作为绘制圆弧的辅助圆，然后在轮廓线层使用圆弧命令将所需要圆弧部分描绘出来。

3. 按照图 3-24 中尺寸要求，绘制轴测图。

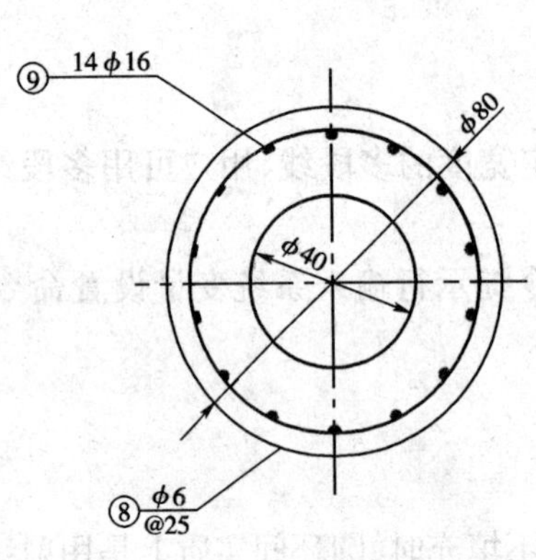

图 3-21　桥墩立柱钢筋断面图

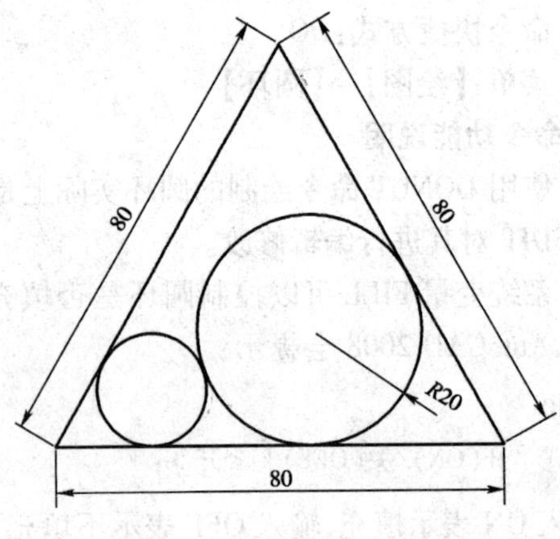

图 3-22　实训 1 图

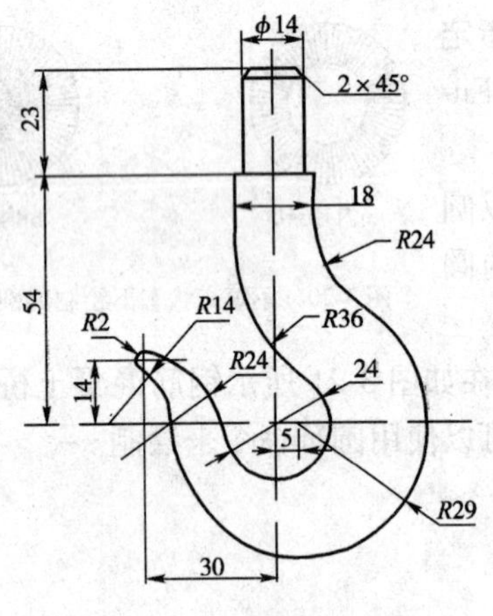

图 3-23　实训 2 图

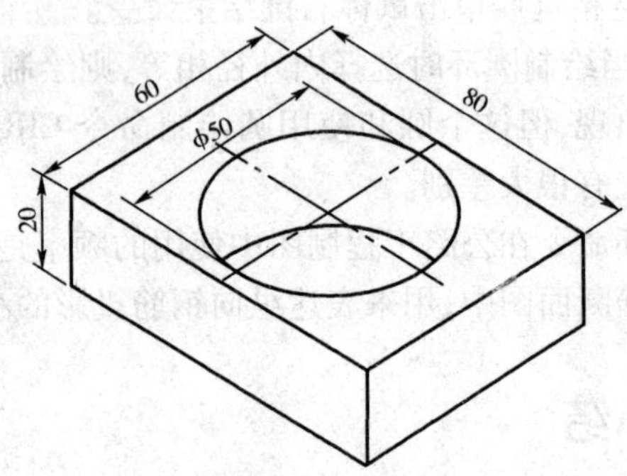

图 3-24　实训 3 图

项目四 填充图案

道路桥梁工程制图中常常会用到剖面图和断面图来表现建造物、构造物的内部结构或使用的材质，比较典型的如桥梁、涵洞的结构断面图、公路设计中的路面结构图等。一般来说，剖面图和断面图在剖切面上应该画上剖面线或表示材料类型的图例，这就需要用到图案填充。如何使用 AutoCAD 完成图案填充工作是本项目要介绍的内容。

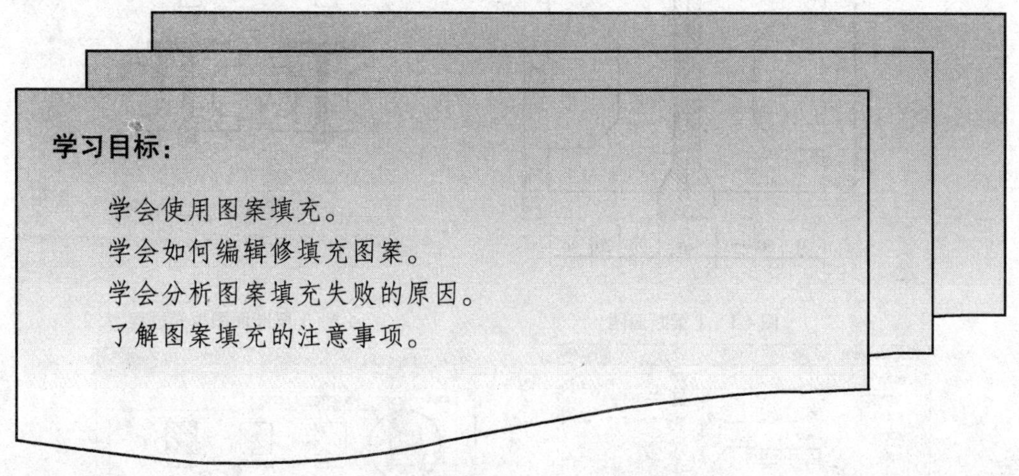

任务一 完成简单图案填充工作

本任务中将通过绘制某 30m T 梁桥主梁构造断面图(图 4-1)学习如何完成简单的图案填充工作。

【操作步骤】

(1)按照图 4-1 中尺寸要求完成 T 梁断面轮廓线的绘制，如图 4-2a)所示。

(2)单击"绘图"工具栏上的按钮，打开如图 4-3 所示的"图案填充和渐变色"对话框。

(3)在"图案填充和渐变色"对话框中的"类型和图案"设置区单击"图案"下拉列表右侧的[...]按钮(如图 4-3 所示)，打开"填充图案选项板"对话框。选择"ANSI"选项卡，然后选择剖面线"ANS131"作为填充使用的图形，如图 4-4 所示。最后单击[确定]按钮，关闭"填充图案选项板"对话框。

(4)在"图案填充和渐变色"对话框右侧的"边界"设置区中单击"添加:拾取点"按钮(如图 4-5 所示)，系统则关闭对话框并返回绘图窗口，此时 AutoCAD 2008 会提示：

```
拾取内部点或[选择对象(S)/删除边界(B)]：
```

(5)移动光标至需要填充的区域内任意位置，单击鼠标左键，此时被选中区域会高亮显示，如图 4-2b)所示。然后按【Enter】键，返回"图案填充和渐变色"对话框。

(6)在“图案填充和渐变色”对话框中单击 预览 按钮，观察填充图案的预览图。若发现填充图案非常密集，无法辨认填充内容，如图 4-2c）所示，表明填充图案的比例不合适，则应按【Esc】键返回“图案填充和渐变色”对话框，在“角度和比例”区的“比例”文本窗口中单击鼠标左键，激活文本窗口，输入所需要调整的比例值（本例将比例设置为 50），如图 4-6 所示。

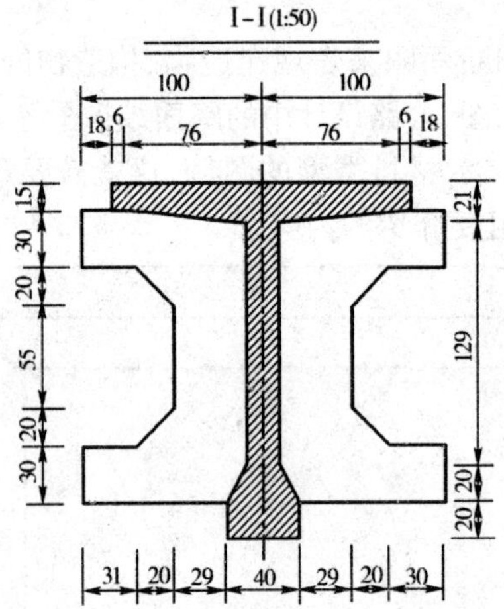

图 4-1　T 梁断面图

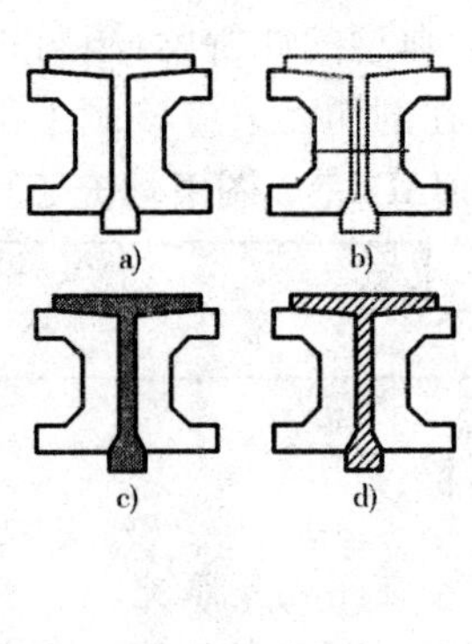

4-2　T 梁断面图填充过程

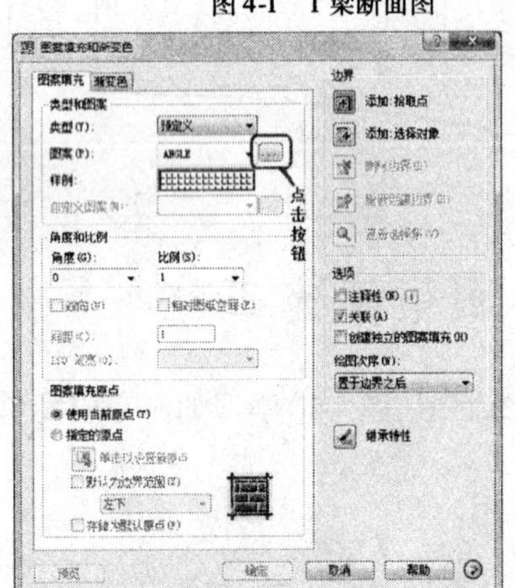

图 4-3　“图案填充与渐变色”对话框

图 4-4　“填充图案选项板”对话框

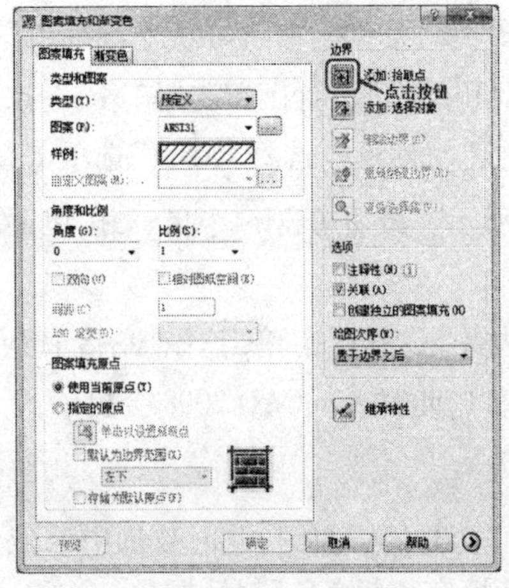

图 4-5　“拾取点”方式选择填充区域

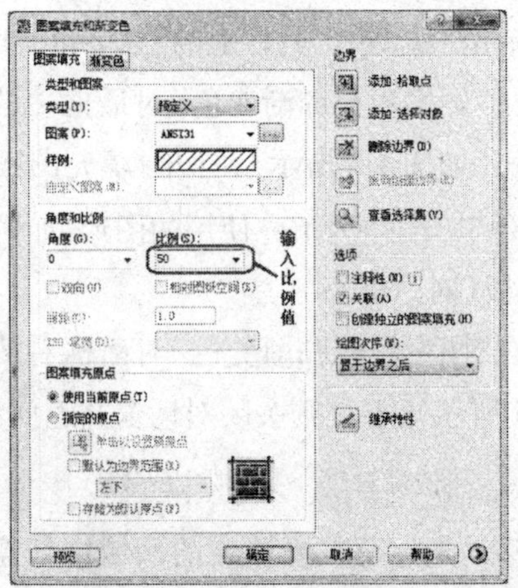

图 4-6　调整填充图案比例

（7）重复前一步骤的预览操作，如果觉得填充效果满意，则按【Enter】键或直接单击鼠标右键完成图案填充。其结果如图 4-2d）所示。

【知识链接】

1. 命令调用方式

- 命令行：BHATCH
- 命令快捷方式：BH
- 菜单：【绘图】→【图案填充】
- 工具栏按钮：绘图工具栏→

2. 对话框使用说明

调用“图案填充”命令后，在绘图窗口会出现如图 4-3 所示的“图案填充和渐变色”对话框。对图案填充的操作均通过该对话框来完成。

1）“图案填充”选项卡

该选项卡由“类型和图案”、“角度和比例”以及“图案填充原点”3 个设置区构成，其中“类型和图案”区主要用于指定图案填充的类型和样例；“角度和比例”区主要用来设置选定填充图案的角度和比例；“图案填充原点”区则是控制填充图案生成的起始位置。默认情况下，所有图案填充原点都对应于当前的 UCS 原点。“图案填充”选项卡中各选项的作用如下：

- “类型”下拉选项菜单：此选项通过下拉菜单选择填充图案的类型，其中用户定义的图案是基于图形中的当前线型。自定义图案需要通过用户自定义一个后缀名为“.PAT”的文件才能通过相应设置进行调用。

- “图案”下拉列表：该选项通过下拉菜单选项或选择按钮打开图 4-3 所示的“填充图案选项板”对话框来确定标准图案文件中的填充图案。

- “样例”窗口：该选项通过预览窗口可以显示当前所选的填充图案类型。直接在预览窗口中单击鼠标左键也可以打开如图 4-3 所示的“填充图案选项板”对话框。

- “自定义图案”下拉列表：该选项通过下拉列表框选择用户自定义的填充图案。如果未设置自定义图案文件，该选项将无法启用。

- “角度”文本框：该选项通过在文本窗口中输入角度值来改变填充图案时的旋转角度，每种图案在定义时的旋转角度为 0。

- “双向”复选框：对于用户定义的图案，选中该复选框将绘制第二组直线，这些直线与原来的直线成 90°角，从而构成交叉线。只有在“图案填充”选项卡上将“类型”设置为“用户定义”时，此选项才可用。

- “比例”文本框：该选项通过在文本窗口中输入数值来确定填充图案的比例值，从而调节填充图案的疏密程度。当输入大于 1 的数值时，填充图案将放大，当输入一个大于 0 而小于 1 的数值时，填充图案将缩小。

- “相对于图纸空间”复选框：该复选框用于确定是否相对于布局空间确定填充图案的比例值。使用此选项，可很容易地做到以适合于布局的比例显示填充图案。该选项仅适用于布局。

- “间距”文本框：该选项用于指定用户定义图案中的直线间距。只有当在“类型”下拉列表框中选用“用户定义”选项，该项才可以使用。

• “ISO 笔宽”下拉列表:该文本窗口可以通过下拉选项菜单选定笔宽缩放 ISO 预定义图案。只有将“类型”设置为“预定义”,并将“图案”设置为可用的 ISO 图案的一种,此选项才可用。

• “使用当前原点”单选框:选中该选项后,系统将默认填充图案的原点为坐标原点“0,0”。

• “指定的原点”单选框:选中该项后,用户可以通过激活的下面选项指定新的图案填充原点。

• “单击以设置新原点”按钮:单击按钮可以返回绘图窗口直接指定新的图案填充原点。

• “默认为边界范围”复选框:选中该项后可以通过其下方的下拉选择窗口选择填充范围的 4 个角或中心作为填充图案的原点。一旦选择,系统可以根据图案填充对象边界的矩形范围计算新原点。

• “存储为默认原点”复选框:选中该项可以将新图案填充原点的值存储在系统变量中。

2)“渐变色”选项卡

单击“渐变色”选项卡标签后,“图案填充与渐变色”对话框将切换至“渐变色”选项卡,如图 4-7 所示。该选项卡用于设置对图形对象进行渐变色填充时的相关参数。其中,选项卡中的“颜色”设置区主要用于指定填充颜色和数量;“渐变图案”设置区主要用来设置颜色渐变方式;“方向”设置区则用于指定渐变色的角度以及其是否对称。“图案填充”选项卡中各选项的作用如下:

• “单色”单选框:选择该项后,只能使用一种颜色对选择范围进行填充。单击该选项下方预览窗口中的 ... 按钮,可以打开如图 4-8 所示的“选择颜色”对话框,用户可以在该对话框中选择所需要使用的填充颜色。拖动颜色预览窗口右侧的“着色”滑块可以指定使用从较深着色到较浅色调平滑过渡的单色填充。

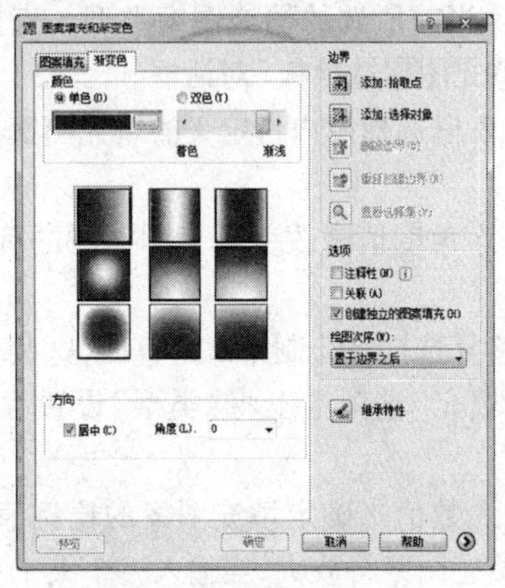

图 4-7 “渐变色”选项卡

图 4-8 “选择颜色”对话框

• “双色”单选框:选择该项后,可以使用两种不同的颜色对选中范围进行填充。选中该选项后,原来“着色”滑块的位置将被另一个颜色预览窗口代替,用户可以分别打开“选择颜色”对话框选择不同的填充颜色。

• “渐变图案”图标:这些图标显示了 AutoCAD 为用户提供的 9 种渐变填充方式。这些方式包括线性扫掠状、球状和抛物面状等,使用鼠标单击任意一个图标即可将相应的渐变填充效果应用于所选择的填充范围内。

• “居中”复选框：该复选框用于指定对称的渐变配置。如果没有选定此选项，渐变填充将朝左上方变化，创建光源在对象左边的图案。

• “角度”复选框：该选项通过下拉选项菜单指定渐变填充的角度。此选项与指定给图案填充的角度互不影响。

3)“边界”设置区

位于“图案填充与渐变色”对话框右侧的“边界”设置区主要用于选择和控制填充区域。其中各选项含义如下：

• “添加：拾取点” 按钮：单击该按钮后返回绘图窗口，用户可以通过在需要填充的范围内单击鼠标左键的方式让系统自动确定填充区域的边界，并且以高亮度显示，如图 4-9 所示。

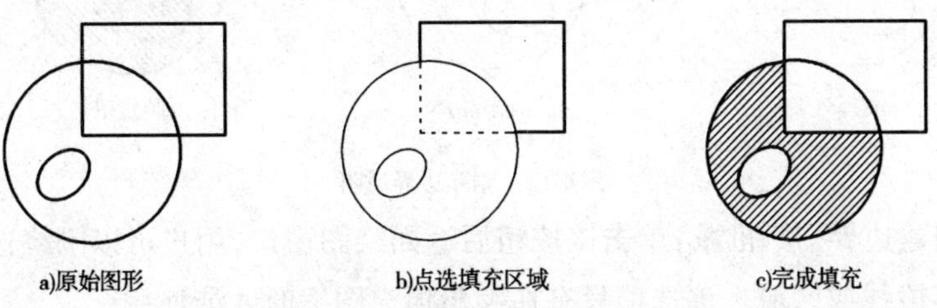
a)原始图形　b)点选填充区域　c)完成填充

图 4-9 “拾取点”方式选择填充区域

特别提示：

采用“添加：拾取点”方式填充，必须保证所点选的区域是完全封闭的平面区域，否则，填充无法完成并会出现如图 4-10 所示“边界定义错误”警告对话框。

• “添加：选择对象”按钮：单击该按钮后返回绘图窗口，用户可以通过选择对象的方式确定填充区域的边界。被选择的边界会以高亮度显示，如图 4-11 所示。

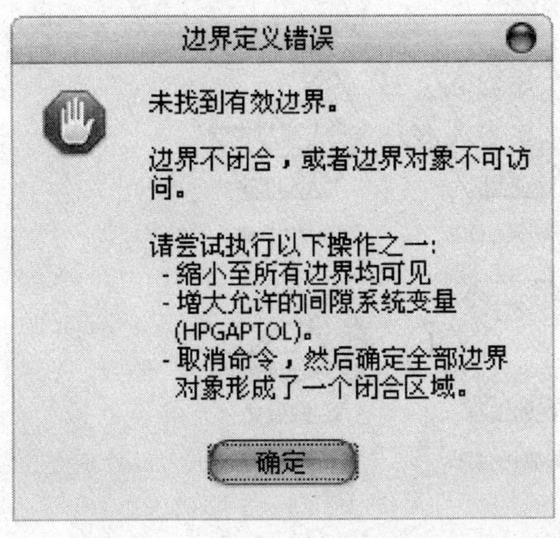

图 4-10 “边界定义错误”警告对话框

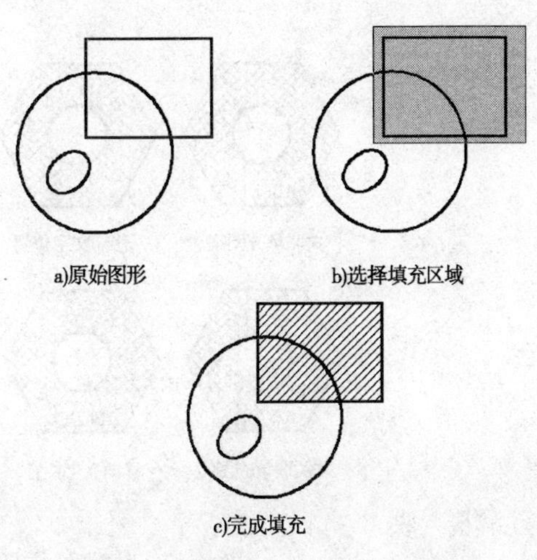
a)原始图形　b)选择填充区域　c)完成填充

图 4-11 “选择对象”方式确定填充区域

特别提示：

采用"添加：选择对象"方式填充指定区域时，不要求所选择区域完全封闭，但对于不封闭区域的填充，可能无法达到预想填充效果，使用时应特别注意。

- "删除边界"按钮：单击该按钮后返回绘图窗口，用户可以从已定义的边界中删除以前添加的任何对象，如图4-12所示。该选项只有在已经定义边界后才能使用。

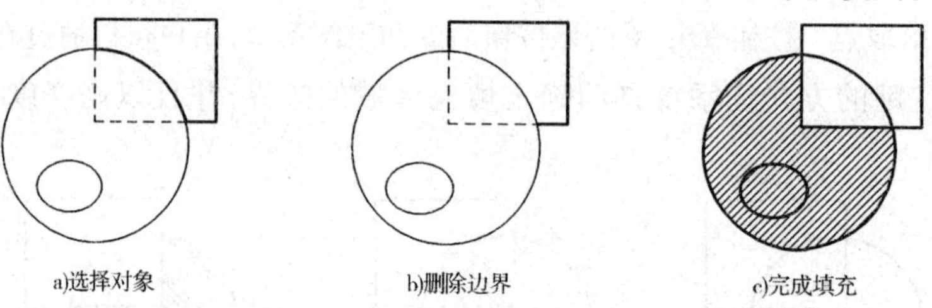

图4-12　删除边界说明

- "重新创建边界"按钮：单击该按钮后返回绘图窗口，用户可以围绕选定的图案填充对象为其创建多段线或区域。该选项只有在编辑填充图案时才能使用。
- "查看选择集"按钮：单击该按钮后，可以返回绘图窗口观看填充区域的边界。点击该按钮，AutoCAD会临时切换到绘图窗口，将所选择的区域作为填充边界的对象以高亮度方式显示。只有通过"拾取点"按钮或"选择对象"按钮选取了填充边界，"查看选择集"按钮才可以使用。

4)"选项"设置区

"选项"设置区位于"边界"设置区下方，主要用于控制几个常用的图案填充选项的设置。其中各选项含义如下：

- "注释性"复选框：选中该项可以指定图案填充具有对图形加以注释的对象的特性。
- "关联"复选框：该选项用于确定填充图案与边界的关系。选择关联与否效果如图4-13所示。

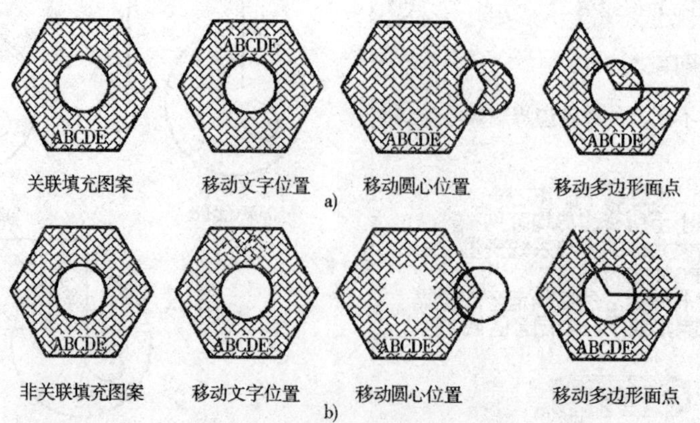

图4-13　关联填充与非关联填充

- "创建独立的图案填充"复选框：该选项用于控制当指定了几个独立的闭合边界时，是创建为一个图案填充对象，还是创建多个独立的图案填充对象。若为非独立对象，则在选择填充对象时会将所有填充部分均选中；若为独立对象，则只选中单一对象。选择创建独立的图案填充与否效果如图 4-14 所示。

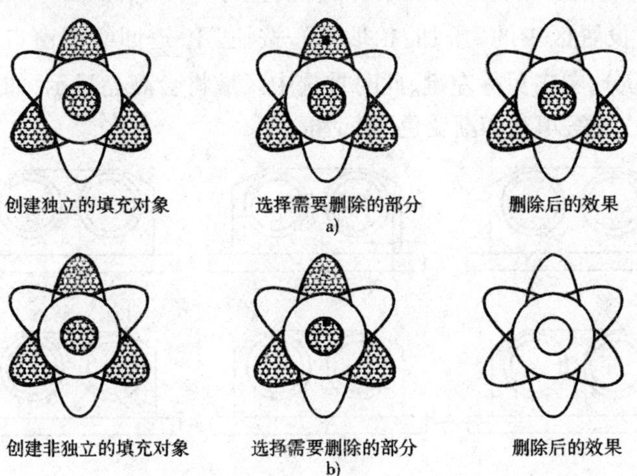

图 4-14　创建独立的图案填充与创建非独立的图案填充

- “绘图次序”下拉列表：该选项用于指定图案填充的绘图顺序。通过下拉选项菜单，用户可以选择将图案填充对象放在所有其他对象之后、所有其他对象之前、图案填充边界之后或图案填充边界之前。
- “特性继承”按钮：该按钮的作用是将图样中已经创建完成的填充图案属性应用到当前的填充图案中。单击按钮返回绘图窗口，选择某个已经完成的图案填充对象，再单击需要填充的区域，则选中区域就会按照开始选择的图案填充对象特性（包括图案、角度、比例等）完成填充。

任务二　完成复杂图案填充工作

本任务中将通过绘制如图 4-15 所示双孔圆管涵的涵身断面图来学习如何完成复杂图案填充。

【操作步骤】

（1）按照图 4-15 中尺寸要求完成双孔圆管涵涵身断面轮廓线的绘制，如图 4-16a）所示。

（2）单击“绘图”工具栏上的按钮，打开“图案填充和渐变色”对话框。

（3）单击“类型和图案”设置区“图案”下拉列表右侧的...按钮，打开“填充图案选项板”对话框。选择“其他预定义”选项卡，然后选择图案“AR－CONC”作为填充使用的图形，如图4-17所示。单击 确定 按钮，关闭“填充图案选

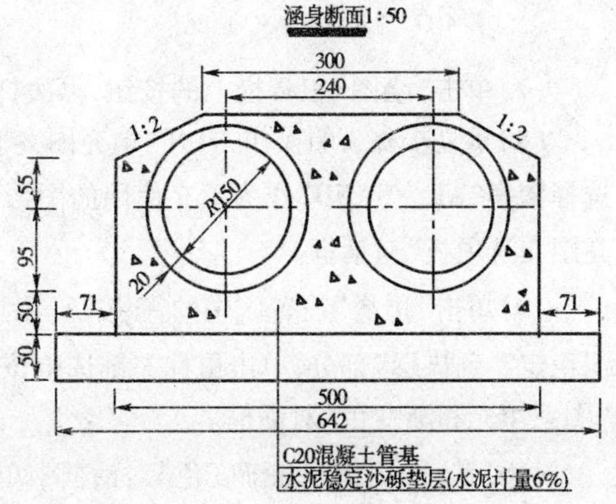

图 4-15　双孔圆管涵涵身断面图

项板”对话框。

(4)单击“图案填充和渐变色”对话框右下角的按钮，打开“图案填充和渐变色”对话框的更多选项，在“孤岛”设置区将“孤岛显示样式”设置为“外部”，如图 4-18 所示。

(5)单击“边界”设置区中的“添加：拾取点” 按钮，返回绘图窗口。移动光标至图中“C20 混凝土管基”部分，单击鼠标左键，此时被选中区域将会高亮显示，如图 4-16b)所示。然后按【Enter】键，返回“图案填充和渐变色”对话框。

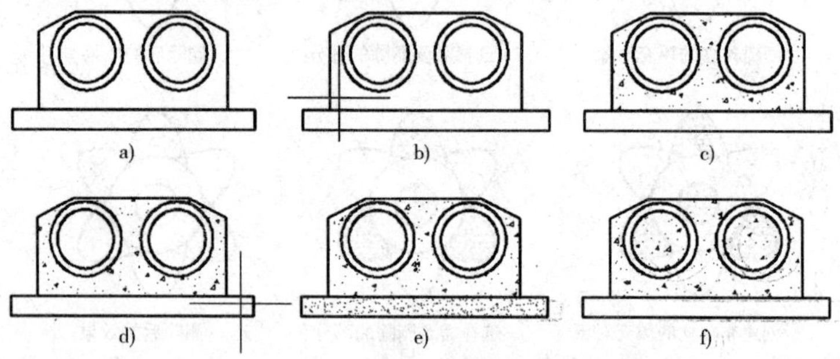

图 4-16　双孔圆管涵断面图填充过程

(6)在“图案填充和渐变色”对话框中单击 预览 按钮，观察填充图案的预览图。根据观察效果，在“角度和比例”区的“比例”文本窗口将填充图案比例设置为 0.5，单击 确定 按钮退出“图案填充和渐变色”对话框并完成本部分填充，结果如图 4-16c)所示。

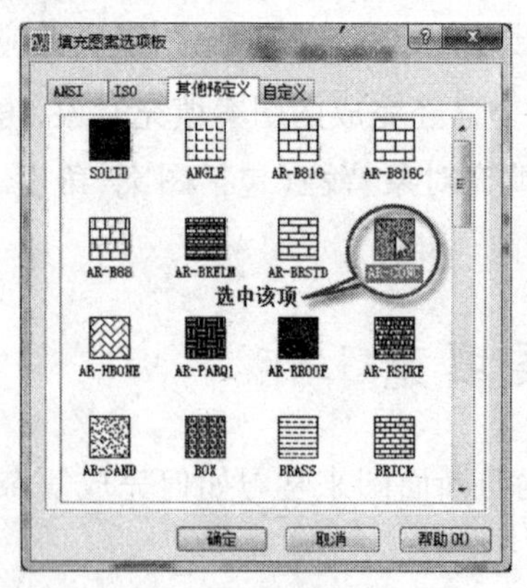

图 4-17　“其他预定义”选项卡

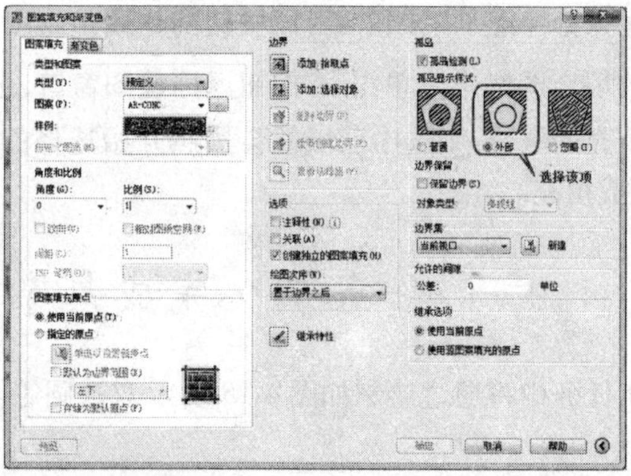

图 4-18　更多选项“图案填充与渐变色”对话框

(7)单击“绘图”工具栏上的按钮，再次打开“图案填充和渐变色”对话框。

(8)重复步骤 3 的操作，打开“填充图案选项板”对话框。选择“其他预定义”选项卡，然后选择图案“AR－SAND”作为填充使用的图形，如图 4-19 所示。单击 确定 按钮，关闭“填充图案选项板”对话框。

(9)单击“边界”设置区中的按钮(添加：拾取点)，返回绘图窗口。移动光标至图中“水泥稳定沙砾垫层”部分，单击鼠标左键选中该区域，如图 4-16d)所示。然后按【Enter】键，返回“图案填充和渐变色”对话框。

(10)在“图案填充和渐变色”对话框中单击 预览 按钮，观察填充图案的预览图。根据观察效果，满意后单击 确定 按钮退出“图案填充和渐变色”对话框并完成填充，结果如

图 4-16e)所示。

【知识链接】

1. 关于孤岛

本任务与任务一的不同之处在于进行第一次填充(填充混凝土管基部分)之前,在"图案填充与渐变色"对话框的"孤岛"设置区将"孤岛显示样式"设置为"外部"(默认设置为"普通"),如果没有进行这一步骤,那么填充的效果就会如图 4-16f)所示,无法达到预期效果。出现这种情况的原因是 AutoCAD 在进行图案填充时,会检测所选择的填充范围内部是否还有闭合边界。边界内部含有闭合边界的区域称为孤岛,如图 4-19 所示。

在对包含孤岛的范围进行图案填充时,AutoCAD 系统为用户设置了以下 3 种填充方式实现对填充范围的控制:

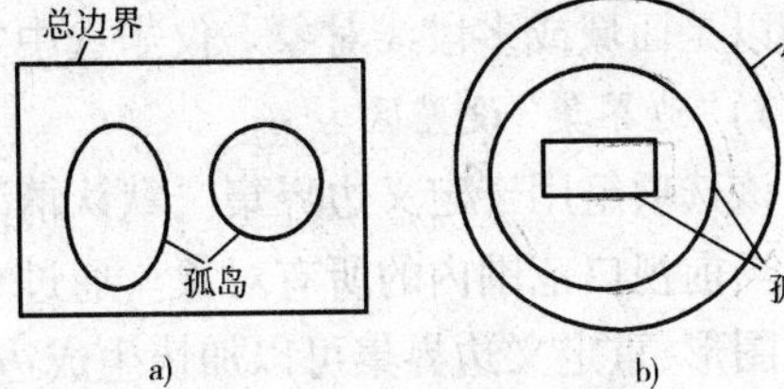

图 4-19　孤岛说明

- 普通方式。该方式将从外部边界向内填充,如果遇到一个内部的封闭边界,则关闭填充,直到遇到另外一个封闭区域为止。即普通填充方式从填充区域的最外部算起交替填充各个封闭区域,如图 4-20a)所示。该方式为系统的默认填充方式。
- 外部方式。该方式也是从外向内进行填充,但遇到下一个封闭边界填充就自动停止,内部的所有封闭区域均不再填充,如图 4-20b)所示。
- 忽略方式。该方式忽略边界内的所有对象,填充外部边界所围成的整个区域,如图 4-20c)所示。

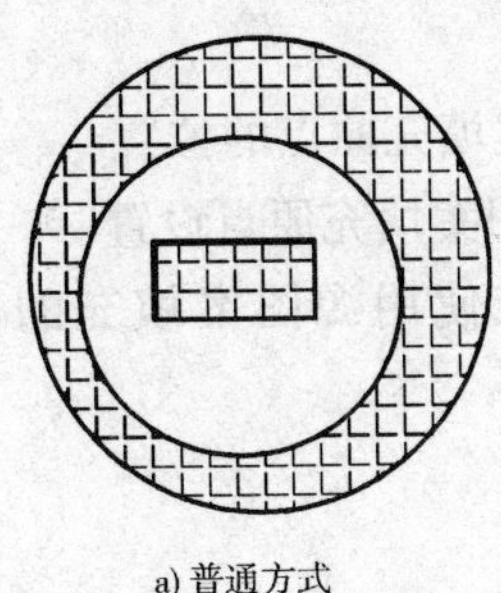

a) 普通方式

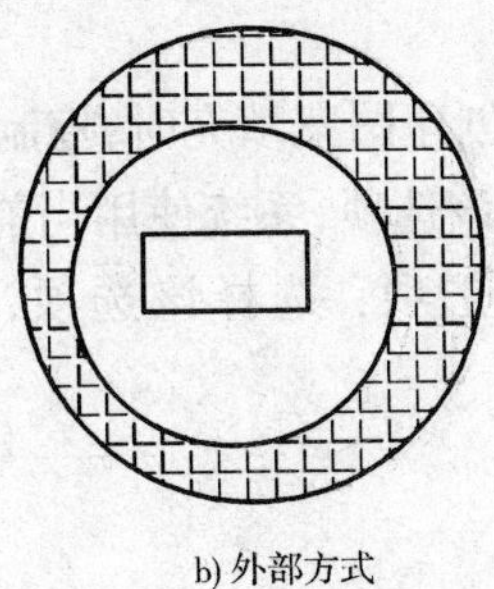

b) 外部方式

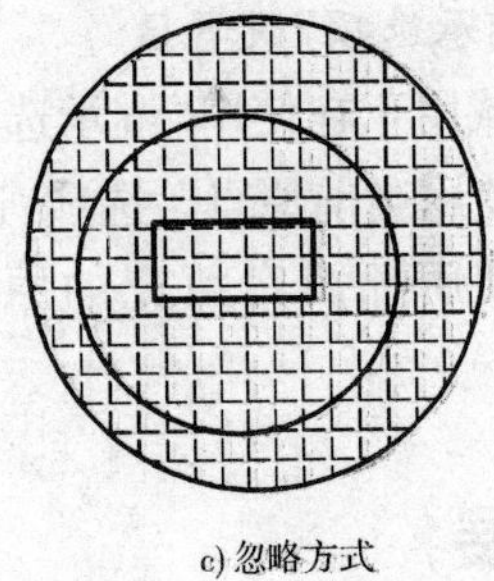

c) 忽略方式

图 4-20　填充方式说明

特别提示:

3 种填充方式的选择,只有通过拾取点的方式选择填充范围时才会有效。如果图案填充遇到了文字或其他实体填充对象,这些对象则自动被选作为边界的一部分,AutoCAD 将不填充这些对象。

2. 对话框更多选项部分使用说明

单击"图案填充和渐变色"对话框右下角的按钮后,将展开更多的图案填充设置选项,包括"孤岛"设置区、"边界保留"设置区、"边界集"设置区、"允许的间隙"设置区以及"继承选项"设置区等,在此用户可以对图案填充工作进行更加详细的设置。各选项的作用如下:

1)“孤岛”设置区

● “孤岛检测”复选框:该选项通过复选框让用户确定是否在图案填充时进行孤岛检测。如果不存在内部边界,则指定孤岛检测样式没有意义。

● “孤岛显示样式”单选框:该选项组用于确定图案的填充方式。只有在选中“孤岛检测”选项后,该选项才能设置。

2)“边界保留”设置区

该设置区用于指定是否将边界保留为对象,并确定应用于这些对象的对象类型。

● “保留边界”复选框:该选项用于指定是否根据临时图案填充边界创建边界对象,并将它们添加到图形中。

● “对象类型”下拉选项菜单:通过下拉选择菜单控制新边界对象的类型。生成的边界对象可以是面域或多段线对象。仅当选中“保留边界”时,此选项才可用。

3)“边界集”设置区

该选项组用于定义边界集。默认情况下,使用“添加:拾取点”选项来定义边界时,系统会分析当前视口范围内的所有对象。通过重定义边界集,可以在定义边界时忽略某些对象。对于大图形,重定义边界集可以加快生成边界的速度。

4)“允许的间隙”设置区

该选项用于设置将对象用作图案填充边界时可以忽略的最大间隙。其默认值为0,该值意味指定填充范围必须封闭区域而没有间隙。如果设置一个不为0的正值(从0~5000)作为将对象用作图案填充边界时可以忽略的最大间隙,任何小于等于指定值的间隙都将被忽略,并将边界视为封闭。

5)“继承选项”设置区

该区域用于在使用“继承选项”创建图案填充时,控制图案填充原点的位置。

● “使用当前原点”选项:选择该选项,系统使用当前的图案填充原点设置。

● “使用源图案填充的原点”选项:选择该选项,系统使用源图案填充的图案填充原点。

项目拓展

本项目拓展将介绍编辑图案填充的方法。

图案填充完成后,如果需要对填充的内容进行修改,可以通过编辑图案填充命令HATCHEDIT完成。例如,需要将图4-21中填充的45°方向剖面线改变为竖直方向,并改变填充比例,可以通过以下操作完成。

图4-21 修改图案填充的角度和比例

【操作步骤】

(1)在命令提示行输入命令 HATCHEDIT(命令缩写 HE)后回车,AutoCAD 2008 会提示:

```
命令: hatchedit
选择图案填充对象:
```

(2)使用鼠标单击选中需要编辑修改的图案填充对象,打开"图案填充编辑"对话框,如图 4-22 所示。该对话框与"图案填充和渐变色"对话框内容完全相同,通过此对话框,用户可以方便修改填充图案的样式、比例和角度等参数以及其他相关设置。

(3)在"角度"窗口中输入数值"45",在"比例"窗口中输入数值"5",单击 确定 按钮,其结果如图 4-22 右图所示。

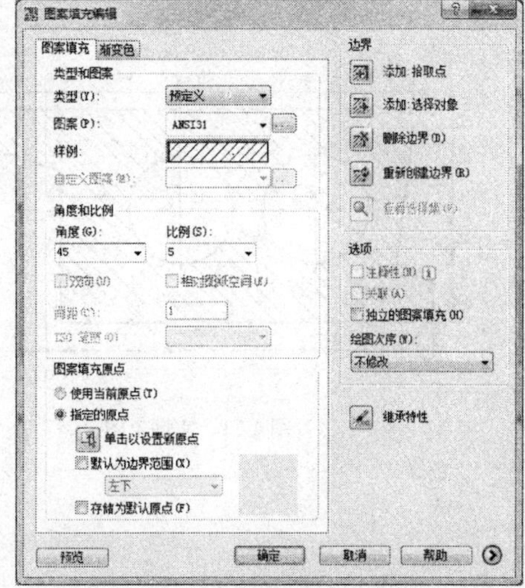

图 4-22 "图案填充编辑"对话框

【知识链接】

命令调用方式

- 命令行:HATCHEDIT
- 命令快捷方式:HE
- 菜单:【修改】→【对象】→【图案填充】
- 工具栏按钮:修改Ⅱ工具栏→

特别提示:

将光标移动到需要编辑修改的填充图案上,双击鼠标左键,同样可以打开"图案填充编辑"对话框。

项目小结

本项目主要内容总结如下:

◆ 使用 BHATCH 命令可以打开"图案填充和渐变色"对话框,根据需要在对话框中设置相应的参数和选项可以方便地完成图案填充。

◆ 选择图案填充的范围有两种方式,分别为"拾取点"方式和"选择对象"方式。在使用"拾取点"方式选择填充范围时,要求选择点所在区域是完全封闭的,否则系统会提示出错。

◆ "孤岛样式"设置在填充有多重封闭区域的图形对象时可以帮助用户准确完成填充。

◆ 填充完成后,可以使用 HATCHEDIT 命令打开"图案填充编辑"对话框,对填充内容进行编辑和修改。

实训

1. 按照图 4-23 中尺寸要求,绘制空心板桥边板断面图。

2. 按照图 4-24 中尺寸要求,绘制盖板涵涵身断面图。

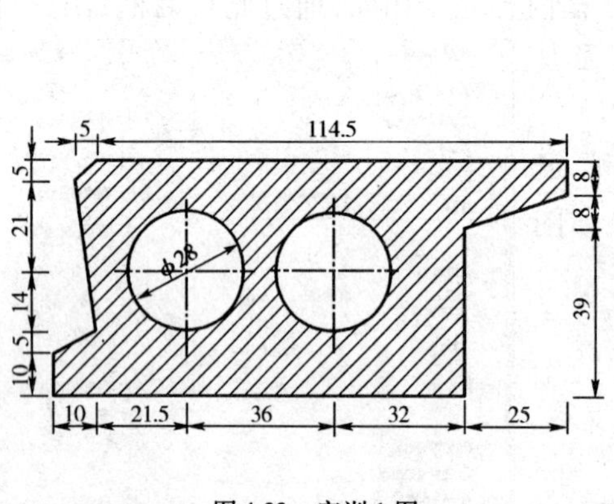

图 4-23　实训 1 图

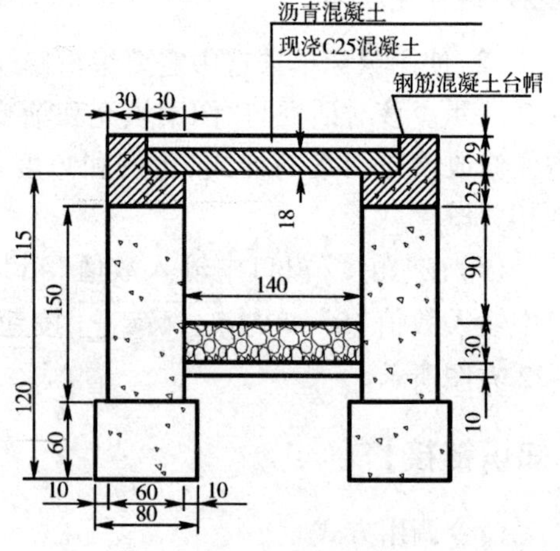

图 4-24　实训 2 图

项目五　绘制具有重复特征的平面图形

在绘制工程图样的过程中，不可避免地会遇到需要重复绘制某些图形对象的情况，例如，梁式桥的上部构造大多是由多个尺寸结构相同的梁、板组合形成；桩柱式桥墩两侧的立柱可能完全相同等。手工绘图时，哪怕同样的图形对象再多，也只能一个个地绘制。同样的工作，在使用 AutoCAD 绘图时就无需重复进行了。用户可以使用 AutoCAD 提供的编辑修改功能，方便快捷地完成具有重复特性的对象创建和排列工作。本项目中将学习如何根据图形的特征选择适当的命令完成图样的绘制工作。

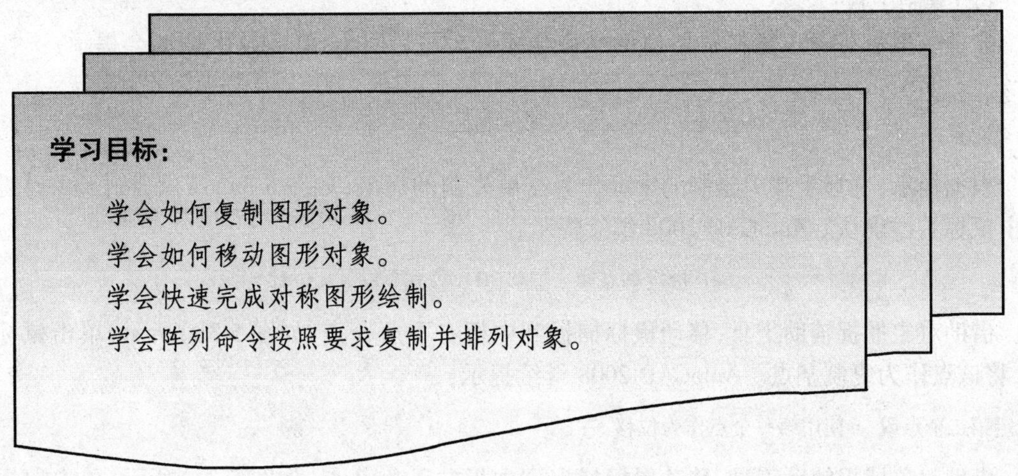

任务一　绘制空心板桥上部结构横断面图

图 5-1 所示为某钢筋混凝土空心板桥上部结构横断面图，其中的空心板结构部分是由 3 块中板和 2 块边板组合而成，在本任务中，将通过绘制图中的空心板组合部分来学习如何使用相关命令迅速完成这样的具有重复特性的对象的复制和组合工作。

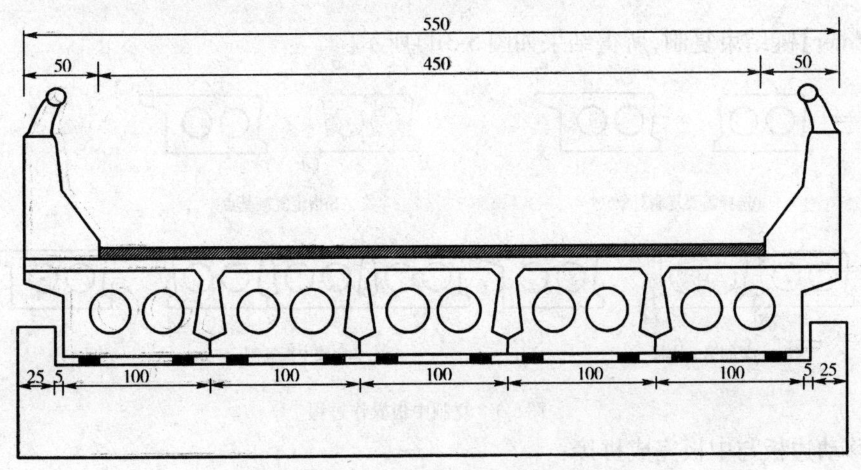

图 5-1　钢筋混凝土空心板桥上部结构横断面图

【操作步骤】

(1)按照图 5-2 中所示的尺寸要求分别绘制空心板桥的一个中板和边板。

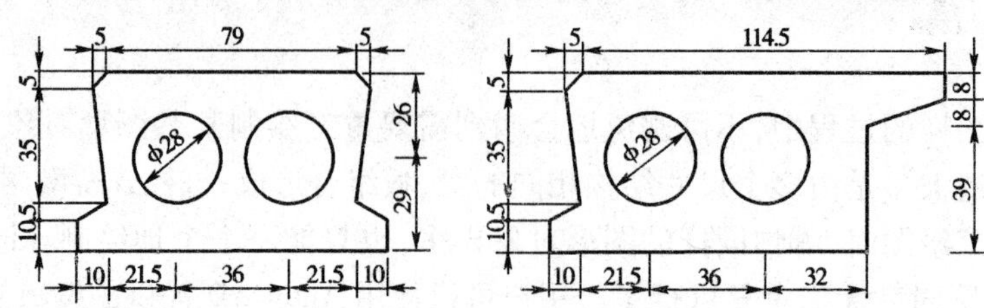

图 5-2　中板和边板尺寸

(2)复制中板:

在命令提示行输入复制命令 COPY(命令缩写 CO)后回车,AutoCAD 2008 会提示:

```
命令: copy
选择对象:
```

根据提示,选择步骤 1 绘制的中板作为需要复制的对象,如图 5-3a)所示,按【Enter】键或单击鼠标右键确认。AutoCAD 2008 继续提示:

```
指定基点或 [位移(D)/模式(O)] <位移>:
```

借助对象捕捉辅助工具,移动鼠标捕捉到中板右下角 A 点,如图 5-3b)所示,单击鼠标左键,将该点作为复制基点。AutoCAD 2008 继续提示:

```
指定第二个点或 <使用第一个点作为位移>:
```

借助对象捕捉辅助工具,移动鼠标捕捉到中板左下角 B 点,如图 5-3c)所示,单击鼠标左键,完成第一块板的复制工作。AutoCAD 2008 继续提示:

```
指定第二个点或 [退出(E)/放弃(U)] <退出>:
```

重复前一个操作过程,移动鼠标捕捉到复制完成的第一块中板左下角点,单击鼠标左键,完成第二块板的复制工作。AutoCAD 2008 继续提示:

```
指定第二个点或 [退出(E)/放弃(U)] <退出>:
```

按【Enter】键结束复制,所得结果如图 5-3d)所示。

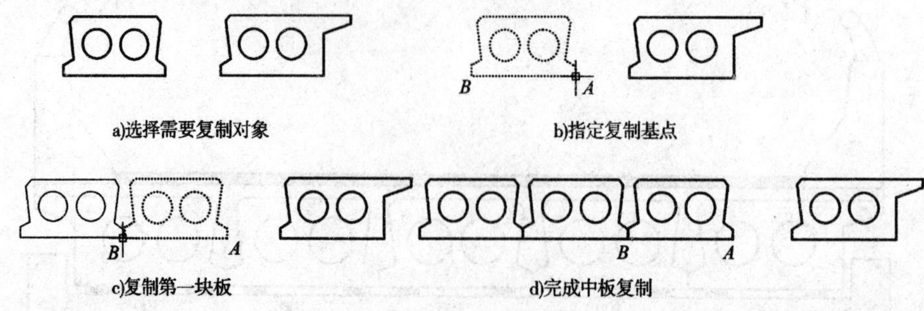

图 5-3　复制中板操作过程

(3)移动边板与中板完成拼接:

在命令提示行输入移动命令 MOVE(命令缩写 M)后回车,AutoCAD 2008 会提示:

```
命令：move
选择对象：
```

根据提示，选择步骤 1 绘制完成的边板作为需要移动的对象，如图 5-4a）所示，按【Enter】键或单击鼠标右键确认。AutoCAD 2008 继续提示：

```
指定基点或［位移(D)］<位移>：
```

借助对象捕捉辅助工具，移动鼠标捕捉到边板左下角 C 点，如图 5-4b）所示，单击鼠标左键，将该点作为移动基点。AutoCAD 2008 继续提示：

```
指定第二个点或 <使用第一个点作为位移>：
```

借助对象捕捉辅助工具，移动鼠标捕捉到第一块中板右下角 A 点，如图 5-4c）所示，单击鼠标左键，完成边板的移动和拼接。所得结果如图 5-4d）所示。

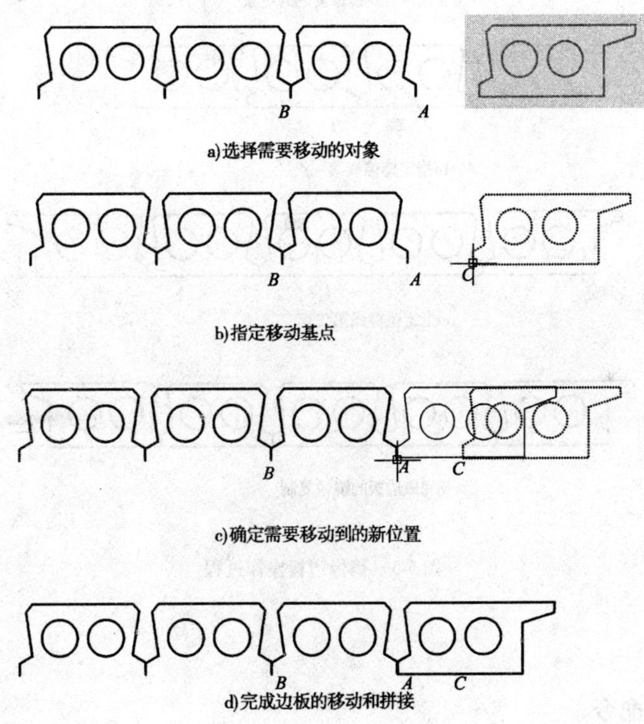

图 5-4　移动边板操作过程

（4）左侧边板的镜像复制：

在命令提示行输入镜像命令 MIRROR（命令缩写 MI）后回车，AutoCAD 2008 会提示：

```
命令：mirror
选择对象：
```

根据提示，选择右侧边板作为需要镜像复制的对象，如图 5-5a）所示，按【Enter】键或单击鼠标右键确认。AutoCAD 2008 继续提示：

```
指定镜像线的第一点：
```

借助对象捕捉辅助工具，移动鼠标捕捉到第二块中板下底边中点位置 1，如图 5-5b）所示，

单击鼠标左键,将该点作为镜像线的第一点。AutoCAD 2008 继续提示:

指定镜像线的第二点:

借助对象捕捉辅助工具,移动鼠标捕捉到第二块中板上顶边中点位置 2,如图 5-5c)所示,单击鼠标左键,将该点作为镜像线的第二点。AutoCAD 2008 继续提示:

要删除源对象吗?[是(Y)/否(N)] <N>:

输入选项参数"N",选择不删除源对象,按【Enter】键完成边板的镜像复制操作,所得结果如图 5-5d)所示。

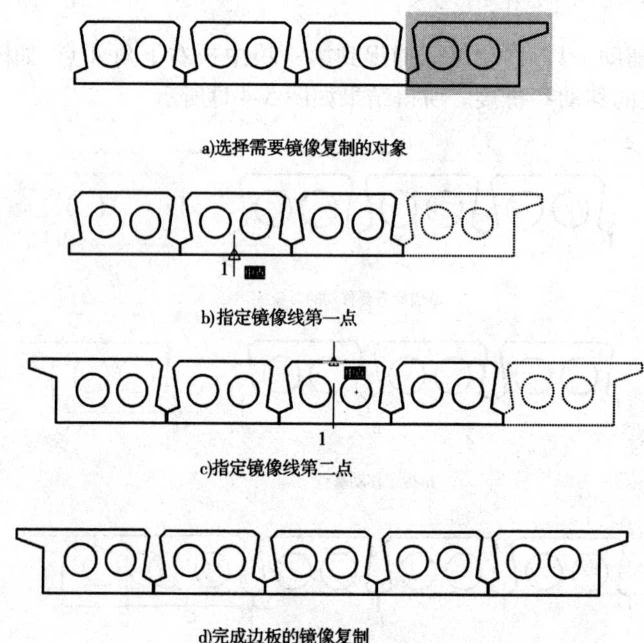

a)选择需要镜像复制的对象

b)指定镜像线第一点

c)指定镜像线第二点

d)完成边板的镜像复制

图 5-5 镜像边板操作过程

【知识链接】

(一)关于复制命令

1. 命令调用方式

- 命令行:COPY
- 命令快捷方式:CO
- 菜单:【修改】→【复制】
- 工具栏按钮:修改工具栏→

2. 命令功能说明

- 复制命令可以在新的位置生成若干个与已有对象形状相同的图形,从而减少大量的重复劳动。
- 基点是复制对象的参考点。基点选择完成后,可以结合对象捕捉将复制出的新对象放置在准确位置上。

• AutoCAD 2008 中的复制命令采用了多重复制的方式，即用户可以连续单击鼠标左键完成对所选对象在多个位置上的复制。复制完成需要退出时，可以直接在“指定第二个点或[退出(E)/放弃(U)]<退出>:”提示下按【Enter】键退出；也可以单击鼠标右键打开快捷菜单，选择“确认”退出。

• 对象的复制也可以在选择对象后在绘图窗口单击鼠标右键打开快捷菜单，选择“复制选择”选项完成。

特别提示：

使用 COPY 命令只能在当前绘图区中复制图形。而点击标准工具栏中的“复制”按钮或使用键盘快捷方式【CTRL】+【C】进行复制则是将选中图形对象复制到 Windows 的剪贴板上，然后粘贴(键盘快捷方式【CTRL】+【V】)到其他文件或软件中。

(二)关于移动命令

1. 命令调用方式

• 命令行：MOVE

• 命令快捷方式：M

• 菜单：【修改】→【移动】

• 工具栏按钮：修改工具栏→

2. 命令功能说明

• 对于由简单对象构成的组合形体，可以先分别绘制构成组合体的简单形体对象，再利用移动命令完成组合。

• 移动命令 MOVE 与复制命令 COPY 的使用方式非常相似，但图形对象移动后，原位置的图形对象将消失，在新的位置上出现该图形对象。

• 选择恰当的基点和第二点决定了图形移动距离和位置的准确性。配合键盘输入数值(坐标值或位移值)，或用鼠标配合对象追踪、对象捕捉等辅助工具可以使对象移动更加准确和快捷。

(三)关于镜像命令

1. 命令调用方式

• 命令行：MIRROR

• 命令快捷方式：MI

• 菜单：【修改】→【镜像】

• 工具栏按钮：修改工具栏→

2. 命令功能说明

• 镜像线(对称轴)的方向可以是任意的，镜像线的方向不同，对称图形的位置则不同。

• 在默认状态下，文字是不做镜像处理的，若要将文字作镜像处理，则需要通过命令 MIRRTEXT 将系统变量设置为 1，如图 5-6 所示。

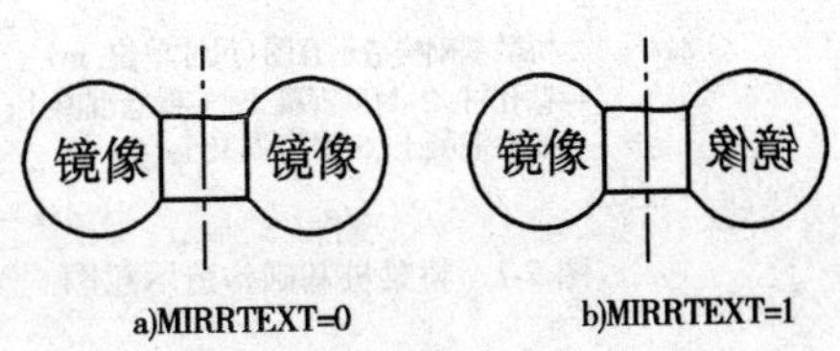

图 5-6　文字的镜像

任务二　绘制桥墩群桩基础构造图

某些由多个相同元素构成的工程图样虽然可以通过使用复制来完成绘图,但由于相同元素的数量太多,复制时需要先确定位置等,直接使用 COPY 命令并不一定能减少绘图的工作量,如图 5-7 所示某桥墩群桩基础构造示意图,其水平投影图中的群桩部分就是由数个大小相同的圆组成的。显然,要使用复制命令 COPY 绘制这些圆,必须先确定其位置。通过仔细观察,这些圆的排列实际上是有一定规律的,针对这样一些具有排列规律的对象,AutoCAD 提供了更加方便的方法完成图形对象的绘制。本任务中将通过绘制图 5-8 所示两种群桩基础断面图来学习如何快速创建具有一定排列规律的图形对象。

【操作步骤】

(1)使用圆绘制命令 CIRCLE 完成直径为 17m 的圆的绘制, 如图 5-9a)所示。

(2)绘制与步骤 1 所绘圆间距为 1.4m 的圆。

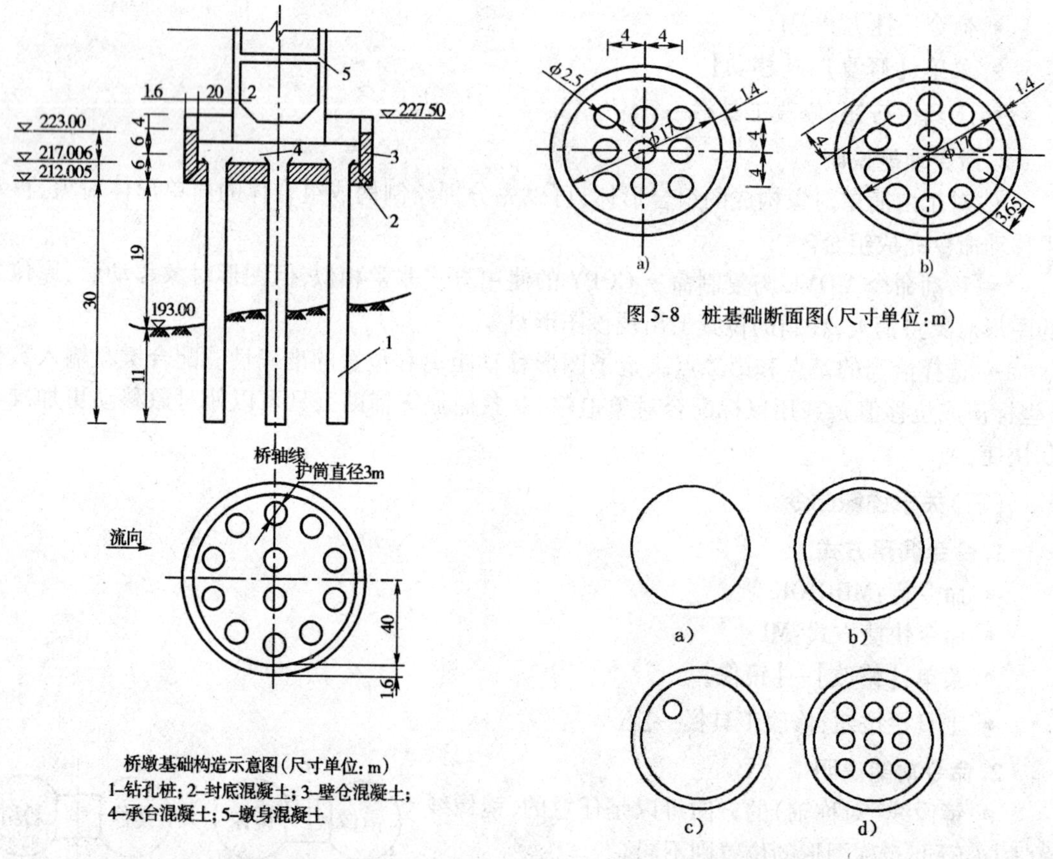

图 5-7　桥梁桩基础构造示意图

图 5-8　桩基础断面图(尺寸单位:m)

图 5-9　矩形排列群桩基础绘图过程

在命令提示行输入偏移命令 OFFSET(命令缩写 O)后回车,然后根据 AutoCAD 2008 的提示进行如下操作:

```
命令: offset                                         ←输入命令,按【Enter】键
当前设置: 删除源 = 否 图层 = 源 OFFSETGAPTYPE = 0
指定偏移距离或 [通过(T)/删除(E)/图层(L)] <通过>: 1.4
                                                     ←输入偏移距离,按【Enter】键
选择要偏移的对象,或 [退出(E)/放弃(U)] <退出>:
                                                     ←使用鼠标选中前一步骤绘制的圆
指定要偏移的那一侧上的点,或 [退出(E)/多个(M)/放弃(U)] <退出>:
                                                     ←移动鼠标至选中圆的外侧,点击鼠标左键
选择要偏移的对象,或 [退出(E)/放弃(U)] <退出>:
                                                     ←按【Enter】键,结束偏移操作
```

绘制完成的结果如图 5-9b)所示。

(3)根据尺寸关系绘制一个直径为 2.5m 的圆,如图 5-9c)所示。

(4)在命令提示行输入阵列命令 ARRAY(命令缩写 AR)后回车,打开“阵列”对话框,在该对话框中点选“矩形阵列”单选项,如图 5-10 所示。

(5)单击“选择对象”按钮,返回绘图窗口,根据提示选择步骤 3 绘制的小圆作为需要阵列的对象,按【Enter】键或单击鼠标右键确认后,回到“阵列”对话框。

(6)分别在“行”、“列”对应文本框中输入阵列的行数“3”及列数“3”;分别在“行偏移”、“列偏移”文本框中输入阵列对象之间的行偏移量“-4”及列偏移量“4”;在“阵列角度”文本框中输入阵列方向与 X 轴正方向的夹角“0”,如图 5-10 所示。

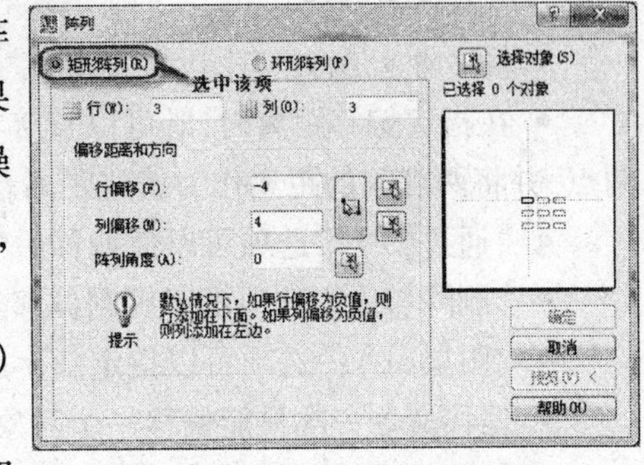

图 5-10 “阵列”对话框

(7)单击 预览(V) < 按钮,返回绘图窗口预览阵列效果,同时打开图 5-11 所示对话框。如果预览效果满足要求,可以直接单击 接受 按钮完成阵列操作,否则可以单击 修改 按钮返回“阵列”对话框,重新设置参数。阵列完成效果如图 5-9d)所示。

(8)重复步骤 1、2,绘制同心圆,结果如图 5-12a)所示。

(9)根据尺寸关系绘制一个直径为 2.5m 的圆,如图 5-12b)所示。

图 5-11 “预览”提示对话框

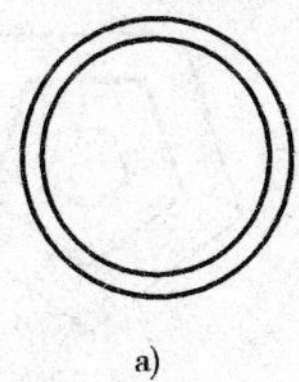

a)

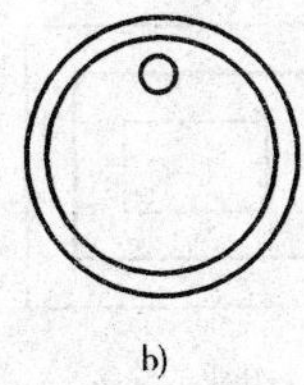

b)

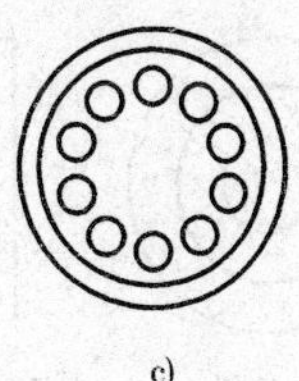

c)

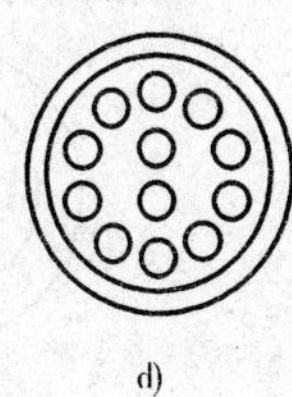

d)

图 5-12 环形排列群桩基础绘图过程

(10)单击“修改”工具栏上的按钮,打开“阵列”对话框,在该对话框中点选“环形阵列”单选项,如图 5-13 所示。

(11)单击“选择对象”按钮,返回绘图窗口,根据提示选择步骤 9 绘制的小圆作为需要阵列的对象,按【Enter】键或单击鼠标右键确认后,回到“阵列”对话框。

(12)单击“中心点”文本框右侧的按钮,返回绘图窗口,配合对象捕捉工具捕捉到步骤

9 所绘制同心圆圆心,单击鼠标左键后回到“阵列”对话框,此时,“中心点”的“X:”、“Y:”文本框将显示同心圆圆心坐标值,该点将作为环形阵列的圆心。

(13)打开“方法”下拉选项列表,选择环形阵列方法为“项目总数和填充角度”,分别在“项目总数”和“填充角度”文本框中输入需要阵列的小圆环总数“10”和填充角度范围“360”,如图 5-13 所示。

(14)单击 预览(V) < 按钮,返回绘图窗口预览阵列效果。如果预览效果满足要求,在弹出的图 5-11 所示对话框中单击 接受 按钮完成阵列参数设置,否则可以单击 修改 按钮返回“阵列”对话框,重新设置参数。阵列完成效果如图 5-12c)所示。

(15)使用复制命令 COPY 完成中间两个圆环的绘制,其结果如图 5-12d)所示。

【知识链接】

(一)关于偏移命令

1. 命令调用方式

- 命令行:OFFSET
- 命令快捷方式:O
- 菜单:【修改】→【偏移】
- 工具栏按钮:修改工具栏→

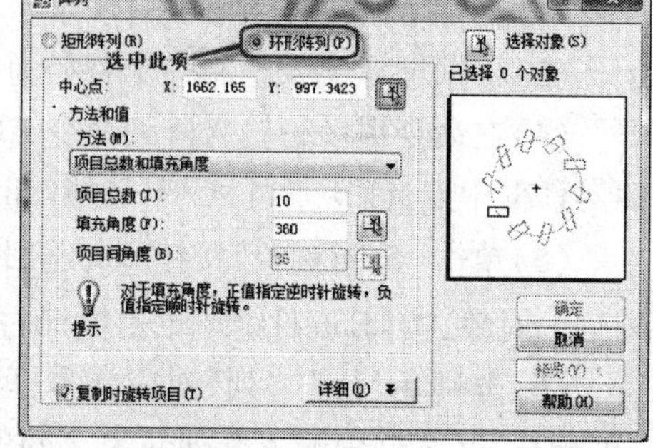

图 5-13 “阵列”对话框

2. 命令功能说明

- 偏移命令是将已有图形对象朝某一方向偏移一定距离,并在新的位置生成形状相似的图形。
- 在指定偏移距离时,既可以直接在命令提示行输入距离值,也可用鼠标在屏幕上拾取两点,并将两点间的距离作为偏移距离。
- “通过(T):”选项可以使偏移后生成的新对象或其延长线通过某一指定点。
- “删除(E):”选项由于控制偏移生成新对象后是否删除源对象。
- “图层(L):”选项可以指定新生成对象所在的图层。
- 偏移命令一次只能偏移一个对象,但可以将多条线连成多段线后进行偏移。
- 偏移只适用单一对象,如直线、样条曲线、圆、圆弧、椭圆、正多边形等,如图 5-14 所示(图中加粗部分为源对象)。由几个对象构成的组合图形不能同时完成偏移。

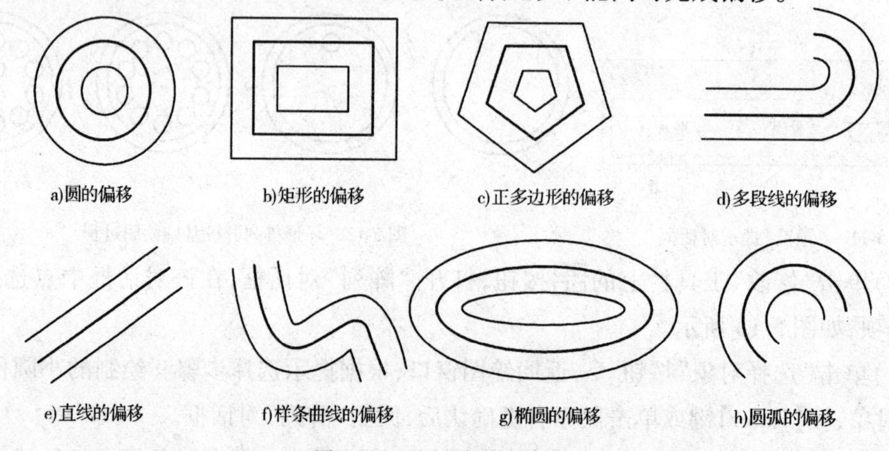

a)圆的偏移　b)矩形的偏移　c)正多边形的偏移　d)多段线的偏移

e)直线的偏移　f)样条曲线的偏移　g)椭圆的偏移　h)圆弧的偏移

图 5-14 不同对象偏移效果

特别提示：

所有绘制的点不能使用偏移命令。

- 偏移命令常用于绘制具有相同间距的多条平行直线或同心圆。如图 5-15 所示钢筋混凝土板的钢筋结构平面图，在已知间距的情况下，使用偏移命令 OFFSET 比使用复制命令 COPY 绘图要更加方便快捷一些。

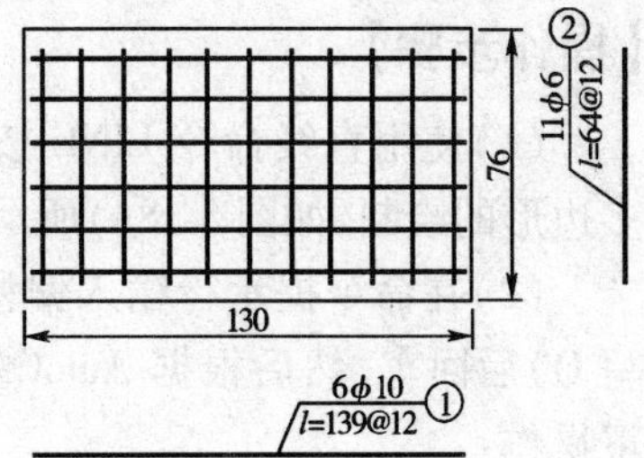

图 5-15　偏移命令绘图实例

（二）关于阵列命令

1. 命令调用方式

- 命令行：ARRAY
- 命令快捷方式：AR
- 菜单：【修改】→【阵列】
- 工具栏按钮：修改工具栏→

2. 命令功能说明

- 阵列命令可以快速完成具有一定排列规律的多个对象的复制。
- "矩形阵列"项通过设置对象排列的行数、列数、行间距、列间距和阵列角度等相关参数来控制复制对象的数量和排列效果。其中，行间距设置为正，复制对象在水平方向的排列方式为从左向右，行间距设置为负则是从右向左排列；列间距设置为正，复制对象在竖直方向的排列方式为从上至下，列间距设置为负则是从下至上排列；阵列角度为正值将使对象沿逆时针方向阵列，负值则相反。设置完成后，在对话框右侧的窗口中可以预览所设置阵列的效果图。
- "环形阵列"项可以通过选择"项目总数和填充角度"、"项目总数和项目间的角度"、"填充角度和项目间的角度"三种方式，分别设置阵列的相关参数，如阵列中心点、阵列数目、填充角度、项目间角度等控制复制对象的数量和排列效果等。
- 设置"环形阵列"项参数时若选中对话框左下角"复制时旋转项目"选项，则生成阵列时对象将自动旋转，如图 5-16a）所示。
- 创建环形阵列时，不同的图形有不同的参照点（对象基点）。一般情况下，系统默认将单一直线的第一个端点、连续直线的第一个转折点、矩形的第一个顶点、圆的圆心等作为图形对象的参照点，并将该点到环形阵列中心点的距离作为阵列半径。用户可以通过单击对话框中的 详细(D) ▾ 按钮自定义对象旋转时的基点，如图 5-16b）和图 5-16c）所示。

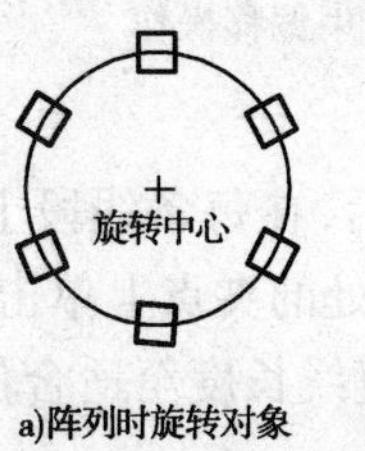

a)阵列时旋转对象

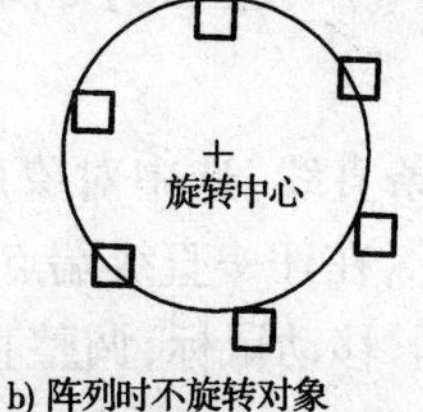

b) 阵列时不旋转对象
（默认基点为矩形左上角点）

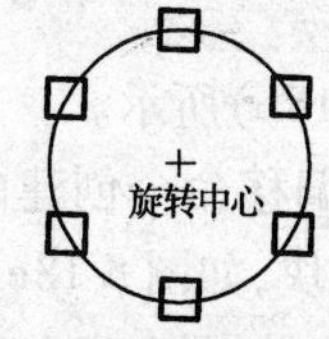

c) 阵列时不旋转对象
（自定义基点为矩形中心）

图 5-16　环形阵列

项目拓展

本项目拓展将介绍利用偏移命令绘制圆的定位线的方法。

定位线主要用于定义圆的中心位置。在工程图样中，一般涉及圆或圆弧的定位时，往往会标注圆心距离某个边界的位置，如图 5-17 中所示的圆就是通过标注其距离右侧和顶端的距离来定位的，下面以此为例介绍如何进行定位线的绘制。

【操作步骤】

(1)使用直线命令 LINE 按照图 5-17 中尺寸进行多边形的绘制，如图 5-18a)所示。

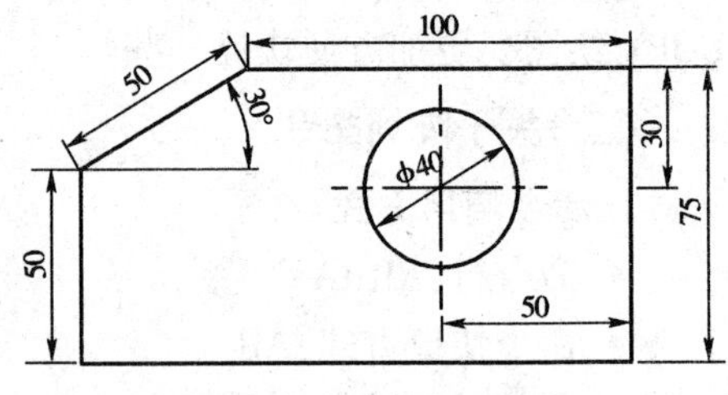

图 5-17　绘制圆的定位线

(2)在命令提示行输入偏移命令 OFFSET(命令缩写 O)后回车，然后根据 AutoCAD 2008 的提示进行如下操作：

```
命令：offset                                        ←输入命令，按【Enter】键
当前设置：删除源 = 否 图层 = 源 OFFSETGAPTYPE = 0
指定偏移距离或［通过(T)/删除(E)/图层(L)］<通过>：30
                                                    ←输入偏移距离，按【Enter】键
选择要偏移的对象，或［退出(E)/放弃(U)］<退出>：
                                                    ←使用鼠标选中多边形的 CD 段直线段
指定要偏移的那一侧上的点，或［退出(E)/多个(M)/放弃(U)］<退出>：
                                                    ←移动鼠标至选线段的下方，点击鼠标左键确认
选择要偏移的对象，或［退出(E)/放弃(U)］<退出>：
                                                    ←按【Enter】键，结束偏移操作
命令：                                              ←按【Enter】键，重复调用偏移命令
OFFSET
当前设置：删除源 = 否　图层 = 源　OFFSETGAPTYPE = 0
指定偏移距离或［通过(T)/删除(E)/图层(L)］<30.0000>：50
                                                    ←输入偏移距离，按【Enter】键
选择要偏移的对象，或［退出(E)/放弃(U)］<退出>：
                                                    ←使用鼠标选中多边形的 DE 段直线段
指定要偏移的那一侧上的点，或［退出(E)/多个(M)/放弃(U)］<退出>：
                                                    ←移动鼠标至选线段的左侧，点击鼠标左键确认
选择要偏移的对象，或［退出(E)/放弃(U)］<退出>：
                                                    ←按【Enter】键，结束偏移操作
```

其结果如图 5-18b)所示。

(3)选择通过偏移命令创建的两条直线，选中对象后，在每条线段上会出现 3 个被称为“夹点”的蓝色小方块，如图 5-18c)所示，在任一直线端点处的夹点上单击鼠标左键，此时夹点被选中，且变成红色，如图 5-18d)所示。移动鼠标，调整直线长度至适合位置，单击鼠标左键，完成调整。

(4)依次对偏移创建新直线对象两端夹点进行调整至适当长度，调整其线型和线宽，完成圆的定位线的绘制，结果如图 5-18e)所示。

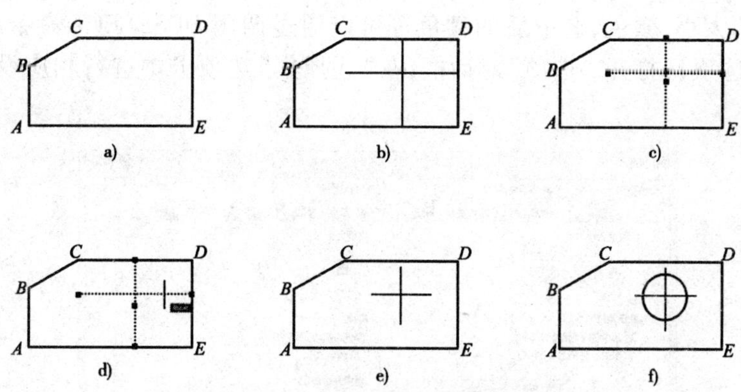

图 5-18　圆的定位线绘制过程

(5)打开对象捕捉工具,设置对象捕捉模式为"交点",在命令提示行输入圆绘制命令CIRCLE(命令缩写 C)后回车,AutoCAD 2008 提示：

命令：circle	←输入命令,按【Enter】键
指定圆的圆心或［三点(3P)/两点(2P)/相切、相切、半径(T)］:	
	←移动鼠标捕捉到两条定位线的交点位置,单击鼠标左键确定
指定圆的半径或［直径(D)］ <0.0000>：20	←输入圆的半径值,按【Enter】键结束绘制工作

结果如图 5-18f)所示。

【知识链接】

1. 关于夹点

夹点是指图形对象上可以控制对象位置、大小的关键点。在不调用任何命令的状态下选择图形对象时,会在图形对象上显示出一些小方框,这些小方框就是所选中对象的夹点。不同类型的对象,其夹点的位置是不同的,如图 5-19 所示。利用夹点可以完成对当前对象的一些简单编辑修改工作。

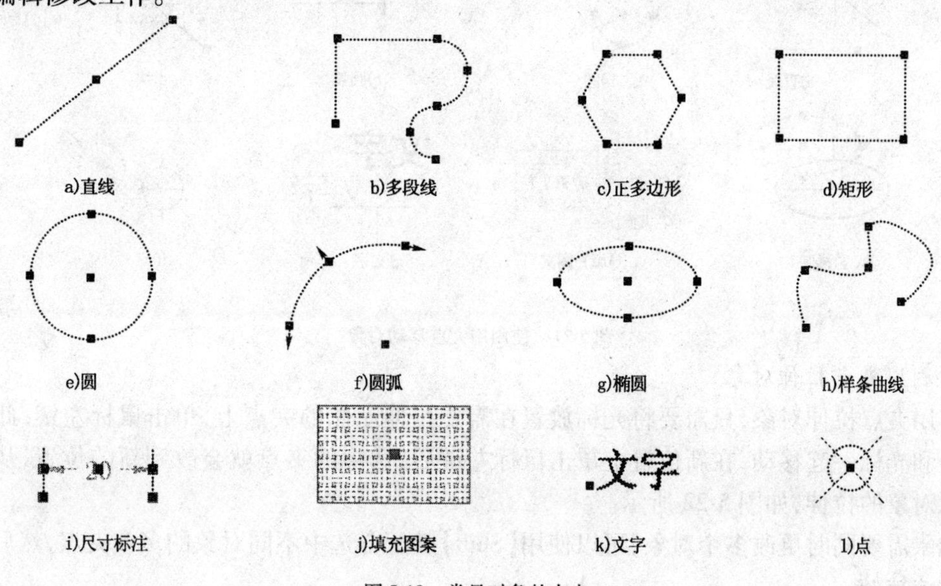

图 5-19　常见对象的夹点

夹点显示的大小、颜色、选中后的颜色等可以通过调用 DDSELECT 命令或打开菜单选项:【工具】→【选项】,打开“选项”对话框,在“选择集”选项卡中进行相应设置,如图 5-20 所示。

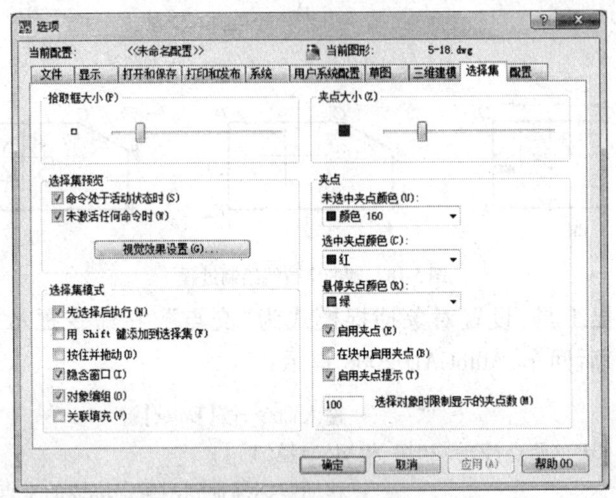

图 5-20 “选项”对话框

2. 关于夹点编辑

1)使用夹点移动对象

使用夹点移动对象,只需要将光标放置在移动夹点上,单击鼠标左键,此时,所选对象会随着鼠标移动。当移动到需要位置上,单击鼠标左键,对象就放置在新位置上了。需要注意的是,不是所有的对象都可以直接使用夹点移动,各种对象的夹点移动如图 5-21 所示。

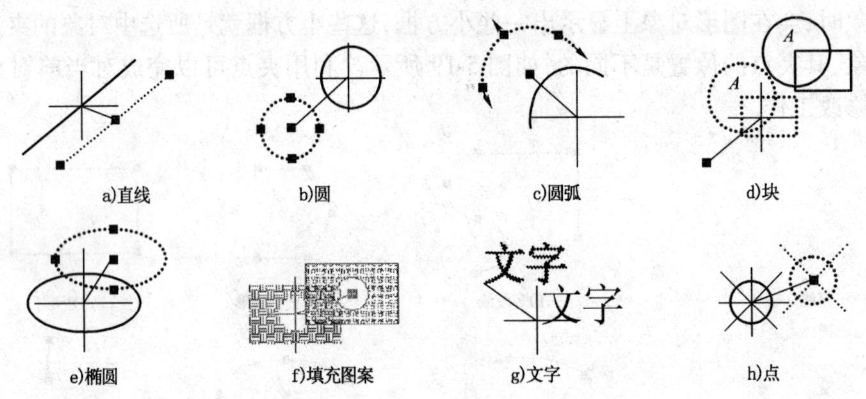

图 5-21 使用用夹点移动对象

2)利用夹点拉伸对象

使用夹点拉伸对象,只需要将光标放置在需要拉伸一侧的夹点上,单击鼠标左键,此时该夹点会和光标一起移动,在新位置上单击鼠标左键后,选中的夹点就会改到新的位置,从而完成对原对象的拉伸,如图 5-22 所示。

如果需要同时更改多个对象,可以使用【Shift】键配合选中不同对象的多个夹点,然后再完成移动或拉伸。

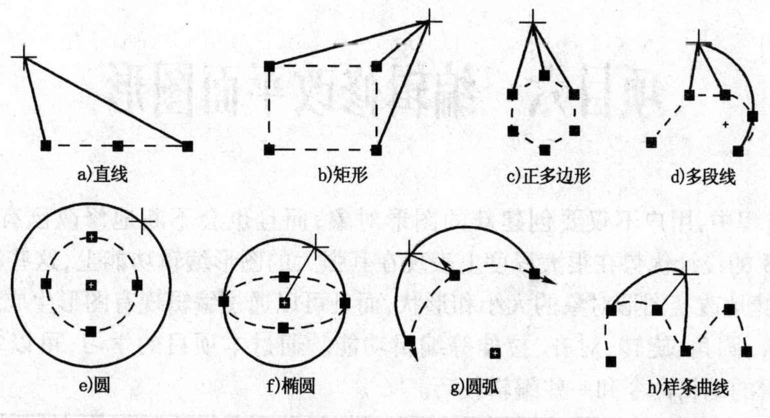

图 5-22　利用夹点拉伸对象示例

项目小结

本项目主要内容总结如下：

◆ 使用复制命令 COPY 可以快速完成重复对象的创建，通过选择适当的复制基点，可以将复制完成的对象放置在准确的位置上。

◆ 镜像命令 MIRROR 在创建具有对称特性的图像对象上可以起到事半功倍的效果。

◆ 对于数量比较多且具有一定排列规律的图形对象，可以使用阵列命令 ARRAY 来快速完成对象的复制和排列。

◆ 夹点编辑在某些时候可以方便用户快速完成图形对象的调整工作。

实训

1. 按照图 5-23 中尺寸要求，绘制钢筋混凝土桥墩侧面图。

2. 按照图 5-24 中尺寸要求，绘制交通标志牌底座加劲法兰盘结构图。

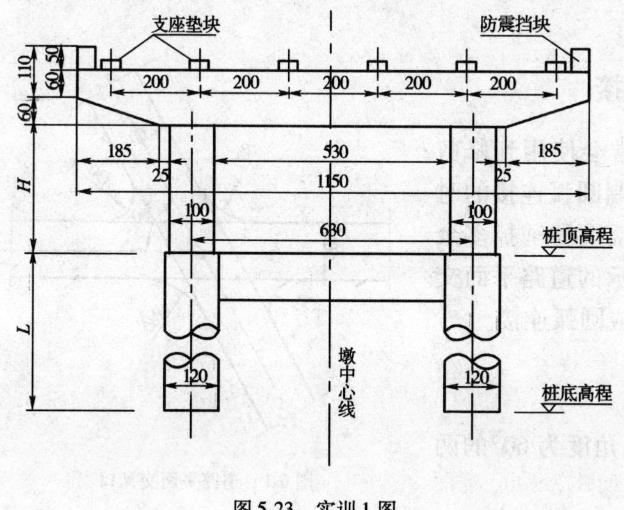

图 5-23　实训 1 图

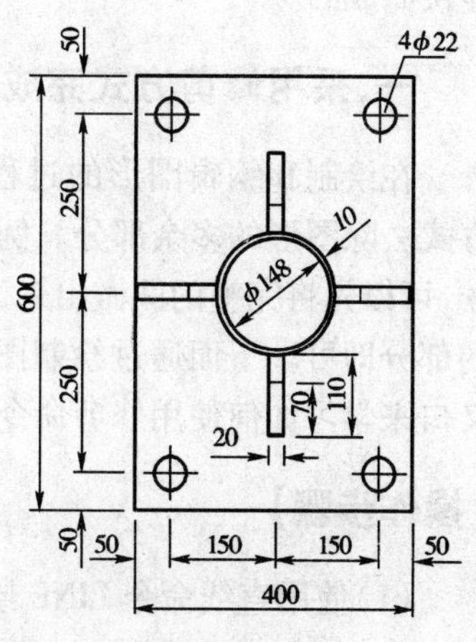

图 5-24　实训 2 图

项目六　编辑修改平面图形

在绘图过程中，用户不仅要创建新的图形对象，而且也会不断地修改已有的图形对象。AutoCAD 2008 的设计优势在很大程度上表现在其强大的图形编辑功能上，这些功能不仅能使用户方便、快捷地改变图形对象的大小和形状，而且可以通过编辑现有图形生成新对象。本项目将介绍修剪、圆角、旋转、对齐、拉伸等编辑功能。通过本项目的学习，可以掌握 AutoCAD 2008 常用编辑的编辑命令和一些编辑技巧。

学习目标：

学会如何修剪和延伸对象。
学会如何调整图形对象的位置和倾斜方向。
学会如何比例缩放对象。
掌握通过调整对象特性编辑修改图形对象的方法。

任务一　形成圆弧连接关系

道路桥梁工程制图中路工程图中经常用到圆弧与直线连接或圆弧与圆弧连接。如道路的平面曲线、涵洞的洞口、隧道的洞门等。图 6-1 所示道路的平面交叉路口，就是用圆弧与直线连接而成的。

一、采用修剪方式完成圆弧连接

在绘制和编辑图形的过程中，经常会使用到修剪方式去除图形的多余部分。例如在绘制圆弧连接的时候，可以先将完整的圆做出来，再根据需要修剪掉多余的部分即可。下面通过绘制图 6-1 所示的道路平面交叉口来学习如何使用修剪命令迅速完成圆弧连接。

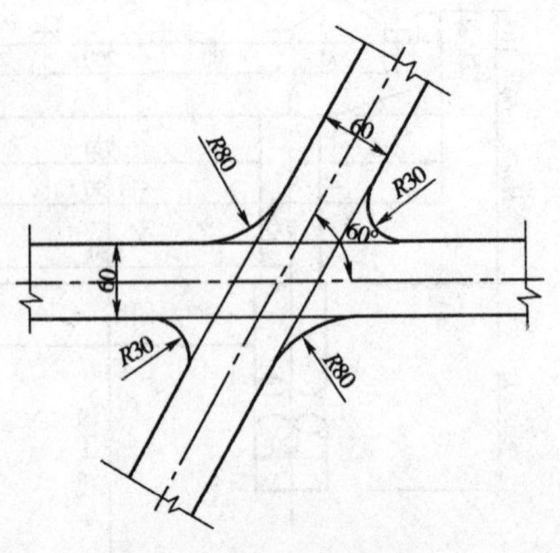

图 6-1　道路平面交叉口

【操作步骤】

(1) 使用直线命令 LINE 绘制交叉角度为 60° 的两条直线，如图 6-2a) 所示。

(2) 使用偏移命令 OFFSET 将步骤 1 绘制直线段分别向上下和左右两侧偏移 30，所得结果如图 6-2b)所示。

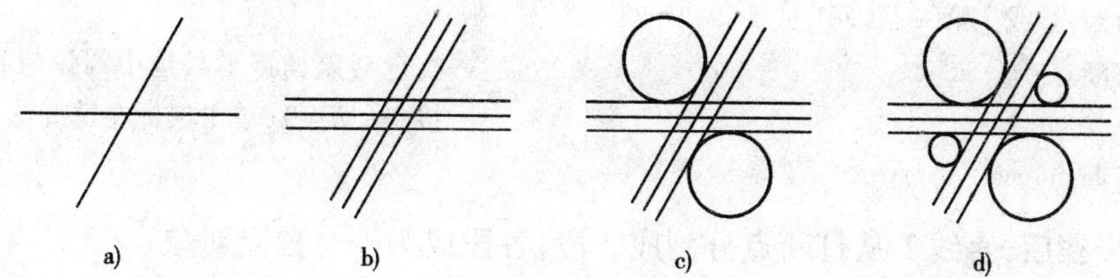

图 6-2　圆弧连接准备工作

(3)使用“相切、相切、半径”方式绘制半径为 80 的圆,如图 6-2c)所示。

(4)使用“相切、相切、半径”方式绘制半径为 30 的圆,如图 6-2d)所示。

(5)在命令提示行输入修剪命令 TRIM(命令缩写 TR)后回车,然后根据 AutoCAD 2008 的提示进行如下操作:

命令: trim	←输入命令,按【Enter】键
当前设置:投影 = UCS,边 = 无	
选择剪切边...	
选择对象或 <全部选择>: 找到 1 个	←移动鼠标选择前一步完成图形中的直线 1,单击鼠标左键确定
选择对象: 找到 1 个,总计 2 个	←移动鼠标选择前一步完成图形中的直线 4,单击鼠标左键确定
选择对象:	←按【Enter】键,完成剪切边的选择,如图 6.3a)所示
选择要修剪的对象,或按住 Shift 键选择要延伸的对象,或 [栏选(F)/窗交(C)/投影(P)/边(E)/删除(R)/放弃(U)]:	
	←移动鼠标选择与直线 1、4 相切的圆需要修剪掉的部分,如图 6.3b)所示
选择要修剪的对象,或按住 Shift 键选择要延伸的对象,或 [栏选(F)/窗交(C)/投影(P)/边(E)/删除(R)/放弃(U)]:	
	←按【Enter】键,完成修剪

结果如图 6-3c)所示。

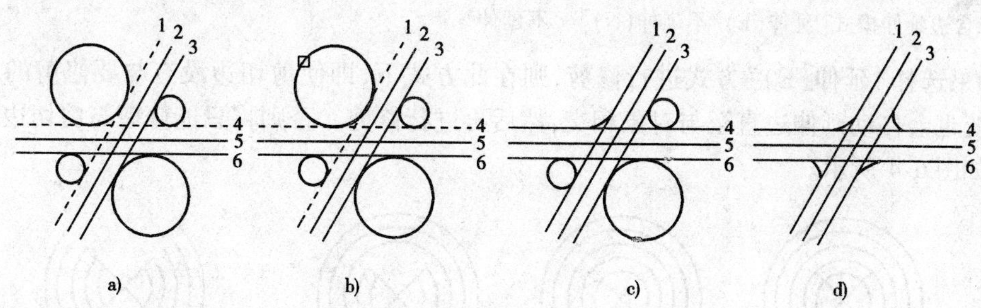

图 6-3　修剪方式形成圆弧连接过程

(6)重复步骤 5 的操作过程,分别选择直线 3、6,直线 1、6,直线 3、4 作为剪切边,完成其余 3 个圆的修剪,结果如图 6-3d)所示。

(7)单击“修改”工具栏上的□按钮,调用“打断于点”命令,然后根据 AutoCAD 2008 的提示进行如下操作:

命令：_break 选择对象：　　←移动鼠标选中直线 1，单击鼠标左键确认

指定第二个打断点 或［第一点(F)］：_f

指定第一个打断点：　　←配合对象捕捉工具选中圆弧与直线 1 的连接点(切点)，单击鼠标左键确认

指定第二个打断点：@

完成该步骤后，直线 1 从打断点分割成 2 段，各段成为一个独立对象。

(8)重复步骤 7 的操作，将每段圆弧与直线的连接位置打断。

(9)选中直线 2、5，将其线型调整为点划线，选中圆弧以及与其相连的各直线段，将其线宽调整为“0.30 毫米”(具体操作参见项目一：项目拓展)，单击状态栏上的线宽按钮，显示线宽，得到如图 6-1 所示的道路平面交叉口图。

【知识链接】

(一)关于修剪命令

1. 命令调用方式

- 命令行：TRIM
- 命令快捷方式：TR
- 菜单：【修改】→【修剪】
- 工具栏按钮：修改工具栏→-/--

2. 命令选项说明

- 栏选(F)：通过绘制连续折线的方式选择需要修剪的对象，与折线相交的所有对象将被修剪。
- 窗交(C)：以交叉窗口方式选择修剪对象，与窗口具有交叉关系和包容关系的所有对象将被修剪。
- 投影(P)：改选项用于设置执行修剪的空间。例如，三维空间中两条线段呈交叉关系，用户可利用该选项假想将其投影到某一平面上执行修剪操作。
- 边(E)：设定裁剪边界是否延伸。选择给选项后，AutoCAD 2008 则提示：

输入隐含边延伸模式［延伸(E)/不延伸(N)］<不延伸>：

如果选择“延伸(E)”方式进行修剪，则在此方式下，即使剪切边没有与要修剪的对象相交，系统也会自动延伸边直至与对象相交，然后再进行修剪。否则将只能修剪与剪切边相交的对象，如图 6-4 所示。

a)原图形

b)选择修剪边界

c)修剪时边界“不延伸”

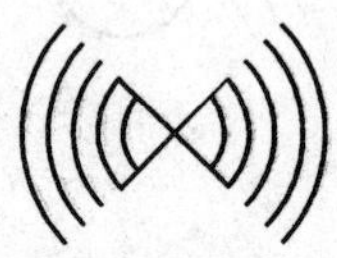

d)修建时边界“延伸”

图 6-4　修剪时边界延伸与否的区别

- 删除(R)：在不退出 TRIM 命令的情况下删除选定的对象。

3. 命令功能说明

● 若在“选择对象或 <全部选择>:”提示下直接按下空格键或是【Enter】键，则绘图窗口中所有的对象可以互相作为控制边界和被修剪对象，系统会在选择的对象中自动判断边界，这样一来，图形元素之间就能进行相互修剪，用户接下来的工作仅仅是仔细地选择被修剪的部分。

● 修剪图形时最后一段或单独的一段是无法修剪掉的，如果需要删除可以用删除命令完成。

● 修剪命令除了可以修剪线性对象外，还可以修剪填充图案，如图 6-5 所示。

● 利用鼠标拾取需要裁剪的部分时，如果按住 Shift 键，系统就自动将“修剪”命令转换成“延伸”命令。

(二)关于打断命令

1. 命令调用方式

● 命令行:BREAK

● 命令快捷方式:BR

● 菜单:【修改】→【打断】

● 工具栏按钮:修改工具栏→[按钮]或[按钮]

2. 命令选项说明

● 打断命令对应有两个按钮来实现不同的打断方式，其中“打断”按钮[按钮]主要用于将对象从中间截掉一部分，而“打断于点”按钮[按钮]主要用于将对象从中间某处断开。

● 打断命令中的“选择对象”提示除选择对象之外，在缺省情况下是将拾取对象的位置作为断开的第一点；如果要重新指定第一点，可在“指定第二个打断点或[第一点(F)]:”提示下输入参数 F 来重新选择。

● 指定第一个打断点后，在“指定第二个打断点或[第一点(F)]:”或“指定第二个打断点:”提示下直接输入“@”，则表示第二个断开点与第一个断开点是同一点，即采用“打断于点”方式。在这种方式下虽然无法直接观察打断情况，但是实际上对象已被无缝隙断开，如图 6-6 所示。

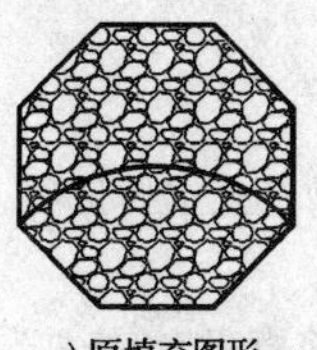

a) 原填充图形

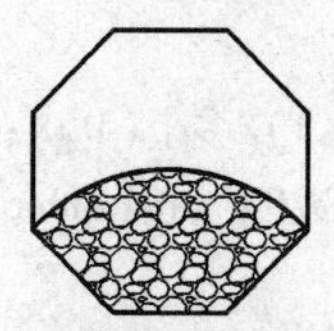

b) 修剪填充内容后

图 6-5　利用修剪命令修剪填充图案

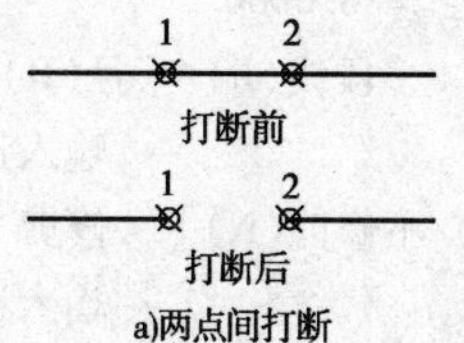

a)两点间打断

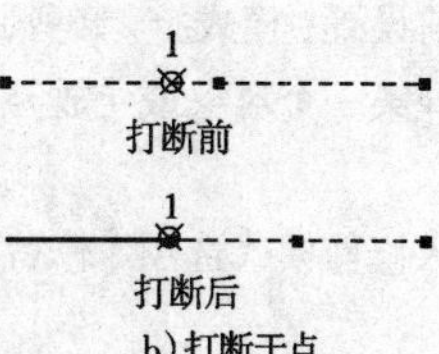

b)打断于点

图 6-6　直线的打断

● 将圆或圆弧进行断开操作时，AutoCAD 默认将第一、二两点间按逆时针旋转的部分断开，操作时一定要注意第一、二两点的拾取顺序和两点间的位置关系，否则可能会把不该去掉的部分截掉，如图 6-7 所示。

● 一个完整的圆不能在同一点被打断，也就是说，圆不能使用“打断于点”方式编辑修改。

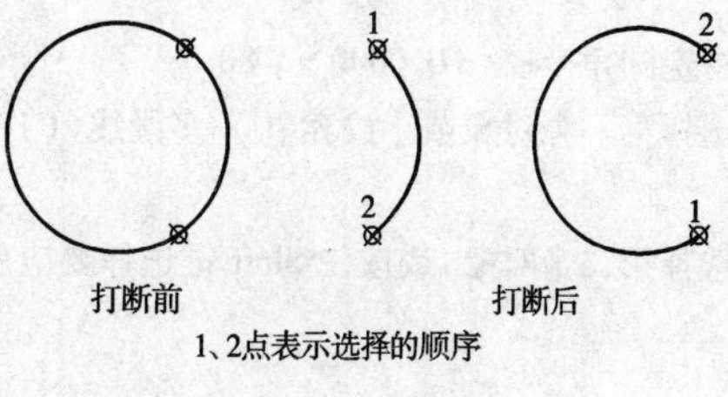

打断前　打断后

1、2点表示选择的顺序

图 6-7　圆的打断

• 被打断成两段或两段以上的对象可以通过合并命令 JOIN 完成连接，合并命令还可以将一段圆弧闭合为完整的圆。

特别提示：

如果要删除线段或圆弧的一端，可在选择被打断的对象后，将第二打断点指定在要删除部分那端的外面。

二、采用圆角方式完成圆弧连接

如果已知圆弧的半径，圆弧连接还可以通过圆角命令完成。下面通过绘制图 6-1 所示图中道路平面交叉口来学习如何使用圆角命令完成圆弧连接。

【操作步骤】

(1) 使用直线命令 LINE 绘制交叉角度为 60°的两条直线，如图 6-8a) 所示。

(2) 使用偏移命令 OFFSET 将步骤 1 绘制直线段分别向上下和左右两侧偏移 30，结果如图 6-8b) 所示。

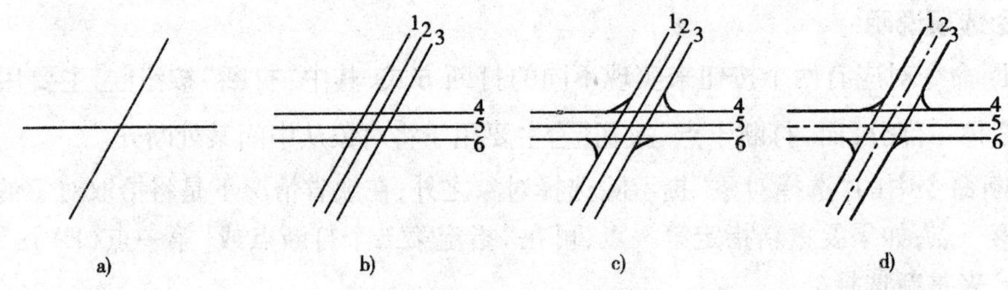

图 6-8　圆角方式形成圆弧连接过程

(3) 在命令提示行输入圆角命令 FILLET(命令缩写 F) 后回车，然后根据 AutoCAD 2008 的提示进行如下操作：

```
命令：fillet                                  ←输入命令，按【Enter】键
当前设置：模式 = 修剪，半径 = 0.0000
选择第一个对象或［放弃(U)/多段线(P)/半径(R)/修剪(T)/多个(M)］：t
                                              ←输入选项参数"T"，按【Enter】键，打开修剪模式选择选项
输入修剪模式选项［修剪(T)/不修剪(N)］<修剪>：N
                                              ←输入选项参数"N"，按【Enter】键，设置修剪模式为"修剪"
选择第一个对象或［放弃(U)/多段线(P)/半径(R)/修剪(T)/多个(M)］：r
                                              ←输入选项参数"R"，按【Enter】键，设置圆角半径
指定圆角半径 <0.0000>：80                     ←输入半径值"80"，按【Enter】键
选择第一个对象或［放弃(U)/多段线(P)/半径(R)/修剪(T)/多个(M)］：
                                              ←移动鼠标选中直线 1，单击鼠标左键确认
选择第二个对象，或按住 Shift 键选择要应用角点的对象：
                                              ←移动鼠标选中直线 4，单击鼠标左键，完成直线 1 和直线 4
                                                的圆弧连接
```

```
命令：                              ←按【Enter】键，再次调用圆角命令
FILLET
当前设置：模式 = 不修剪，半径 = 80.0000
选择第一个对象或［放弃(U)/多段线(P)/半径(R)/修剪(T)/多个(M)］：
                                    ←移动鼠标选中直线3，单击鼠标左键确认
选择第二个对象，或按住 Shift 键选择要应用角点的对象：
                                    ←移动鼠标选中直线6，单击鼠标左键，完成直线3和直线6的圆
                                      弧连接
命令：                              ←按【Enter】键，重复调用圆角命令
FILLET
当前设置：模式 = 不修剪，半径 = 80.0000
选择第一个对象或［放弃(U)/多段线(P)/半径(R)/修剪(T)/多个(M)］：r
                                    ←输入选项参数"R"，按【Enter】键，修改圆角半径
指定圆角半径 <80.0000>：30          ←输入新半径值"30"，按【Enter】键
选择第一个对象或［放弃(U)/多段线(P)/半径(R)/修剪(T)/多个(M)］：
                                    ←移动鼠标选中直线1，单击鼠标左键确认
选择第二个对象，或按住 Shift 键选择要应用角点的对象：
                                    ←移动鼠标选中直线6，单击鼠标左键，完成直线1和直线6的圆
                                      弧连接
命令：                              ←按【Enter】键，重复调用圆角命令
FILLET
当前设置：模式 = 不修剪，半径 = 30.0000
选择第一个对象或［放弃(U)/多段线(P)/半径(R)/修剪(T)/多个(M)］：
                                    ←移动鼠标选中直线3，单击鼠标左键确认
选择第二个对象，或按住 Shift 键选择要应用角点的对象：
                                    ←移动鼠标选中直线4，单击鼠标左键，完成直线3和直线4的圆
                                      弧连接
```

结果如图6-8c)所示。

(4)单击"修改"工具栏上的[按钮]按钮，调用"打断于点"命令，依次将每段圆弧与直线的连接位置打断。

(5)选中直线2、5，将其线型调整为点划线，选中圆弧以及与其相连的各直线段，将其线宽调整为"0.30毫米"(具体操作参见项目一：项目拓展)，单击状态栏上的线宽按钮，显示线宽，得到如图6-8d)所示道路平面交叉口图。

【知识链接】

关于圆角命令：

1.命令调用方式

- 命令行：FILLET
- 命令快捷方式：F
- 菜单：【修改】→【圆角】
- 工具栏按钮：修改工具栏→[按钮]

2. 命令选项说明

- 多段线(F):用于在对多段线进行圆角操作时将每个直线段间的顶点进行圆角操作。
- 半径(R):用于设定圆角半径。
- 修剪(T):用于设定完成圆角操作后是否修剪对象。选择给选项后,AutoCAD 2008 则提示:

输入修剪模式选项 [修剪(T)/不修剪(N)] <不修剪>:

如果选择"修剪(T)"方式进行圆角操作,则完成操作后,圆弧连接多余的部分将被修剪掉。选择"不修剪(N)"方式则会在圆弧连接完成后保留原对象状态,如图 6-9 所示。

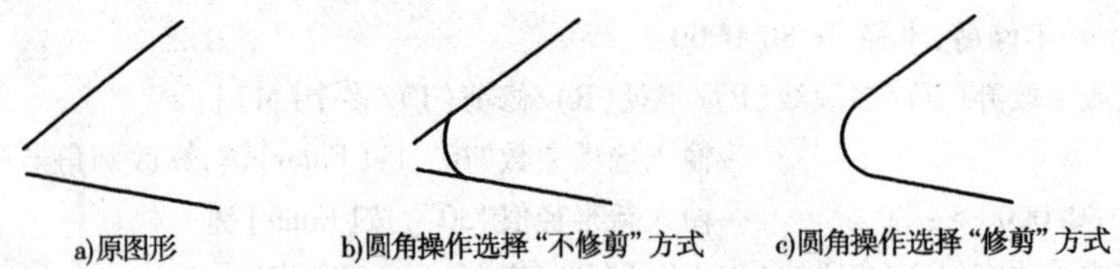

图 6-9　圆角操作时选择修剪与否的区别

- 多个(M):该选项可以一次创建多个圆角。
- 按住 Shift 键选择要应用角点的对象:选择第二个圆角对象时按住【Shift】键,系统将以 0 值替代当前的圆角半径。

3. 命令功能说明

- 圆角命令 FILLET 不仅可以在直线对象间完成圆角操作,还可以在圆和圆弧以及直线之间完成圆弧连接,如图 6-10 所示,但对多段线的操作只能在直线段之间完成。

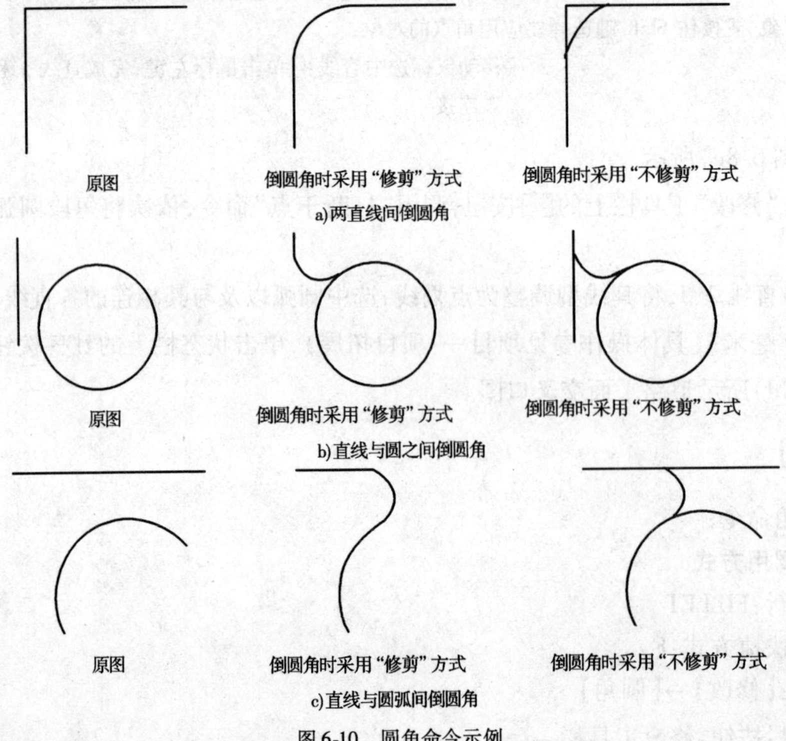

图 6-10　圆角命令示例

• 在使用“多段线”选项对多段线进行圆角操作时，如果多段线本身是通过“封闭(C)”选项完成首尾封闭连接，则在多段线的直线段之间会自动倒出圆角。如果多段线最后一段的终点和起点仅仅是通过手动相连，则该多段线的起终点之间不会进行圆角操作。

• 如果将圆角半径设定为0，则在修剪模式下，无论两条非平行直线间相互关系如何，都将会自动准确相交，如图6-11所示。

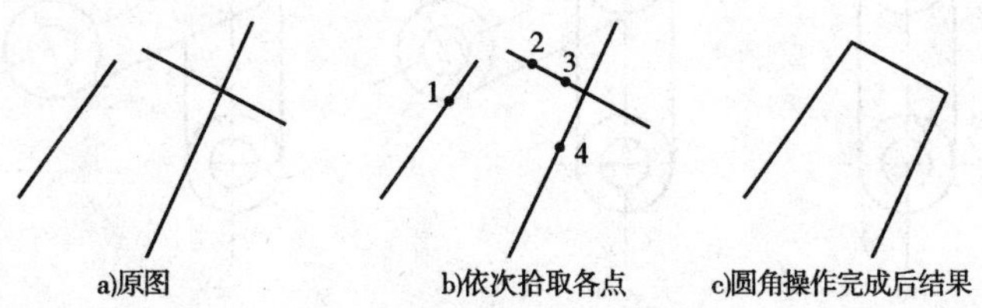

图6-11　圆角半径设置为0时操作效果

任务二　调整图形的位置及倾斜方向

一、使用旋转命令改变对象的倾斜方向

工程图样中很多图形对象的方向并不是水平方向、竖直方向或者某些特殊位置方向，如果绘图时直接按照图形对象的原始方向绘制，在图形对象的定位、定向上可能会耗费很多时间。使用AutoCAD绘图时，可以先按照容易辨识的方向先将图形对象绘制完成，再根据其放置的方向进行一定角度的旋转，这样可以大大节省绘图时间。如图6-12所示图形，使用旋转命令ROTATE可以快速准确完成图形对象的绘制。

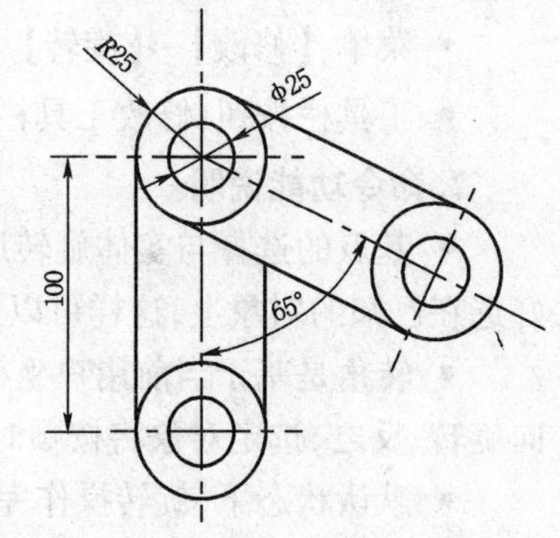

图6-12　使用旋转命令绘图示例

【操作步骤】

(1)根据图中尺寸关系，使用直线命令LINE和圆绘制命令CIRCLE绘制竖直方向上的图形对象，如图6-13a)所示。

(2)在命令提示行输入旋转命令ROTATE(命令缩写RO)后回车，然后根据AutoCAD 2008的提示进行如下操作：

命令：rotate	←输入命令，按【Enter】键
UCS 当前的正角方向：ANGDIR = 逆时针 ANGBASE = 0	
选择对象：指定对角点：找到9个	←选择步骤1完成图形对象作为旋转对象
选择对象：	←按【Enter】键或单击鼠标右键确定对象选择工作完成
指定基点：	←配合对象捕捉工具移动鼠标捕捉到图像对象中上方的圆心位置，单击鼠标左键确认
指定旋转角度，或［复制(C)/参照(R)］<0>：c	←输入选项参数“C”，按【Enter】键，使用复制对象方式旋转对象
旋转一组选定对象。	
指定旋转角度，或［复制(C)/参照(R)］<0>：65	←输入旋转角度值“65”，按【Enter】键，完成对象的旋转复制工作

结果如图 6-13b)所示。

(3)使用修剪命令 TRIM 将步骤 2 完成图形对象中的多余线条修剪掉,结果如图 6-13c)所示。

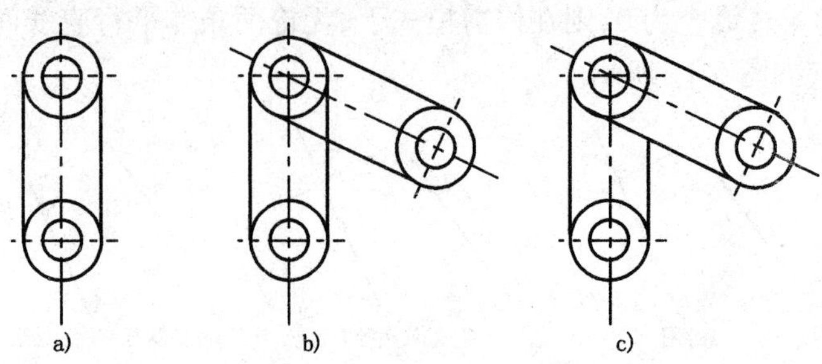

图 6-13 使用旋转命令绘图过程

【知识链接】

关于旋转命令:

1. 命令调用方式

- 命令行:ROTATE
- 命令快捷方式:RO
- 菜单:【修改】→【旋转】
- 工具栏按钮:修改工具栏→

2. 命令功能说明

- 基点的选择与实体旋转后的图形位置有关,因此,应根据绘图需要指定基点,且基点最好选在已知的对象上,这样可以避免引起混乱。
- 转角是基于当前用户坐标系测量的。若输入的旋转角度为正,选定对象将按逆时针方向旋转;反之,选定对象将按顺时针方向旋转。
- 默认状态下,旋转操作完成后,原位置上的图形对象将被删除,若要保留原位置上的图形对象,可以在"指定旋转角度,或[复制(C)/参照(R)] <0>:"提示下先选择参数"复制(C)",然后再给出旋转角度,如图 6-14 所示。

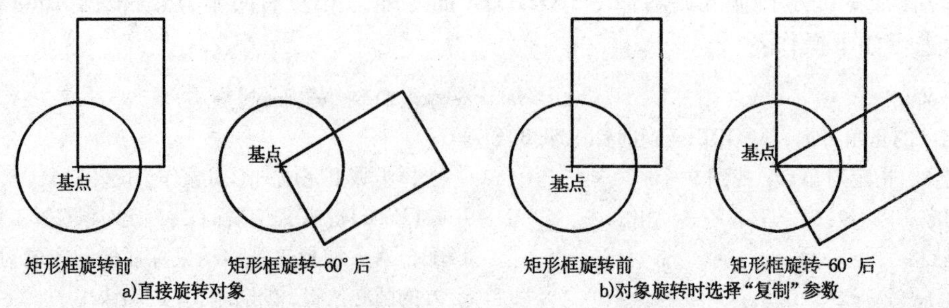

图 6-14 旋转操作时选择复制与否的区别

- 某些情况下,可能并不能直接知道旋转的角度值,但可以在图中获取对象旋转前后的位置信息,此时,可以在"指定旋转角度,或[复制(C)/参照(R)] <0>:"提示下先选择参数"参照(R)",通过先指定某个方向作为起始参照角,然后选择一个新对象作为原对象要旋转到的位置的方式来确定旋转角度。如图 6-15 所示,如果需要将键槽由直线 *AB* 位置旋转到直

线 *AC* 位置，可以在命令提示行输入旋转命令 ROTATE（命令缩写 RO）后回车，然后根据 AutoCAD 2008 的提示进行如下操作：

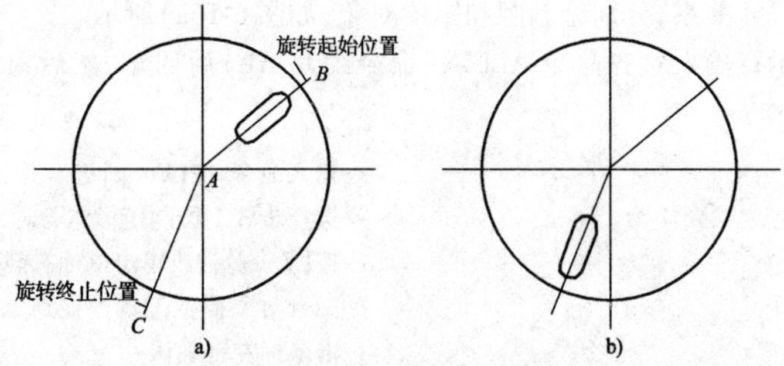

图 6-15　使用“参照”选项旋转图形

命令：rotate	←输入命令，按【Enter】键
UCS 当前的正角方向：ANGDIR = 逆时针 ANGBASE = 0	
选择对象：指定对角点：找到 4 个	←选择键槽作为需要旋转的对象
选择对象：	←按【Enter】键或单击鼠标右键确认选择的对象
指定基点：	←配合对象捕捉工具移动鼠标捕捉到大圆圆心 *A* 点作为旋转基点，单击鼠标左键确认
指定旋转角度，或［复制（C）/参照（R）］ <0>：r	←输入选项参数“R”，按【Enter】键，使用参照方式旋转对象
指定参照角 <39>：	←配合对象捕捉工具移动鼠标捕捉到 *A* 点，单击鼠标左键确认
指定第二点：	←配合对象捕捉工具移动鼠标捕捉到 *B* 点，单击鼠标左键确认
指定新角度或［点（P）］ <248>：	←配合对象捕捉工具移动鼠标捕捉到 *C* 点，单击鼠标左键确认

绘制完成的结果如图 6-15b）所示。

二、使用对齐命令改变对象的位置和方向

对齐命令 ALIGN 可以同时移动和旋转一个对象，使之与另一个对象对齐。例如，在绘制图 6-16 所示图形对象过程中，可以使用对齐命令使矩形对象中的 *a* 点、*b* 点分别与圆中的 *A* 点、*B* 点对齐，从而完成绘图工作。操作过程中，用户只需按照 AutoCAD 2008 提示指定源对象与目标对象的一点、两点或三点对齐就可以了。

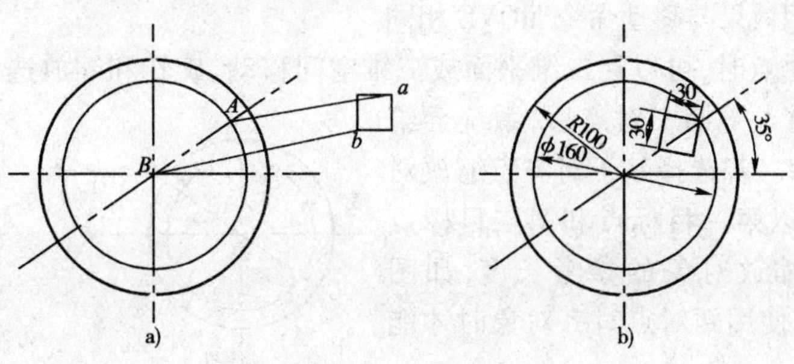

图 6-16　对齐对象

【操作步骤】

(1)根据图中尺寸关系,分别绘制圆和矩形对象,如图 6-16a)所示。

(2)在命令提示行输入对齐命令 ALIGN(命令缩写 AL)后回车,然后根据 AutoCAD 2008 的提示进行如下操作:

命令: align	←输入命令,按【Enter】键
选择对象: 指定对角点: 找到 4 个	←选择步骤 1 绘制矩形作为对齐操作对象
选择对象:	←按【Enter】键或单击鼠标右键确认选择的对象
指定第一个源点:	←配合对象捕捉工具捕捉到矩形对象上 a 点,单击鼠标左键确认
指定第一个目标点:	←配合对象捕捉工具捕捉到圆上 A 点,单击鼠标左键确认
指定第二个源点:	←配合对象捕捉工具捕捉到矩形对象上 b 点,单击鼠标左键确认
指定第二个目标点:	←配合对象捕捉工具捕捉到圆心 B 点,单击鼠标左键确认
指定第三个源点或 <继续>:	←按【Enter】键,完成配对工作
是否基于对齐点缩放对象? [是(Y)/否(N)] <否>:	←按【Enter】键,确认不基于对齐点缩放对象并完成对齐操作

绘制完成的结果如图 6-16b)所示。

【知识链接】

关于对齐命令:

1. 命令调用方式

- 命令行:ALIGN
- 命令快捷方式:AL
- 菜单:【修改】→【三维操作】→【对齐】

2. 命令功能说明

- 对齐命令可以在二维平面和三维空间中将选中对象同时完成移动和旋转后与其他对象对齐。
- 对齐操作时可以根据需要指定一对、两对或三对源点和定义点,以对齐选定对象。当只选择一对源点和目标点时,选定对象将在二维平面或三维空间从源点移动到目标点,如图 6-17b)所示,其实用效果与移动命令 MOVE 相同。
- 当选择两对点时,可以在二维平面或三维空间移动、旋转和缩放选定对象,以便与其他对象对齐。在输入了第二对点后,系统会给出缩放对象的提示。若选择基于对齐点缩放对象,则系统将自动以第一目标点和第二目标点之间的距离作为缩放对象的参考长度,如图 6-18c)所示。只有使用两对点对齐对象时才能使用缩放。

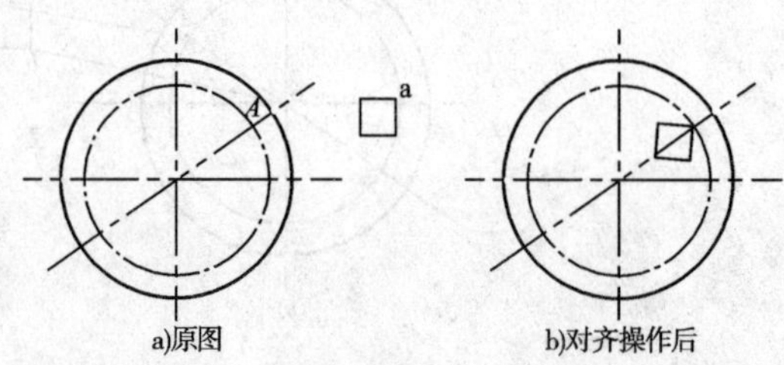

图 6-17　使用一对源点和目标点对齐操作

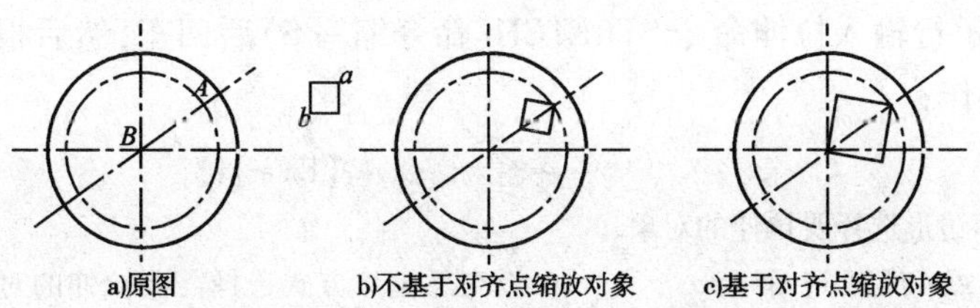

图 6-18　使用两对源点和目标点对齐操作

特别提示：

如果使用两个源点和目标点在非垂直的工作平面上执行三维对齐操作，将会产生不可预料的结果。

- 当选择三对点时，选定对象可在三维空间移动和旋转，使之与其他对象对齐，如图 6-19 所示。

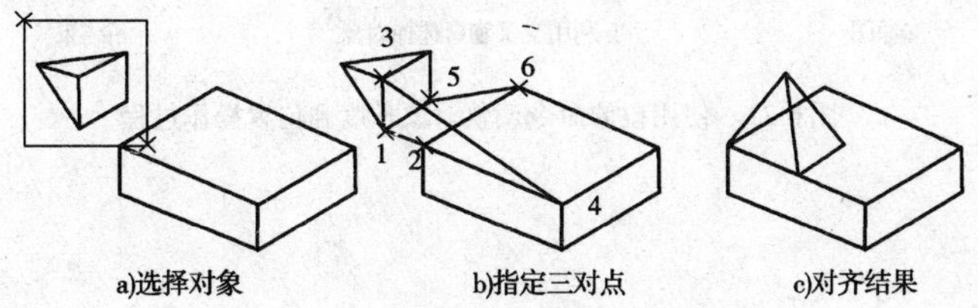

图 6-19　使用三对源点和目标点对齐操作

任务三　改变图形对象的形状

本任务中主要介绍拉伸、拉长和延伸对象的方法。

一、采用拉伸命令改变图形对象的长度和位置

如果图形的 X 或 Y 轴方向上的尺寸有错误，或者想调整图形中某部分实体的位置，可以使用 STRETCH 命令。例如，需要将图 6-20 所示桥墩盖梁由左图修改为右图的尺寸和位置(标高)关系，可以直接使用拉伸命令 STRETCH 完成。

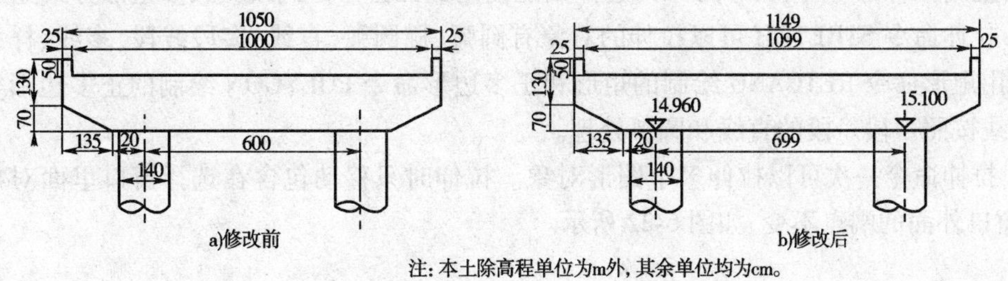

图 6-20　拉伸命令修改桥墩盖梁

【操作步骤】

(1)根据图示尺寸关系，完成修改前桥墩盖梁的绘制，如图 6-21a)所示。

(2)在命令提示行输入拉伸命令 STRETCH(命令缩写 S)后回车,然后根据 AutoCAD 2008 的提示进行如下操作:

命令: stretch	←输入命令,按【Enter】键
以交叉窗口或交叉多边形选择要拉伸的对象...	
选择对象: 指定对角点: 找到 11 个	←以交叉窗口方式选择需要拉伸的对象,如图 6-21b)所示,单击鼠标左键确认
选择对象:	←按【Enter】键或单击鼠标右键确认选择的对象
指定基点或 [位移(D)] <位移>:	←在绘图区任意位置单击鼠标左键,指定基点
指定第二个点或 <使用第一个点作为位移>: @99,14	←输入第二点的相对坐标,按【Enter】键,完成修改工作

绘制完成的结果如图 6-21c)所示。

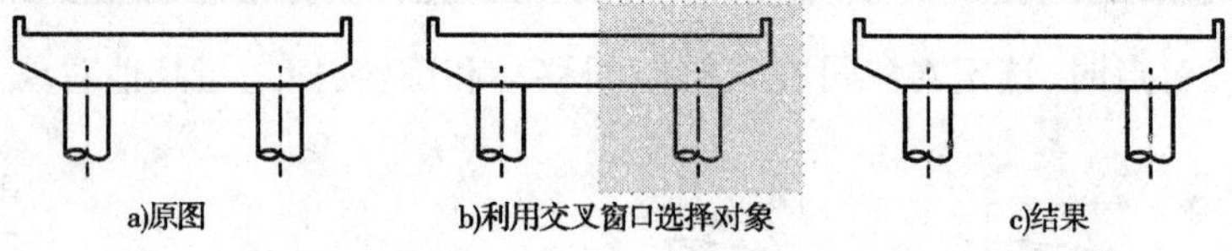

图 6-21　使用拉伸命令调整对象长度和位置操作过程

【知识链接】

关于拉伸命令:

1. 命令调用方式

- 命令行:STRETCH
- 命令快捷方式:S
- 菜单:【修改】→【拉伸】
- 工具栏按钮:修改工具栏→

2. 命令功能说明

- 拉伸命令 STRETCH 可以让用户拉伸、缩短及移动实体。该命令通过改变端点的位置来修改图形对象,编辑过程中除被伸长、缩短的对象外,其他图形元素的大小及相互间的几何关系将保持不变。
- 使用拉伸命令时,图形对象的选择只能使用交叉窗口方式或交叉多边形方式完成。
- 拉伸命令 STRETCH 可以拉伸的对象有圆弧、椭圆弧、直线、多段线段、多线、样条曲线以及使用矩形命令 RETCANG 绘制的矩形和正多边形命令 POLYGON 绘制的正多边形等。其中多段线按照一段一段的直线和圆弧处理。
- 拉伸命令一次可以拉伸多个图形对象。拉伸时只移动包含在选择窗口里面对象的端点,而窗口外面的端点不变,如图 6-22 所示。

特别提示:

如果对象完全包含在交叉窗口或交叉多边形里面,则此时拉伸命令与使用移动命令 MOVE 的效果一样。

• 指定拉伸距离和方向可以使用鼠标直接在屏幕上指定两个点，这两点的距离和方向代表了拉伸实体的距离和方向。另外也可以通过输入两点之间的绝对坐标或相对坐标来确定拉伸的距离和方向。

二、使用拉长命令改变图形对象的长度

拉长命令可以修改直线长度或圆弧的长度以及圆心角度。拉长命令允许以动态拖拉对象终点，输入增量值，输入百分比值或输入对象的总长等方法来改变对象的长度。拉长命令在绘制图6-23 所示百分比柱状图时会比较方便快捷。

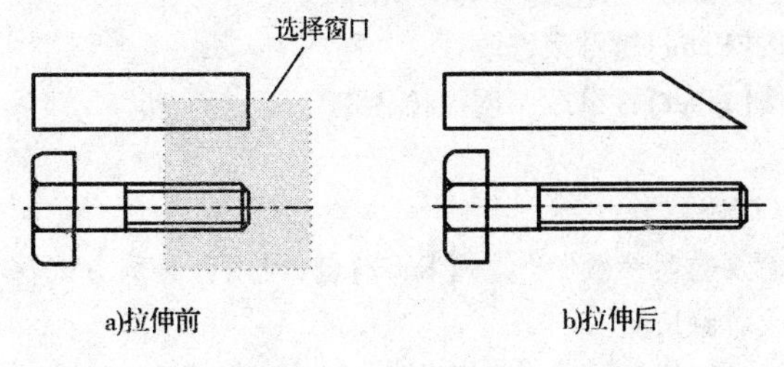

图6-22　拉伸实例

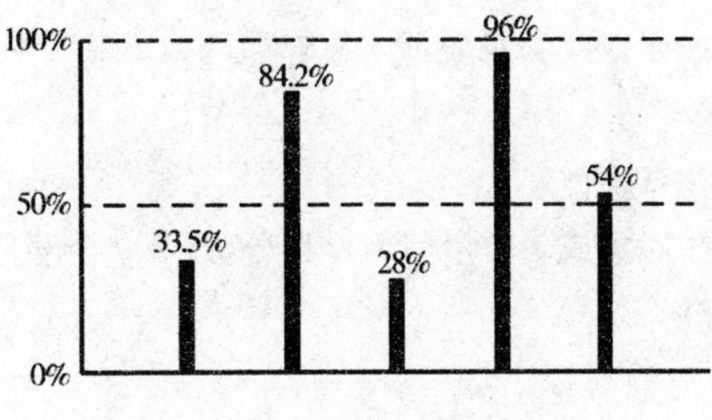

图6-23　百分比柱状图

【操作步骤】

(1)使用直线命令绘制水平方向和竖直方向上的柱状图框架直线段，并调整线型和线宽，如图6-24a)所示(线段长度为任意长度)。

(2)打开点样式对话框，将点样式设置为任意明显可见样式。(具体操作参照项目二中的任务三：设置点样式并绘制指定坐标的点)

(3)使用定数等分命令 DIVIDE 将表示横轴的直线段等分为 6 段，如图6-24b)所示(具体操作参照项目二中的任务三：使用点等分直线对象)。

(4)自行设置适当的宽度值，使用多段线命令 PLINE 绘制具有一定宽的直线段，并使用复制命令 COPY 将宽度直线复制到各等分点上，如图6-24c)所示。

(5)在命令提示行输入拉长命令 LENGTHEN(命令缩写 LEN)后回车，然后根据 AutoCAD 2008 的提示进行如下操作：

命令：lengthen	←输入命令，按【Enter】键
选择对象或［增量(DE)/百分数(P)/全部(T)/动态(DY)］：p	
	←输入选项参数"P"，按【Enter】键，使用百分数方式修改对象长度
输入长度百分数 <100.0000>：33.5	←输入长度百分比值，按【Enter】键确认
选择要修改的对象或［放弃(U)］：	←移动鼠标至线段 *A* 上端，单击鼠标左键
选择要修改的对象或［放弃(U)］：	←按【Enter】键结束修改
命令：	←按【Enter】键再次调用拉长命令
LENGTHEN	
选择对象或［增量(DE)/百分数(P)/全部(T)/动态(DY)］：p	
	←输入选项参数"P"，按【Enter】键，使用百分数方式修改对象长度
输入长度百分数 <33.5000>：84.2	←输入新的长度百分比值，按【Enter】键确认

选择要修改的对象或［放弃(U)］:　　←移动鼠标至线段 B 上端,单击鼠标左键
选择要修改的对象或［放弃(U)］:　　←按【Enter】键结束修改
命令:　　←按【Enter】键继续调用拉长命令
LENGTHEN
选择对象或［增量(DE)/百分数(P)/全部(T)/动态(DY)］: p
←输入选项参数“P”,按【Enter】键,使用百分数方式修改对象长度
输入长度百分数 <84.2000>: 28　　←输入新的长度百分比值,按【Enter】键确认
选择要修改的对象或［放弃(U)］:　　←移动鼠标至线段 B 上端,单击鼠标左键
选择要修改的对象或［放弃(U)］:　　←按【Enter】键结束修改
命令:　　←按【Enter】键继续调用拉长命令
LENGTHEN
选择对象或［增量(DE)/百分数(P)/全部(T)/动态(DY)］: p
←输入选项参数“P”,按【Enter】键,使用百分数方式修改对象长度
输入长度百分数 <28.0000>: 96　　←输入新的长度百分比值,按【Enter】键确认
选择要修改的对象或［放弃(U)］:　　←移动鼠标至线段 C 上端,单击鼠标左键
选择要修改的对象或［放弃(U)］:　　←按【Enter】键结束修改
命令:　　←按【Enter】键继续调用拉长命令
LENGTHEN
选择对象或［增量(DE)/百分数(P)/全部(T)/动态(DY)］: p
←输入选项参数“P”,按【Enter】键,使用百分数方式修改对象长度
输入长度百分数 <96.0000>: 54　　←输入新的长度百分比值,按【Enter】键确认
选择要修改的对象或［放弃(U)］:　　←移动鼠标至线段 B 上端,单击鼠标左键
选择要修改的对象或［放弃(U)］:　　←按【Enter】键结束修改命令:

绘制完成的结果如图 6-24d)所示。

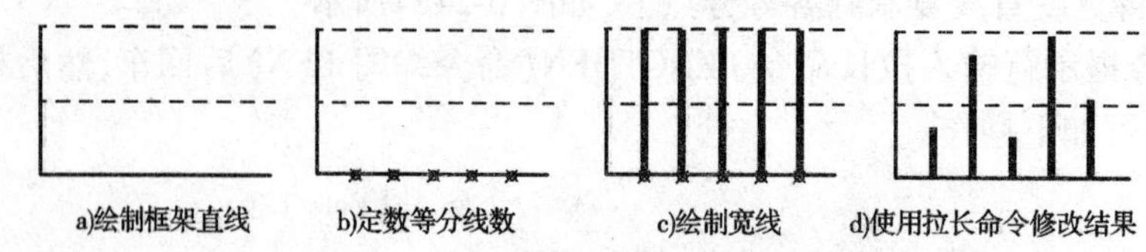

图 6-24　使用拉长命令绘制柱状图操作过程

【知识链接】

关于拉伸命令:

1. 命令调用方式

- 命令行:LENGTHEN
- 命令快捷方式:LEN
- 菜单:【修改】→【拉长】
- 工具栏按钮:修改工具栏→ (AutoCAD 2008 修改工具栏在默认情况下没有此图标,用户可以自己添加。)

2. 命令选项说明

- 增量(DE):请选项用于通过输入增减量值调整长度或角度。
- 百分数(P):请选项用于通过指定对象总长度的百分数来调整对象长度。
- 全部(T):请选项用于通过指定从固定端点测量的总长度的绝对值来修改选定对象的长度。
- 动态(DY):请选项用于通过鼠标移动拖动选定对象的端点之一来改变其长度。其他端点保持不变。

3. 命令功能说明

- 拉长命令 LENGTHEN 可以改变所选对象的长度以及圆弧的圆心角度。它可用来拉长或缩短直线、多段线、圆弧和椭圆弧,对样条曲线只能缩短。对闭合的图形对象,如圆、矩形等只起测量作用,不能改变其长度。
- 对于"选择对象或[增量(DE)/百分数(P)/全部(T)/动态(DY)]:"的提示,如果没有输入选项参数而直接选择对象,则会在命令提示行中显示被选中对象的长度和角度值。
- 使用增量方式修改对象长度时,输入值为正,对象将拉长,为负时缩短。采用百分比方式调整对象长度使,长度百分数必须为非零正数,输入值在 0 ~ 100 之间时,对象缩短;取值等于 100 时,对象长度不变;取值大于 100 时,对象长度增加。无论使用哪种方式调整对象长度或圆弧的圆心角度,拉长命令会从距离选择点最近的端点处开始。

三、使用延伸命令延长线条

延伸命令的作用恰好与修剪命令相反,使用延伸命令 EXTEND 可以将线段和曲线等对象延伸到一个边界对象,使其与边界对象相交。有时边界对象可能是隐含边界,这时对象延伸后并不与边界直接相交,而是与边界的隐含部分(延长线)相交。如图 6-25 所示,可以使用延伸命令将直线 A、B 延伸到直线 C 上。

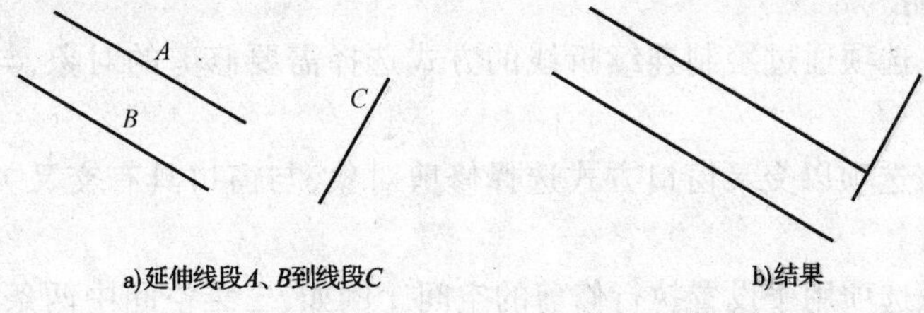

图 6-25　使用延伸命令延长线条

【操作步骤】

(1)使用直线命令绘制任意长度和方向平行直线段 A、B 和与直线段 A、B 不平行的任意线段 C,如图 6-25a)所示。

(2)在命令提示行输入延伸命令 EXTEND(命令缩写 EX)后回车,AutoCAD 2008 的提示进行如下操作:

```
命令: extend                              ←输入命令,按【Enter】键
命令: _extend
当前设置:投影 = UCS,边 = 无
选择边界的边...
```

```
选择对象或 <全部选择>：找到 1 个                    ←使用鼠标单击选中直线段 C 作为延伸边界
选择对象：                                          ←按【Enter】键或单击鼠标右键确认选择的对象
选择要延伸的对象,或按住 Shift 键选择要修剪的对象,或
[栏选(F)/窗交(C)/投影(P)/边(E)/放弃(U)]：e      ←输入选项参数“E”,按【Enter】键,调用边界设置
                                                      选项
输入隐含边延伸模式 [延伸(E)/不延伸(N)] <不延伸>：e
                                                    ←输入选项参数“E”,按【Enter】键,设置边界为延
                                                      伸模式
选择要延伸的对象,或按住 Shift 键选择要修剪的对象,或
[栏选(F)/窗交(C)/投影(P)/边(E)/放弃(U)]：        ←使用鼠标单击选中直线段 A 完成延伸
选择要延伸的对象,或按住 Shift 键选择要修剪的对象,或
[栏选(F)/窗交(C)/投影(P)/边(E)/放弃(U)]：        ←使用鼠标单击选中直线段 B 完成延伸
选择要延伸的对象,或按住 Shift 键选择要修剪的对象,或
[栏选(F)/窗交(C)/投影(P)/边(E)/放弃(U)]：        ←按【Enter】键结束延伸操作
```

绘制完成的结果如图 6-25b)所示。

【知识链接】

关于拉伸命令：

1. 命令调用方式

- 命令：EXTEND
- 命令快捷方式：EX
- 菜单：【修改】→【延伸】
- 工具栏按钮：修改工具栏→

2. 命令选项说明

- 栏选(F)：该选项通过绘制连续折线的方式选择需要修剪的对象,与折线相交的所有对象将被修剪。
- 窗交(C)：该选项以交叉窗口方式选择修剪对象,与窗口具有交叉关系和包容关系的所有对象将被修剪。
- 投影(P)：该选项用于设置执行修剪的空间。例如,三维空间中两条线段呈交叉关系,用户可利用该选项假想将其投影到某一平面上执行修剪操作。
- 边(E)：该选项用于设定是否将对象延伸到隐含边界(延长线)。选择该选项后,AutoCAD 2008 则提示：

```
输入隐含边延伸模式[延伸(E)/不延伸(N)]<不延伸>：
```

如果选择“延伸(E)”方式进行延伸,此方式下,即使边界边太短且延伸对象后不 能与其直接相交(如图 6-25 中需延长线段 A 与边界线段 C),AutoCAD 会假想将边界边延长,然后使延伸边伸长到与边界相交的位置。否则将只能延伸与边界边可以直接相交的对象。

3. 命令功能说明

- 延伸命令调用后,首先提示选择的对象是作为延伸边界的对象,延伸边界可以有多条,确认后,再选择被延伸的对象。连续选择被延伸的对象,可延伸多个对象,直到按【Enter】键结束命令。

● 有效的边界对象可以是二维和三维多段线、圆弧、圆、椭圆、直线、样条曲线、文字和构造线等。如果边界对象是具有一定宽度的多段线,则 AutoCAD 将忽略名段线的宽度,而将对象延长到多段线的中心线位置。

● 利用鼠标拾取需要延伸的部分时,如果按住 Shift 键,系统自动将“延伸”命令转换成“修剪”命令。

● 若在“选择对象”提示下直接按下空格键或是回车键,则绘图窗口中所有的对象可以为互相边界和被延伸对象,此时系统会在选择的对象中自动判断边界。

● 选择需要延伸的对象时,拾取点的位置决定了延伸的方向,延伸发生在拾取点的一侧。

任务四　缩放图形对象

工程图样都是按照一定的比例来绘制和打印输出的,为了方便起见,使用 AutoCAD 绘图基本上都是按照1∶1的比例进行的,但是针对某一个或一组图形对象的比例缩放仍然是不可少的。本任务将介绍如何使用比例缩放命令 SCALE 将所选图形对象关于某个基点沿 X 轴和 Y 轴方向以相同的比例放大或缩小。

一、指定比例因子缩放对象

如果已知图形对象的缩放比例,使用比例因子可以快速准确地缩放图形对象,如图 6-26 所示图形,要将其放大 2 倍,可以直接使用比例缩放命令完成。

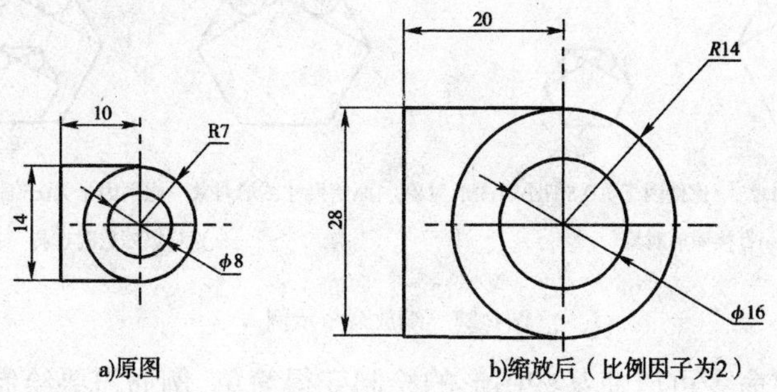

图 6-26　比例缩放图形

【操作步骤】

(1)根据图示尺寸关系绘制图 6-25a)所示图形对象。

(2)在命令提示行输入比例缩放命令 SCALE(命令缩写 SC)后回车,然后根据 AutoCAD 2008 的提示进行如下操作:

命令:scale	←输入命令,按【Enter】键
选择对象:指定对角点:找到 11 个	←选中步骤 1 绘制全部图形对象
选择对象:	←按【Enter】键确认对象选择完成
指定基点:	←配合对象捕捉功能,捕捉到圆心位置,单击鼠标左键,将圆心作为缩放基点
指定比例因子或[复制(C)/参照(R)] <1.0000>:2	←输入比例因子,按【Enter】键,完成比例缩放

结果如图 6-25b)所示。

【知识链接】

关于比例缩放命令：

1. 命令调用方式

- 命令行：SCALE
- 命令快捷方式：SC
- 菜单：【修改】→【比例缩放】
- 工具栏按钮：修改工具栏→

2. 命令功能说明

- 比例缩放时指定的基点表示选定对象的大小发生改变时位置保持不变的点。
- 使用比例因子缩放图形对象时，输入比例因子必须是非零正数，比例因子大于 1，则选中图形对象放大；比例因子小于 1，则选中图形对象缩小。
- 比例缩放不同于视图缩放命令 ZOOM，前者直接改变了对象的实际尺寸，而后者仅仅是改变了对象在屏幕上的显示大小，对图形对象的实际尺寸并无任何影响。
- 如果需要在完成比例缩放后仍然保留原始尺寸的对象，则可以在"指定比例因子或[复制(C)/参照(R)] <1.0000>："提示下先选择参数"复制(C)"，然后再输入比例因子，如图 6-27所示。

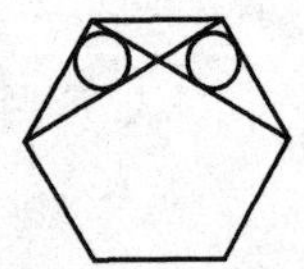

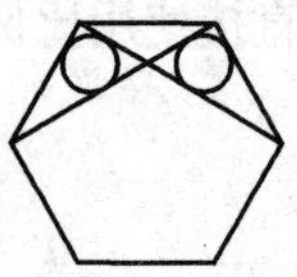
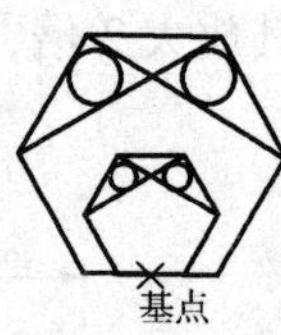

原始尺寸图形对象　比例因子为0.5缩小后图形对象　原始尺寸图形对象　比例因子为0.5缩小后图形对象

a)直接缩放对象　b)对象缩放时选择"复制"参数

图 6-27　缩放命令示例

- 利用比例缩放命令可以使某些图形的绘制变得简单，例如需要绘制某个结构物或者构造物的局部大样图时，可以先将需要放大的部分复制下来，在利用比例缩放、修剪等工具即可完成局部放大图。

特别提示：

如果图形对象进行了标注，对其使用了比例缩放命令后，其标注的尺寸值也将按照比例发生改变。

二、参照方式缩放对象

某些情况下，当需要缩放的图形对象比例因子无法得知，或者需要经过复杂的计算时，使用指定比例因子方式缩放图形对象就不那么方便了，但如果可以明确图形对象缩放后的参考长度，就可以使用比例缩放命令中的"参照"方式来完成缩放。如图 6-28 所示，整个图形只有一个尺寸，直接绘图存在困难，绘图时可以先以任意尺寸绘出图形的形状，再利用参照方式缩放对象，使图形对象满足尺寸要求。

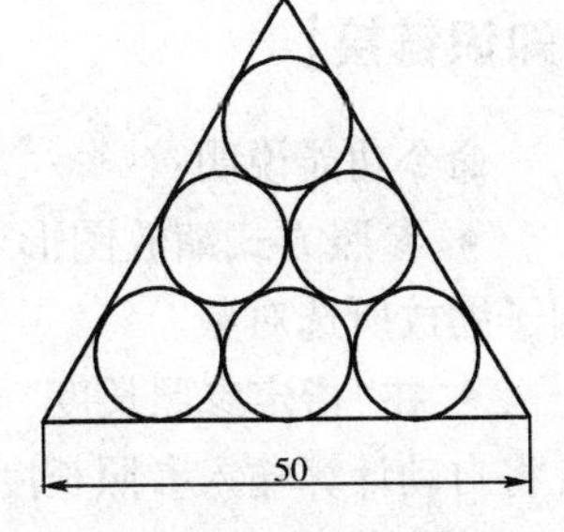

图 6-28　参照方式缩放图形对象示例

【操作步骤】

(1)绘制一个圆(直径可任取，为便于绘图，本例取圆半径为 10)，并配合对象捕捉工具复制两个与之相切的圆，如图 6-29a)所示。

(2)使用“相切、相切、半径”方式绘制另外 3 个圆，使之形成金字塔堆叠，如图 6-29b)所示。

(3)绘制正三角形，在命令提示行输入正多边形命令 POLYGON(命令缩写 POL)后回车，然后根据 AutoCAD 2008 的提示进行如下操作：

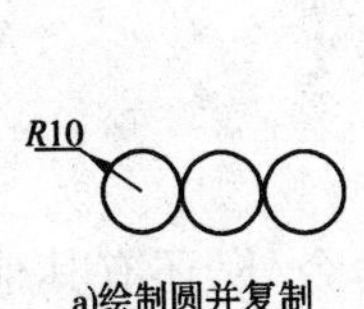

a)绘制圆并复制

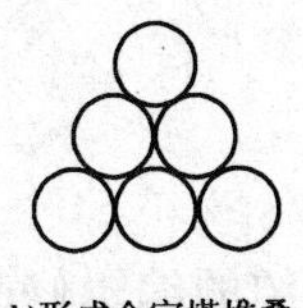

b)形成金字塔堆叠

c)绘制正三角形

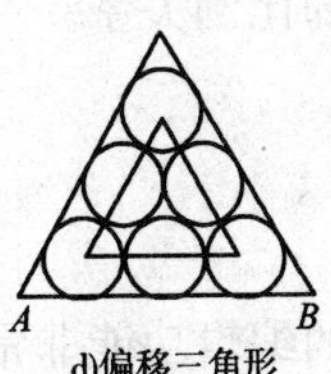

d)偏移三角形

图 6-29　参照方式缩放图形对象过程

命令：polygon	←输入命令，按【Enter】键
输入边的数目 <4>：3	←输入多边形边数，按【Enter】键
指定正多边形的中心点或［边(E)］：e	←输入选项参数“P”，按【Enter】键，调用指定边长方式绘制正多边形
指定边的第一个端点：	←配合对象捕捉功能捕捉到左下角圆心位置，单击鼠标左键确认
指定边的第二个端点：	←配合对象捕捉功能捕捉到右下角圆心位置，单击鼠标左键确认

结果如图 6-29c)所示。

(4)使用偏移命令 OFFSET 将步骤 3 绘制正三角形向外侧偏移距离 10，得到图 6-29d)所示的结果。

(5)在命令提示行输入比例缩放命令 SCALE(命令缩写 SC)后回车，然后根据 AutoCAD 2008 的提示进行如下操作：

命令：scale	←输入命令，按【Enter】键
选择对象：指定对角点：找到 8 个	←选中前 4 步绘制的全部图形对象
选择对象：	←按【Enter】键确认对象选择完成
指定基点：	←配合对象捕捉功能捕捉到大三角形左下角点 *A* 作为缩放基点
指定比例因子或［复制(C)/参照(R)］<1.0000>：r	←输入选项参数“R”，按【Enter】键，调用参照方式缩放图形对象
指定参照长度 <1.0000>：	←配合对象捕捉功能捕捉到大三角形左下角点 *A* 作为参照长度第一点
指定第二点：	←配合对象捕捉功能捕捉到大三角形右下角点 *B* 作为参照长度第二点
指定新的长度或［点(P)］<1.0000>：50	←输入新的长度值“50”，按【Enter】键，完成缩放

删除多余三角形，结果如图 6-28 所示。

【知识链接】

命令功能说明:

- 参照方式缩放图形对象是由系统自动计算指定的新长度与参照长度的比值作为比例因子缩放所选对象。
- 在“指定参照长度 <1>:”和“指定新的长度或[点(P)]:”提示下直接输入数值,系统将自动计算输入参照长度值和新长度值间的比例关系,并将其作为比例因子完成对图形对象的缩放。
- 在“指定新的长度或[点(P)]:”下输入选项参数“P”,可以使用鼠标在绘图窗口任意指定两点,系统会自动计算两点间的距离,并与“参照长度”进行比较计算以得出参照长度值和新长度值间的比例关系。

项目拓展

AutoCAD 的编辑功能非常强大,除了前面介绍的编辑修改命令外,还有其他一些常用的编辑修改命令和编辑修改图形对象的方法。本项目拓展中将介绍倒角命令、合并命令的使用方法以及如何改变对象的属性和对象特性的匹配问题。

一、使用倒角命令完成直线连接

所谓倒角就是将两个不平行的对象用一条与两对象都倾斜的直线段来连接。倒角命令 CHAMFER 可将直线类型的两个不平行的对象,如直线、多段线直线、构造线、RECTANG 命令绘制的矩形、POLYGON 命令绘制的多边形等进行倒角,如图 6-30 所示。倒角命令还可以将两个不平行的对象延伸或修剪以使之相交于一点。

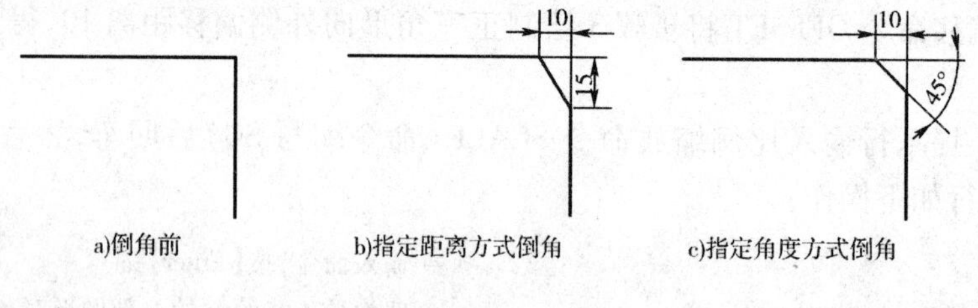

图 6-30 倒角命令示例

【知识链接】

1. 命令调用方式

- 命令行:CHAMFER
- 命令快捷方式:CHA
- 菜单:【修改】→【倒角】
- 工具栏按钮:修改工具栏→

2. 命令选项说明

- 多段线(F):该选项用于在对多段线进行倒角操作时将所有直线段间的顶点进行倒角操作。

• 距离(D):该选项用于设定倒角距离,在该方式下,倒角由两对象的交点分别到倒角斜线两个端点的距离(即第一倒角距离和第二倒角距离)决定。

• 角度(A):该选项用第一条线的倒角距离和第二条线的角度设置倒角距离。

• 修剪(T):该选项用于设定完成倒角操作后是否修剪对象。选择给选项后,AutoCAD 2008 会提示:

```
输入修剪模式选项 [修剪(T)/不修剪(N)] <不修剪>:
```

如果选择"修剪(T)"方式进行倒角,则完成操作后,倒角连接多余的部分将被修剪掉。选择"不修剪(N)"方式则会保留原对象状态,但在他们之间加上一条倒角斜线,如图 6-31 所示。

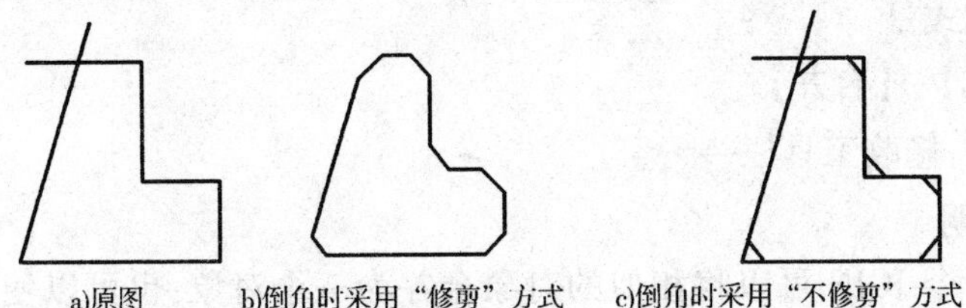

图 6-31 倒角操作时选择修剪与否的区别

• 方式(T):该选项用于控制使用两个距离还是一个距离和一个角度来创建倒角。

• 多个(M):该选项可以一次创建多个倒角。调用该选项后,系统将重复提示"选择第二个对象",直到用户按【Enter】键结束命令。

• 按住 Shift 键选择要应用角点的对象:选择第二个倒角对象时按住【Shift】键,系统将以 0 值替代当前的倒角距离。

3. 命令功能说明

• 倒角命令只能在具有直线属性的图形对象中使用,如直线、射线、构造线、矩形、正多边形等。对多段线的修改只能在直线段之间完成。

• 在使用"距离"方式进行倒角设置时,第一倒角距离和第二倒角距离可设置为相同或不同值,输入的倒角距离将成为以后 CHAMFER 命令的默认倒角距离,直至将其改变。

• 第一倒角距离在先选择的那条线上,第二倒角距离在后选择的那条线上。

• 如果在修剪模式下设定两个倒角距离均为 0,可以通过倒角命令修齐两条非平行直线而不论这两条直线是否相交或是需要延伸后相交,如图 6-32 所示。

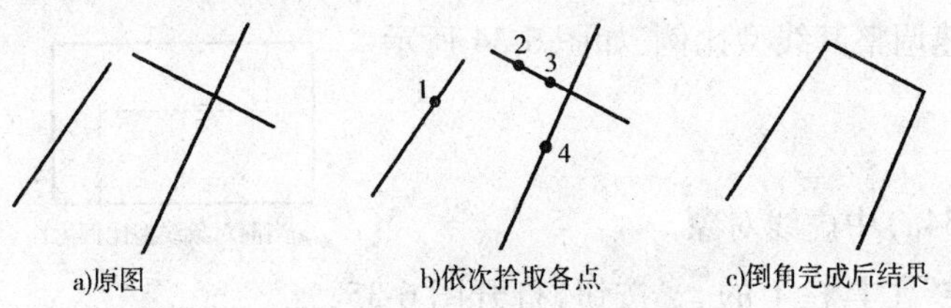

图 6-32 倒角距离均为 0 时倒角效果

二、使用合并命令连接图形对象

打断命令可以将一个完整的对象截断或将选中对象的两点之间部分去除,合并命令的作用恰恰与之相反。如果需要连接某一连续图形的两个部分,或将某段圆弧闭合为整圆,可以使用合并命令将其合并为一个对象,如图 6-33 所示。

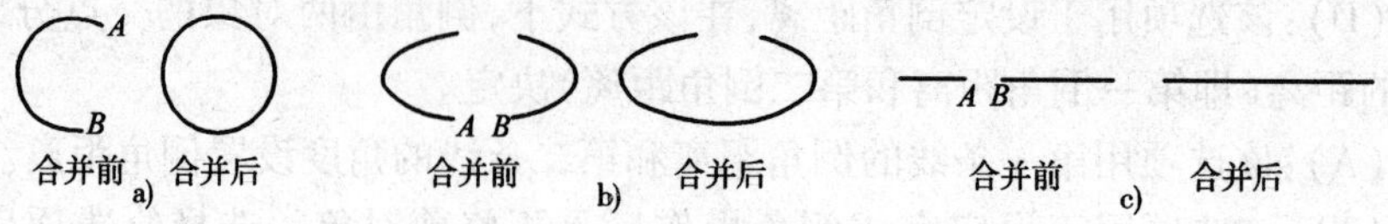

图 6-33　合并对象操作示例

【知识链接】

1. 命令调用方式

- 命令行:JOIN
- 命令快捷方式:J
- 菜单:【修改】→【合并】
- 工具栏按钮:修改工具栏→

2. 命令功能说明

- 使用合并命令 JOIN 可以将相似的对象合并为一个对象;也可以使用圆弧和椭圆弧创建完整的圆和椭圆。可以使用合并命令的对象包括:圆弧、椭圆弧、直线、多段线和样条曲线。
- 要将相似的对象与之合并的对象称为源对象。要合并的对象必须位于相同的平面上。合并两段或多段圆弧(椭圆弧)时,将从源对象开始沿逆时针方向进行合并操作。
- 当源对象是直线时,合并对象只能是直线且必须与之共线,源对象与合并对象之间可以有间隙;源对象是多段线时,合并对象可以是直线、多段线或圆弧。源对象与合并对象之间不能有间隙,并且必须位于同一平面上;源对象是圆弧(椭圆弧)时,合并对象只能是圆弧(椭圆弧),并且圆弧(椭圆弧)对象于源对象必须位于同一假想的圆(椭圆)上,但是它们之间可以有间隙,选择"闭合"选项可将源对象圆弧(椭圆弧)转换成完整圆(椭圆);源对象是样条曲线时,合并对象可以是样条曲线和螺旋,但源对象于合并对象必须相接(端点对端点),合并完成后将形成新的单个样条曲线。

三、使用对象特性命令改变对象属性

每个对象创建后都具有各自的特性,如颜色、所在图层、线型、线宽、大小等。这些特性有些是共有的,有的是某些对象专有的,但无论是哪种属性都可以进行编辑修改。例如,在使用虚线绘制图形对象时,由于线型比例不合适,导致虚线各段间距过大或过小,通过改变虚线对象的特性,可以快速调整其线型比例,如图 6-34 所示。

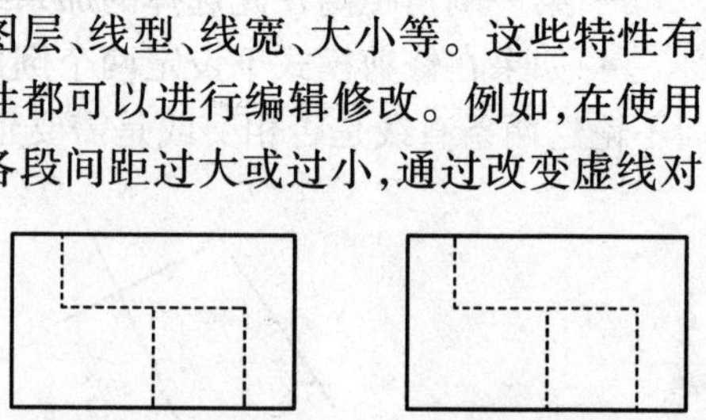

a)当前对象线型比例为1　　b)当前对象线型比例为2

图 6-34　使用对象特性命令修改对象属性示例

【操作步骤】

(1)选中图 6-34a)中虚线对象。

(2)单击"标准"工具栏上的按钮,打开图 6-35 所示"特性"对话框。

(3)使用鼠标单击"线型比例"选项,激活线型比例文本框文本框,在其中输入新的线型比例值 2(系统默认值为 1),按【Enter】键后,绘图窗口中的虚线立即更新,显示修改后的结果如图 6-34b)所示。

(4)单击"特性"对话框右上角按钮关闭"特性"对话框。

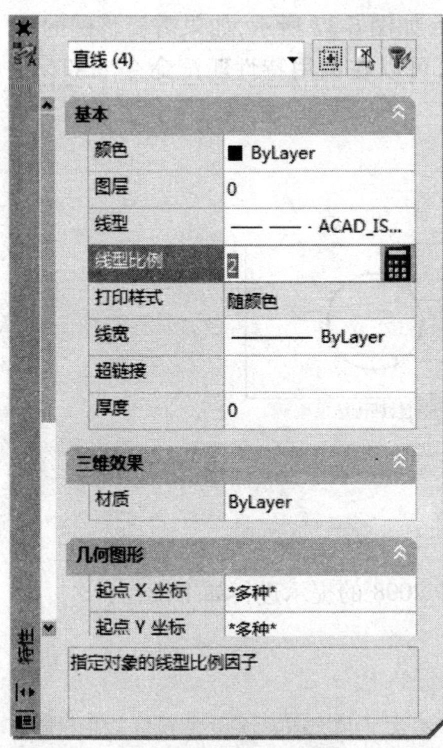

图 6-35 “特性”对话框

【知识链接】

1. 命令调用方式

- 命令行:PROPERTIES
- 命令快捷方式:PR
- 菜单:【标准】→【特性】
- 工具栏按钮:标准工具栏→
- 键盘快捷方式:【Ctrl】+【1】

2. 命令功能说明

- 启动命令后,AutoCAD 打开如图 6-36 所示特性工具板。利用它可以方便地设置或修改对象的各种属性。
- 根据选择的对象不同,“特性”对话框中显示的对象属性项目也不同,图 6-36a)为不选择任何对象时的特性工具板。选中对象后,工具板中将会列表显示所选中对象的当前属性数据,如图 6-36b)所示为选中圆时所显示的对象特性。此时,只要单击欲修改特性选项就可以通过对话框或下拉菜单或直接键入新的数据等方式修改对象的属性。修改完成,按【Enter】键后直接关闭特性工具板,对象将改变为新的特性。

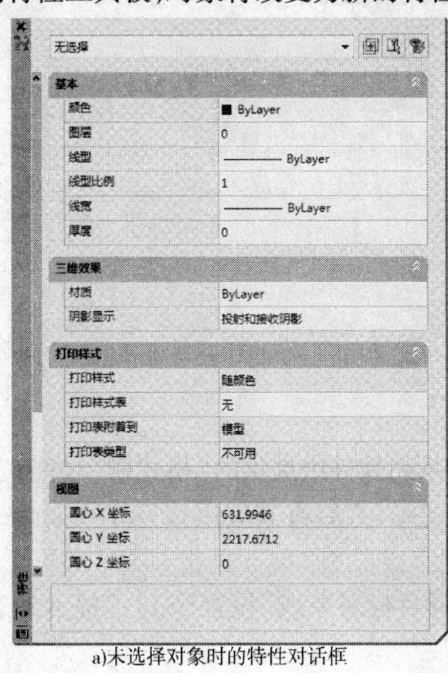

a)未选择对象时的特性对话框

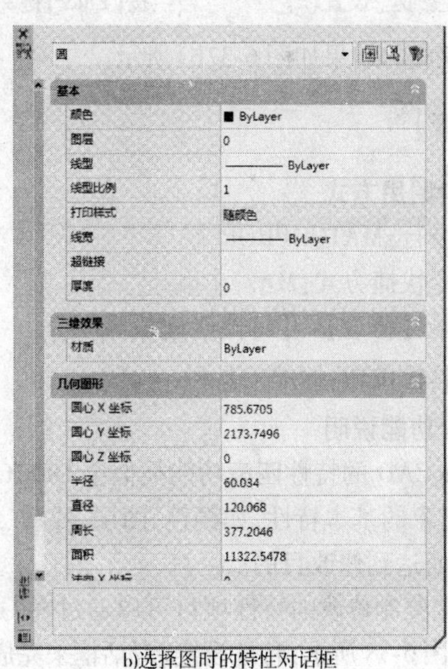

b)选择圆时的特性对话框

图 6-36 特性工具板

四、使用对象特性匹配修改对象属性

特性匹配命令 MATCHPROP 是一个非常有用的编辑工具,利用特性匹配功能可以将目标对象的属性与源对象的特性进行匹配,使目标对象的特性与源对象相同。特性匹配功能可以快捷地修改对象特性，并使不同的对象具有相同的特性。如图 6-37 所示，如果需要将圆的特性调整为与虚线 *AB* 一致，包括线型、所在图层、颜色等，可以在调用特性匹配命令 MATCHPROP 后，根据提示依次选择对象完成调整。

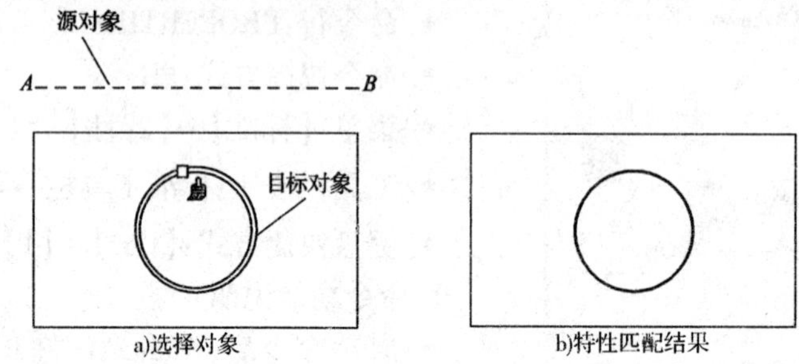

图 6-37　特性匹配

【操作步骤】

单击"标准"工具栏上的按钮，然后根据 AutoCAD 2008 的提示进行如下操作：

命令：'_matchprop
选择源对象：　　←使用鼠标选中虚线段 *AB*
当前活动设置：颜色 图层 线型 线型比例 线宽 厚度 打印样式 标注 文字 填充图案 多段线 视口 表格材质 阴影显示 多重引线
选择目标对象或［设置(S)］：　　←使用鼠标选中圆
选择目标对象或［设置(S)］：　　←按【Enter】键完成特性匹配操作

绘制完成的结果如图 6-37b）所示。

【知识链接】

1. 命令调用方式

- 命令行：MATCHPROP
- 命令快捷方式：MA
- 菜单：【修改】→【特性匹配】
- 工具栏按钮：标准工具栏→

2. 命令功能说明

- AutoCAD 的特性匹配功能类似于 OFFICE 系列软件中提供的"格式刷"功能，它可以复制某一个对象的基本特性，如颜色、图层、线型、线宽等，然后将其应用到另外一个或一组对象当中去，从而达到修改目的。
- 需要复制修改的特性项目可以通过在"选择目标对象或［设置(S)］："提示下选择参数"S"打开如图 6-38 所示"特性设置"对话框来完成。

项目小结

本项目主要内容总结如下：

◆ 使用修剪命令 TRIM 和圆角命令 FILLET 可以快速准确完成圆弧连接，修剪命令 TRIM

还可以用于修剪直线、圆弧、样条曲线、填充图案等多种对象，使其以某一个或多个对象为边界，将多余的部分精确地修剪掉。

◆ 延伸命令 EXTEND 的作用与修剪命令刚好相反，它可以将某个对象延长使其与另外的对象（边界）相交。修剪命令和延伸命令可以在调用过程中通过按住【Shift】键进行切换。

◆ 用旋转命令 ROTATE 可以改变图形对象的方位，旋转角度逆时针位正，顺时针位负。用对齐命令 ALIGN 可以同时旋转和移动对象使之与目标对象对齐。这两个命令在绘图时很有用，用户可先在水平方向上绘出图形，然后利用旋转或对齐命令将图形定位到倾斜方向。

◆ 用 STRETCH 命令可拉伸图形，用 SCALE 命令可以比例缩放图形。前者可在保证已有几何关系不变的情况下改变对象大小或位置，但在选择对象时只能使用交叉窗口或交叉多边形方式。

◆ PROPERTIES 命令可以编辑对象属性，例如图层、颜色、线型等。用 MATCHPROP 命令可以使目标对象的属性与源对象属性匹配。

实训

1. 按照图 6-39 中尺寸要求，绘制立交桥平面图。

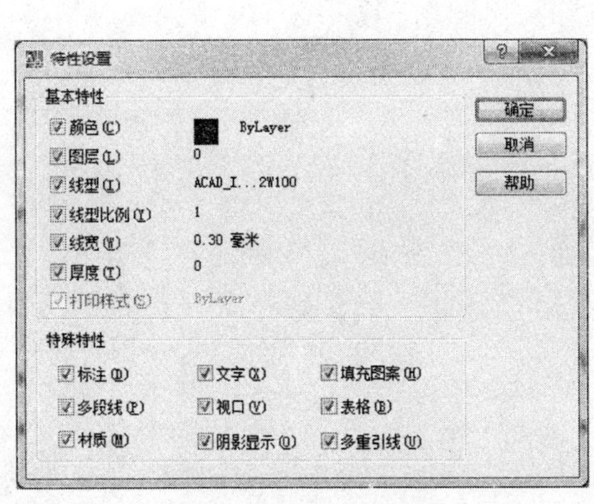

图 6-38 “特性设置”对话框

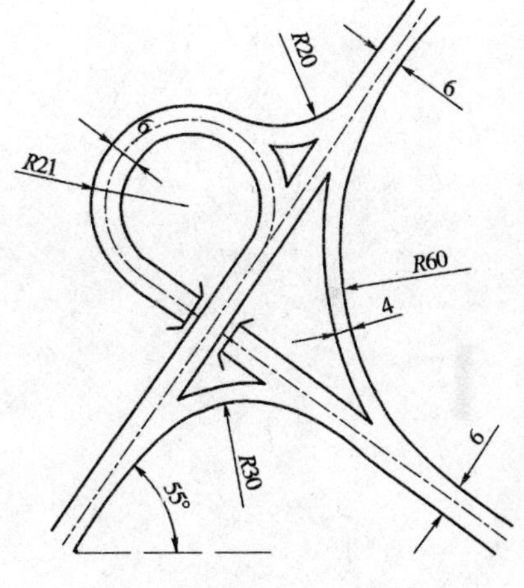

图 6-39 实训 1 图

2. 按照图 6-40a）中尺寸要求绘制图形，再使用拉伸命令和比例缩放命令将其修改为图6-40b）。

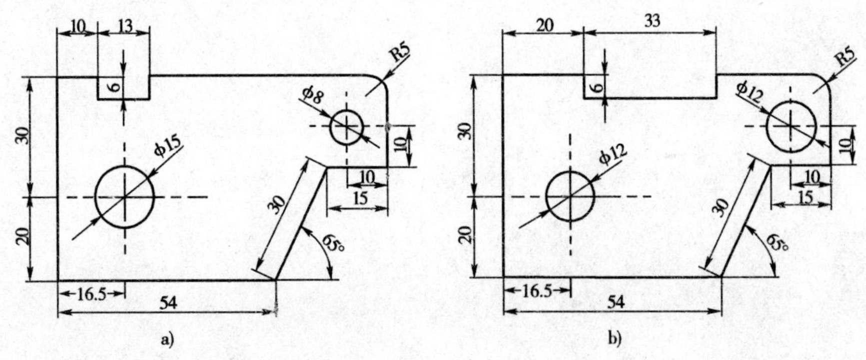

图 6-40 实训 2 图

3. 按照图6-41所示尺寸关系分别绘制图6-41a)中两个图形对象，再将其组合为图6-41b)所示图形。

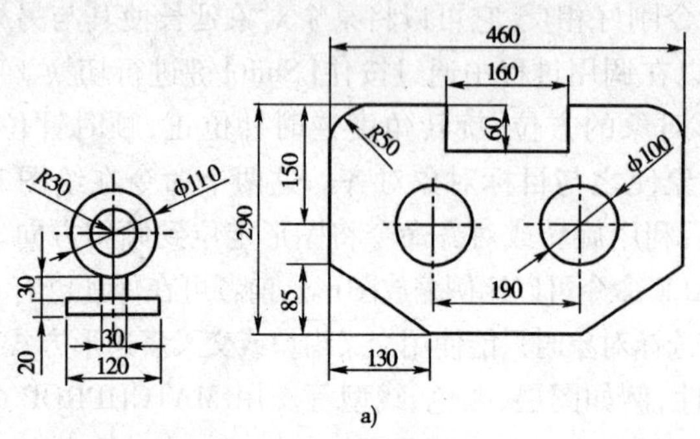

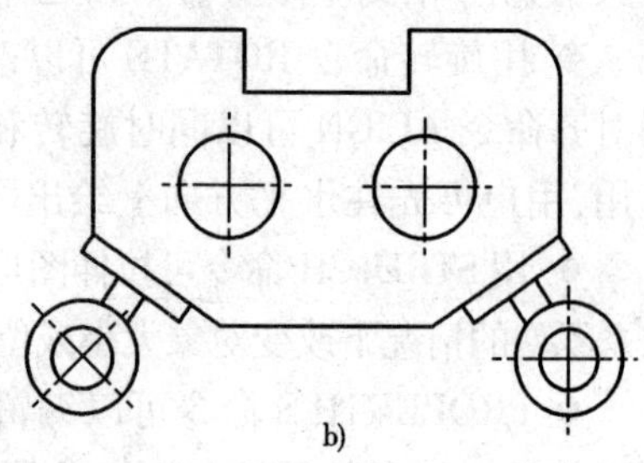

图6-41　实训3图

项目七　书写文字和表格

在绘制工程图样的过程中，设计人员常会利用文字进行说明或提供扼要的注释。完备且布局适当的说明文字，不仅能使图样更好地表达设计思想，并且还会使图纸本身显得整洁而清晰。

通过本项目的学习可以了解文字样式的基本概念和设置方法，并学会如何创建单行文字和多行文字。

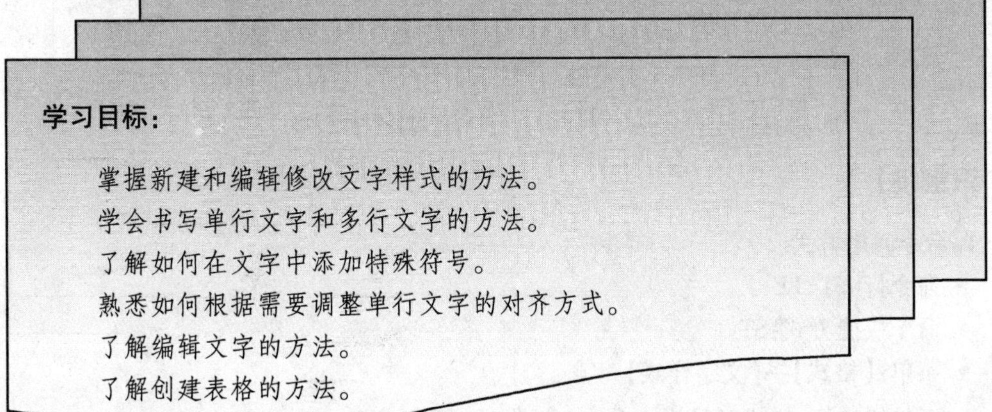

学习目标：

掌握新建和编辑修改文字样式的方法。
学会书写单行文字和多行文字的方法。
了解如何在文字中添加特殊符号。
熟悉如何根据需要调整单行文字的对齐方式。
了解编辑文字的方法。
了解创建表格的方法。

任务一　创建文字样式及书写单行文字

本任务中将学习如何创建和修改文字样式，如何书写单行文字以及如何在单行文字中加入特殊字符。

一、新建文字样式

文字样式主要用于控制与文本相关联的字体样式、字符宽度、文字倾斜角度及高度等项目。另外，还可通过文字样式设置出相反的、颠倒的及垂直方向的文本。用户可以针对每一种不同风格的文字创建对应的文字样式，这样在输入文本时就可以用相应的文字样式来控制文本的外观。例如，在绘制道路桥梁工程图样时，可以根据《道路工程制图标准》(GB 50162—92)的相关要求先建立一个专门用于控制设计说明文字外观的文字样式。

【操作步骤】

(1)单击【格式】菜单，选择【文字样式】菜单选项或者在命令提示行输入文字样式命令STYLE(命令缩写ST)，打开图7-1所示"文字样式"对话框。

(2)单击按钮 新建(N)... ，打开"新建文字样式"对话框，在"样式名"文本框中输入文字样式的名称"文字说明"，如图7-2所示。单击按钮 确定 ，返回"文字样式"对话框。

(3)使用鼠标单击取消“文字”设置区“使用大字体”的选项，然后打开“字体名”下拉列表选择“仿宋”。在“效果”设置区“宽度因子”文本框中输入宽度因子值“0.7”，使字体形为长仿宋体，如图7-1所示。

(4)点击 应用(A) 按钮完成设置，再单击 关闭(C) 按钮退出“文字样式”对话框。

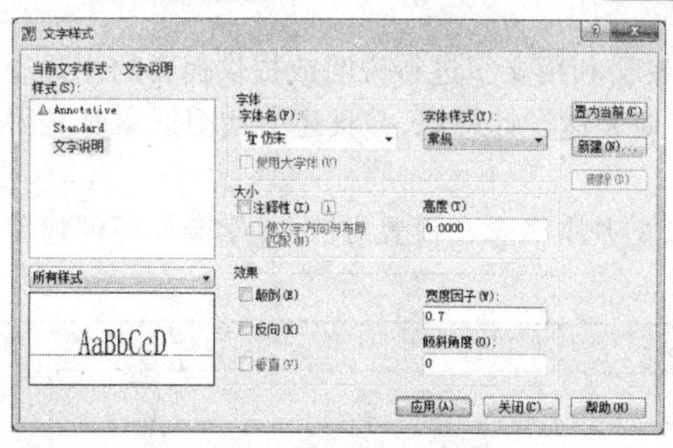

图7-1 “文字样式”对话框

图7-2 “新建文字样式”对话框

【知识链接】

1. 命令调用方式

- 命令行:STYLE
- 命令快捷方式:ST
- 菜单:【格式】→【文字样式】
- 工具栏按钮:样式工具栏→

2. 对话框选项功能说明

文字样式的设置均通过“文字样式”对话框来完成。对话框中主要有“字体”、“大小”、“效果”三个设置区和左侧的文字样式列表显示窗口。下面分别对各部分的设置功能作介绍：

1)“样式”列表

该区域以列表方式显示图形中的文字样式。列表中包括已定义的样式名并默认显示选择的当前样式。要改变当前样式，可以从列表中选择另一种样式，并单击 置为当前(C) 按钮，可以将选中样式设置为当前使用的文字样式，同时，对话框上方的“当前文字样式”显示也会相应发生改变。样式名前的 图标表示该样式是具有注释性的文字样式。

2)“样式列表过滤器”列表

样式列表下方的下拉选择列表称为“样式列表过滤器”，其作用是控制在“样式”列表中是显示所有样式还是仅使用中的样式。

3)预览窗口

预览窗口显示选中文字样式的情况，它会随着字体的改变和效果的修改而动态更改样例文字。

4)“字体”设置区

该区域用于设置文字样式所使用的字体。

- “SHX字体”:SHX字体是指使用Unicode字符编码标准的字体。在此下拉列表中罗列了所有的SHX字体，其中“gbenor. shx”和“bgeitc. shx”字体是符合我国国家标准的工程字体。

● “使用大字体”：该选项通过复选框控制是否为选中的 SHX 字体指定亚洲语言的大字体文件。亚洲字母表包含数千个非 ASCII 字符。为支持这种文字，程序提供了一种称作大字体文件的特殊类型的形定义。选中“使用大字体”复选框后，用户可以将样式设置为同时使用常规文件和大字体文件。

● “大字体”：一旦选择选中了“使用大字体”选项，右侧的“大字体”下拉选择列表将会被激活，该列表用于选择与 SHX 字体对应的大字体样式文件。其中“gbcbit. shx”字体是符合我国国家标准的工程汉字字体，该字体文件还包含一些常用特殊符号。由于“gbcbig. shx”中不包含西文字体定义，因而使用时常将其与“gbenor. shx”和“gbeitc. shx”字体配合使用。

特别提示：

只有 SHX 文字才可以创建“大字体”。

● “字体名”：如果取消对“使用大字体”选项的选择，“SHX 字体”下拉选择列表将变成“字体名”下拉选择列表。此时，下拉列表中将列出包括 SHX 字体在内的所有字体。

特别提示：

在使用下拉选择列表选择字体时，往往对应同种字体名有两种表示方式，其区别在于字体名前是否加注“@”符号，如仿宋体在选择时会有：“仿宋”和“@仿宋”两种情况。前者选择的字体是按正常方式书写，而后者选择的字体是按单字旋转 90°后书写，如图 7-3 所示。

仿宋体　　　　仿宋体

a）字体名为“仿宋”　　b）字体名为“@仿宋”

图 7-3　字体样式的区别

特别提示：

如果发现图形文件中的文本没有正确显示出来，多数情况是由于文字样式所连接的字体不合适造成的。选择对应文字样式后重新选择字体可以有效解决该问题。

5）“大小”设置区

该区域用于调整文字的大小。

● “注释性”：该复选框用于设置文字的注释性。

● “使文字方向与布局匹配”：该选项用于指定图纸空间视图中的文字方向与布局方向相匹配。如果清除“注释性”选项，则该选项不可用。

● “高度”：通过在文本框中输入数字以设置文字的高度。如果将其设置为 0，则在输入文本时，系统会提示指定文字高度；如果设定了高度值，则在书写文字时不会出现指定文字高度的提示而直接将按设定值定义文字高度。

6)"效果"设置区

该区域用于设置文字的显示特征,包括颠倒、反向、垂直、宽度比例、倾斜角度等,如图7-4所示。

a)正常书写　b)颠倒效果　c)反向效果　d)宽度因子=0.7　e)倾斜角度=15°

图7-4　文字效果设置示例

- "颠倒":选中该选项后将颠倒显示字符。
- "反向":选中该选项后将反向显示字符。
- "垂直":选中该选项后将显示垂直对齐的字符。只有在选定字体支持双向时该选项才可用。通常只有SHX字体支持"垂直"选项。
- "宽度因子":该选项用于设置字符的宽度与高度之比。我国《道路工程制图标准》(GB 50162—92)规定道路桥梁工程图纸中的汉字应采用长仿宋体,为满足要求,文字的宽度因子一般设置为0.7或0.75。
- "倾斜角度":该选项用于指定文字与竖直方向的倾斜角度。可以设置的角度范围为-85~85之间,角度值为正,文字向右倾斜,反之向左倾斜。我国《道路工程制图标准》(GB 50162—92)规定在同一册图纸中,数字与字母的字体可采用直体或斜体。直体笔画的横与竖应成90°;斜体字字头向右倾斜,与水平线应成75°。

7)"置为当前"按钮

在"样式"列表中选择一个文字样式后单击[置为当前(C)]按钮,可以把选中的文字样式设置为当前使用的样式。

8)"新建"按钮

单击[新建(N)...]按钮,可以创建新文字样式。

9)"删除"按钮

在"样式"列表中选择一个文字样式后单击[删除(D)]按钮,可以将选中的文字样式删除。

特别提示:

当前样式和已经被使用的文字样式不能被删除。

3. 修改文字样式时的注意事项

修改文字样式也是在"文字样式"对话框中进行的,其过程与创建文字样式相似,但有几点应当注意:

- 修改完成后,单击"文字样式"对话框中的[应用(A)]按钮,则修改生效,系统将立即更新图样中与此文字样式关联的文字。
- 当改变文字样式对应的字体文件时,系统将改变使用该样式的所有文字外观。
- 当修改文字的"颠倒"、"反向"及"垂直"特性时,系统将改变与之关联的所有单行文字外观。修改文字高度、宽度比例及倾斜角时,不会引起已有采用该字体样式的单行文字外观的改变,但会影响此后使用该字体样式创建的文字对象。对于多行文字,只有"垂直"、"宽度比例"及"倾斜角度"选项才会影响其外观。

二、书写单行文字

对于不需要进行复杂排版的简短内容，可以使用单行文字完成书写。例如，在工程图纸的右下角往往需要设置标题栏，如图 7-5 所示，标题栏中的文字就可以使用单行文字完成书写。

【操作步骤】

(1)根据图示尺寸关系绘制标题栏线框。

(2)在“样式”工具栏中打开“文字样式控制”下拉选择列表，选择“文字说明”样式，将其设置为当前样式，如图 7-6 所示。

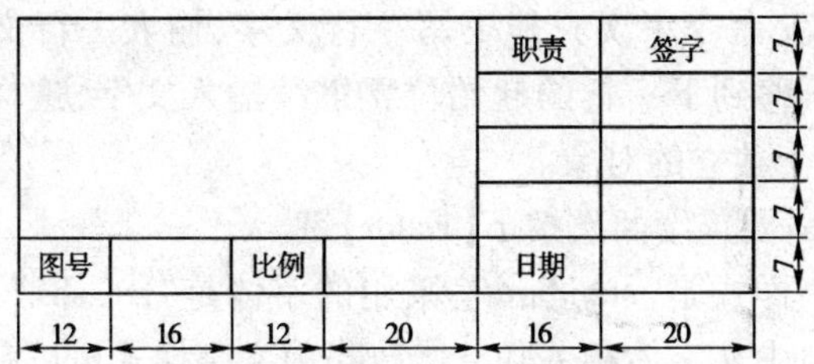

图 7-5　使用单行文字书写标题栏

图 7-6　设置当前文字样式

(3)在需要书写单行文字的线框内绘制辅助对角线，如图 7-7 所示。

(4)在命令提示行输入单行文字命令 DTEXT(命令缩写 DT)后回车，然后根据 AutoCAD 2008 的提示进行如下操作：

命令：dtext　　←输入命令，按【Enter】键

当前文字样式：“文字说明” 文字高度：2.5000 注释性：否

指定文字的起点或［对正(J)/样式(S)］：j　　←输入选项参数“J”，按【Enter】键，设置当前行文字的对齐方式

输入选项［对齐(A)/调整(F)/中心(C)/中间(M)/右(R)/左上(TL)/中上(TC)/右上(TR)/左中(ML)/正中(MC)/右中(MR)/左下(BL)/中下(BC)/右下(BR)］：m

←输入选项参数“M”，按【Enter】键，设置对齐方式为“中间”

指定文字的中间点：　　←配合对象捕捉，使用鼠标捕捉到需要书写文字线框对角线的中点位置，如图 7-7a)所示，单击鼠标左键确认

指定高度 <2.5000>：4　　←输入文字高度值，按【Enter】键

指定文字的旋转角度 <0>：　　←按【Enter】键，使用当前值“0”作为旋转角度

此时，会在指定文字中间点的位置打开一个文本窗口，输入文字“图号”后，第一次按【Enter】键，文字输入光标会切换至下一行，再次按【Enter】键，结束文字输入，如图 7-7b)所示。

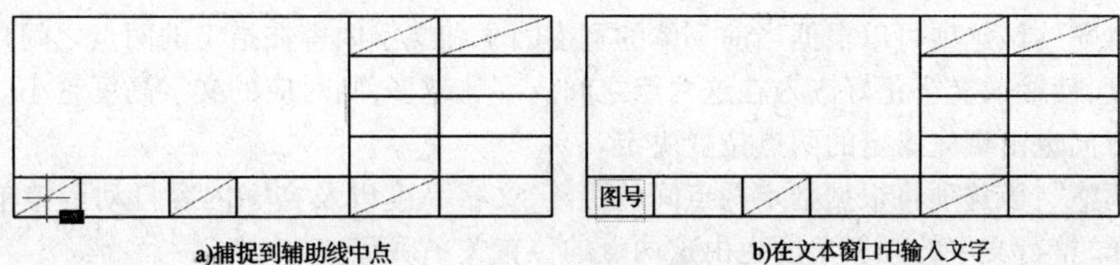

a)捕捉到辅助线中点　　b)在文本窗口中输入文字

图 7-7　单行文字书写示例

（5）重复前一步的过程，完成其他位置上的文字书写后删除辅助线，结果如图 7-5 所示。

【知识链接】

1. 关于单行文字

1）命令调用方式

- 命令行：DTEXT 或 TEXT
- 命令快捷方式：DT
- 菜单：【绘图】→【文字】→【单行文字】

2）命令功能说明

- 所谓单行文字并不意味使用 DTXT 命令每次只能书写一行文字，输入一行文字后按【Enter】键，文本输入窗口中的光标线会下移到下一行的起始位置继续输入文字，这样可以连续书写多行文字，但是每一行文字都是一个独立的对象。
- 书写完文字要退出单行文字命令需要连续两次按下【Enter】键。
- 默认情况下，单行文字关联的文字样式是“standard”，采用的字体是“txt. shx”，如果要输入中文，则应修改当前文字样式，使其与中文字体相关联。修改当前文字样式可以在执行单行文字命令后，在“指定文字的起点或[对正(J)/样式(S)]：”提示下输入参数 S，再输入所要使用的文字样式名称。
- 文字样式的预置可以通过图 7-6 所示“样式”工具栏中的“文字样式控制”下拉选择列表来完成。

2. 关于单行文字的对齐方式

“对正(J)”选项用于确定单行文字书写时的对齐方式。AutoCAD 定义了文字的顶线、底线、基线和中线位置，文字对正在左、中、右及 4 个位置线上进行组合。图 7-8 详细反映了单行文字的其余对齐方式。

图 7-8　单行文字对正位置

在“指定文字的起点或[对正(J)/样式(S)]：”提示下输入参数 J 回车后，命令行会提示选择输入对齐方式：“[对齐(A)/调整(F)/中心(C)/中间(M)/右(R)/左上(TL)/中上(TC)/右上(TR)/左中(ML)/正中(MC)/右中(MR)/左下(BL)/中下(BC)/右下(BR)]：”。各种对齐选项的含义如下：

- “对齐”：该选项可以根据当前字体的宽度因子和文字内容在指定的两点之间自动调整文字的高度，使输入文字正好嵌入在这两点之间。字数越多，则对应的文字高度越小。整行文字的倾斜方向也由事先指定的两点位置决定。
- “调整”：该选项将根据指定两点间的距离、文字高度以及文字内容自动调整单个文字的宽度因子，整行文字的倾斜角度也由这两点的位置关系确定。
- “中心”：该选项要求用户指定书写文字基线的中心点位置，AutoCAD 以指定点为中心点，按指定高度书写文字，文字宽度根据高度和宽度因子自动确定。

• “中间”:该选项要求用户指定文字的中间点位置,然后根据给定的文字高度和旋转角度进文字书写。

• “右”: 该选项的含义为,AutoCAD 把用户指定的点作为基线的右端点,文字按照该右下角点呈右 对正排列。

• 其余选项含义与此类似,可参照以上选项和图 7-8 理解和使用。

3. 关于单行文字的编辑修改

如果需要对已有的单行文字内容进行编辑修改,可以直接在单行文字上双击鼠标左键,激活单行文字文本框,然后对文字内容完成修改。修改完成后,第一次按【Enter】键,系统会提示“选择注释对象或[放弃(U)]:”,如果需要修改其他单行文字,可以继续选择要修改的单行文字对象,完成修改,如不需要修改其他对象,则可以再次按【Enter】键,完成单行文字修改并退出文本框。

三、在单行文字中加入特殊符号

工程图中用到的许多符号都不能通过键盘直接输入,例如如角度符号“°”、直径符号“ϕ”、正负公差符号“±”等。在使用单行文字命令 DTEXT 书写文字时,如果需要书写上面提到的这样一些特殊符号,可以通过以下几种方式完成。

1. 百分号导引法

在 AutoCAD 中,有一些特殊符号可以通过输入由双百分号加上字符串构成的特殊代码来完成书写,这些代码对应的特殊符号如表 7-1 所示。

特殊符号控制码 表 7-1

代 码	对应特殊字符及功能	实 例	
		输入字符	显示内容示例
%%O	打开或关闭文字上划线	%%OABC	$\overline{\text{ABC}}$
%%U	打开或关闭文字下划线	%%UABC	$\underline{\text{ABC}}$
%%D	标注单位符号“度”(°)	45%%D	45°
%%P	标注正负号(±)	%%P10	±10
%%C	标注直径符号(ϕ)	%%C120	ϕ120

例如,如果需要使用单行文字书写“60±0.5℃”,可以执行单行文字命令后,在文本输入窗口中键入“%%U60%%P0.5%%DC”,连续两次按下【Enter】键后完成该内容的书写。

在使用百分号引导特殊符号输入时需要注意以下问题:

• 特殊符号控制码中的字母,其大小写均可。

• %%O 和%%U 只在单行文字中才能发挥作用,并且它们两个是切换开关,在文本中第一次输入控制符时,表明打开文字的上(下)划线,再次输入时,则将已经打开的上(下)划线关闭。

• 特殊符号录入过程中需要注意字体与字符的兼容性,如果一些特殊符号或汉字输入后无法辨认或是以“?”显示,表明当前字体与特殊符号或汉字不兼容,可以通过更改字体来解决显示问题。

2. 键盘输入法

一些特殊符号,如希腊字母、数学符号、标点符号、罗马数字等可以通过打开 Windows 操作系统语言栏的软键盘,利用其自带的多种符号软键盘书写符号。使用完毕后注意要返回 PC

键盘。

3. 复制粘贴法

还有一些特殊的符号,如"≈"、"∞"、"⊴"、"⊒"、"£"、"≠"等可以从 Word、Wps 等文本编辑软件中复制到 Windows 剪贴板中,然后回到 AutoCAD 中,在执行单行文字命令后,粘贴到文本窗口中,这样可以在 AutoCAD 的单行文字中书写出所需要的特殊符号。

任务二 书写多行文字

本任务中将介绍多行文字的书写、排版以及如何在多行文字中添加特殊符号。

一、书写多行文字

多行文字命令用于在图形文件中创建一段复杂的文字说明文本,这段文字具有统一的宽度,可以由任意行或任意段组成,与单行文字不同的是,所有的文字行或段落将构成一个单独的实体对象。在多行文字中,用户还可以像使用 Windows 的"记事本"工具一样对多行文字中单个字符或某一部分文字的属性,包括文本的字体、倾斜角度和高度等进行设置。例如,在绘制某桥的空心板构造图后,需要在图形文件中书写图 7-9 所示一段说明文字,由于该段说明中有简单排版的需要,因此,可以使用多行文字来完成书写。

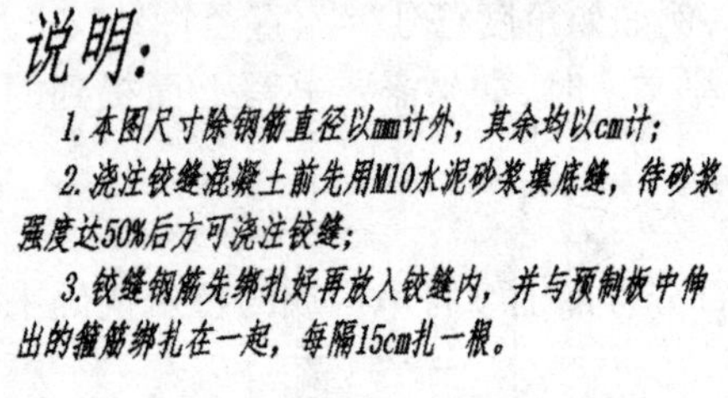

说明:

1.本图尺寸除钢筋直径以mm计外,其余均以cm计;

2.浇注铰缝混凝土前先用M10水泥砂浆填底缝,待砂浆强度达50%后方可浇注铰缝;

3.铰缝钢筋先绑扎好再放入铰缝内,并与预制板中伸出的箍筋绑扎在一起,每隔15cm扎一根。

图 7-9 使用多行文字书写文字说明

【操作步骤】

(1)在命令提示行输入多行文字命令 MTEXT(命令缩写 MT)后回车,然后根据 AutoCAD 2008 的提示进行如下操作:

命令:mtext ←输入命令,按【Enter】键

MTEXT 当前文字样式:"Standard" 文字高度:2.5 注释性:否

指定第一角点: ←绘图区任意位置单击鼠标左键

指定对角点或[高度(H)/对正(J)/行距(L)/旋转(R)/样式(S)/宽度(W)/栏(C)]:

←移动鼠标拖出一个矩形窗口,在适当位置单击鼠标左键,打开图 7-10 所示"文字格式"对话框和多行文本输入窗口

(2)在文本窗口中输入文字,如图 7-10 所示。

(3)在文本窗口中选中所有文字,然后在"文字样式"选择窗口中选择前面设置的"文字说明"文字样式,如图 7-11 所示。

(4)在文本窗口中选中所有文字,然后在"倾斜角度"文本框中输入倾斜角度值"15",如图 7-12 所示。

(5)选中文字"说明",然后在"字体高度"文本框中输入高度值"15",如图 7-13 所示。

(6)单击"文字格式"对话框上的 确定 按钮,完成多行文字的书写和调整并关闭"文字格式"对话框。结果如图 7-9 所示。

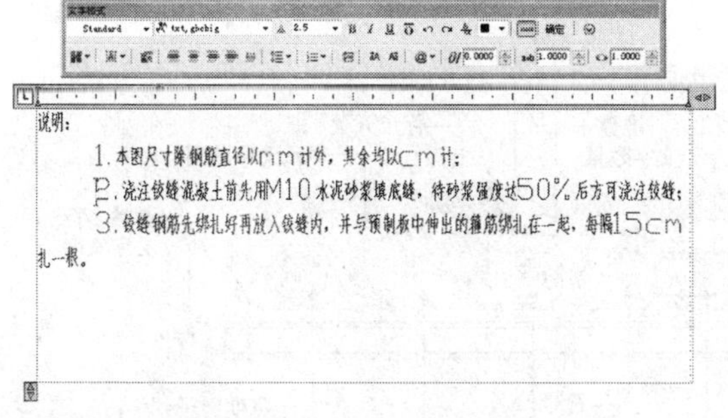

图 7-10 “文字格式”对话框和多行文字窗口

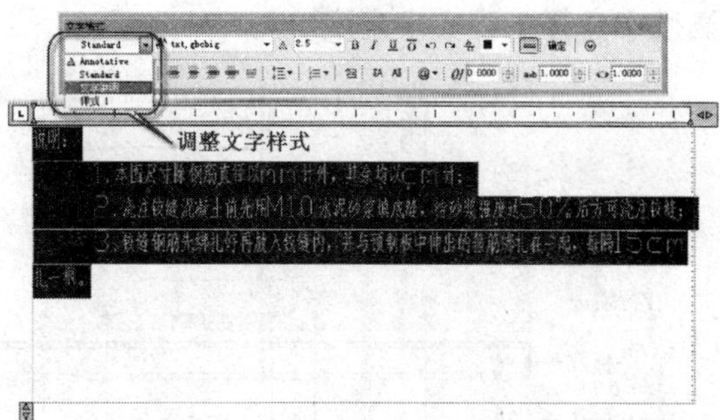

图 7-11 调整文字样式

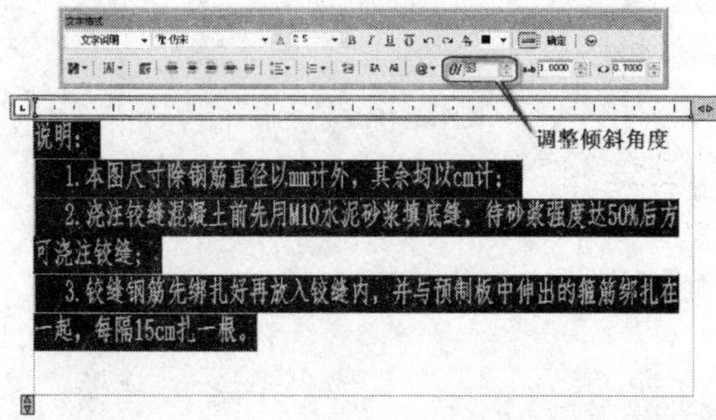

图 7-12 调整文字倾斜角度

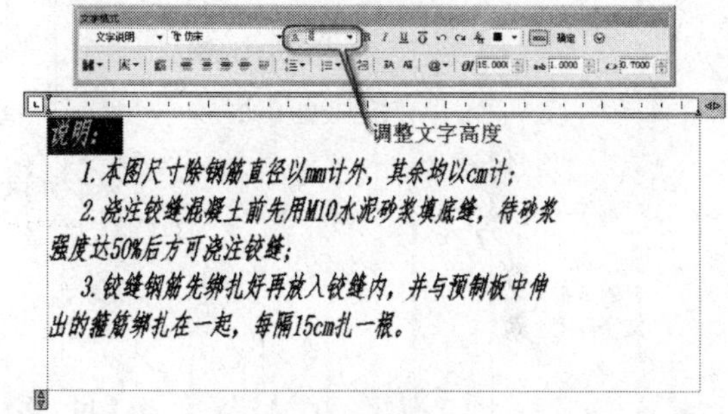

图 7-13 调整文字高度

【知识链接】

1. 命令调用方式

- 命令行:MTEXT
- 命令快捷方式:T 或 MT
- 菜单:【绘图】→【文字】→【多行文字】
- 工具栏按钮:绘图工具栏→ A

2. 命令选项说明

执行多行文字命令 MTEXT 并指定多行文字的范围后,在绘图窗口会打开图 7-14 所示多行文字编辑器。多行文字编辑器相当于一个文字处理软件,由一个顶部带标尺的文本框和“文字格式”对话框组成,通过它可以创建或修改多行文字对象,从其他文件输入或粘贴文字等。“文字格式”对话框中各设置选项的具体功能如下:

- “文字样式”下拉列表:通过下拉列表可以选择文字样式并应用于多行文字对象。单击该下拉列表选择一种文字样式,该样式会显示在下拉列表的显示框中,新输入的多行文字将应用该样式。如果要改变已经输入多行文字的文字样式,应先将其选中,再从下拉列表中选择一种文字样式,被选中的文字的文字样式随即改变。

- “字体”下拉列表:通过“字体”下拉列表可以为输入的文字指定字体或改变选定文字的字体。单击下拉列表选择一种字体,该字体会显示在下拉列表的显示框中,输入的多行文字或选定的文字将应用该字体。

- “文字高度”文本框:多行文字对象可以包含不同高度的字符。通过“文字高度”文本框可以按图形单位设置新的文字高度或更改选定文字的高度。设置文字时高度可以直接在文本框中键入文字高度值,键入的高度值将记录在下拉列表中,也可以打开下拉列表,从已有的高度中选择一种文字高度。

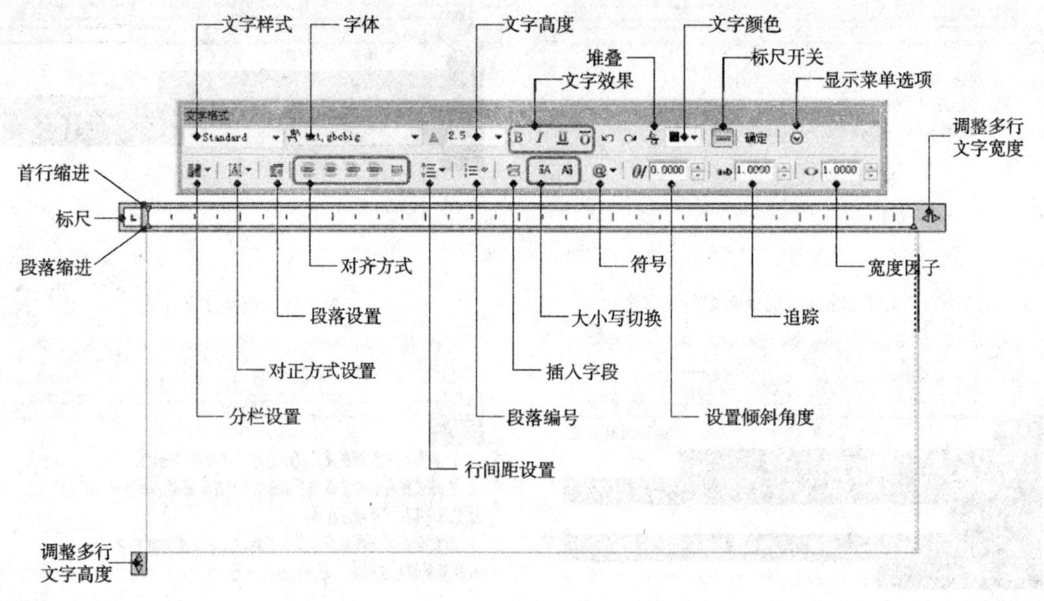

图 7-14 多行文字编辑器

- “文字效果”设置按钮:文字效果设置按钮由“粗体”按钮 B 、“斜体”按钮 I 、“下划线”按钮 U 、“上划线”按钮 O 4 个按钮组成,单击这些按钮可以为新输入文字或选定文字打开或关闭粗体格式、斜体格式、下划线格式和上划线格式,SHX 字体无法设置粗体和斜体格式。

- “放弃”按钮与“重做”按钮:这两个按钮用于在多行文字编辑器中撤销或重做操作,包括对文字内容和文字格式的更改。

- “堆叠”按钮:如果选定文字中包含堆叠字符、插入符(^)、正向斜杠(/)和磅符号(#)时,堆叠字符左侧的文字将堆叠在字符右侧的文字之上。

特别提示:

通过堆叠文字的方法可以方便地创建文字的上标和下标,输入方式为“上标∧”、“∧下标”。例如,输入“53∧”后选中“3∧”,单击堆叠按钮,显示结果为“5^3”。

- “文字颜色”下拉列表:其功能是为新输入文字指定颜色或修改选定文字的颜色。单击该下拉列表选择一种颜色后,该颜色就显示在下拉列表的显示框中,输入的多行文字或选定的文字将应用该颜色。

- “标尺”按钮:该按钮用于控制是否在文本窗口顶部显示标尺。拖动标尺末尾的箭头可更改多行文字对象的宽度;也可以从标尺中选择制表符以控制文本的对齐方式。

- “确定”按钮 确定 :该按钮用于关闭多行文字编辑器并保存所做的任何修改;也可以在编辑器外的绘图窗口任意位置单击以保存修改并退出编辑器。

- “选项”按钮:单击该按钮后打开图 7-15 所示选项菜单,通过菜单选项可以对选中文字进行编辑修改。

• “分栏”按钮：该按钮可以将多行文字对象的格式设置为多栏。单击按钮可以打开图 7-16 所示的选项菜单，通过菜单选项可以设置是否分栏和栏间距的宽度、高度及栏数。

• “多行文字对正”按钮：类似于单行文字的“对正”选项参数，该按钮用于设置多行文字的对正方式，单击按钮可以打开如图 7-17 所示的选项菜单，选择相应的对正方式可以应用于新输入文字或选中文字。

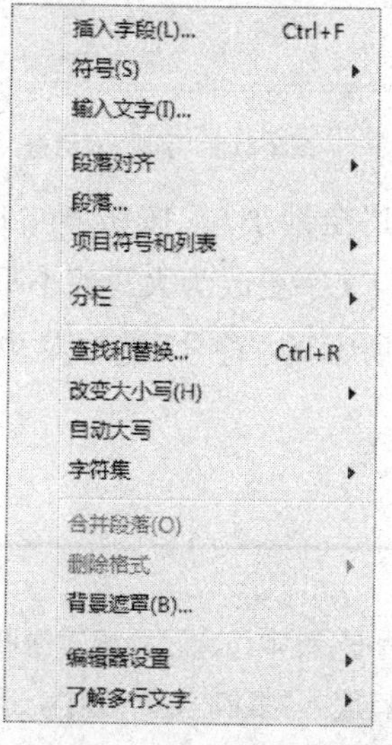

图 7-15　其他选项菜单

图 7-16　“分栏”选项菜单

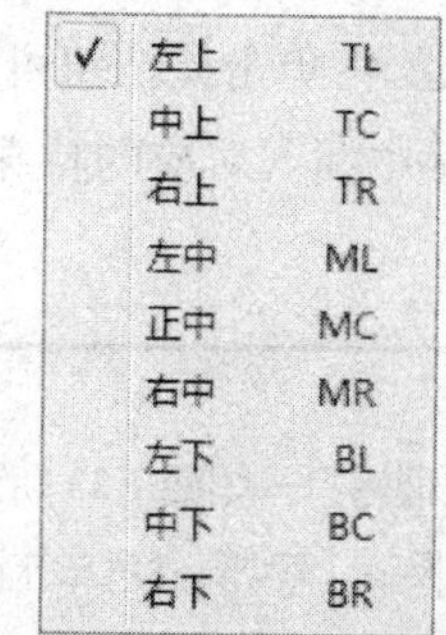

图 7-17　“多行文字对正”选项菜单

• “段落”按钮：单击按钮打开如图 7-18 所示的“段落”对话框，通过对话框选项可以为段落和段落的第一行设置缩进，控制段落对齐方式、段落间距和段落行距。

• “对齐方式”按钮：该按钮用于设置当前段落或选定段落的左、中或右文字边界的对正和对齐方式，包括“左对齐”按钮、“右对齐”按钮、“居中对齐”按钮、“对正对齐”按钮、“分布对齐”按钮，其使用方法与 Word 软件中的段落对齐功能完全一样。

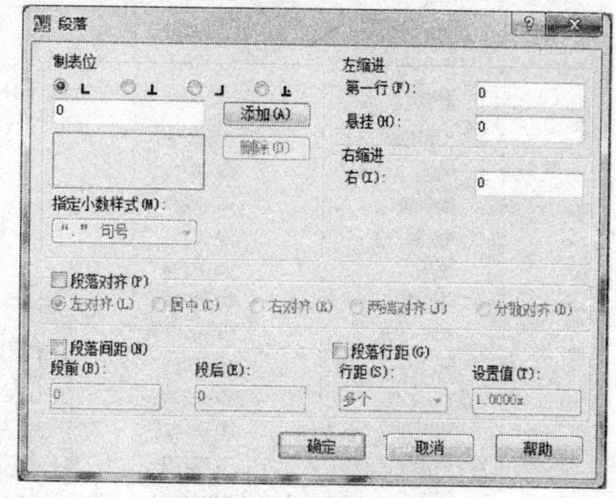

图 7-18　“段落”对话框

• “行距”按钮：该按钮用于设置段落文字的行间距。单击该按钮后可以打开行距设置选项菜单，如图 7-19 所示。通过菜单选项可以设置多行段落中文字的上一行底部和下一行顶部之间的距离。

• “编号”按钮：单击该按钮后可以打开如图 7-20 所示的编号设置菜单，选择相应菜单选项可以给段落文字添加数字编号、项目符号或大写字母形式的编号。

• “插入字段”按钮：单击该按钮打开显示“字段”对话框，如图 7-21 所示，从中可以选择要插入到文字中的特殊字段，如文件名、日期等。关闭该对话框后，字段的当前值将显示在文字中。

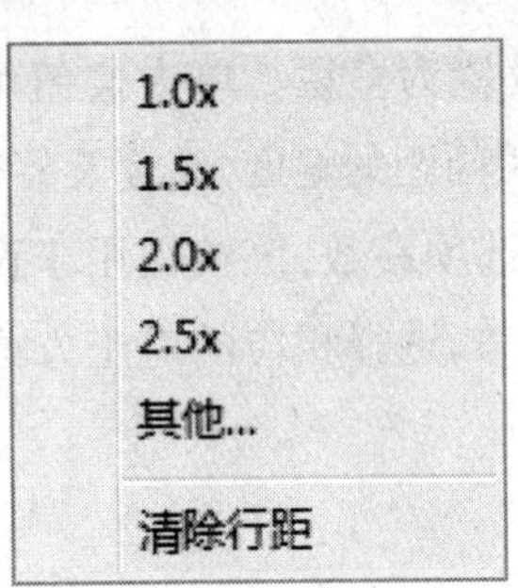

图 7-19 “行距”菜单

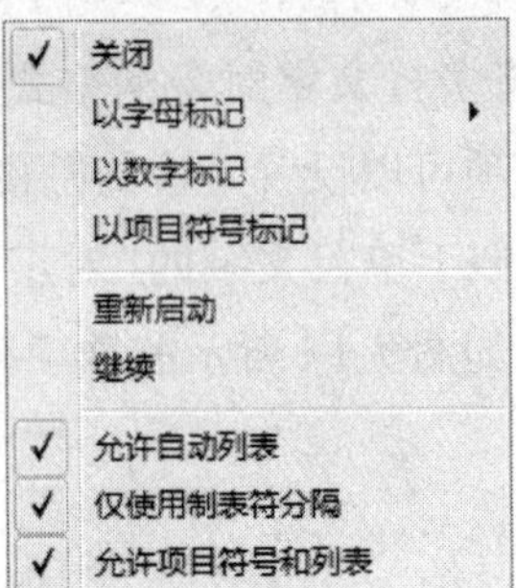

图 7-20 “编号”菜单

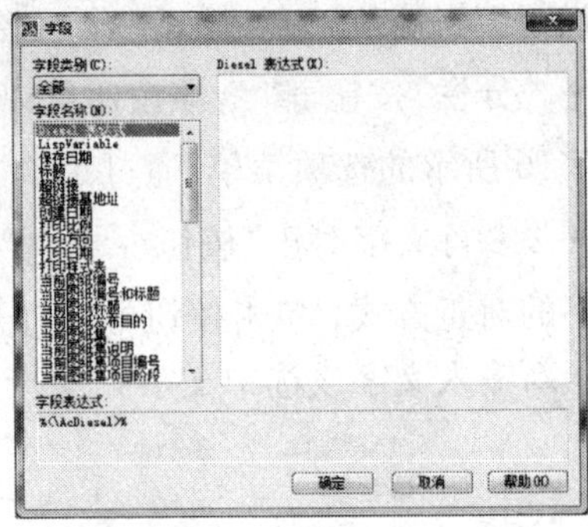

图 7-21 “字段”对话框

- “大小写切换”按钮：它包括“全部大写”按钮 和“全部小写”按钮 ，这两个按钮只用在选中英文字母对象才能使用，单击后可以分别将选定文字更改为大写或小写。
- “符号”按钮 ：单击此按钮可以打开如图 7-22 所示的“符号”选项菜单，单击菜单选项，可以在多行文字中插入对应的特殊符号。

特别提示：

单击“其他”选项将打开如图 7-23 所示“字符映射表”对话框，其中包含了系统中每种可用字体的整个字符集。选择一个字符，然后单击 选择(S) 按钮将其放入“复制字符”框中。选中所有要使用的字符后，单击 复制(C) 按钮关闭对话框。回到文本编辑器中，单击鼠标右键并选择“粘贴”可以将选中字符添加到多行文字中。

度数(D)	%%d
正/负(P)	%%p
直径(I)	%%c
几乎相等	\U+2248
角度	\U+2220
边界线	\U+E100
中心线	\U+2104
差值	\U+0394
电相位	\U+0278
流线	\U+E101
标识	\U+2261
初始长度	\U+E200
界碑线	\U+E102
不相等	\U+2260
欧姆	\U+2126
欧米加	\U+03A9
地界线	\U+214A
下标 2	\U+2082
平方	\U+00B2
立方	\U+00B3
不间断空格(S)	Ctrl+Shift+Space
其他(O)...	

图 7-22 “符号”菜单

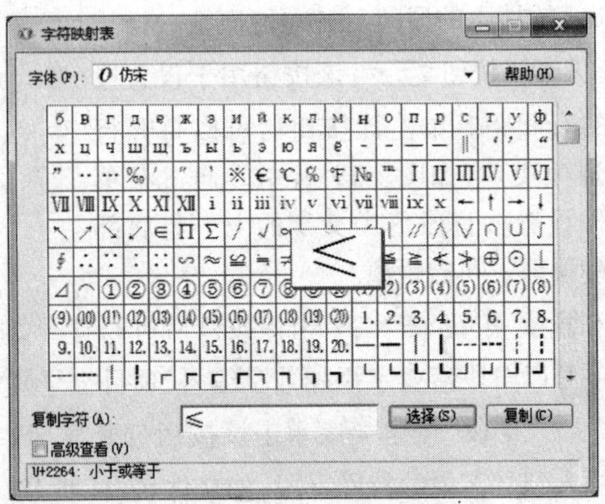

图 7-23 “字符映射表”对话框

• “倾斜角度”文本框 ：通过在该文本框中键入数值来设置新输入或选中文字的倾斜角度。倾斜角度表示的是相对于竖直方向的偏移角度，输入数值在 -85 ~ 85 之间。输入的倾斜角度的值为正时文字向右倾斜，倾斜角度的值为负时文字向左倾斜。

• “追踪”文本框 ：通过键入 0.75 ~ 4 之间的数值来控制新输入或选中字符的间距。1.0 设置值是常规间距，若输入大于 1.0 的值可增大间距，否则将缩小间距。

• “宽度因子”文本框 ：通过键入 0.1 ~ 10 之间的数值以控制新输入或选中字符的宽度因子，其作用与“文字样式”对话框中的“宽度因子”选项设置完全相同。

特别提示：

如果需要对多行文字进行编辑修改，可以在多行文字对象上双击鼠标左键，此时，当行文字编辑器将重新激活，用户可以对多行文字进行编辑修改。修改完成后点击 确定 按钮保存修改内容并推出多行文字编辑器。

二、添加特殊符号

在多行文字中添加特殊符号相对单行文字要方便得多，除了可以使用前面介绍的在单行文字中添加特殊符号的方法外，还可以直接使用多行文字编辑器中的“符号”选项菜单添加，例如需要在多行文字中输入如图 7-24 所示一段文字，可以通过下面的操作完成。

设计参数：墙高≤8 m，墙后填料重度 γ=18kN/m³，ϕ=35°，
地基容许承载力[σ_0]=250kPa，基底摩擦系数
f_1=0.30。

图 7-24　向多行文字添加特殊符号示例

【操作步骤】

(1)单击绘图工具栏上的 A 按钮，再指定多行文字分布宽度，AutoCAD 2008 打开“多行文字编辑器”，在“字体”下拉列表中选择“仿宋”字体，在“字体高度”文本框中输入文字高度值 3.5，在“宽度因子”文本框中输入宽度因子 0.7，然后键入常规字符，如图 7-25 所示。

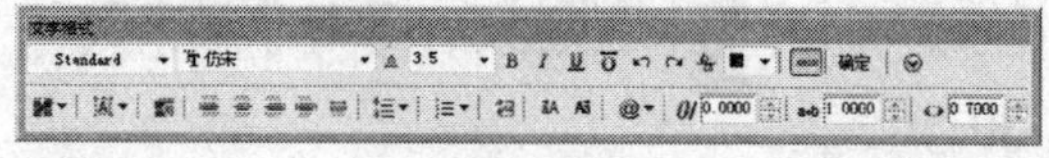

设计参数：墙高8m，墙后填料重度=18kN/m，=35，地基
容许承载力[^0]=250kPa，基底摩擦系数f^1=0.30。

图 7-25　输入常规字符

(2)将文本输入光标移动至文字“墙高”和“8m”之间，单击“符号”按钮 @▾ 打开选项菜单，选中“其他……”选项，打开“字符映射表”对话框，在对话框中找到特殊符号“≤”，如图7-23所示。单击 选择(S) 按钮选中要添加的符号，再单击 复制(C) 按钮返回多行文字编辑器，按下【Ctrl】+【V】组合键，完成“≤”的添加。

(3)重复步骤2的操作，在相应位置完成特殊符号“γ”、“σ”、“ϕ”的添加，结果如图7-26所示。

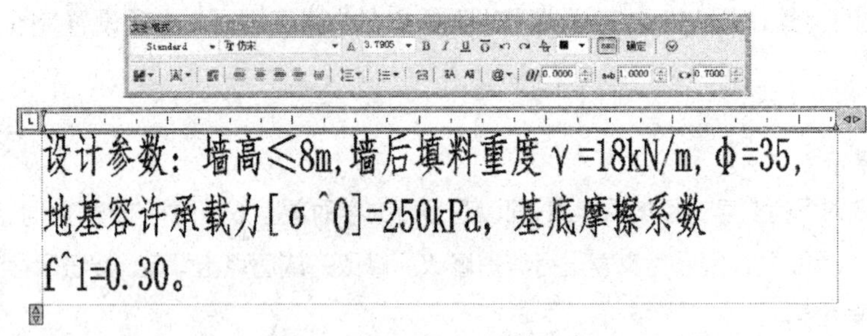

图7-26 使用“字符映射表”方式插入特殊符号

(4)将文本输入光标移至数字“35”后，单击“符号”按钮 @▾ 打开选项菜单，选中“度数(D)”选项，完成特殊符号“°”的添加，结果如图7-27所示。

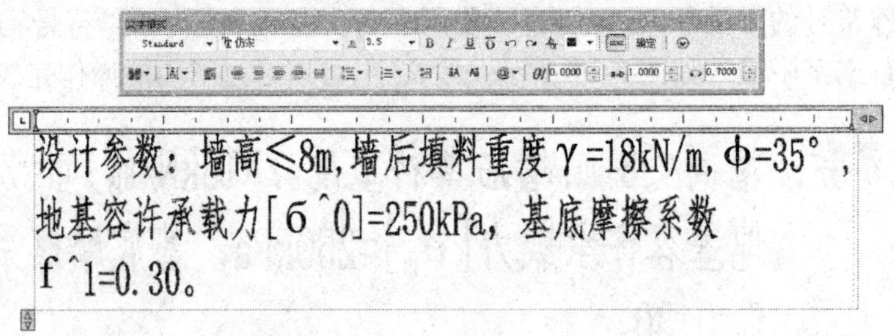

图7-27 通过“符号”才选项菜单插入特殊符号

(5)使用鼠标选中字符“^0”，单击“堆叠”按钮，如图7-28所示，完成下标“0”的改写，再选中字符“^1”完成同样的操作。

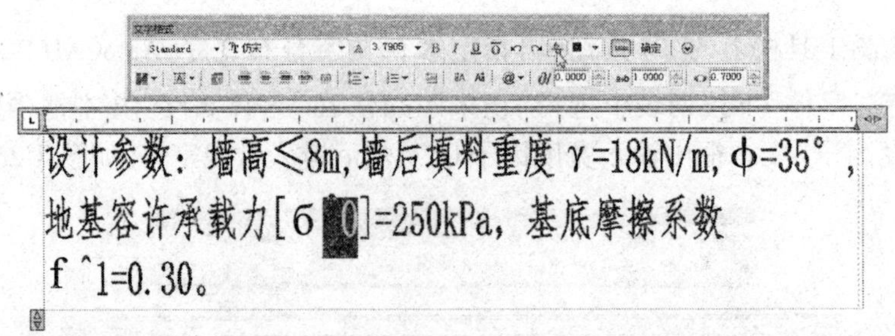

图7-28 使用“堆叠”按钮完成下标改写

(6)单击鼠标左键按住“段落缩进”箭头不放，并向右拖动箭头至“段落12.5”位置，如图7-29所示，松开鼠标按键，完成段落缩进调整。

(7)单击“文字格式”对话框中的 确定 按钮，完成多行文字的书写并退出多行文字编辑器，结果如图7-29所示。

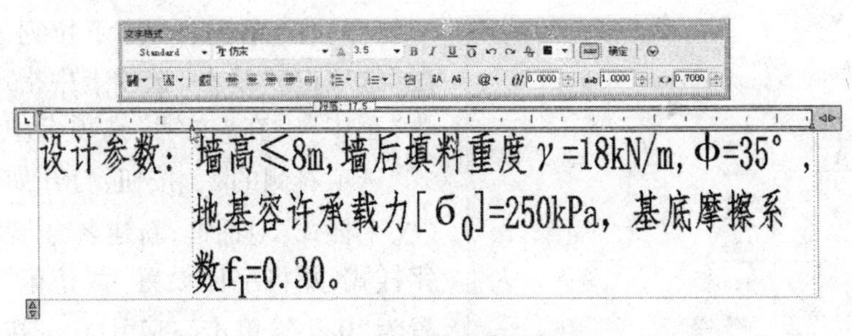

图 7-29　调整段落缩进

特别提示：

使用“字符映射表”添加特殊符号时，可能会出现添加符号字体与当前字体不相符的情况，此时只需将新添加符号选中，然后在“字体”下拉列表中调整为当前字体即可。

任务三　创建表格

在公路工程制图中除了必要的文字说明外，经常还需要使用一些表格用以表明工程数量等信息，AutoCAD 专门提供了表格创建与管理工具。本任务中将介绍使用 AutoCAD 的表格命令创建表格和表格的管理等操作方法。

一、新建表格样式

与书写文字一样，在创建一个新的表格之前，应该先对表格的样式进行设置，包括表格中文字采用的字体、高度、颜色、对齐方式以及表格边框的设置等。

【操作步骤】

(1)单击【格式】菜单，选择【表格样式】菜单选项或者在命令提示行输入表格样式命令 TABLESTYLE(命令缩写 TS)，系统会弹出图 7-30 所示的“表格样式”对话框。

(2)单击 新建(N)... 按钮，打开“创建新的表格样式”对话框，在“新样式名”文本框中输入新建表格样式名称“工程数量表”，如图 7-31 所示。单击 继续 按钮，打开“新建表格样式”对话框，如图 7-32 所示。

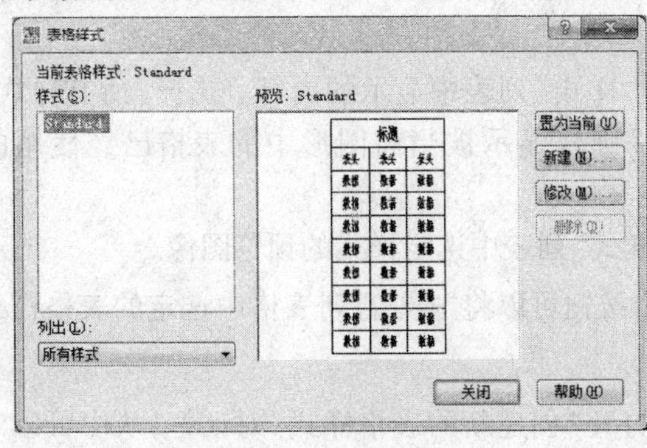

图 7-30　“表格样式”对话框

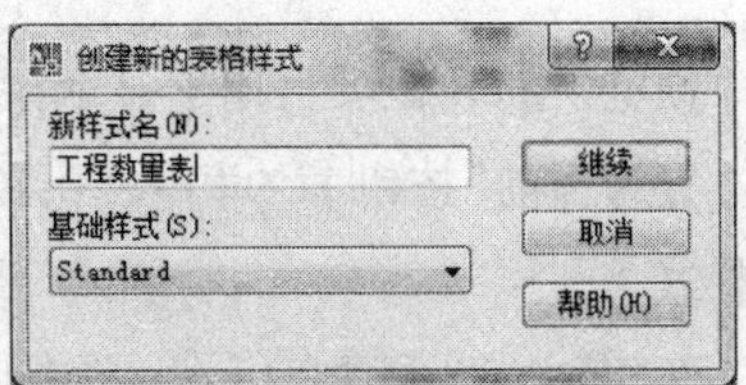

图 7-31　“创建新的表格样式”对话框

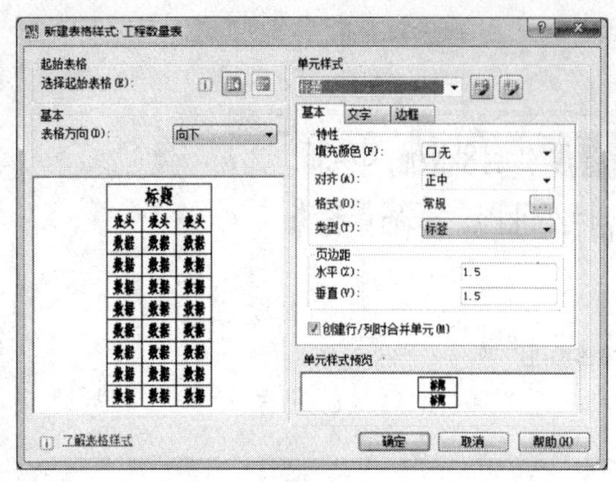

图 7-32 “新建表格样式”对话框

(3)在“单元样式”下拉列表中选择“标题”选项,在“基本”选项卡中指定“对齐”方式为“正中”。在“文字”选项卡中单击“文字样式”选项右侧的[...]按钮,打开如图 7-1 所示的“文字样式”对话框,新建名为“表格文字”的文字样式,并将字体设置为“仿宋”,宽度因子设置为“0.7”,单击[应用(A)]按钮后,再单击[关闭(C)]按钮返回“新建表格样式”对话框。指定文字样式为“表格文字”并将文字高度设置为“5”。在“单元样式”下拉列表中分别选择“表头”和“数据”选项,完成与“标题”相同的设置,并将文字高度设置为“3.5”。

(4)单击[确定]按钮返回“表格样式”对话框。单击[置为当前(U)]按钮,使新建的表格样式成为当前样式。

(5)单击[关闭(C)]按钮完成表格样式的设置并退出“表格样式”对话框。

【知识链接】

1. 命令调用方式

- 命令行:TABLESTYLE
- 命令快捷方式:TS
- 菜单:【格式】→【表格样式】
- 工具栏按钮:样式工具栏→

2. 对话框选项功能说明

与文字样式的设置不同,表格样式的管理和设置分别通过“表格样式”对话框和“创建新的(编辑)表格样式”对话框来完成。下面分别对这两个对话框的选项功能作介绍:

1)“表格样式”对话框

- “当前表格样式”:该项目用于显示应用于当前所创建表格的表格样式的名称。默认表格样式为 Standard。
- “样式”列表:该项目用于通过列表方式显示当前文件中的表格样式。当前样式被高亮显示。
- “列出”选项列表:该项目用于控制“样式”列表中显示的内容。选择“所有样式”将显示所有表格样式;选择“正在使用的样式”则仅显示被当前图形中的表格已经使用的表格样式。
- “预览”窗口:该项目用于显示在“样式”列表中选定样式的预览图像。
- “置为当前”按钮[置为当前(U)]:单击按钮可以将“样式”列表格中选定的表格样式设置为当前样式。
- “新建”按钮[新建(N)...]:单击后打开“创建新的表格样式”对话框,从中可以定义新的表格样式。

- “修改”按钮 修改(M)... :单击后打开“修改表格样式”对话框,从中可以修改在“样式”列表中选中的表格样式。
- “删除”按钮 删除(D) :单击后可以删除在“样式”列表中选定的表格样式。图形中正在使用的样式不能删除。

2)“新建表格样式”对话框

- “起始表格”设置区:单击按钮可以返回绘图窗口,在图形中指定一个已有的表格用作样例来设置新建表格样式的格式。单击按钮可以将表格从当前指定的表格样式中删除。
- “基本”设置区:通过下拉选项列表更改表格方向,其中“向下”选项将创建由上而下读取的表格,此时,标题行和列标题行位于表格的顶部;“向上”选项将创建由下而上读取的表格,此时,标题行和列标题行位于表格的底部。
- “预览”窗口:用于显示当前表格样式设置效果的样例。
- “单元样式”设置区:该区由“单元样式下拉选项菜单”和“单元样式选项卡”两大部分构成,用于定义新的表格单元样式或修改现有表格单元样式。其中,“单元样式下拉选项菜单”用于切换表格样式设置时的“标题”、“表头”和“数据”等不同部分,以及新建和管理单元样式;“单元样式选项卡”则通过“基本”、“文字”和“边框”3 个选项卡可分别对表格的各部分具体内容进行设置。
- “单元样式预览”窗口:用于显示当前表格样式设置效果的样例。

3)“基本”选项卡

- “填充颜色”下拉选项菜单:该选项用以指定单元的背景色。默认值为“无”。如果单击“选择颜色”菜单选项,可以打开如图 4.8 所示的“选择颜色”对话框。
- “对齐”下拉选项菜单:该选项用以设置表格单元中文字的对正和对齐方式。文字可以相对于单元的顶部边框和底部边框进行居中对齐、上对齐或下对齐。文字相对于单元的左边框和右边框进行居中对正、左对正或右对正。
- “格式”选项按钮:单击 ... 按钮可以打开如图 7-33 所示的“表格单元格式”对话框,通过该对话框可以为表格中的“数据”、“表头”或“标题”行设置数据类型和格式。
- “类型”下拉选项菜单:该选项可以将单元样式指定为标签或数据。
- “水平”文本框:该文本框可以通过输入数值设置单元中的文字或块与左右单元边界之间的距离。
- “垂直”文本框:该文本框可以通过输入数值设置单元中的文字或块与上下单元边界之间的距离。
- “创建行/列时合并单元”复选框:选中该项可以将使用当前单元样式创建的所有新行或新列合并为一个单元。一般使用此选项在表格的顶部创建标题行。

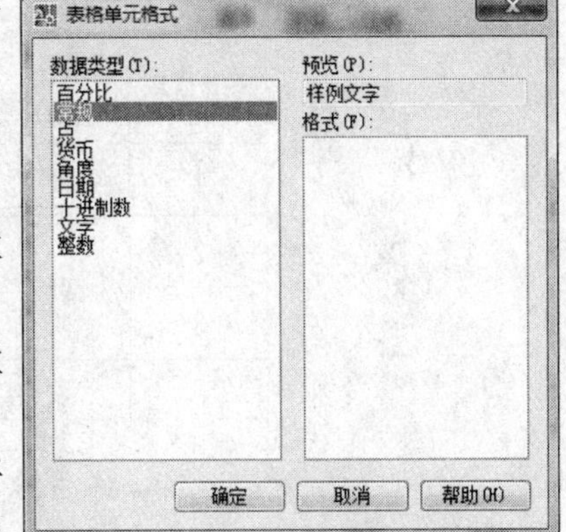

图 7-33 “表格单元格式”对话框

4)“文字”选项卡

- “文字样式”下拉选项菜单:该选项用于指定表格单元使用的文字样式。单击 ... 按钮将打开“文字样式”对话框,从中可以创建新的文字样式。

- “文字高度”文本框:该文本框可以通过输入数值设置文字高度。
- “文字颜色”下拉选项列表:该选项用以指定文字颜色。选择“选择颜色”选项可以打开“选择颜色”对话框。
- “文字角度”文本框:该文本框可以通过输入 -359° ~ +359°之间的任意数值设置文字角度。

5)“边框”选项卡

- “线宽”下拉选项列表:该选项用于设置将要应用于指定边界的线宽。如果使用粗线宽,可能需要增加单元边距。
- “线型”下拉选项列表:该选项用于设置将要应用于指定边界的线型。
- “颜色”下拉选择列表:该选项用于设置设置将要应用于指定边界的颜色。选择“选择颜色”选项可以打开显示“选择颜色”对话框。
- “双线”复选框:选中该项可以将表格边框显示为双线。
- “间距”文本框:当选中“双线”选项过后,通过在文本框中输入数值以确定双线边框的间距。
- “边界按钮”:从左至右依次为“所有边界”、“外部边界”、“内部边界”、“底部边界”、“左边界”、“上边界”、“右边界”和“无边界”。选择相应的边界,可以将边界特性设置应用到指定单元样式的所有边界、外部边界、内部边界、底部边界、左边界、上边界、右边界。如果选择“无边界”,则会隐藏指定单元样式的边界。

二、创建表格

用 TABLE 命令可以在图形文件中创建一个空白表格。空白表格的外观由当前表格样式决定。使用表格命令创建表格时,用户可以根据需要设置行数、列数、行高和列宽等基本参数。例如,需要在涵洞的钢筋混凝土台帽钢筋构造图中添加如图 7-34 所示的工程数量表,可以通过以下步骤完成。

涵台台帽工程数量表					
钢筋编号	直径 (mm)	每根长度 (cm)	根数	共重 (kg)	C25混凝土 (m^3)
1	φ8	2546	2×8	160.9	12.09
2	φ6	128.2	2×86	107.6	
3		153.6	2×86		

图 7-34 涵台台帽工程数量表

【操作步骤】

(1)点击绘图工具栏上的按钮或者在命令提示行输入表格命令 TABLEE(命令缩写 TB),打开图 7-35 所示“插入表格”对话框。

(2)在“插入表格”对话框中选择表格样式为前面创建的“工程数量表”。在“列和行设置”区中,设置列数为“6”,列宽为“20”,设置数据行为“3”,行高为“1”,如图 7-35 所示。

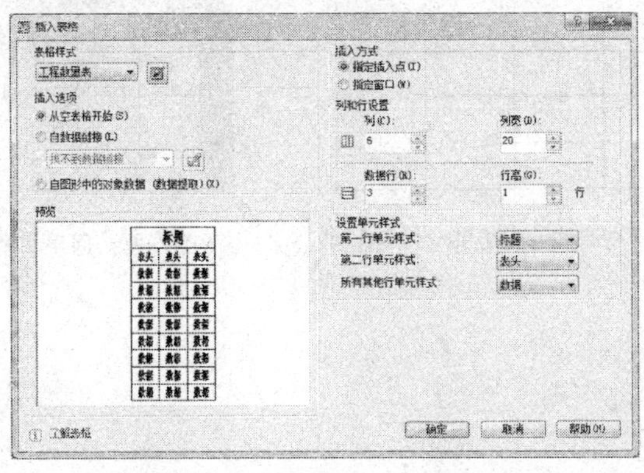

图 7-35 “插入表格”对话框

(3)单击 确定 按钮,关闭“插入表格”对话框并返回绘图窗口,AutoCAD 2008 会提示:

指定插入点:

在绘图窗口适当位置单击鼠标左键,插入空白表格,如图 7-36 所示。

(4)按住鼠标左键拖动鼠标,选中第二列第 4、5 两行单元格后打开的“表格”工具栏,在工具栏中点击“合并单元”按钮,并在选项菜单中选择“全部”,如图 7-37 所示。重复本项操作,完成其余单元格的合并,结果如图 7-38 所示。

(5)用鼠标单击选中第二行任意单元格后,单击“标准”工具栏上的“对象特性”按钮,打开“特性”工具栏,在工具栏的“单元高度”文本框中输入数值“15”,将单元格高度调整为 15,如图 7-39 所示。重复本项操作,将其余行高调整为 10,结果如图 7-40 所示。

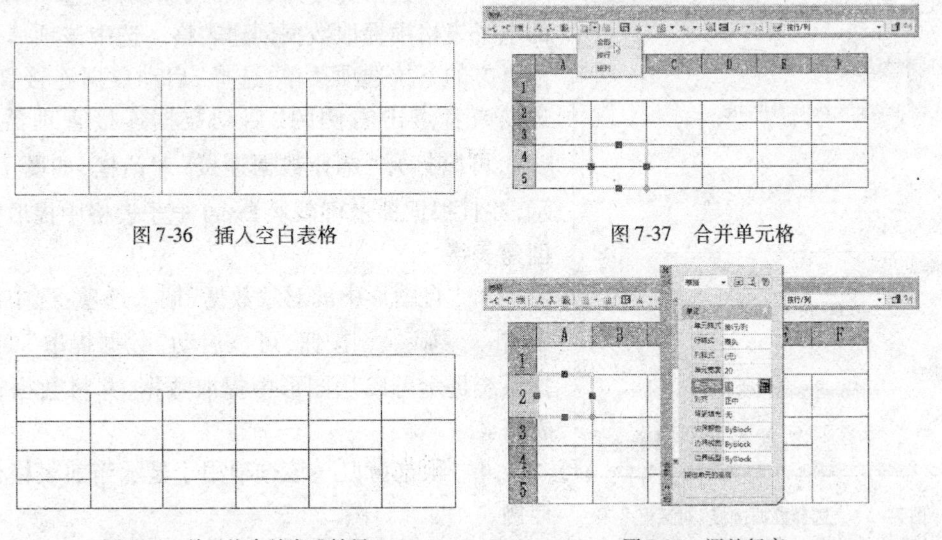

图 7-36 插入空白表格

图 7-37 合并单元格

图 7-38 单元格合并完成结果

图 7-39 调整行高

(6)在需要输入文字的单元格双击鼠标左键或按【F2】键,可以激活文本窗口并打开“文字格式”对话框,按照多行文字输入的方式,在单元格中编辑和输入文字,如图 7-41 所示。完成后的工程数量表如图 7-34 所示。

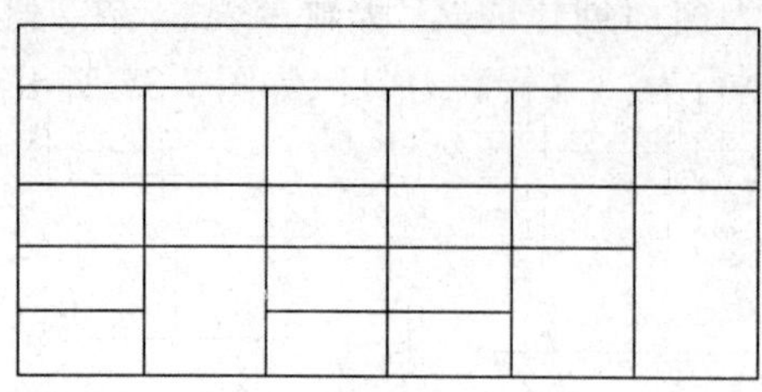

图 7-40　行高调整完成结果

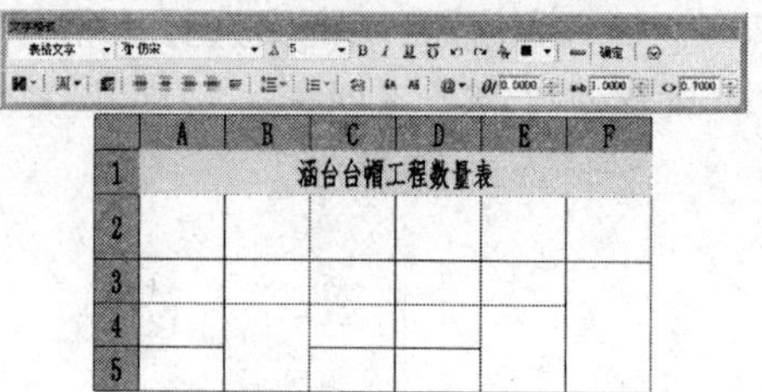

图 7-41　向单元格中输入文字

【知识链接】

1. 命令调用方式

- 命令行:TABLES
- 命令快捷方式:TB
- 菜单:【绘图】→【表格】
- 工具栏按钮:样式工具栏→

2. 对话框选项功能说明

1)"插入表格"对话框

执行表格命令 TABLE 后,首先会打开"插入表格"对话框,在该对话框中可以对需要插入空白表格的基本情况进行设置。

- "表格样式"下拉选项菜单:从该选项中可以选择将要创建表格所要应用的表格样式。通过单击右侧的"启动表格样式对话框"按钮,可以打开"表格样式"对话框,创建新的表格样式。
- "从空表格开始"插入选项:该选项用于创建一个可以手动填充数据的空白表格。

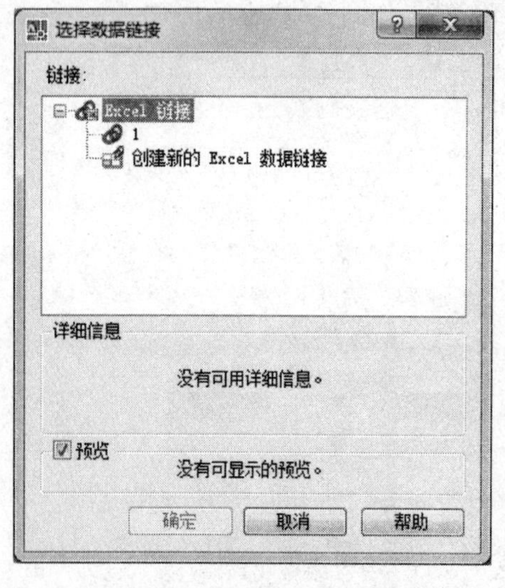

图 7-42　"选择数据链接"对话框

- "从数据链接开始"插入选项:该选项用于从外部电子表格中提取数据创建表格。选中该项后可以激活下方的下拉选项菜单,选择"启动数据连接管理器"选项或者点击右侧的"启动数据连接管理器"按钮,可以打开"选择数据连接"对话框,如图 7-42 所示,并且根据提示可以从 Excel 电子表格中提取数据来创建表格。
- "自图形中的对象数据"插入选项:选中该项后单击 确定 按钮,可以启动"数据提取"向导,根据系统提示可以从图形中提取数据,并将数据输入到表格。
- "预览窗口":该选项用于显示当前表格样式的样例。
- "指定插入点"插入方式选项:选中该项可以通过单击鼠标或者在命令提示行输入坐标值来指定表格左上角的位置。如果表格样式将表格的方向设置为由下而上读取,则插入点位于表格的左下角。
- "指定窗口"插入方式选项:选中该项可以使用鼠标拖动或在命令提示下输入坐标值来

指定表格的大小和位置。选定此选项时，行数、列数、列宽和行高取决于窗口的大小以及列和行设置。

• “列”文本框：该文本框用于指定表格的列数。选定“指定窗口”选项并指定列宽时，“自动”选项将被选定，且列数由表格的宽度控制。

• “列宽”文本框：该文本框用以指定列的宽度。选定“指定窗口”选项并指定列数时，系统会默认选定了“自动”选项，且列宽由表格的宽度控制。最小列宽为一个字符。

• “数据行”文本框：该文本框用于指定表格行数。选定“指定窗口”选项并指定行高时，系统会默认选定了“自动”选项，且行数由表格的高度控制。

特别提示：

在“数据行”文本框中所输入的行数不包括标题和表头两行，例如，在文本框中输入“1”，那么插入的空白表格带有标题行和表头行共有3行。

• “行高”文本框：该文本框用于按照行数指定行高。文字行高基于文字高度和单元边距，这两项均在表格样式中设置。选定“指定窗口”选项并指定行数时，则选定了“自动”选项，且行高由表格的高度控制。

• “第一行单元样式”下拉选项列表：该选项用于指定表格中第一行的单元样式。默认情况下，使用标题单元样式。

• “第二行单元样式”下拉选项列表：该选项用于指定表格中第二行的单元样式。默认情况下，使用表头单元样式。

• “所有其他行单元样式”下拉选项列表：该选项用于指定表格中所有其他行的单元样式。默认情况下，使用数据单元样式。

2)“表格”工具栏

插入空白表格后，单击鼠标左键选中任意一个或多个单元格，都会打开如图7-43所示的“表格”工具栏，各工具栏选项功能如下：

• “在上方插入行”按钮：选中一个或多个单元格后单击该按钮，可以在选中单元格的上方新添加一行或多行单元格。新加的行数与选中的单元格行数是对应的，例如选中1个单元格或在同一行的多个单元格后单击按钮，则会在选中单元格上方新增加一行单元格，选中分属两行的单元格后单击按钮，则会在选中单元格的上方新增两行单元格。

图7-43 “表格”工具栏

• “在下方插入行”按钮：选中一个或多个单元格后单击该按钮，可以在选中单元格的下方新添加一行或多行单元格。

• “删除行”按钮：选中一个或多个单元格后单击该按钮，可以将所选单元格所在行的所有单元格删除。

• “在左侧插入列”按钮：选中一个或多个单元格后单击该按钮，可以在选中单元格的最左侧添加一列或多列单元格。新加的列数与选中的单元格列数是对应的。

• “在右侧插入列”按钮：选中一个或多个单元格后单击该按钮，可以在选中单元格的最右侧添加一列或多列单元格。新加的列数与选中的单元格列数是对应的。

- “删除列”按钮 :选中一个或多个单元格后点击该按钮,可以将所选单元格所在列的所有单元格删除。

- “合并单元”按钮 :选中多个单元格后,点击该按钮,在打开的下拉选项列表中分别选择“全部”、“按行”、“按列”,可以将选中单元格按要求完成合并。

- “取消合并单元”按钮 :选中完成合并的单元格后单击该按钮,可以将单元格的合并取消。

- “单元边框”按钮 :选中某一个或几个单元格后点击该按钮,可以打开“单元边框特性”对话框,如图 7-44 所示。在对话框中可以对选中单元格的边框特性,如线宽、颜色、线型以及类型进行设置。

- “对齐方式”按钮 :选中任意一个或多个单元格后单击该按钮,可以打开“对齐方式”下拉列表,选择列表选项后,选中单元格中的文字将按照相应的方式对齐。

- “锁定”按钮 :选中某一个或几个单元格后,单击该按钮,可以打开“锁定方式”下拉列表,其中选择“解锁”选项可以任意编辑修改单元格的格式和表格内容;选择“内容已锁定”选项,则可以修改选中单元格的格式,但不能对表格中的内容进行编辑;选择“格式已锁定”选项则可以编辑表格中的文字内容,但不能修改表格的格式;选择“内容和格式已锁定”则单元格的格式和表格中的文字内容均无法编辑修改。

- “数据格式”按钮 :该按钮用于调整选中单元格的数据格式类型。单击按钮可以打开如图 7-45 所示的“表格单元格式”对话框,通过对话框可以自定义单元格中的数据格式及精度等;单击下拉选项菜单按钮,则可以打开如图 7-46 所示的“数据格式”选项菜单,通过菜单来设置单元格的数据类型,选择“自定义表格单元格式”选项可以打开“表格单元格式”对话框。

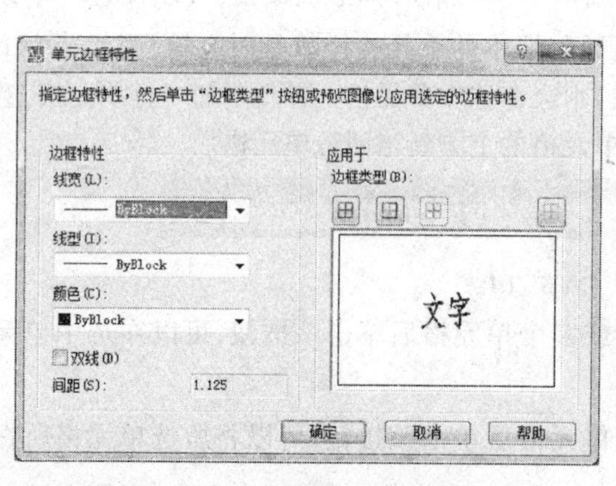

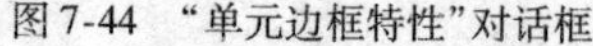
图 7-44 “单元边框特性”对话框

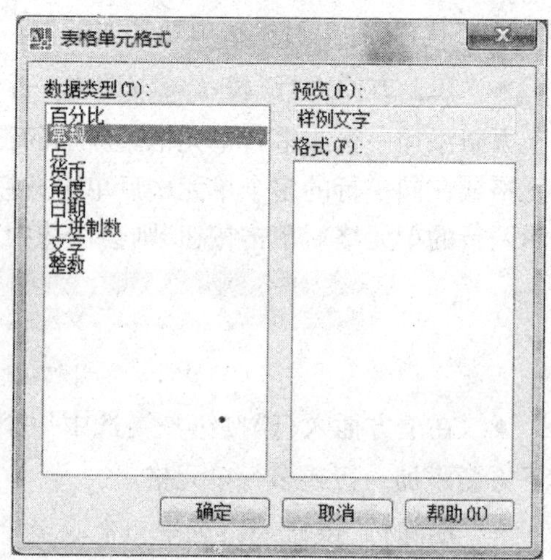

图 7-45 “表格单元格式”对话框

- “插入块”按钮 :点击该按钮可以打开如图 7-47 所示的“在表格单元中插入块”对话框,通过在对话框中的设置可以在选中单元格中插入图块。(关于图块将在后面作介绍)。

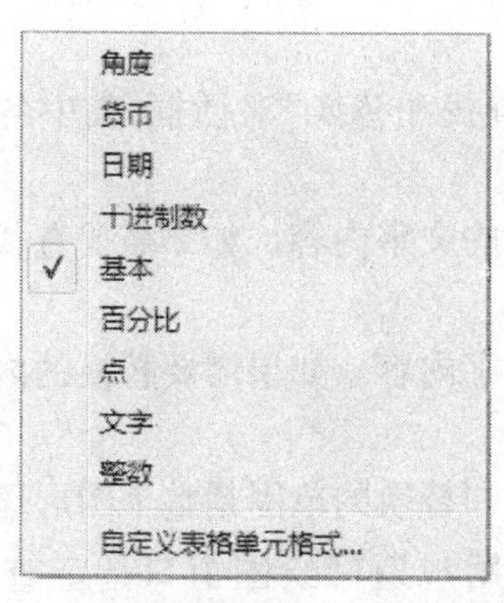

图 7-46 “数据格式”下拉选项菜单

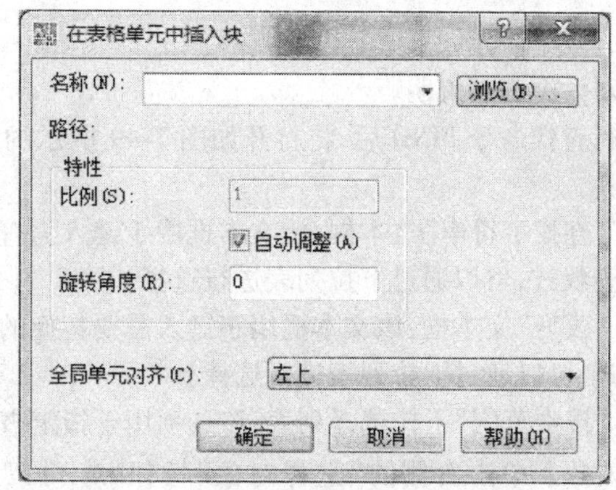

图 7-47 “在表格单元中插入块格式”对话框

- “插入字段”按钮：单击该按钮可以打开如图 7-21 所示的“字段”对话框，从中可以选择要插入到选中单元格中的特殊字段，如文件名、日期等。

- “插入公式”按钮 fx ▾：单击该按钮，可以从打开的“插入公式”下拉选项菜单（如图 7-48 所示）中选择一个计算公式，并将其应用于选中单元格，基本公式包括“求和”、“均值”、“计数”、“单元”，也可以选择“方程式”选项，在单元格中插入自定义公式。

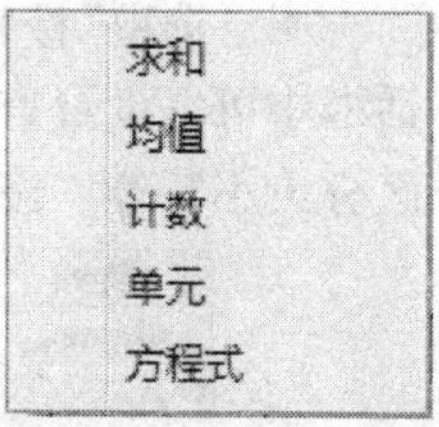

求和
均值
计数
单元
方程式

图 7-48 “插入公式”下拉选项菜单

- “匹配单元”按钮：该按钮的作用类似于标准工具栏中的“特性匹配”按钮，单击该按钮可以将选中单元格的属性，如行高、列宽、线型等复制到另一个表格中。

- “链接单元”按钮：单击该按钮，可以打开如图 7-42 所示的“选择数据链接”对话框，通过对话框可以选择将某一个 Excel 表格内容插入当前表格中。

项目拓展

AutoCAD 的文字和表格功能虽然不如 Word 和 Excel 等专门的文字、表格处理软件那么强大，但是足以完成图形文件中的文字书写和表格编排等，除了前面介绍的常规文字输入和表格创建外。本项目拓展中还将介绍如何在图形文件中完成文字的查找与替换，如何向表格中插入公式以及使用夹点快速编辑修改表格。

一、查找和替换文字

当需要对图形文件中已经书写完成的文字中某一个字或某一个词进行批量修改时，可以使用 AutoCAD 提供的查找和替换功能，它可以方便快捷地修改文字对象。

【知识链接】

1. 命令调用方式

- 命令行：FIND
- 菜单：【编辑】→【查找】

● 工具栏按钮:文字工具栏→[abc]

2. 对话框选项说明

执行查找命令 FIND 后,将打开如图 7-49 所示的"查找和替换"对话框,其中各选项的功能如下:

● "查找字符串"文本框:该文本框用于键入需查找的文字内容。如果需要查找的内容之前已经查找过,可以通过下拉列表进行选择。

● "改为"文本框:该文本框用于键入需要替换的文字内容。如果需要替换的内容之前已经设置过,可以通过下拉列表进行选择。

● "搜索范围"下拉选择列表:该选项用于指定查找和替换的范围是整个图形还是当前所选中的对象。单击右侧的"选择对象"按钮[选择对象]可以让用户返回绘图窗口指定查找的对象范围。

● "选项"按钮:单击该按钮可以打开"查找和替换选项"对话框,如图 7-50 所示。在该对话框中可以设置查找和替换文字所包含的图形对象的类型和范围以及在查找英文字符时是否区分大小写等。设置完成后,单击[确定(O)]按钮即可返回"查找和替换"对话框。

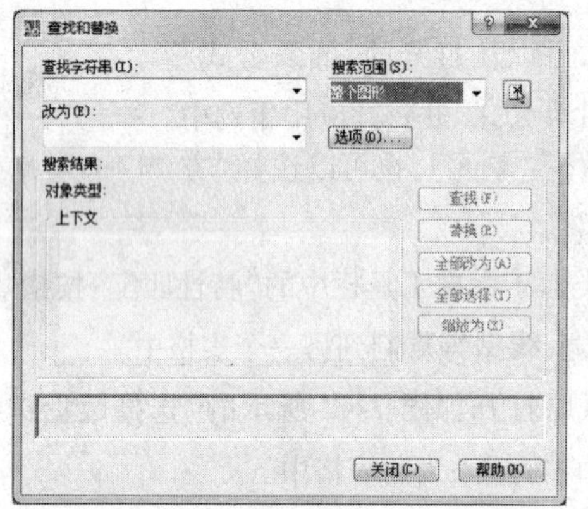

图 7-49 "查找和替换"对话框

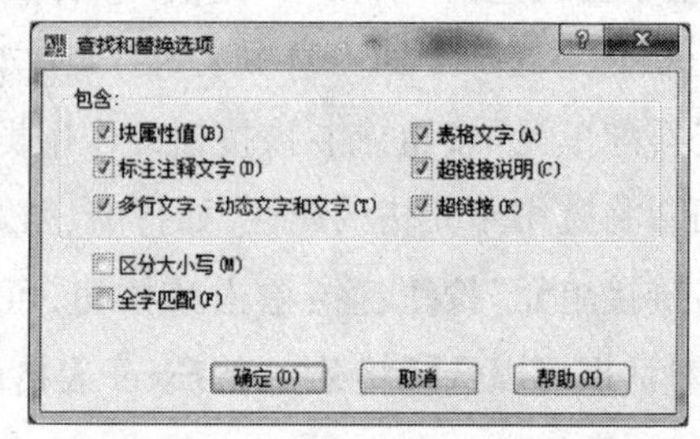

图 7-50 "查找和替换选项"对话框

● "查找"按钮:在"查找字符串"文本框中输入需要查找的内容后单击该按钮后开始查找工作,查找结果会在"上下文"预览窗口中高亮显示。查找到第一个所选内容后,该按钮随即显示为[查找下一个(F)],单击后可以继续查找相同内容。

● "替换"按钮:查找到所需文字后单击该按钮,AutoCAD 将用"改为"文本框中设置中输入的内容替换当前查找到的内容。"替换"按钮每次点击只能替换一个查找到的内容。

● "全部改为"按钮:单击该按钮后,AutoCAD 将用"改为"设置中指定的内容替换整个图形或选中对象范围内所查找到的内容。

● "全部选择"按钮:单击该按钮将查找并选择所有包含在"查找"文本框中输入文字的图形对象。只有当"搜索范围"设置为"当前选择"时,此选项才可用。

● "缩放为"按钮:单击该按钮后,系统将通过自动缩放,将所查找到的文字内容调整到绘图窗口中间位置以方便用户查看文字在图形文件中的具体位置。如果在"改为"文本框中输入了替换内容,则该按钮将无法使用。

二、在表格中插入公式

Excel 表格常常因为其强大的公式编辑、计算功能而被作为完成统计、计算等报表的首选工具，其实，AutoCAD 的表格功能也可以通过公式的选择和定义帮助用户完成简单的数据的统计、计算工作，例如，需要利用 AutoCAD 表格的公式计算完成图 7-51 所示的工程数量表的填写，可以通过以下步骤来完成。

边板工程数量表					
钢筋编号	直径(mm)	每根长度(cm)	根数	总长(m)	共长(m)
1	φ12	209	8		
2	φ12	41	2		

图 7-51　在表格中插入公式示例

【操作步骤】

(1)创建图 7-51 所示的表格，完成图示文字内容的书写。

(2)选中钢筋的“总长”单元格，在打开的“表格”工具栏中点击“插入公式”按钮 fx ▾，选择“方程式”选项，如图 7-52 所示。

(3)在单元格中的“＝”提示后输入方程表达式“C3 * D3/100”(图 7-53)，按【Enter】键完成公式的输入并得到计算结果。

(4)选中完成公式计算的单元格“E3”，使用鼠标点击单元格右下角的夹点并拖动夹点至“E4”单元格右下角，如图 7-54 所示，单击鼠标右键，完成方程式的迁移。

(5)选中合并单元格，在“表格”工具栏中单击“插入公式”按钮 fx ▾，选择“求和”选项，如图 7-55 所示，此时，AutoCAD 会提示：

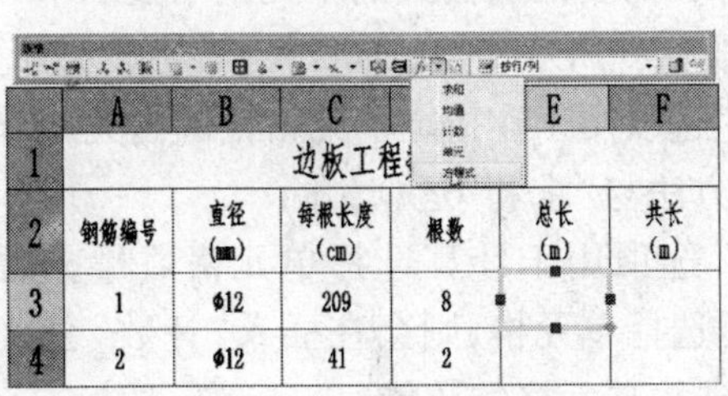

	A	B	C	D	E	F
1	边板工程数量表					
2	钢筋编号	直径(mm)	每根长度(cm)	根数	总长(m)	共长(m)
3	1	φ12	209	8		
4	2	φ12	41	2		

图 7-52　向单元格插入公式

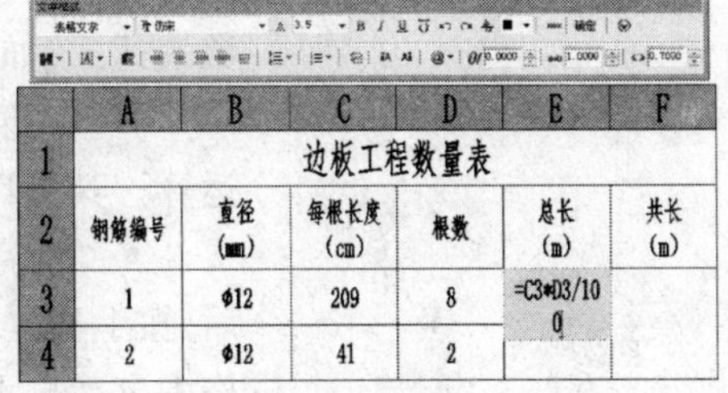

	A	B	C	D	E	F
1	边板工程数量表					
2	钢筋编号	直径(mm)	每根长度(cm)	根数	总长(m)	共长(m)
3	1	φ12	209	8	=C3*D3/100	
4	2	φ12	41	2		

图 7-53　向单元格输入方程式

图 7-54　使用夹点迁移方程式

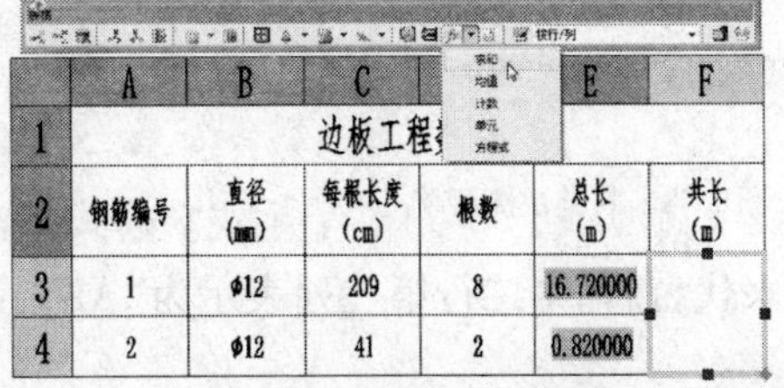

	A	B	C	D	E	F
1	边板工程数量表					
2	钢筋编号	直径(mm)	每根长度(cm)	根数	总长(m)	共长(m)
3	1	φ12	209	8	16.720000	
4	2	φ12	41	2	0.820000	

图 7-55　向单元格插入“求和”公式

选择表格单元范围的第一个角点：

按住鼠标左键拖出窗口选择“E3”和“E4”单元格，单击鼠标左键后，在合并单元格中将自动插入求和计算函数“ = Sum(E3:E4)”,如图 7-56 所示,按【Enter】键后,完成求和计并将计算结果显示在单元格中。将数据精度调整为“0.00”后,结果见图 7-57。

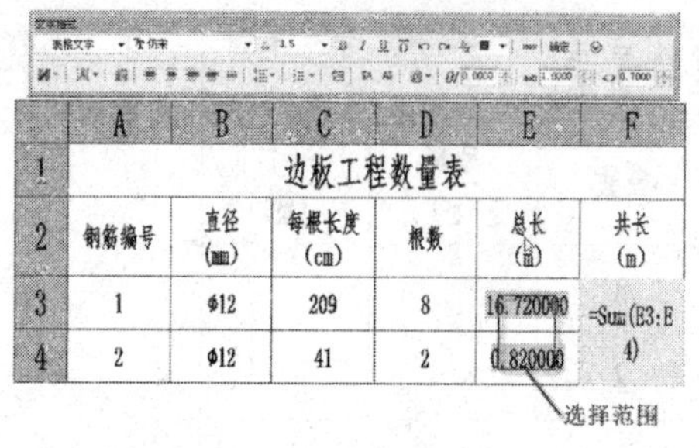

	A	B	C	D	E	F
1	边板工程数量表					
2	钢筋编号	直径(mm)	每根长度(cm)	根数	总长(m)	共长(m)
3	1	ϕ12	209	8	16.720000	=Sum(E3:E4)
4	2	ϕ12	41	2	0.820000	

图 7-56　完成单元格“求和”公式插入

边板工程数量表					
钢筋编号	直径(mm)	每根长度(cm)	根数	总长(m)	共长(m)
1	ϕ12	209	8	16.72	17.54
2	ϕ12	41	2	0.82	

图 7-57　公式计算完成结果

【知识链接】

• 如果需要在表格中完成一些简单的统计计算,可以通过向单元格中插入公式的方式来完成。选中需要插入公式的单元格后,可以直接点击“表格”工具栏上“插入公式”按钮 fx ▾,从打开的下拉选项列表中选择需要插入的公式类型,也可以单击鼠标右键通过快捷菜单选择需要插入的公式类型,如图 7-58 所示。

• “求和”选项用于在指定单元格范围内完成求和运算。选择后,在命令提示行中会提示:

选择表格单元范围的第一个角点:

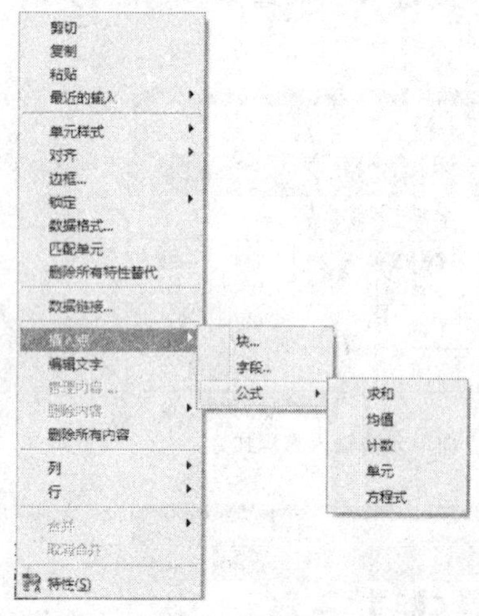

图 7-58　右键快捷菜单

根据提示使用鼠标拖出交叉窗口选择需要做求和运算的单元格后,可在需要插入公式的单元格中显示求和计算函数表达式,如图 7-56 所示。按【Enter】键后将显示计算结果。

• “均值”选项用于在指定单元格范围内完成求平均值运算。其操作方法与“求和”运算相同。

• “计数”选项用于计算选择单元格数量。插入公式后,按上述操作选择单元格,则会在插入“计数”公式的单元格中自动显示选中单元格的数量。

• “单元”选项用于在选中单元格中插入与指定单元格相同的内容,如果指定单元格中的内容为非数值内容,则会以“#”显示。

• “方程式”选项用于在单元格中插入自定义计算公式。公式中涉及的单元格内容可以用表示单元格的列字母加行号来代替,如第二行第一列表示为“A2”,第三行第二列表示为“B3”。

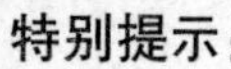

特别提示:

插入的计算公式必须以“ = ”作为引导,否则公式内容将会作为普通文本处理。

三、使用表格夹点进行快速编辑

表格创建完成后，用户可以通过选中整个表格或者某个单元格，并通过鼠标单击相应夹点来快速编辑修改表格大小或单元格内容。

【知识链接】

1. 使用夹点修改表格

表格创建完成后，使用鼠标单击表格上任意边框线，可以选中整个表格，并在表格的特征位置上出现夹点，如图 7-59 所示。

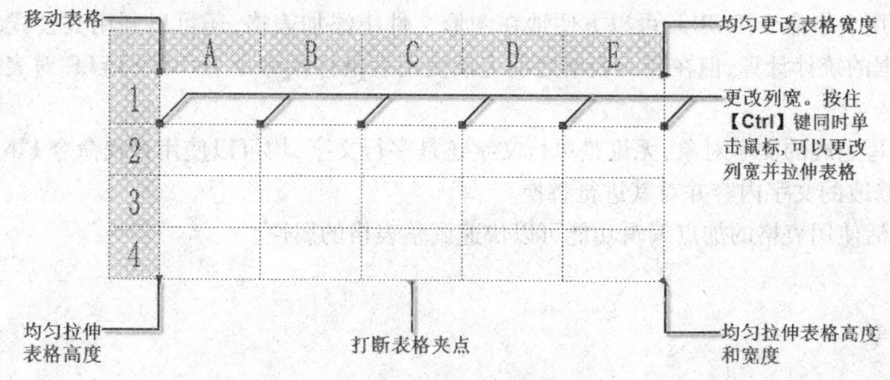

图 7-59　表格夹点及其功能

- 单击左上角的夹点后，可以使用鼠标移动表格至任意位置。
- 单击右上角的夹点后，可以通过移动鼠标均匀改变表格的宽度。
- 单击第二排任意一个夹点并移动鼠标，可以改变与所选夹点相邻的列宽，表格的总高度和总宽度保持不变。
- 如果需要根据正在编辑的行或列的大小按比例更改表格的大小，可以在单击鼠标左键选中夹点的同时按住【Ctrl】键。
- 单击左下角的夹点，可以通过鼠标移动均匀改变表格行高。
- 单击右下角加点并移动鼠标，可以同时改变表格的行高和列宽。
- 单击下端中间的夹点并移动鼠标，可以将包含大量数据的表格打断成主要和次要的表格片断。

2. 使用夹点修改单元格

在单元格内单击选中后，单元格边框上将显示夹点，如图 7-60 所示。

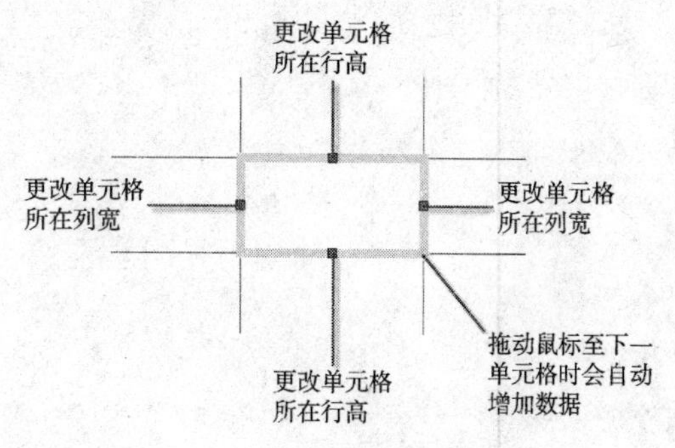

图 7-60　单元格夹点及其功能

- 单击左右两侧的夹点后，可以通过鼠标移动改变当前单元格所在列的宽度。
- 单击上下两端的夹点后，可以通过移动鼠标改变单元格所在行的高度。
- 单击右下角的夹点后移动鼠标至其他单元格，系统可以自动完成数据的增减或者公式的迁移，向下或向右移动，则会在相应单元格中增加递增数据，向上或向左移动，则会在相应单元格中增加递减数据。

项目小结

本项目主要内容总结如下：

◆ 根据不同的需要可以分别使用单行文字命令 TEXT 和多行文字命令 MTEXT 可以完成图形文件中的文字书写工作。

◆ 文字样式决定了 AutoCAD 2008 图形文件中文本的外观，使用文字样式命令 STYLE 用以新建或者编辑修改书写文字的字体、高度、宽度比例、倾斜角度等基本特性。

◆ 使用表格命令 TABLE 可以方便地在图形文件中添加表格，还可以利用其公式插入选项进行数据的统计计算，但在插入表格之前应该使用表格样式命令 TABLESTYLE 对表格样式进行设置。

◆ 书写完成的文字对象，无论是单行文字还是多行文字，均可以使用查找命令 FIND 快速找到需要修改的文字内容并对其进行替换。

◆ 灵活使用表格的加点编辑功能可以快速调整表格的属性。

实训

1. 按照图 7-61 中尺寸要求，绘制一个工程图样的图框。

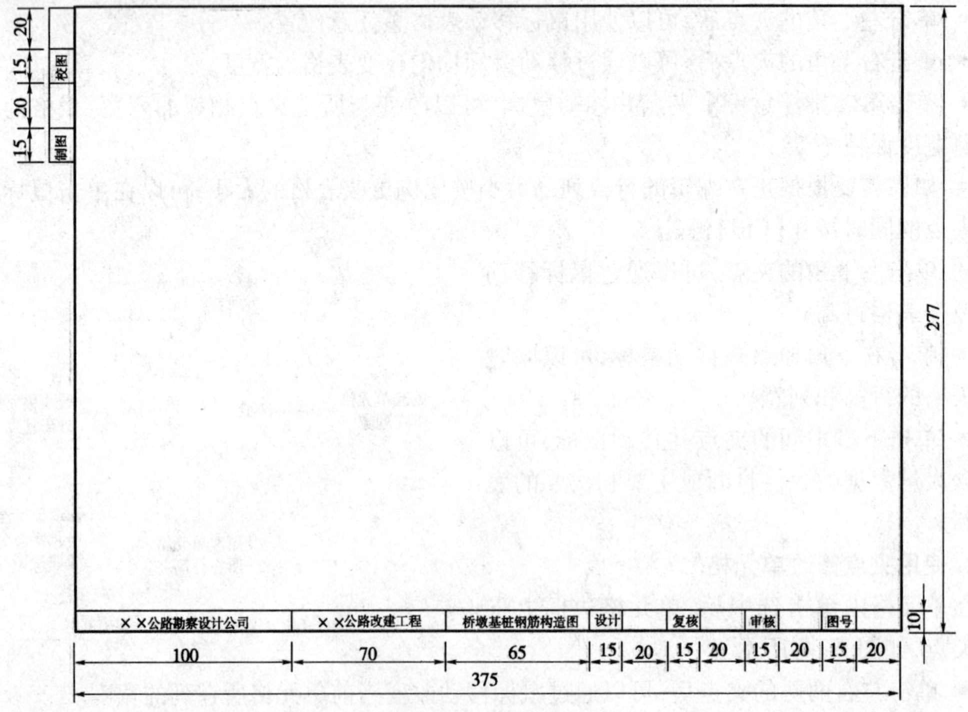

图 7-61 实训 1 图

要求：新建一个文字样式，将字体设置为“仿宋”，宽度因子设置为“0.7”，并使用该文字样式完成图框标题栏的文字书写，标题栏文字高度设置为“7”。

2. 在实训 1 完成的图框中添加如图 7-62 所示工程数量表和文字说明。

注：

1. 本图尺寸除钢筋直径以 mm 计外，其余均以 cm 计。

2. 加强箍筋在钢筋骨架上每隔 2m 焊接一根，定位钢筋在钢筋骨架上每隔 2m 沿圆周等距离焊接四根。

3. 2#钢筋搭接处采用双面焊接。

4. 伸入承台内的钢筋做成喇叭形，大约与直线倾斜 15°；承台若受构造限制，部分钢筋可不做成喇叭形。

一根钻孔桩工程数量表							
墩号	钢筋编号	直径 (mm)	单根长度 (cm)	根数	总长 (m)	共重 (kg)	C25 混凝土 (m^3)
2	1	$\phi25$	990.0	20		1524.6	18.10
	2	$\phi16$	331.7	4		62.9	
3	3	$\phi8$	216544.1	1		171.1	
	4	$\phi12$	53.0	16		22.6	

图 7-62　实训 2 图

要求：说明和表格中的文字采用实训一所创建的文字样式。说明文字和表格完成后，放置在实训一完成图框的适当位置，文字高度与图框比例协调。

项目八 尺寸标注

尺寸标注是工程制图中的一项重要内容。它描述设计对象各组成部分的大小和相对位置关系，是实际生产的重要依据。标注尺寸在图纸设计中是一个关键环节，正确的尺寸标注可以使生产建设任务顺利完成，而错误的尺寸标注往往会导致产品制造或工程建设出现问题，甚至造成生命财产损失。AutoCAD 2008 提供了强大的尺寸标注功能，具有多种标注方式，可以对各种图形对象进行尺寸标注，同时还提供了强大的尺寸编辑功能。通过本项目的学习，可以了解尺寸样式的基本概念，掌握标注各类尺寸的方法。

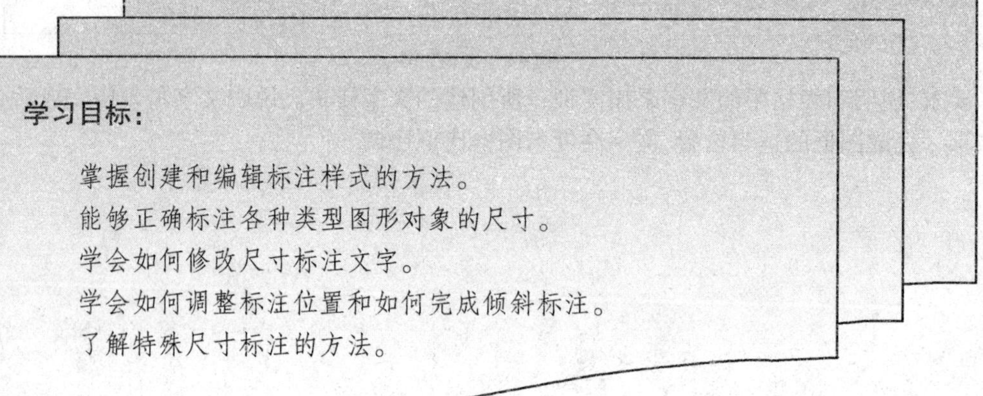

学习目标：

掌握创建和编辑标注样式的方法。
能够正确标注各种类型图形对象的尺寸。
学会如何修改尺寸标注文字。
学会如何调整标注位置和如何完成倾斜标注。
了解特殊尺寸标注的方法。

任务一 创建标注样式

通常情况下，一个完整的尺寸标注是由尺寸线、尺寸界线、箭头、标注文字 4 个部分组成，某些特殊标注还包括引线和圆心标记等，如图 8-1 所示。有这些组成部分的格式都由尺寸样式来控制。

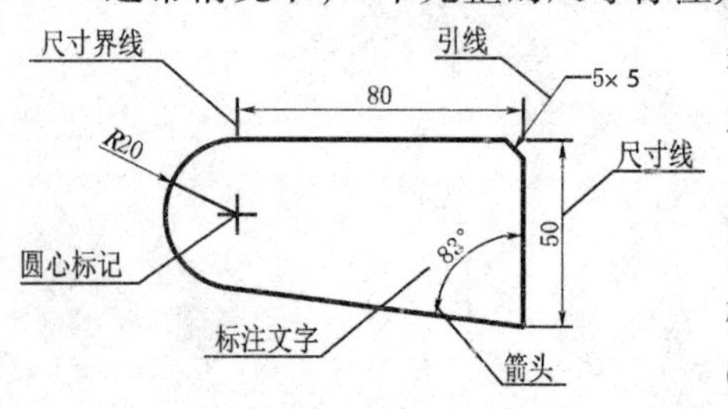

图 8-1 尺寸标注的组成

标注尺寸前，一般都需要创建一个或多个适用于当前图形的尺寸样式，否则 AutoCAD 2008 将使用默认样式“ISO-25”或“Standard”应用于尺寸标注。AutoCAD 2008 中可以定义多种不同的标注样式并为之命名。标注时，用户只需指定某个样式为当前样式就能创建相应的尺寸标注。

【操作步骤】

(1)创建一个新的文字样式，样式名为“标注文字”，字体为“gbeitc. shx”，同时使用大字体“gbcbig. shx”，宽度因子为 1。

(2)单击【格式】菜单，选择【标注样式】菜单选项或者在命令提示行输入标注样式命令

DIMSTYLE(命令缩写 DST),打开图 8-2 所示的“标注样式管理器”对话框。

(3)单击 新建(N)... 按钮,打开“创建新标注样式”对话框,在“新样式名”文本框中输入新样式名“公路工程制图标注”如图 8-3 所示。

(4)单击 继续 按钮,打开图 8-4 所示的“新建标注样式”对话框。

(5)在“线”选项卡中的“基线间距”、“超出尺寸线”和“起点偏移量”文本框中分别输入数值“5”、“1.5”和“1”。

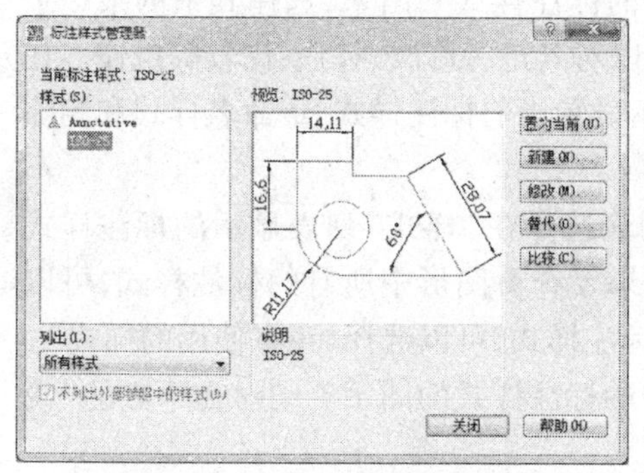

图 8-2 “标注样式管理器”对话框

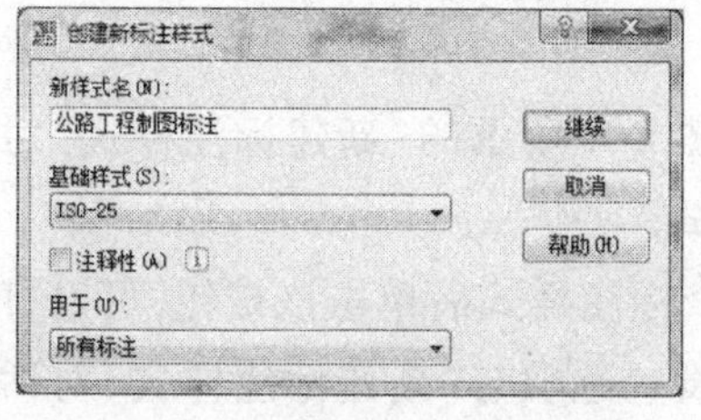

图 8-3 “创建新标注样式”对话框

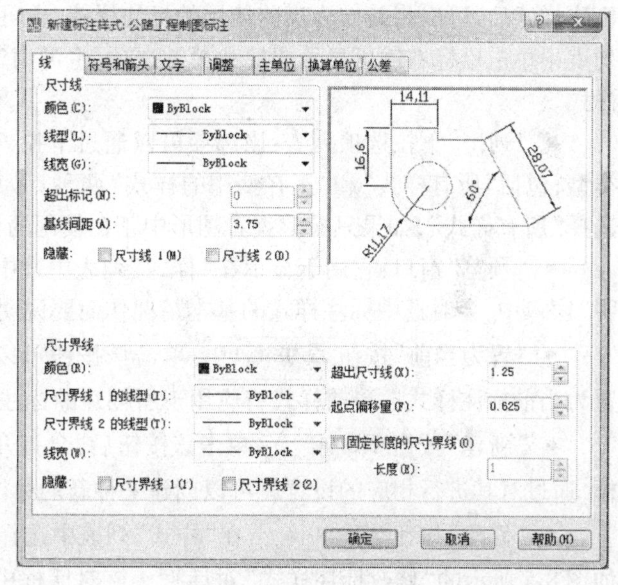

图 8-4 “新建标注样式”对话框

(6)在“符号和箭头”选项卡中的“箭头”设置区将“第一个”下拉列表选项设置为“实心闭合”,在“箭头大小”文本框中输入数值“2”。

(7)在“文字”选项卡的“文字样式”下拉列表中选择“标注文字”样式,在“文字高度”和“从尺寸线偏移”文本框中分别输入数值“2.5”和“1”。将文字对齐方式设置为“ISO 标准”。

(8)在“调整”选项卡的“使用全局比例”文本框中输入数值“5”。

(9)在“主单位”选项卡中分别将“单位格式”、“精度”和“小数分隔符”设置为“小数”、“0.00”和“句点”。

(10)单击 确定 按钮返回“标注样式管理器”对话框,在标注样式列表中选中新增的“公路工程制图标注”样式,再单击 置为当前(U) 按钮使该样式成为当前样式。

【知识链接】

1. 命令调用方式

- 命令行:DIMSTYLE
- 命令快捷方式:DDIM
- 菜单:【格式】→【标注样式】或【标注】→【标注样式】
- 工具栏按钮:样式工具栏→ 或标注工具栏→

2. 对话框选项功能说明

与表格样式的设置类似，标注样式的管理和设置分别通过“标注样式管理器”对话框和“新建（修改/替代）标注样式”对话框来完成。下面分别对这两个对话框的选项功能作介绍：

1）“标注样式管理器”对话框

执行标注样式命令 DIMSTYLE 后，首先会出现如图 8-2 所示的“标注样式管理器”对话框。对话框各选项功能如下：

● “样式”列表：该区域以列表形式将当前图形中的标注样式列出来，选择其中的某一个标注样式后，可以将其作为当前使用的标注样式，也可以对其进行修改、替代、比较等操作。在列表中单击鼠标右键可显示快捷菜单及选项，也可用于设置当前标注样式、重命名样式和删除样式。

● “列出”下拉选项列表：该选项可以通过下拉列表选择在“样式”列表显示的标注样式类型，包括“所有样式”和“正在使用的样式”两种。如果要查看图形中所有的标注样式，可以选择“所有样式”，如果只希望查看图形中正在使用的标注样式，可以选择“正在使用的样式”。

● “预览”窗口：它用于显示在“样式”列表中选中的标注样式的图示。同时在下方的“说明”窗口中，会对选中标注样式的基本情况作简要说明。

● “置为当前”按钮 置为当前(U)：单击该按钮可以将在“样式”列表中选中的标注样式设置为当前标注样式。当前样式将应用于所创建的标注。

● “新建”按钮 新建(N)...：单击该按钮后，会打开如图 8-4 所示的“新建标注样式”对话框，通过对其进行相应的设置就可以创建一种新的标注样式。

● “修改”按钮 修改(M)...：在“样式”列表中选择某个标注样式后单击该按钮，可以打开如图 8-5 所示的“修改标注样式”对话框。该对话框中的设置选项与“新建标注样式”对话框完全相同，通过调整选项参数可以对标注样式进行编辑修改。

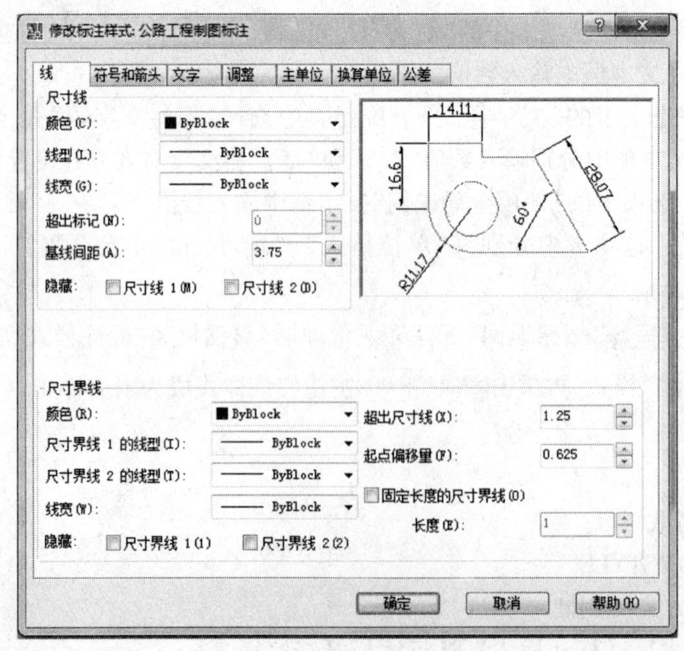

图 8-5 “修改标注样式”对话框

● “替代”按钮[替代(O)...]:在某些特殊情况下需要对标注样式的某些细小地方进行修改,但又不想创建一种新的标注样式,这时就可以为该标注指定 种“替代”样式。单击“替代”按钮可以打开“替代标注样式”对话框,如图 8-6 所示,在该对话框中可以设置标注样式的临时替代。对话框中的设置选项与“新建标注样式”对话框完全相同。替代将作为未保存的更改结果显示在“样式”列表中的标注样式下。

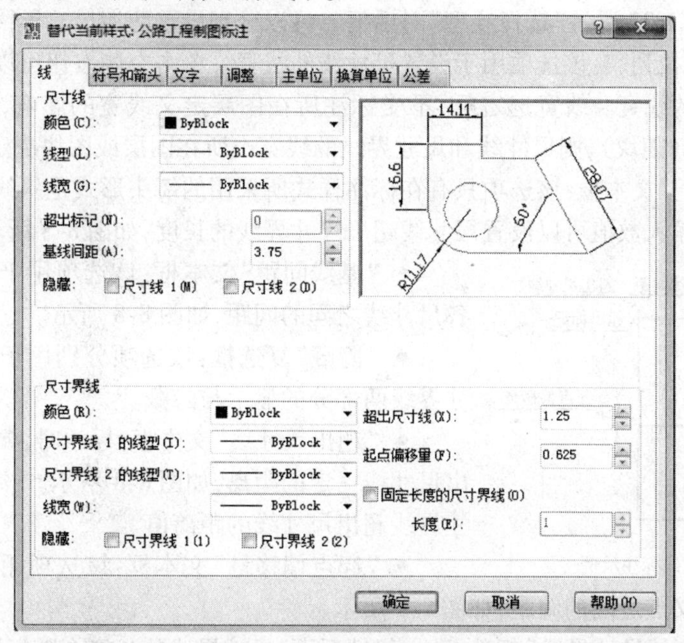

图 8-6 “替代标注样式”对话框

● “比较”按钮[比较(C)...]:单击该按钮后会打开如图 8-7 所示的“比较标注样式”对话框。从中可以比较两个标注样式或列出一个标注样式的所有特性。

2)“新建标注样式”对话框

“新建标注样式”对话框用于对标注样式中各个参数进行设置和调整,包括“线”、“符号和箭头”、“文字”、“调整”、“主单位”、“换算单位”和“公差”7 个选项卡,选择不同的选项卡,可以完成标注样式的几何特征、文字格式、样式调整、样式主单位等参数设置。设置完成后,单击[确定]按钮,即可储存新的标注样式参数并返回“标注样式管理器”对话框。“新建标注样式”对话框各选项卡选项功能说明如下:

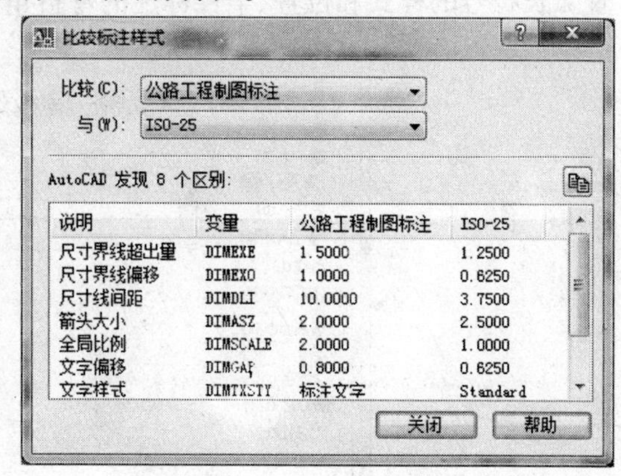

说明	变量	公路工程制图标注	ISO-25
尺寸界线超出量	DIMEXE	1.5000	1.2500
尺寸界线偏移	DIMEXO	1.0000	0.6250
尺寸线间距	DIMDLI	10.0000	3.7500
箭头大小	DIMASZ	2.0000	2.5000
全局比例	DIMSCALE	2.0000	1.0000
文字偏移	DIMGAP	0.8000	0.6250
文字样式	DIMTXSTY	标注文字	Standard

图 8-7 “比较标注样式”对话框

“直线”选项卡由“尺寸线”设置区和“尺寸界线”设置区两部分组成,主要用于设置尺寸线和尺寸界线的格式和特性,如图 8-4 所示。各选项功能如下:

● “颜色”下拉选项列表:分别用于设置尺寸线和尺寸界线的颜色。单击右侧的按钮,可以从下拉列表中选择一种作为尺寸线的颜色。选择某一特定颜色后,标注尺寸线或尺寸界线的颜色不受标注所在图层所定义颜色影响。如果选择 bylayer(随层)或 byblock(随块),则尺寸线颜色会由所在图层或图块定义颜色决定。如果选中“选择颜色”选项,可以打开如图 4-8 所示的“选择颜色”对话框。

● “线型”下拉列表:该选项用于设置尺寸线的线型。单击右侧按钮可以在下拉列表中选择尺寸线所采用的线型或加载新的线型。线型选定后,不受标注所在图层定义线型影响,如果选择 bylayer(随层)或 byblock(随块),则尺寸线线型会随所在图层或图块而定。选择“其他”选项,则会打开图 1-22 所示“选择线型”对话框。可以分别设置两端尺寸界线的线型。

● “线宽”下拉列表:该选项用于设置尺寸线的线宽。单击右侧按钮可以在下拉列表中选择尺寸线所采用的线宽。线宽选定后,不受标注所在图层定义线宽的影响,如果选择 bylayer(随层)或 byblock(随块),则尺寸线和尺寸界线的线宽由所在图层或图块决定。

● “超出标记”文本框:该选项只有在标注样式所采用的箭头形式是斜线等形式时才能选择。在文本框中输入数值可以设置尺寸线超出尺寸界线的长度,如图 8-8 所示。

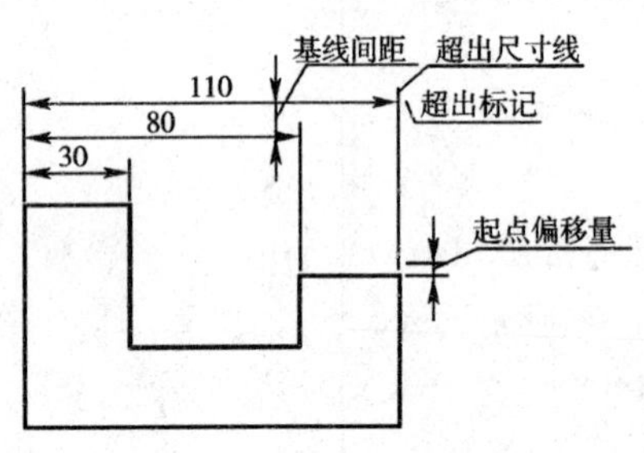

图 8-8　基线标注示例

● “基线间距”文本框:该选项用于控制基线标注时各尺寸线之间的间距,如图 8-8 所示。

● “隐藏”复选框:该选项分别用于控制尺寸线和尺寸界线两部分的显示与隐藏。

● “超出尺寸线”文本框:标注时,要求尺寸界线要超出尺寸线一定的距离,如图 8-8 所示。该选项用于设置尺寸界线超出尺寸线的距离值。

● “起点偏移量”文本框:该选项用于设置尺寸界线的起点与标注定义点之间的间距,如图 8-8 所示。

● “固定长度的尺寸界线”复选框:一般情况下,尺寸界线的长度会随标注的位置变化,选中该选项后,可以启用固定长度的尺寸界线,长度值可以在“长度”文本框中设置。

“符号和箭头”选项卡用于设置箭头、圆心标记等标注符号的大小和外观样式,还可以设置弧长符号的样式和位置、半径标注的弯折角度等,如图 8-9 所示。

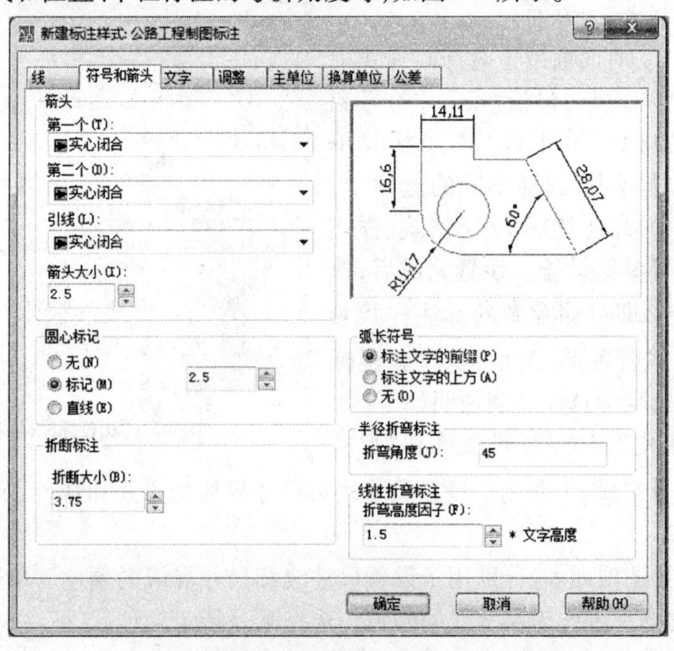

图 8-9　“符号和箭头”选项卡

● “第一个”、“第二个”和“引线”下拉选项列表:这 3 个选项可以通过打开下拉列表选择箭头的外观样式。当在“第一项”中选中某种箭头样式后,“第二个”会自动变化成与“第一项”相同的样式,也可以单独改变“第二个”的箭头样式。如果选择“用户箭头”选项,可以打开如图 8-10 所示的“选择自定义箭头块”对话框。在对话框中输入当前图形中已创建的图块名称,然后单击 确定 按钮,AutoCAD 将以该图块作为尺寸标注的箭头样式。此时,块的插入基点与尺寸线的端点重合。

● “箭头大小”文本框:该选项用于设置箭头的大小。

● “圆心标记”设置区:用户可以通过“无”、“标记”和“直线”3 个单选项来设置直径标注和半径标注的圆心标记和中心线的外观。其中选择“无”将不创建圆心标记或中心线;选择“标记”,将会在圆心位置创建十字标记(参见图 8-1);选择“直线”则会创建中心线。选项右侧的文本框用来设置圆心标记的大小。

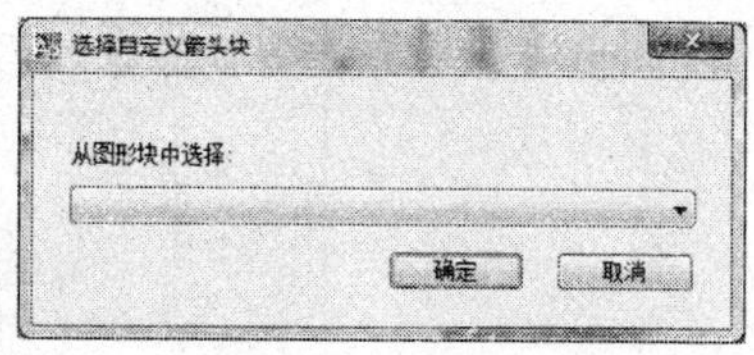

图 8-10 “选择自定义箭头块”对话框

● “折断大小”文本框:它用于显示和设置折断标注的间距大小。

● “弧长符号”设置区:该区域通过“标注文字的前缀”、“标注文字的上方”和“无”三个单选项控制弧长标注时是否显示圆弧标记符号以及符号的标注位置,如图 8-11 所示。

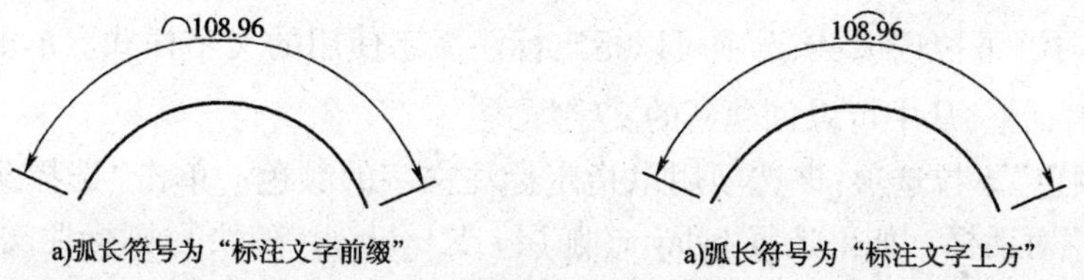

图 8-11 弧长符号设置示例

● “弯折角度”文本框:当圆弧的半径标注无法从圆心引出或圆心位置在页面外部时,往往会采用弯折形式来标注圆弧半径。在“弯折角度”文本框中输入角度值可以控制连接半径标注尺寸界线和尺寸线的横向直线的角度,如图 8-12 所示。

● “弯折高度因子”文本框:当标注不能精确表示实际尺寸时,通常将弯折线添加到线性标注中,此时,实际尺寸通常比所要标注的值小。通过在“弯折高度因子”文本框中输入数值,并将该值与设置的文字高度值的乘积作为形成折弯的角度的两个顶点之间的距离以此确定折弯高度,如图 8-13 所示。

“文字”选项卡用于设置各种与标注文字相关的各种特性,如颜色、位置、类型等,如图8-14所示。

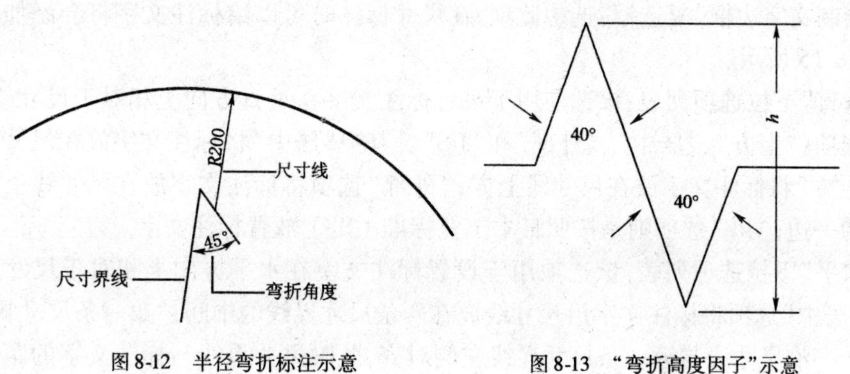

图 8-12 半径弯折标注示意 图 8-13 “弯折高度因子”示意

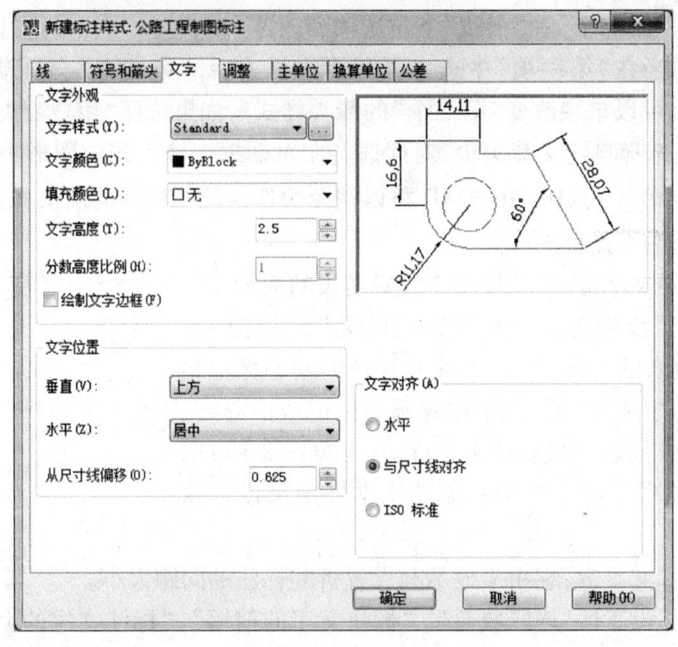

图 8-14 “文字”选项卡

- “文字样式”下拉选项:该选项可以指定标注文字使用的文字样式。单击[...]按钮将打开“文字样式”对话框,从中可以创建新的文字样式。
- “文字颜色”下拉选项:该选项用以指定标注文字的颜色。单击“选择颜色”选项可以打开“选择颜色”对话框。如果选择 bylayer(随层)或 byblock(随块),则标注文字的颜色与所在图层或图块保持一致。
- “填充颜色”:该选项用于为标注文字设置背景颜色。单击“选择颜色”选项可以打开“选择颜色”对话框。如果选择 bylayer(随层)或 byblock(随块),则标注文字的背景颜色与所在图层或图块保持一致。
- “文字高度”文本框:在文本框内输入数值可以设定标注文字的高度。如果在选中的文字样式中将文字高度设置为某一固定值,则此处设置的文字高度对标注文字没有任何影响。如果要使用此处设置的文字高度,必须确保在所选文字样式中的文字高度设置为“0”。
- “分数高度比例”文本框:当在图形中使用分数形式来标注时,通常要使分数文本的高度与整数部分文本的高度保持一定的比例关系,在该选项的文本窗口中输入数值即可确定它们之间的比例关系。“分数高度比例”文本窗口只有在标注单位格式为“分数”时才会被激活。
- “绘制文字边框”复选框:选中此项,在尺寸标注时可以给标注文字将会添加一个矩形边框,如图 8-15 所示。
- “垂直”下拉选项列表:该选项用于设置标注文字在垂直方向上相对于尺寸线的位置,共有 4 个选项:“上方”、“居中”、“外部”和“JIS”。其中“居中”将标注文字放在尺寸线的两部分中间;“上方”将标注文字放在尺寸线上方;“外部”选项将标注文字放在尺寸线上远离第一个定义点的一边;“JIS”选项则是按照日本工业标准 (JIS) 放置标注文字。
- “水平”下拉选项列表:该选项用于设置标注文字在水平方向上相对于尺寸界线的位置,其中:“居中”选项将标注文字沿尺寸线放在两条尺寸界线的中间;“第一条尺寸界线”选项将使标注文字沿尺寸线与第一条尺寸界线左侧对齐,此时尺寸界线与标注文字的距离是箭头大小加上字线间距之和的两倍；“第二条尺寸界线”选项将使标注文字沿尺寸线与第二条尺寸界线右侧对齐；“第一条尺寸界线上方”选项将使标注文字沿第一条尺寸界线放置标注文字或将标注文字放在第一条尺寸界线之上；“第二条尺寸界线上方”选项将使标注文字沿第二条尺寸界线放置标注文字或将标注文字放在第二条尺寸界线之上，如图 8-16 所示。

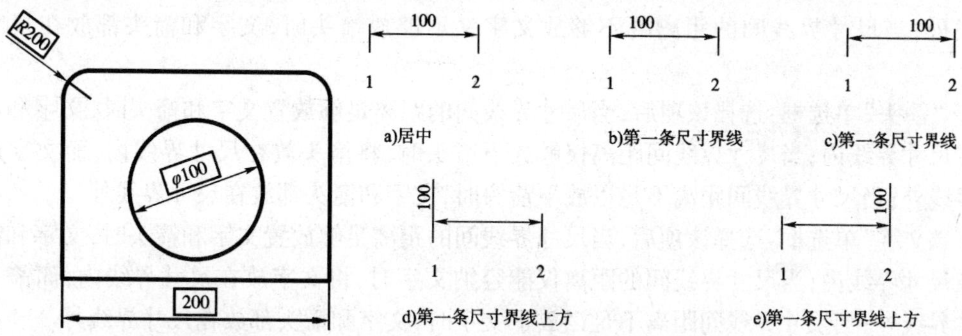

图 8-15 “绘制文字边框”标注效果

图 8-16 标注文字水平放置效果

• “从尺寸线偏移”文本框：如果设置标注文字的“垂直”方式为“上方”、“外部”或“JIS”，该文本框中输入的数值用于设置标注文字与尺寸线之间的间距。如果设置标注文字的“垂直”方式为“居中”，则该文本框中输入的数值用于设置当尺寸线断开以容纳标注文字时标注文字周围的距离，如图 8-17 所示。

图 8-17 “从尺寸线偏移”设置效果

• “文字对齐方式”单选框：该选框用于控制标注文字放在尺寸界线外侧或内侧时的方向是保持水平还是与尺寸界线平行。其中：“水平”选项可以使标注文字始终沿水平方向书写；“与尺寸线对齐”选项可以使标注文字始终沿与尺寸线平行方向书写；选择“ISO 标准”选项后，在尺寸界线内的文字与尺寸线对齐书写，在尺寸线外的文字始终沿水平方向书写。

“调整”选项卡用于控制处理在尺寸界限内放不下文字和箭头时出现的问题以及定义全局标注比例，如图 8-18 所示。

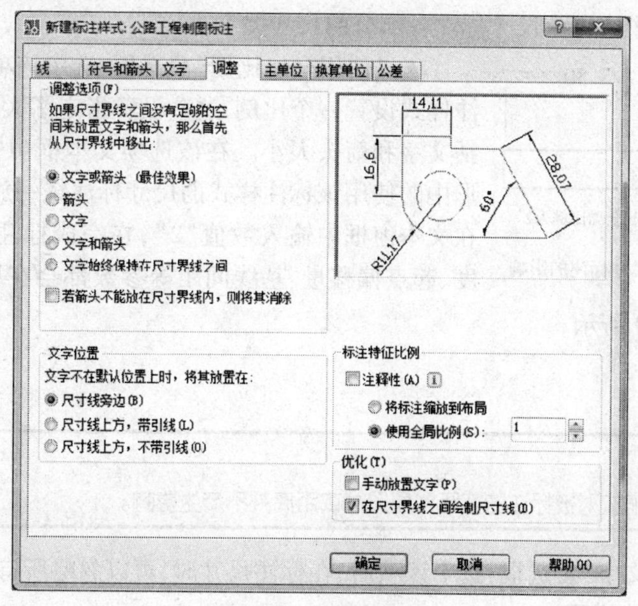

图 8-18 “调整”选项卡

•“文字或箭头(最佳效果)”单选框:选择该选项后,系统会在标注时按照最佳效果将文字或箭头移动到尺寸界线外,其中,当尺寸界线间的距离足够放置文字和箭头时,文字和箭头都放在尺寸界线内;当尺寸界线间的距离仅够容纳文字时,将文字放在尺寸界线内,而箭头放在尺寸界线外;当尺寸界线间的距离仅够容纳箭头时,将箭头放在尺寸界线内,而文字放在尺寸界线外;当尺寸界线间的距离既不够放文字又不够放箭头时,文字和箭头都放在尺寸界线外。

•“箭头”单选框:选择该项后,当尺寸界线间的距离足够放置文字和箭头时,文字和箭头都放在尺寸界线内;当尺寸界线间距离仅够放下箭头时,将箭头放在尺寸界线内,而文字放在尺寸界线外;当尺寸界线间距离不足以放下箭头时,文字和箭头都放在尺寸界线外。

•“文字”单选框:选择该项后,当尺寸界线间的距离足够放置文字和箭头时,文字和箭头都放在尺寸界线内;当尺寸界线间的距离仅能容纳文字时,将文字放在尺寸界线内,而箭头放在尺寸界线外;当尺寸界线间距离不足以放下文字时,文字和箭头都放在尺寸界线外。

•“文字和箭头”单选框:选择该项后,当尺寸界线间距离不足以放下文字和箭头时,文字和箭头都移到尺寸界线外。

•“文字始终保持在尺寸界线之间”单选框:选择该项后,标注时系统会始终将文字放在尺寸界线之间。

•“若不能放在尺寸界线内,则隐藏箭头”复选框:选择该项后,如果尺寸界线内没有足够的空间,则隐藏箭头。

•“文字位置”设置区:该区域通过3个单选框来设置当标注空间不足导致标注文字无法放置在默认位置上时,如何放置标注文字。其中,如果选定“尺寸线旁边”,只要移动标注文字尺寸线就会随之移动;如果选定“尺寸线上方,加引线”,移动文字时尺寸线就不会移动。如果将文字从尺寸线上移开,会创建一条连接文字和尺寸线的引线;如果选定“尺寸线上方,不加引线”,移动文字时尺寸线不会移动。远离尺寸线的文字不用引线与尺寸线相连。

•“注释性”复选框:选中该项可以使标注具有注释性。

•“将标注缩放到布局”单选框:选中该项后,系统会根据当前模型空间和图纸空间之间的比例确定比例因子来调整尺寸标注各部分的尺寸关系。

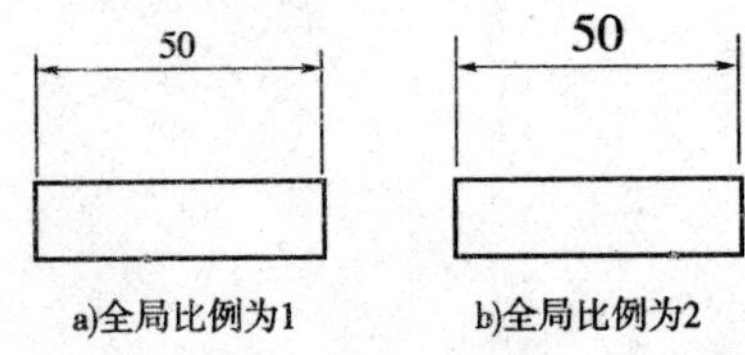

图 8-19 全局比例对尺寸标注的影响

•“使用全局比例”单选框:选中该项后,可以为所有标注样式设置一个比例,这些设置指定了大小、距离或间距,包括文字和箭头大小。在该选项文本框中输入数值可以将图形中的使用该标注样式的尺寸标注统一放大或缩小。例如,在文本窗框中输入数值“2”,在完成标注后,标注文字的高度、起点偏移量、基线间距等参数都会在原来设置的基础上放大2倍,如图8-19所示。

特别提示:

全局比例的缩放对被标注的实际对象尺寸或距离并不产生影响。

•“手动放置文字”复选框:选中该项后,在标注尺寸时,可以忽略所有水平对正设置并把文字放在任意指定的位置。

● “在尺寸界线之间绘制尺寸线”复选框：选中该项后，即使箭头放在测量点之外，也在测量点之间绘制尺寸线。

“主单位”选项卡用于设置尺寸标注的数字单位及标注形式、精度、比例以及前缀、后缀等，如图 8-20 所示。

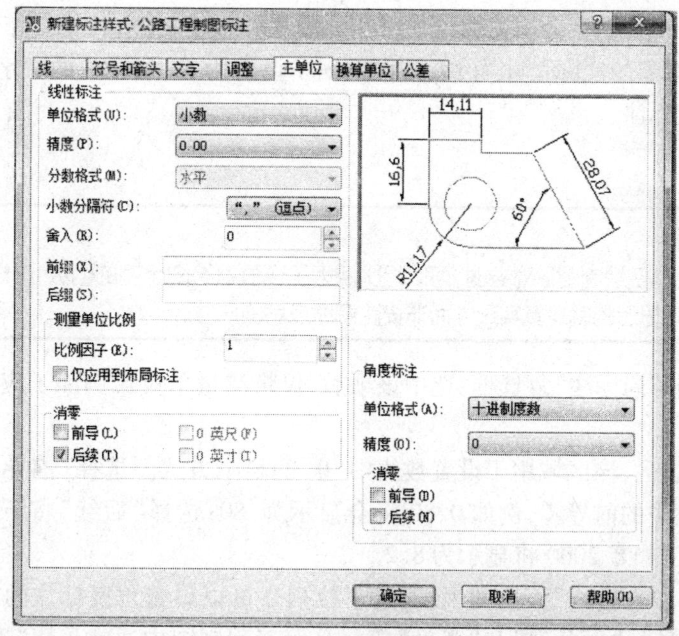

图 8-20 “主单位”选项卡

● “单位格式”下拉选项列表：通过该下拉列表可以设置线性尺寸的格式，包括“小数”、“分数”、“科学”、“工程”、“建筑”等。道路与桥梁工程制图通常采用十进制“小数”格式来进行标注。

● “精度”下拉选项列表：该下拉选项用于设置线性尺寸标注的精度。

● “分数格式”下拉选项列表：如果将“单位格式”设置为“分数”，则可以在该选项中设置分数的表示形式。

● “小数分隔符”下拉选项列表：该选项用于设置小数分隔符号即小数点的形式，包括“句点”、“逗点”和“空格”3 种。AutoCAD 的默认分隔符是逗号，在绘图中一般习惯采用圆点(句点)来分隔数值的小数与整数部分。

● “舍入”文本框：该选项用于设置测量标注值时可以舍入的数值。例如将舍入值设置为 0.4，则 AutoCAD 将自动把大于 0.4 的小数值舍入为 1。

● “前缀”文本框：在文本框中输入数字、文字或符号，则会在标注文字的前面会自动添加上输入内容。例如，在文本框中输入控制代码 “%%c”显示直径符号，那么在所有的标注文字前面添加直径符号“φ”，如图 8-21 所示。

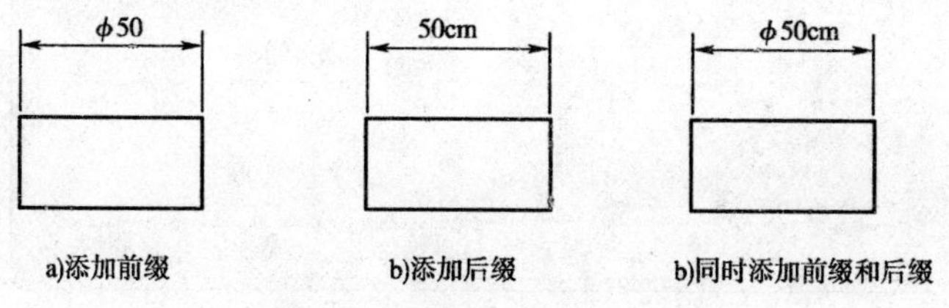

图 8-21 标注文字添加前后缀示例

• “后缀”文本框：在文本框中输入数字、文字或符号，则会在标注文字的后面自动添加上键入内容。例如，在文本框中输入单位符号“cm”，那么在所有的标注文字前面添加单位符号“cm”，如图 8-21 所示。

• “比例因子”文本框：该选项用于设置尺寸数字的缩放比例因子。在文本框中输入数值后，当标注尺寸时，AutoCAD 会用此数值乘以实际测量的数值，然后将结果作为标注时显示的数值。例如，图形对象的实际尺寸为 10，将比例因子设置为 5 后，标注的文字将会显示为 50。该值不应用到角度标注。

特别提示：

在按照一定比例绘制图形对象时，可以将比例因子设置为绘图比例的倒数，这样，在进行尺寸标注时，标注文字所显示的就是真实尺寸而非按比例缩放后的尺寸。

• “仅应用到布局标注”复选框：选中该项后，仅将测量单位比例因子应用于在布局空间中所创建的标注。

• “消零”设置区：该区域用于设置数值中“0”的显示方式。选择“前导”复选框，则不输出所有十进制标注中的前导零，例如 0.80 将会显示为.80；选择“后续”将不输出所有十进制标注中的后续零，例如 8.2000 将显示为 8.2。

• 角度标注“单位格式”下拉列表：通过下拉列表可以设置角度标注的格式，包括“十进制度数”、“度/分/秒”、“百分度”和“弧度”等。公路工程制图中通常采用“度/分/秒”格式来进行标注。

• 角度标注“精度”下拉列表：通过该选项的下拉列表可以设置角度标注的精度。

“换算单位”选项卡用于设置标注测量值中换算单位的显示并设置其格式和精度，如图 8-22所示。

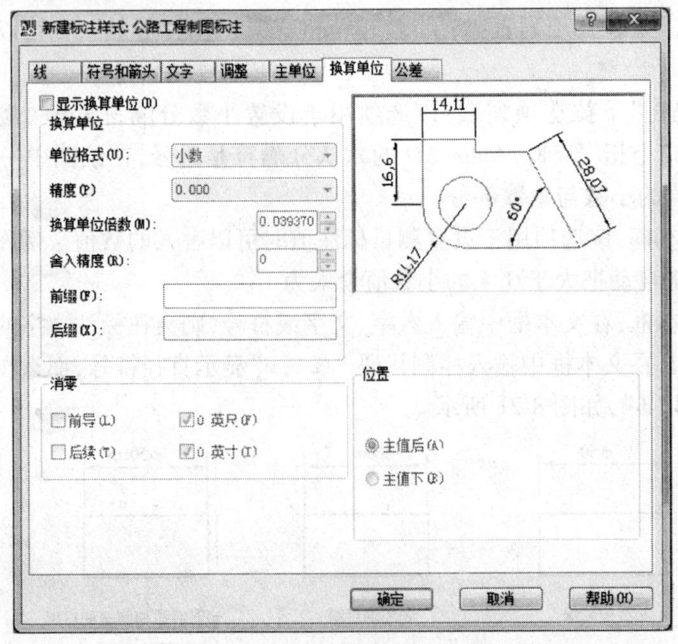

图 8-22　“换算单位”选项卡

• “显示换算单位”复选框：选中该项后可以激活“换算单位”选项卡中的参数设置部分，并且在尺寸标注时除了显示尺寸标注数据（主数据）外，还会同时显示出换算单位表示的尺寸数据，如图8-23所示。

• “位置”设置单选框：该选框用于设置标注文字中换算单位的位置。如果选择“主值后”，则换算数据放置在主数据之后；如果选择“主值下”，则换算数据放置在主数据下方，如图8-23所示。

• 其他选项功能设置与“单位”选项卡类似，此处不再累述。

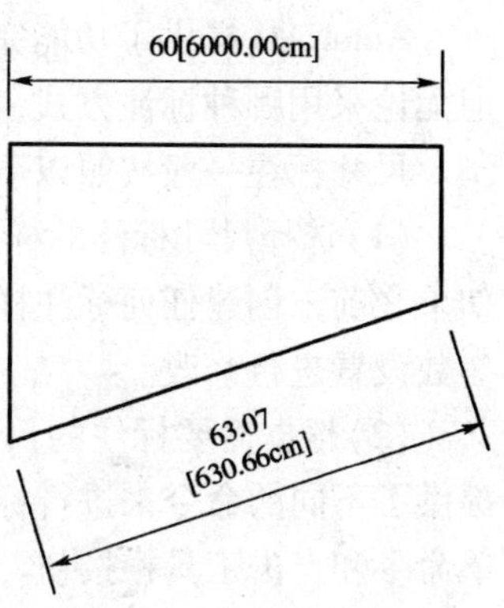

图 8-23 换算单位标注示例

“公差”选项卡用于控制是否标注尺寸公差以及公差设置的精度，如图 8-24 所示。

• “方式”下拉选项列表：该选项用于设置计算公差的方法，包括“无”、“对称”、“极限偏差”、“极限尺寸”、“基本尺寸”等。

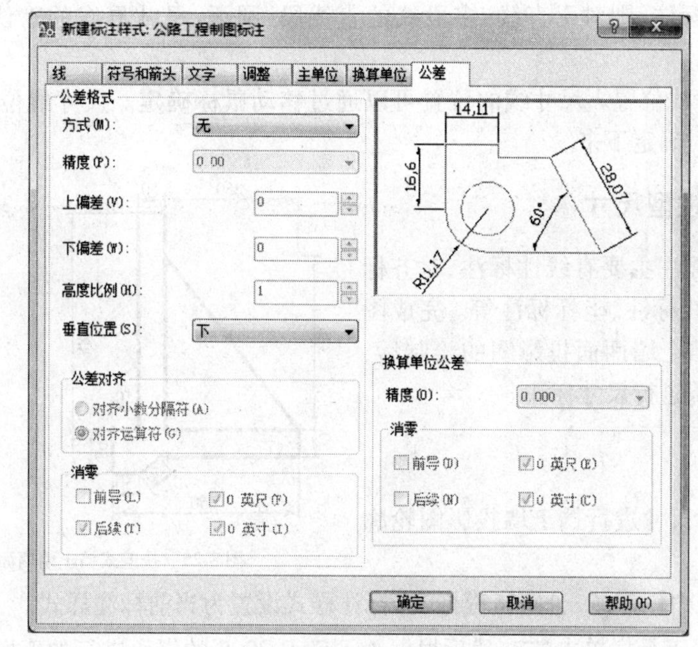

图 8-24 “公差”选项卡

• “精度”下拉选项列表：该选项用于设置计算公差的小数位数。

• “上偏差”文本框：用于设置最大公差或上偏差。如果在“方式”中选择“对称”，则此值将用于所有公差。

• “下偏差”文本框：该文本框用于设置最小公差或下偏差。系统默认下偏差为负值，并自动在输入数值前加“－”号。

• “高度比例”文本框：该文本框用于设置公差文字的高度比例系数。

• “垂直位置”下拉选项列表：该选项用于设置公差数字相对于主尺寸数字的位置关系。

• 其他区域的功能设置与“单位”选项卡类似，此处不再累述。

任务二 标注尺寸

AutoCAD 提供了功能完善的尺寸标注方式,用户可以轻松地创建各种类型的尺寸标注。但无论采用哪种标注方式,都应该遵循一定的操作步骤,这样才能保证尺寸标注的准确和协调。尺寸标注一般按照以下步骤进行:

(1)选择尺寸标注的样式。在标注具体的尺寸之前,首先应该选择恰当的尺寸标注样式。如果之前未创建任何标注样式,可以使用 AutoCAD 的标准样式 Standard,并根据需要对其中的参数设置进行修改。

(2)根据需要标注的尺寸类型选择尺寸标注命令。针对不同类型的尺寸标注,AutoCAD 提供了不同的命令来进行标注。命令的调用同样有 3 种方式:直接在命令行输入命令、调用菜单命令和点击工具栏按钮。通常采用工具栏按钮方式调用命令比较快捷,但"标注"工具栏不是系统默认工具栏,使用前必须手动打开。

(3)根据提示指定尺寸界线的原点或选择需要标注的对象。如果是采用直接选择标注对象的方式进行标注,则对于直线、多段线的直线段、圆弧,尺寸界线的默认原点是它们的端点。

(4)确定尺寸线位置。尺寸线的位置可以通过移动鼠标确定。尺寸线位置确定后,标注文字的位置也同时确定下来。

一、标注线性型尺寸

线性型尺寸标注主要有线性标注、对齐标注、连续标注、基线标注、坐标标注等。完成图 8-25所示扶壁式挡土墙两面投影图的绘制后,可以按照以下步骤进行尺寸标注。

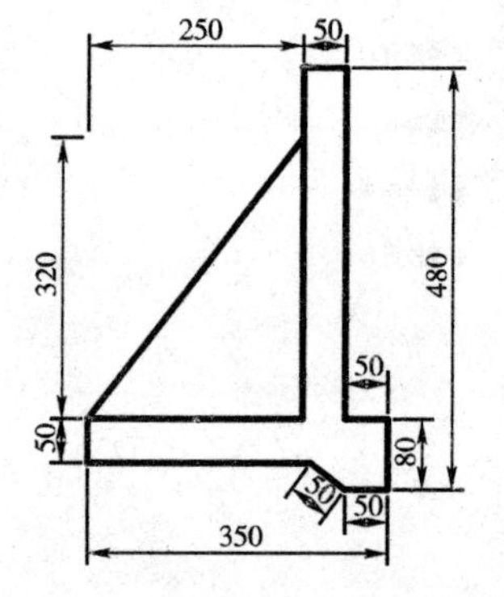

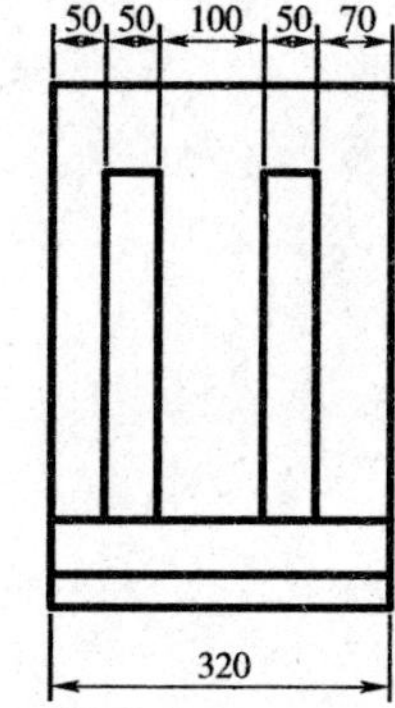

图 8-25 扶壁式挡土墙两面投影图

【操作步骤】

(1)按照图示尺寸进行挡土墙投影图轮廓线绘制。

(2)将任务一中创建的"公路工程标注"标注样式设置为当前标注样式。

(3)在"标注"工具栏单击[图标],然后根据 AutoCAD 2008 的提示进行如下操作:

```
命令: _dimlinear
指定第一条尺寸界线原点或 <选择对象>:          ←使用鼠标捕捉到图 8-26 所示 A 点,单击鼠标左键
指定第二条尺寸界线原点:                      ←使用鼠标捕捉到 B 点,单击鼠标左键
指定尺寸线位置或[多行文字(M)/文字(T)/角度(A)/水平(H)/垂直(V)/旋转(R)]:
                                            ←移动鼠标将尺寸线放置在适当位置,单击鼠标左键
                                              确定
标注文字 = 50
```

(4)重复第二步的操作,完成 *BC*、*BD*、*DE*、*FG*、*GH*、*HI* 各段的线性尺寸标注。

(5)在"标注"工具栏点击[图标],然后根据 AutoCAD 2008 的提示进行如下操作:

```
命令: _dimbaseline
指定第二条尺寸界线原点或 [放弃(U)/选择(S)] <选择>: s
                                ←输入选项参数"S",选择基线标注基准
选择基准标注:                   ←使用鼠标点击选择 HG 段线性标注 H 点处的尺寸界线
指定第二条尺寸界线原点或 [放弃(U)/选择(S)] <选择>:
                                ←使用鼠标捕捉到 E 点,单击鼠标左键
标注文字 = 480
指定第二条尺寸界线原点或 [放弃(U)/选择(S)] <选择>:
                                ←按【Enter】键,完成 HE 段基线标注
选择基准标注:                   ←使用鼠标点击选择 HI 段线性标注 H 点处的尺寸界线
指定第二条尺寸界线原点或 [放弃(U)/选择(S)] <选择>:
                                ←使用鼠标捕捉到 A 点,单击鼠标左键
标注文字 = 350
指定第二条尺寸界线原点或 [放弃(U)/选择(S)] <选择>:
                                ←按【Enter】键,完成 HA 段基线标注
选择基准标注:                   ←按【Enter】键结束操作
```

(6)在"标注"工具栏点击[图标],然后根据 AutoCAD 2008 的提示进行如下操作:

```
命令: _dimaligned
指定第一条尺寸界线原点或 <选择对象>:        ←使用鼠标捕捉到 I 点,单击鼠标左键
指定第二条尺寸界线原点:                    ←使用鼠标捕捉到 J 点,单击鼠标左键
指定尺寸线位置或[多行文字(M)/文字(T)/角度(A)]:
                                          ←移动鼠标将尺寸线放置在适当位置,单击鼠标
                                            左键确定
```

(7)重复第二步的操作,标注 *KL* 段的线性尺寸标注。

(8)在"标注"工具栏点击[图标],然后根据 AutoCAD 2008 的提示进行如下操作:

```
命令: _dimcontinue
指定第二条尺寸界线原点或[放弃(U)/选择(S)] <选择>:
                                      ←使用鼠标捕捉到 M 点,单击鼠标左键
标注文字 = 50
指定第二条尺寸界线原点或[放弃(U)/选择(S)] <选择>:
                                      ←使用鼠标捕捉到 N 点,单击鼠标左键
标注文字 = 100
指定第二条尺寸界线原点或[放弃(U)/选择(S)] <选择>:
                                      ←使用鼠标捕捉到 O 点,单击鼠标左键
标注文字 = 50
指定第二条尺寸界线原点或[放弃(U)/选择(S)] <选择>:
                                      ←使用鼠标捕捉到 P 点,单击鼠标左键
标注文字 = 70
指定第二条尺寸界线原点或[放弃(U)/选择(S)] <选择>:
                                      ←按【Enter】键退出本次连续标注
选择连续标注:                         ←按【Enter】键结束操作
```

(9)重复第二步的操作,标注 *QR* 段的线性尺寸标注。绘制完成的结果如图 8-26 所示。

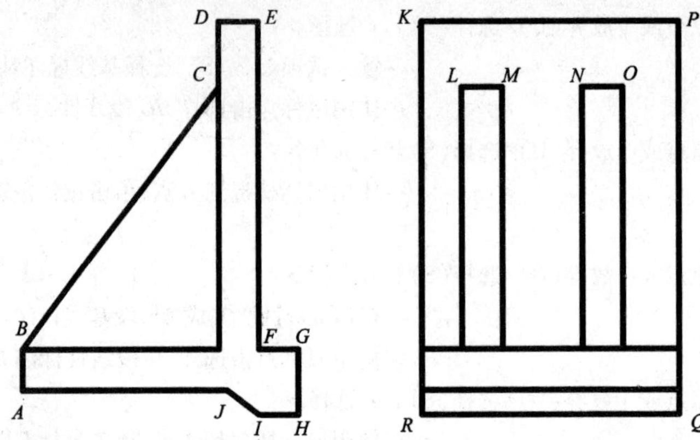

图 8-26 标注线型尺寸步骤

【知识链接】

1. 关于线性标注

1)命令调用方式

- 命令行:DIMLINEAR
- 命令快捷方式:DLI
- 菜单:【标注】→【线性】
- 工具栏按钮:标注工具栏→[按钮]

2)命令选项说明

指定尺寸标注的原点后,会出现“指定尺寸线位置或[多行文字(M)/文字(T)/角度(A)/水平(H)/垂直(V)/旋转(R)]:”提示,其中各参数的具体含义如下:

- “多行文字”:调用该参数后会打开多行文字编辑器,可以用它来编辑标注文字。
- “文字”:调用该参数后,可以在命令提示行直接输入替代测量值的标注文字。
- “角度”:该参数可以改变标注文字的角度。
- “水平”:在标注倾斜方向线性尺寸时,该参数用于确定标注水平方向尺寸。
- “垂直”:在标注倾斜方向线性尺寸时,该参数用于确定标注垂直方向尺寸。
- “旋转”:该参数用于确定尺寸线旋转的角度。尺寸线旋转后,测量值相应会发生变化。

3)命令功能说明

● 线性标注一般只用于标注两点在水平方向或在垂直方向上的尺寸值,如果要标注沿倾斜方向的尺寸,需要使用“旋转”参数,并且明确倾斜方向的角度值。

● 标注完成后,选中并拖动尺寸界线原点位置的夹点,尺寸数字会随之发生变化,但如果在标注过程中选用“多行文字”或“文字”参数修改了系统自动标注的文字,就会失去尺寸标注的关联性。其余标注命令与之相同。

2. 关于对齐标注

1)命令调用方式

- 命令行:DIMALIGNED
- 命令快捷方式:DAL

- 菜单:【标注】→【对齐】
- 工具栏按钮:标注工具栏→

2)命令功能说明

- 指定了尺寸标注的原点后,会出现“[多行文字(M)/文字(T)/角度(A)]:”提示,其中各参数的具体含义与线性标注相同。
- 一般使用对齐标注来标注倾斜对象的真实长度,对齐尺寸的尺寸线平行于倾斜的标注对象。

3. 关于连续标注

1)命令调用方式

- 命令行:DIMCONTINUE
- 命令快捷方式:DCO
- 菜单:【标注】→【连续】
- 工具栏按钮:标注工具栏→

2)命令功能说明

- 连续型尺寸标注是一系列首尾相连的标注形式,在创建连续标注形式的尺寸时,首先应建立一个基本尺寸标注,然后执行连续标注命令。
- 如果是在执行了线性标注、对齐标注等命令后马上使用连续标注,则 AutoCAD 会将前一次标注的第二个尺寸界线作为下一个标注的第一条尺寸界线,以此类推,连续完成尺寸标注;如果连续标注并非紧接其他标注命令执行,则应该先在“指定第二条尺寸界线原点或[放弃(U)/选择(S)] <选择>:”提示下,输入选项参数“S”或直接按下【Enter】,选择某一个已完成的标注尺寸界线作为连续标注的第一条尺寸界线。
- 连续标注可以用于线性型尺寸标注,也可以用于角度标注,如图 8-27 所示。

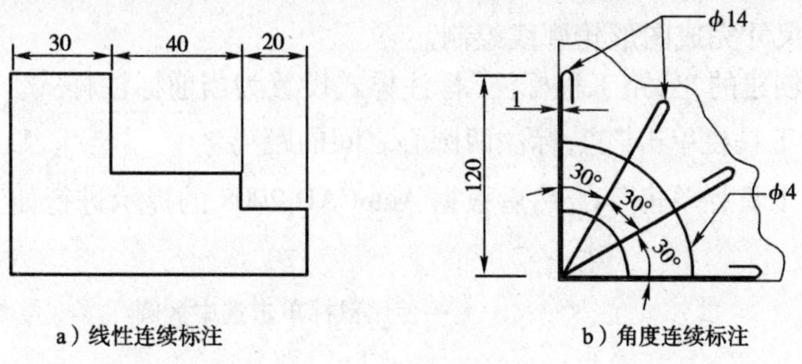

图 8-27 连续标注示例

4. 关于基线标注

1)命令调用方式

- 命令行:DIMBASELINE
- 命令快捷方式:DBA
- 菜单:【标注】→【基线】
- 工具栏按钮:标注工具栏→

2)命令功能说明

- 基线尺寸标注是指所有的尺寸都从同一点开始标注,即共用一条尺寸界线。与连续标注类似,基线标注命令不能单独使用,它必须依附于已经完成的尺寸标注完成。

● 如果是在执行了线性标注、对齐标注等命令后立即使用基线标注，则 AutoCAD 会将前一次标注的第一个尺寸界线作为基线，然后依次确定第二个尺寸界线的原点位置即可；如果基线标注并非紧接其他标注命令执行，则应该先根据提示选择基准线或基准面。即应该先在“指定第二条尺寸界线原点或［放弃(U)/选择(S)］<选择>：”提示下，输入选项参数“S”或直接按下【Enter】，选择某一个已完成的标注尺寸界线作为基线标注的基准。

● 基线标注不仅可以用于线性型尺寸标注，也可以用于角度标注，如图 8-28 所示。

二、标注径向尺寸

径向尺寸标注主要有半径标注、直径标注、折弯标注等。完成图 8-29 所示图形的绘制后，可以按照以下步骤完成尺寸标注。

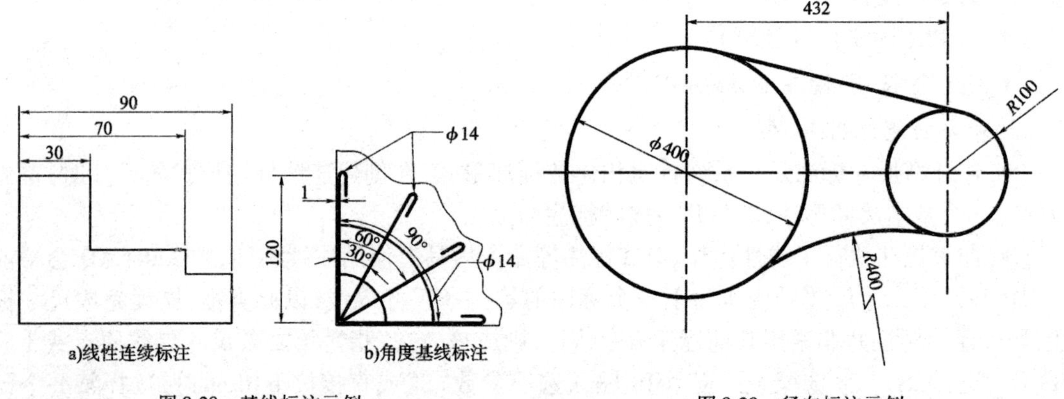

图 8-28　基线标注示例

图 8-29　径向标注示例

【操作步骤】

(1)按照图示尺寸完成图形轮廓线绘制。

(2)将任务一创建的“公路工程标注”标注样式设置为当前标注样式。

(3)在“标注”工具栏单击[图标]，标注两圆心之间的距离。

(4)在“标注”工具栏单击[图标]，然后根据 AutoCAD 2008 的提示进行如下操作：

```
命令：_dimdiameter
选择圆弧或圆：                          ←使用鼠标单击选中大圆
标注文字 = 400
指定尺寸线位置或［多行文字(M)/文字(T)/角度(A)］：
                                        ←移动鼠标将尺寸线放置在适当位置，单击鼠标左键，完
                                          成大圆直径标注
```

(5)在“标注”工具栏点击[图标]，然后根据 AutoCAD 2008 的提示进行如下操作：

```
命令：_dimradius
选择圆弧或圆：                          ←使用鼠标单击选中小圆
标注文字 = 100
指定尺寸线位置或［多行文字(M)/文字(T)/角度(A)］：
                                        ←移动鼠标将尺寸线放置在适当位置，单击鼠标左键，完
                                          成小圆半径标注
```

（6）在“标注”工具栏点击，然后根据 AutoCAD 2008 的提示进行如下操作：

```
命令：_dimjogged
选择圆弧或圆：                          ←使用鼠标单击选中圆弧
指定图示中心位置：                      ←在适当位置单击鼠标左键，指定半径弯折标注的尺寸
                                          线起点位置
标注文字 = 400
指定尺寸线位置或［多行文字(M)/文字(T)/角度(A)］：
                                        ←移动鼠标将尺寸线放置在适当位置，单击鼠标左键
指定折弯位置：                          ←移动鼠标将弯折线放置在适当位置，单击鼠标左键，完
                                          成弯折半径标注
```

标注结果如图 8-29 所示。

【知识链接】

1. 关于半径标注

使用半径标注命令 DIMRADIUS 可以测量选定圆弧或圆的半径，并显示前面带有一个半径符号“R”的标注文字。

1）命令调用方式

- 命令行：DIMRADIUS
- 命令快捷方式：DRA
- 菜单：【标注】→【半径】
- 工具栏按钮：标注工具栏→

2）命令功能说明

- 指定了尺寸标注的原点后，会出现“［多行文字(M)/文字(T)/角度(A)］：”提示，各参数的具体含义与线性标注相同。
- 半径标注时，如果由于未将标注放置在圆弧上而导致标注指向圆弧外，则 AutoCAD 会自动绘制圆弧延伸线，如图 8-30 所示。

2. 关于直径标注

使用直径标注命令 DIMDIAMETER 可以测量选定圆或圆弧的直径，并显示前面带有直径符号“ϕ”的标注文字。

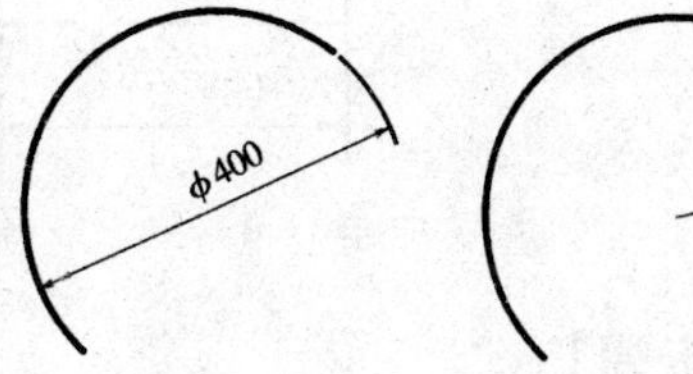

图 8-30　标注时自动绘制圆弧延伸线

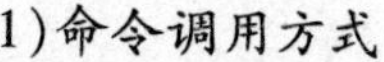
1）命令调用方式

- 命令行：DIMDIAMETER
- 命令快捷方式：DDI
- 菜单：【标注】→【直径】
- 工具栏按钮：标注工具栏→

2）命令功能说明

- 指定了尺寸标注的原点后，会出现“［多行文字(M)/文字(T)/角度(A)］：”提示，各参数的具体含义与线性标注相同。
- 直径标注时，如果由于未将标注放置在圆弧上而导致标注指向圆弧外，则 AutoCAD 会

自动绘制圆弧延伸线,如图 8-30 所示。

3. 关于折弯标注

圆或圆弧的半径标注一般都是通过圆心位置引出。当圆弧或圆的中心位于图形页面以外或无法在其实际位置显示时,可以使用 DIMJOGGED 命令创建折弯半径标注。DIMJOGGED 命令可以测量选定对象的半径,并显示前面带有一个半径符号“*R*”的标注文字,可以在任意合适的位置指定尺寸线的原点。

1)命令调用方式

- 命令行:DIMJOGGED
- 命令快捷方式:DJO
- 菜单:【标注】→【折弯】
- 工具栏按钮:标注工具栏→

2)命令功能说明

- 指定了尺寸标注的原点后,会出现“[多行文字(M)/文字(T)/角度(A)]:”提示,各参数的具体含义与线性标注相同。
- 折弯半径标注也称为缩放半径标注,使用折弯标注时可以在任意合适的位置指定尺寸线的原点,以替代圆弧或圆的实际中心点。

三、标注角度

角度标注命令可以精确测量并标注被测对象之间的夹角度数。完成图 8-31 所示钢筋的斜弯钩大样图后,可以按照以下步骤完成尺寸标注。

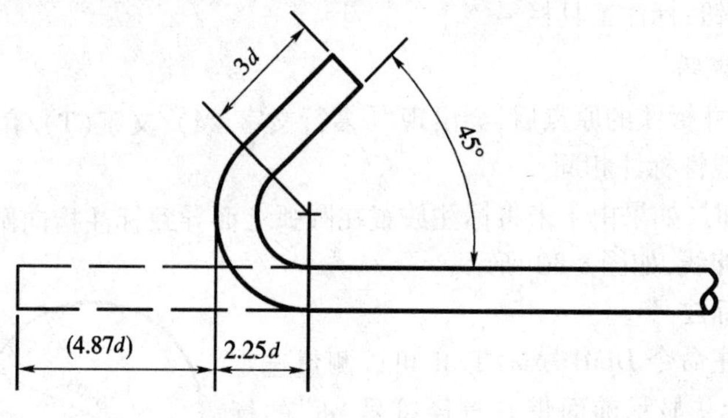

图 8-31　角度标注示例

【操作步骤】

(1)按照图示尺寸完成图形轮廓线绘制。

(2)将任务一创建的“公路工程标注”标注样式设置为当前标注样式。

(3)在“标注”工具栏点击,然后根据 AutoCAD 2008 的提示进行如下操作:

```
命令: _dimcenter
选择圆弧或圆                    ←使用鼠标单击选中任意圆弧,完成圆心标记
```

(4)分别使用线性标注命令 DIMLINEAR 和对齐标注命令 DIMALIGNED 完成各直线段尺寸的标注,注意在标注时使用“文字(T)”选项参数修改标注文字。

(5)在“标注”工具栏点击,然后根据 AutoCAD 2008 的提示进行如下操作:

命令：_dimangular
选择圆弧、圆、直线或 < 指定顶点 >： ←使用鼠标单击选中水平方向线段
选择第二条直线： ←使用鼠标单击选中倾斜方向线段
指定标注弧线位置或[多行文字(M)/文字(T)/角度(A)/象限点(Q)]：
←移动鼠标将尺寸线放置在适当位置，单击鼠标左键，完成角度标注
标注文字 = 45

【知识链接】

1. 关于圆心标记

使用圆心标记命令 DIMCENTER 可以在选中圆或圆弧的原心位置绘制圆心标记或中心线。

1)命令调用方式

- 命令行：DIMCENTER
- 命令快捷方式：DCE
- 菜单：【标注】→【圆心标记】
- 工具栏按钮：标注工具栏→

2)命令功能说明

- 圆心标注前可以在标注样式对话框中修改圆心标记的设置，也可以执行命令 DIMCEN，在"输入 DIMCEN 的新值 < 2.5 >："提示下输入数值，修改圆心标记的大小，其中"< >"中的数值为当前标注样式中的设置值。

2. 关于角度标注

使用角度标注命令 DIMANGULAR，用户可以通过拾取两条边线、3 个点或 1 段圆弧来创建角度尺寸。

1)命令调用方式

- 命令行：DIMANGULAR
- 命令快捷方式：DAN
- 菜单：【标注】→【角度】
- 工具栏按钮：标注工具栏→

2)命令选项说明

选中要进行角度标注的对象后，系统提示"指定标注弧线位置或[多行文字(M)/文字(T)/角度(A)/象限点(Q)]："，各参数的具体含义如下：

- "多行文字"：调用该参数后会打开多行文字编辑器，可以用它来编辑标注文字。
- "文字"：调用该参数后，可以在命令提示行直接输入替代测量值的标注文字。
- "角度"：调用该参数可以改变标注文字的角度。
- "象限点"：调用该参数后，指定标注将锁定到的象限。打开象限行为后，将标注文字放置在角度标注外时，尺寸线会延伸超过尺寸界线。

3)命令功能说明

- 角度标注的对象可以是直线构成的夹角、圆或圆弧。如果选择的标注对象是圆弧，系统会自动标注圆弧对应的圆心角角度，如图 8-32 所示。移动光标到圆心的不同侧时，标注数值将不同。
- 如果选择的标注对象是圆，则 AutoCAD 将鼠标单击选择圆的位置作为角度起始点，同

时提示:“指定角的第二个端点:”,此时,用鼠标在绘图窗口任意位置单击确定的点将作为第二条尺寸界线的原点,角度标注将标注这两点与圆心所构成的圆心角,如图 8-33 所示。标注圆的圆心角方向由鼠标移动位置来控制。

- 标注角度的过程中,除了以选择组成角度的线性对象的方式来创建角度标注外,还可在“选择圆弧、圆、直线或 <指定顶点>:”提示下按【Enter】键,然后根据命令行提示下通过指定角的顶点、组成边的方式来创建角度标注。

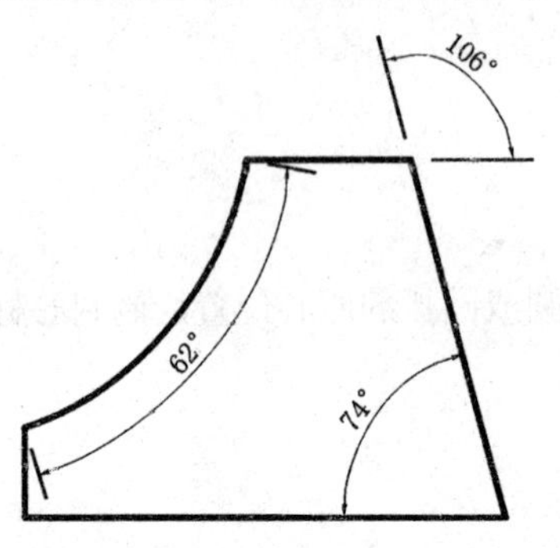

图 8-32 角度标注示例

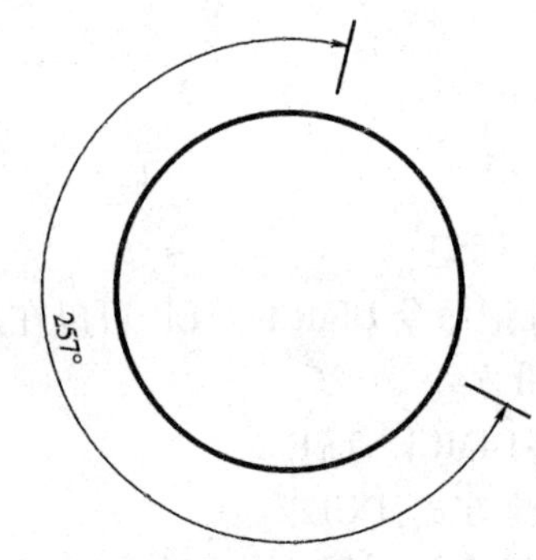

图 8-33 圆的角度标注示例

- 角度标注不能标注完全由射线(RAY)或构造线(XLINE)构成的角度,但可以标注由射线或构造线截断后构成的角度。

四、引线标注

当图形需要文字说明时,可以将文字说明标注在引出线的水平线上。引线标注由箭头、引线、基线、多行文字或图块组成,如图 8-34 所示。

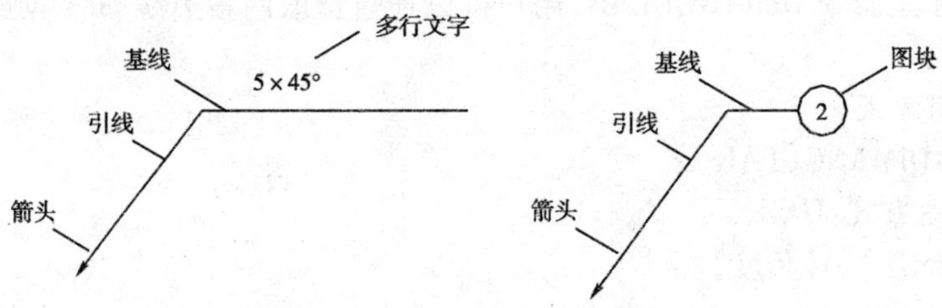

图 8-34 引线标注的组成部分

AutoCAD 2008 提供了快速引线命令 QLEADER 和多重引线 MLEADER 两种方式实现引线标注,用户可以根据标注的内容灵活选用。例如,绘制图 8-35 所示的截水沟断面图和图 8-36 所示某桥台盖梁钢筋构造图(局部)中的引线标注,可以采用不同的方式标记。

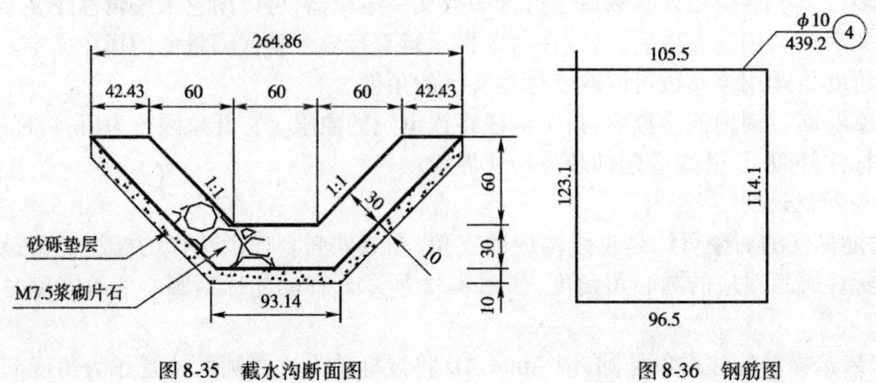

图 8-35 截水沟断面图

图 8-36 钢筋图

1. 完成截水沟断面图的引线标注

【操作步骤】

（1）按照图示尺寸完成图 8-35 所示截水沟断面图的轮廓线绘制并进行图案填充。

（2）将任务一创建的“公路工程标注”标注样式设置为当前标注样式。

（3）使用线性标注命令 DIMLINEAR 和连续标注命令 DIMCONTINUE 完成尺寸标注。

（4）在命令提示行输入快速引线命令 QLEADER，然后根据 AutoCAD 2008 的提示进行如下操作：

命令行	说明
命令：qleader	←输入命令，按【Enter】键
指定第一个引线点或［设置(S)］ <设置>：	←按【Enter】键打开如图 8-37 所示的“引线设置”对话框

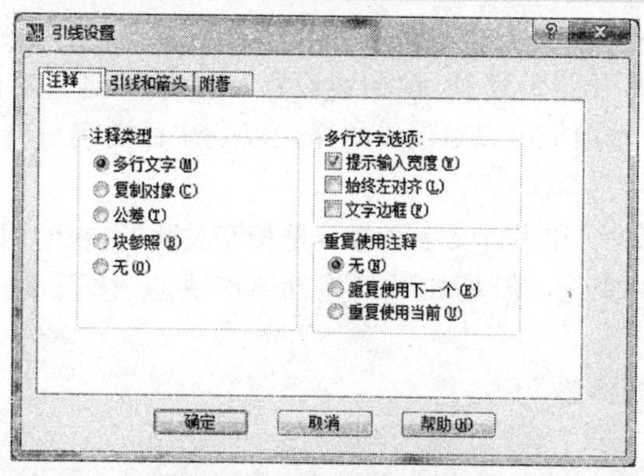

图 8-37 “引线设置”对话框

（5）在“引线设置”对话框的“附着”选项卡中选中“最后一行加下划线”复选框，保持其余选项卡中各选项为默认值，单击按钮保存设置并关闭对话框，然后根据 AutoCAD 2008 的提示进行如下操作：

命令行	说明
指定第一个引线点或［设置(S)］ <设置>：	←移动鼠标至砂砾垫层填充图案处，单击鼠标左键
指定下一点：	←移动鼠标将引线端点放置在适当位置，单击鼠标左键
指定下一点：	←移动鼠标将基线端点放置在适当位置，单击鼠标左键
指定文字宽度 <0>：	←按【Enter】键，忽略文字宽度设置
输入注释文字的第一行 <多行文字(M)>：砂砾垫层	←输入注释文字“砂砾垫层”，按【Enter】键
输入注释文字的下一行：	←按【Enter】键，完成引线标注
命令：	←按【Enter】键，再次执行快速引线标注命令
QLEADER	
指定第一个引线点或［设置(S)］ <设置>：	←移动鼠标至浆砌片石填充图案处，单击鼠标左键
指定下一点：	←移动鼠标将引线端点放置在适当位置，单击鼠标左键
指定下一点：	←移动鼠标将基线端点放置在适当位置，单击鼠标左键
指定文字宽度 <0>：	←按【Enter】键，忽略文字宽度设置
输入注释文字的第一行 <多行文字(M)>：M7.5 浆砌片石	←输入注释文字“M7.5 浆砌片石”，按【Enter】键
输入注释文字的下一行：	←按【Enter】键，完成引线标注

其结果如图 8-35 所示。

【知识链接】

使用 QLEADER 命令可以快速创建引线和引线注释。

1)命令调用方式

- 命令行:QLEADER
- 命令快捷方式:LE
- 工具栏按钮:标注工具栏→ (AutoCAD 2008 标注工具栏在默认情况下没有此图标,用户可以自己添加)

2)命令功能说明

- 执行命令后 AutoCAD 会提示"指定第一个引线点或[设置(S)]<设置>:",选择参数 S 或直接按【Enter】键会打开图 8-37 所示"引线设置"对话框。通过对话框中的"注释"、"引线和箭头"以及"附着"3 个选项卡可以对引线的样式以及注释文字与引出线的位置关系等进行设置。
- 快速引线标注的基线和多行文字两部分是相互关联的,在使用夹点编辑拖动多行文字部分时,基线会相应发生变化。但是如果只拖动基线夹点,多行文字的位置是不会发生改变的。

2. 完成钢筋图的引线标注

【操作步骤】

(1)按照图示尺寸完成图 8-36 所示钢筋轮廓线绘制并使用单行文字进行各段长度标识。

(2)在命令提示行输入多重引线样式命令 MLEADERSTYLE(命令缩写 MLS)或者在"多重引线"工具栏上单击按钮,打开"多重引线样式管理器"对话框,如图 8-38 所示。

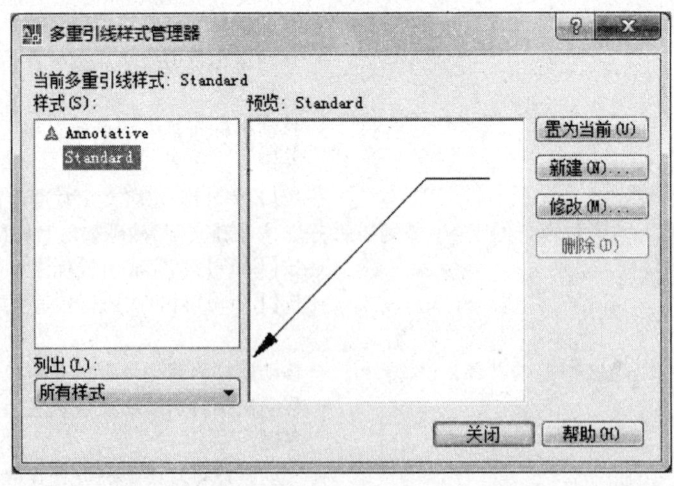

图 8-38 "多重引线样式管理器"对话框

(3)在对话框中单击 新建(N)... 按钮,打开如图 8-39 所示的"创建新多重引线样式"对话框。在"新样式名"文本框中输入新建多重引线样式名称"钢筋编号",按 继续(O) 按钮打开"修改多重引线样式"对话框,如图8-40所示。

(4)在“引线格式”选项卡中将箭头符号设置为“无”;在“引线结构”选项卡中,将“第一段角度”设置为“45”,将“基线距离”设置为“20”,将“指定比例”设置为“2”;在“内容”选项卡中将“多重引线类型”设置为“块”,将“块源”设置为“圆”,将“附着”设置为“中心范围”。单击 确定 按钮返回“多重引线样式管理器”对话框。

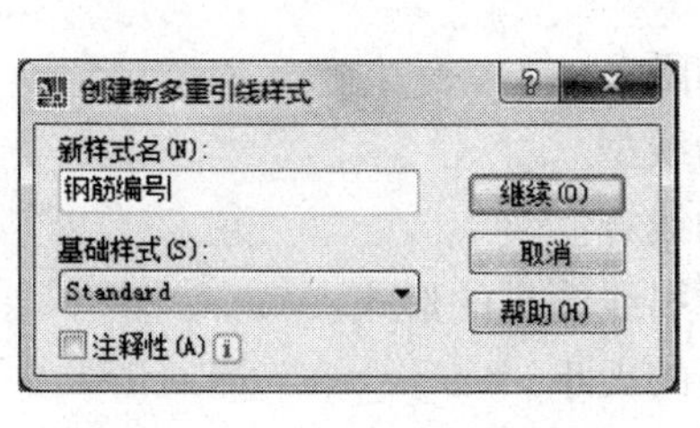

图 8-39 “创建新多重引线样式”对话框

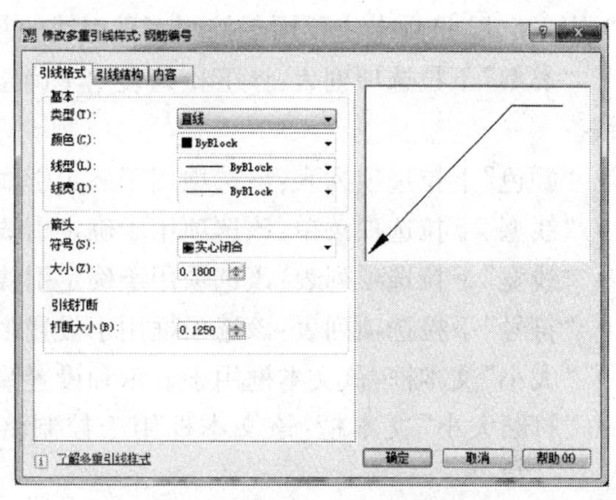

图 8-40 “修改多重引线样式”对话框

(5)在“样式”列表中选中“钢筋编号”样式,单击 置为当前(U) 按钮,保存设置并关闭对话框。

(6)在命令提示行输入多重引线命令 MLEADER(命令缩写 MLD)或者在“多重引线”工具栏上单击按钮,然后根据 AutoCAD 2008 的提示进行如下操作:

命令: mleader ←输入命令,按【Enter】键

指定引线基线的位置或[引线基线优先(L)/内容优先(C)/选项(O)] <选项>: L

←输入选项参数“L”,按【Enter】键,使用“引线基线优先”方式创建引线标注

指定引线箭头的位置或[引线基线优先(L)/内容优先(C)/选项(O)] <选项>:

←移动鼠标捕捉到钢筋轮廓线上,单击鼠标左键

指定引线基线的位置: ←移动鼠标将引线基点放置在适当位置,单击鼠标左键

输入属性值

输入标记编号 <TAGNUMBER>: 4 ←输入数值“4”,按【Enter】键完成引线标注

结果如图 8-41 所示。

(7)使用单行文字在基线上完成钢筋长度和钢筋型号的书写,结果如图 8-36 所示。

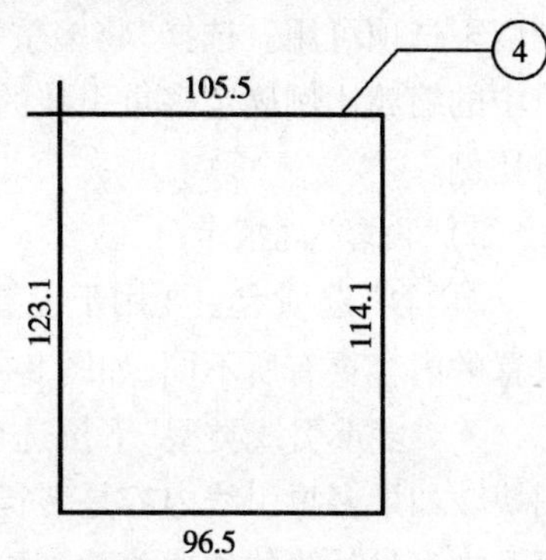

图 8-41 完成多重引线标注

【知识链接】

(一)关于多重引线样式命令

1. 命令调用方式

- 命令行:MLEADERSTYLE
- 命令快捷方式:MLE
- 工具栏按钮:多重引线工具栏→

2. 命令功能说明

执行命令后首先打开如图 8-38 所示的“多重引线样式管理器”对话框，其使用方法与“标注样式管理器”类似。新建或修改多重引线样式均在“修改多重引线样式”对话框中完成。对话框个选项卡选项功能如下：

1)“引线格式”选项卡

“引线格式”选项卡主要用于控制多重引线的基本外观，如图 8-40 所示。

- “类型”下拉选项列表：该下拉列表用于确定引线类型。可以选择直引线、样条曲线或无引线。
- “颜色”下拉选项列表：该选项用于确定引线的颜色。
- “线型”下拉选项菜单：该选项用于确定引线的线型。
- “线宽”下拉选项列表：该选项用于确定引线的线宽。
- “符号”下拉选项列表：该选项框用于设置多重引线箭头的形式。
- “大小”文本框：该文本框用于显示和设置箭头的大小。
- “打断大小”文本框：该文本框用于控制将折断标注添加到多重引线时折断部分的大小。

2)“引线结构”选项卡

“引线结构”选项卡主要用于设置多重引线标注的引线与基线的结构组成关系，如图 8-42 所示。

- “最大引线点数”复选框：该复选框用于指定引线的最大点数，即引线由多少段线段组成。引线点数可以通过选项后的文本框输入。
- “第一段角度”复选框：选中该复选框可以指定引线中的第一个点与引线起点间的角度。其角度值可以通过选项后的下拉选项列表选取。
- “第二段角度”复选框：选中该复选框可以指定引线中的第二个点与第一个点间的角度。其角度值可以通过选项后的下拉选项列表选取。
- “自动包含基线”复选框：选中该项后，将会在引线标注时自动在引线内容前添加水平基线。
- “设置基线距离”复选框：选中该项后，可以为多重引线基线确定固定距离。距离值可以在该选项下方的文本框中输入。
- “注释性”复选框：该复选框用于将多重引线指定为注释性。如果多重引线非注释性，则以下选项可用。选择“将多重引线缩放到布局”选项可以根据模型空间视口和图纸空间视口中的缩放比例确定多重引线的比例因子；选择“指定缩放比例”选项可以指定多重引线的缩放比例。

3)“内容”选项卡

“内容”选项卡主要用于设置多重引线标注的内容形式，选择的内容形式不同，选项卡中设置的内容页有所不同，如图 8-43 所示。

- “多重引线类型”下拉选项列表：通过该下拉列表可以确定多重引线是的内容文字还是图块。如果多重引线内容是多行文字，则在相应的选项中可以设置文字样式、颜色、高度、角度以及文字与基线的位置关系。如果多重引线的内容是图块，则可以在相应的选项中设置块的方式、颜色等。

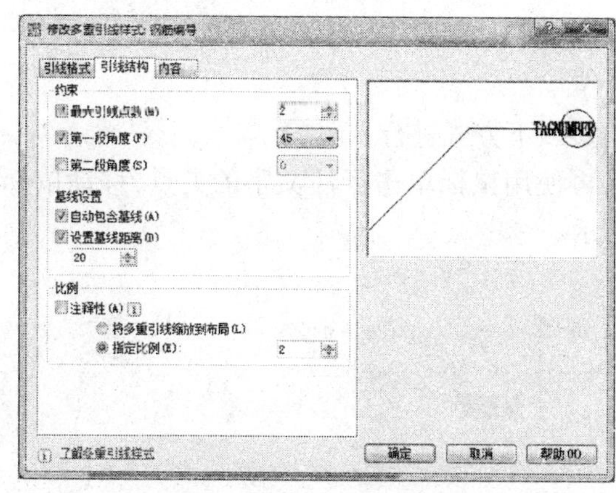

图 8-42 “引线结构”选项卡

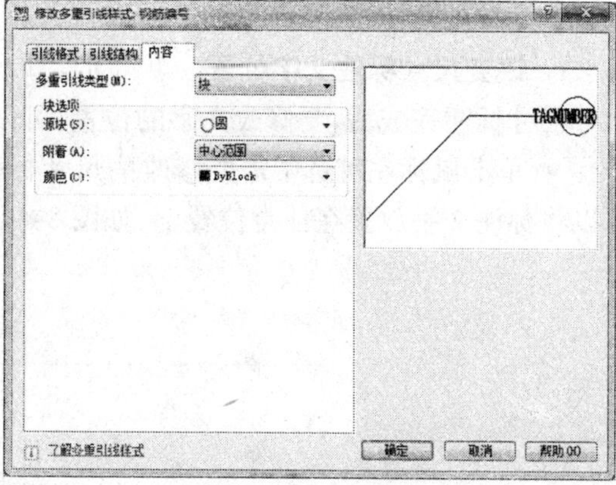

图 8-43 “内容”选项卡

(二)关于多重引线命令 MLEADER

1. 命令调用方式

- 命令行:MLEADERS
- 命令快捷方式:MLD
- 工具栏按钮:多重引线工具栏→

2. 命令选项说明

执行了多重引线标注命令后,会出现“指定引线基线的位置或[引线基线优先(L)/内容优先(C)/选项(O)] <选项>:”提示,其中各参数的具体含义如下:

- “引线箭头优先”:选择该参数后,创建引线标注时,首先指定箭头的位置。如果先前绘制的多重引线对象是引线基线优先,则后续的多重引线也将先创建引线和基线。
- “内容优先”:选择该参数后,创建引线标注时会首先指定文字或图块的位置。如果先前绘制的多重引线对象是内容优先,则后续的多重引线对象也将先创建内容。
- “选项”:选择该参数后 AutoCAD 2008 会提示“输入选项[引线类型(L)/引线基线(A)/内容类型(C)/最大节点数(M)/第一个角度(F)/第二个角度(S)/退出选项(X)] <退出选项>:”,选择相应的参数可以设置多重引线的放置方式,其作用与“修改多重引线样式”对话框类似。

特别提示:

创建多重引线标注时,如果文字、图块或引线的位置不合适,可以直接使用夹点编辑方式进行调整。

项目拓展

本项目拓展中将介绍修改尺寸标注文字内容和位置的方法以及如何进行正等侧轴测图的倾斜标注。

一、修改尺寸标注文字内容和标注位置

尺寸标注样式应该在标注之前先行设置,但是在标注完成后也可以根据需要对其进行

修改。

1. 改变尺寸标注文字位置

尺寸标注完成后，要修改文字的位置，可以通过以下方式进行：

- 单击鼠标左键选中需要修改的尺寸标注，再使用鼠标单击标注文字的夹点，移动鼠标可以将标注文字放置在任意位置上，如图 8-44 所示。

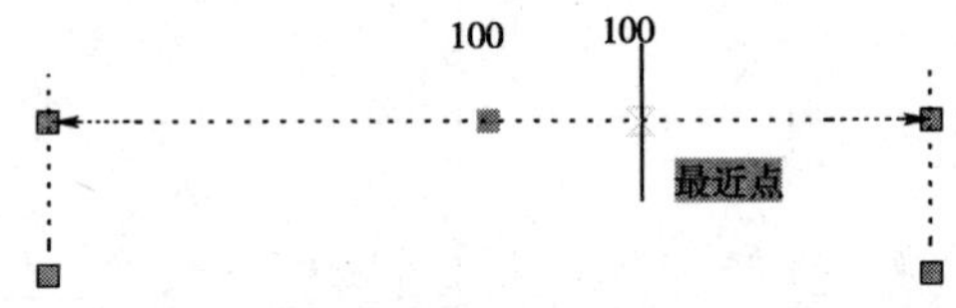

图 8-44　使用夹点编辑改变尺寸标注文字位置

- 打开菜单：【标注】→【对齐文字】→【默认】/【角度】/【左】/【中】/右】，选择某一个菜单选项后，AutoCAD 2008 会提示"选择标注："，根据提示使用鼠标单击需要修改的尺寸标注，可以将标注文字调整到尺寸线的左、中、右各方，或者改变标注文字的角度，如图 8-45 所示。

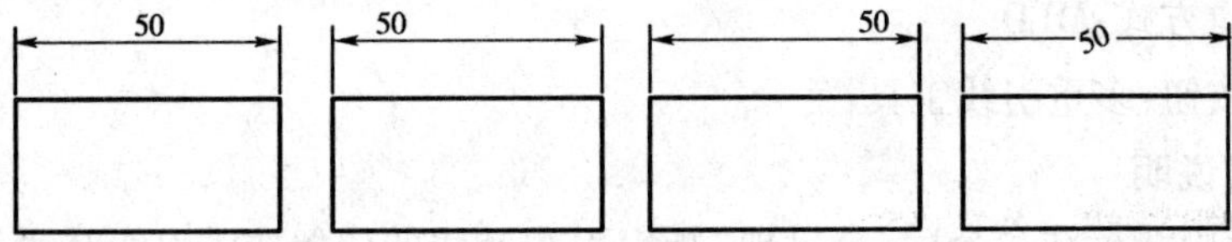

图 8-45　使用菜单选项改变尺寸标注文字位置

- 在命令提示行输入命令 DIMTEDIT，然后根据 AutoCAD 2008 的提示进行如下操作：

```
命令：dimtedit                      ←输入命令，按【Enter】键
选择标注：                          ←使用鼠标单击选中需要修改的尺寸标注
指定标注文字的新位置或[左(L)/右(R)/中心(C)/默认(H)/角度(A)]：
                                    ←直接拖动鼠标将标注文字移动到适当位置上，单击鼠标
                                      左键或输入选项参数将标注文字放置在指定位置
```

- 在标注工具栏点击按钮，然后根据 AutoCAD 2008 的提示进行如下操作：

```
命令：_dimtedit                     ←输入命令，按【Enter】键
选择标注：                          ←使用鼠标单击选中需要修改的尺寸标注
指定标注文字的新位置或[左(L)/右(R)/中心(C)/默认(H)/角度(A)]：
                                    ←直接拖动鼠标将标注文字移动到适当位置上，单击鼠
                                      标左键或输入选项参数将标注文字放置在指定位置
```

2. 修改尺寸标注文字内容

如果是在标注过程中要改变尺寸文字内容，可以在确定尺寸线位置之前选择参数 M(多行文字)或 T(单行文字)，然后输入新的尺寸文字内容替代测量值。如果是在标注已经完成后要改变尺寸标注的内容，可以通过以下方式完成：

- 在命令提示行输入命令 DDEDIT，AutoCAD 2008 会提示"选择注释对象或[放弃(U)]："，使用鼠标选中需要修改标注文字内容的尺寸标注，AutoCAD 2008 打开"文字格式"对话框，如图 8-46 所示。按照多行文字编辑的方式可以直接完成标注文字内容的修改。
- 选中需要修改标注文字的尺寸标注，在"标准"工具栏单击按钮，打开如图 8-47 所

示的“特性”对话框。在对话框中的“文字替代”文本框中输入替代标注文字内容后，单击对话框左上角的 ✖ 按钮保存设置并关闭对话框。

图 8-46　使用命令修改尺寸标注文字内容

二、正等侧轴测图的倾斜标注

正等侧轴测图中的尺寸标注往往需要将尺寸界线倾斜一定的角度，这样才能使标注的尺寸位于轴测平面上，如图 8-48 所示正六面体的正等侧轴测图，在标注完成后，可以使用 DIMEDIT 命令进行调整。

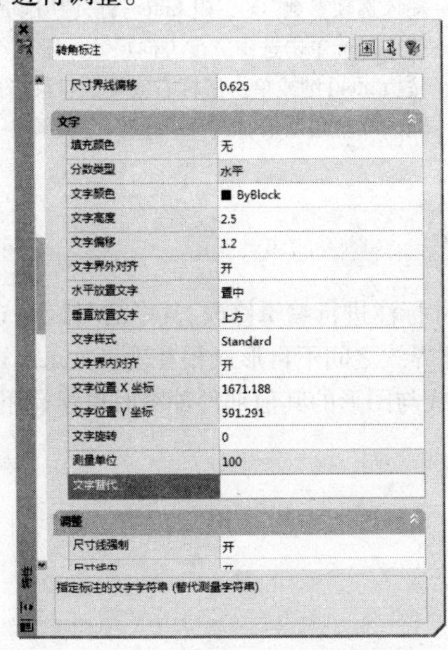

图 8-47　使用“特性”对话框修改尺寸标注文字内容

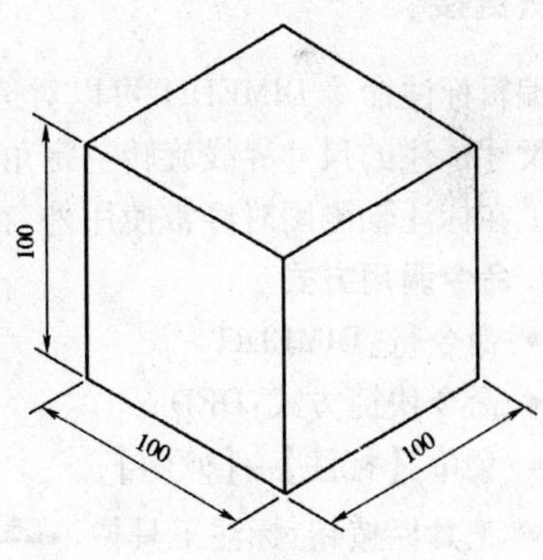

图 8-48　正等侧轴测图标注示例

【操作步骤】

(1)按照图示尺寸完成正六面体正等侧轴测图轮廓线绘制（绘图步骤可参照项目三任务二绘制等轴测圆相关内容）。

(2)使用对齐标注命令 DIMALIGNED 创建基本尺寸标注，如图 8-49 所示。

(3)选择菜单选项【标注】→【倾斜】，然后根据 AutoCAD 2008 的提示进行如下操作：

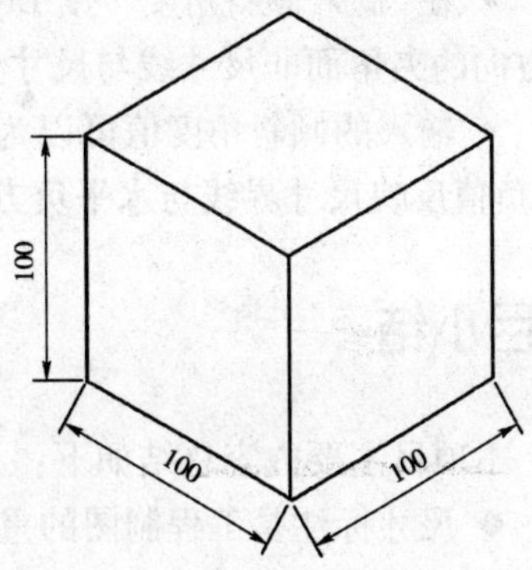

图 8-49　使用对齐标注完成基础标注

```
输入标注编辑类型 [默认(H)/新建(N)/旋转(R)/倾斜(O)] <默认>: _o
选择对象: 找到 1 个                              ←使用鼠标单击选中高度方向尺寸标注
选择对象:                                        ←按【Enter】键或单击鼠标右键确认对象选择完成
输入倾斜角度 (按 ENTER 表示无): 30               ←输入倾斜角度值,按【Enter】键,完成调整
```

(4)在命令提示行输入编辑标注命令 DIMEDIT(命令缩写 DED)后回车,然后根据 AutoCAD 2008 的提示进行如下操作:

```
输入标注编辑类型 [默认(H)/新建(N)/旋转(R)/倾斜(O)] <默认>:o
                                                 ←输入选项参数"O",按【Enter】键,调用倾斜编辑选项
选择对象: 找到 1 个                              ←使用鼠标点击选中长度方向尺寸标注
选择对象:                                        ←按【Enter】键或单击鼠标右键确认对象选择完成
输入倾斜角度 (按 ENTER 表示无): 30               ←输入倾斜角度值,按【Enter】键,完成调整
```

(5)单击标注工具栏上按钮,然后根据 AutoCAD 2008 的提示进行如下操作:

```
输入标注编辑类型 [默认(H)/新建(N)/旋转(R)/倾斜(O)] <默认>:o
                                                 ←输入选项参数"O",按【Enter】键,调用倾斜编辑选项
选择对象: 找到 1 个                              ←使用鼠标单击选中宽度方向尺寸标注
选择对象:                                        ←按【Enter】键或单击鼠标右键确认对象选择完成
输入倾斜角度 (按 ENTER 表示无): -30              ←输入倾斜角度值,按【Enter】键,完成调整
```

其结果如图 8-48 所示。

【知识链接】

编辑标注命令 DIMEDIT 可以对选中的尺寸标注进行编辑修改,其中的"倾斜"选项可以使线性尺寸标注的尺寸界线旋转一定角度与尺寸界线之间不再形成相互垂直关系。这种标注方式除了在标注轴测图时经常使用外,在尺寸界线与图形的其他部件冲突时也很有用处。

1. 命令调用方式

- 命令行:DIMEDIT
- 命令快捷方式:DED
- 菜单:【标注】→【倾斜】
- 工具栏按钮:标注工具栏→

2. 命令功能说明

- 在"输入倾斜角度 (按 ENTER 表示无):"提示下输入的角度值是设置尺寸界线与水平方向的夹角而非尺寸线与尺寸界线之间的夹角。
- 输入的倾斜角度值可以为正值也可以为负值,正值反映尺寸界线与水平正方向的角度,负值反映尺寸界线与水平负方向的夹角。

项目小结

本项目主要内容总结如下:

◆ 尺寸标注是工程制图的重要工作。标注尺寸之前应该先创建标注样式。标注样式决定了尺寸标注的外观。当尺寸外观看起来不合适或与其他标注之间有冲突时,可通过调整标

注样式进行修正。

◆ AutoCAD 2008 中可以标注出多种类型的尺寸，用户可以根据图形对象的情况选择尺寸标注命令，完成线性尺寸、直径、半径、角度、引线等不同类型尺寸标注。

◆ 使用 DDEDIT 命令可以修改标注文字内容；使用 DIMTEDIT 命令或者利用夹点编辑方式可以调整标注位置；使用 DIMEDIT 命令还可以调整尺寸界线的倾斜方向。

实训

1. 完成图 8-50 所示互通式立交桥平面图绘制并进行标注。

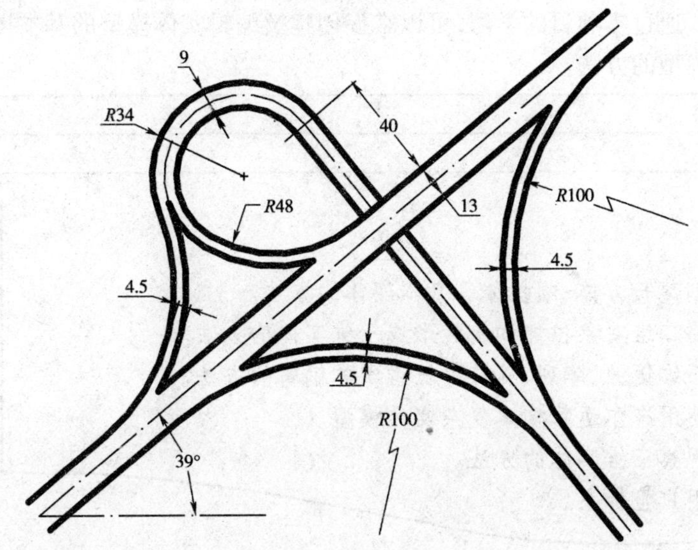

图 8-50　实训 1 图

要求：新建一个标注样式，标注文字的字体为长仿宋体，其余选项设置根据图示情况完成。

2. 完成图 8-51 所示排水设施设计图绘制并进行标注。

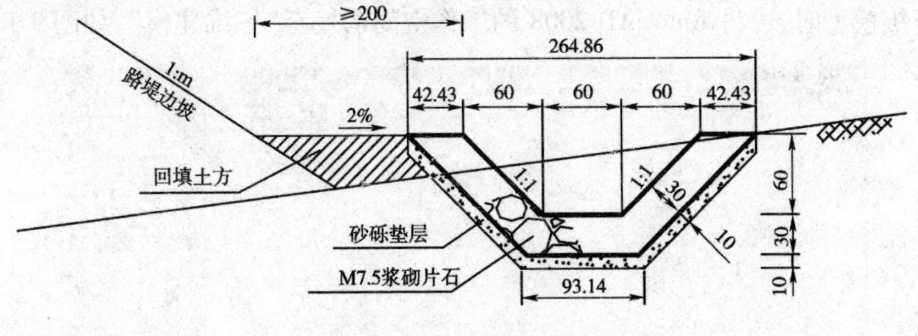

图 8-51　实训 2 图

项目九　创建三维实体

在当前的公路设计工作中，三维图形的应用越来越广泛，甚至出现了很多专门的道路桥梁三维设计、建模软件。AutoCAD 2008 除了为用户提供强大的二维图形绘制与编辑功能外，还提供了创建和编辑三维实体的相关命令。虽然其三维设计功能相对较弱，但已经基本能满足一般的道路、桥梁建模和展示。本项目中主要介绍创建三维实体模型的常用命令及构建实体模型的一般方法。通过本项目的学习，可以掌握创建及编辑实体模型的基本操作，了解利用布尔运算建立复杂模型的方法。

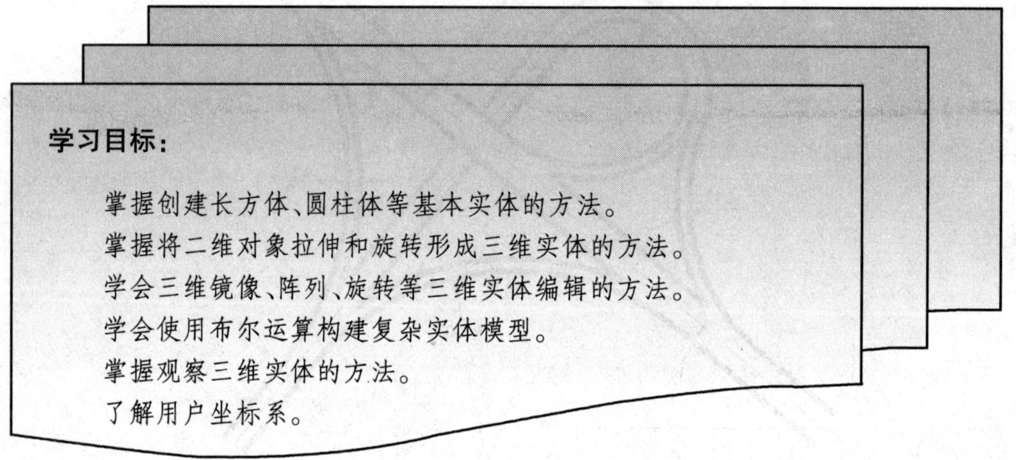

任务一　熟悉三维绘图环境

创建三维模型时，可将 AutoCAD 2008 的工作空间切换至“三维建模”，如图 9-1 所示。

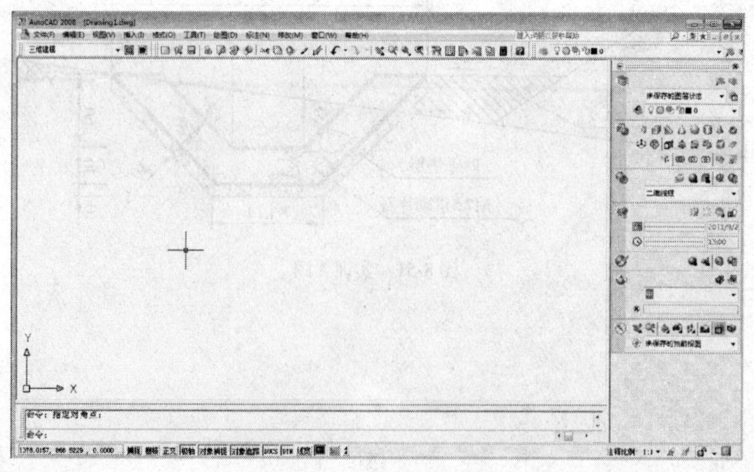

图 9-1　“三维建模”工作空间

默认情况下三维建模空间包含"标准"工具栏、"图层"工具栏、"工作空间"工具栏以及三维建模面板。其中,三维建模面板由图层控制台、三维工作控制台、三维导航控制台、视觉样式控制台、材质控制台、光源控制台和渲染控制台组成,如图 9-2 所示。这些控制台提供了三维建模常用的工具按钮及相关控件,用户可以方便地进行建模、观察、编辑修改及渲染等工作。

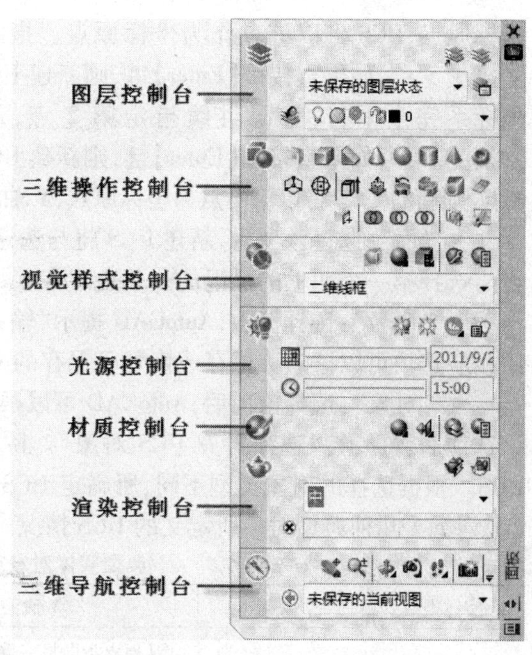

图 9-2 "三维建模"工作空间的面板

一、创建用户坐标系

用户坐标系(User Coordinate System,简称 UCS)是 AutoCAD 为方便坐标输入、空间操作和三维观察提供一种可变动的坐标系。用户可以在 AutoCAD 的三维空间中,创建任何位置定位和定向自定义坐标系,即改变系统默认原点(0,0,0)的位置或 *XY* 平面和 *Z* 轴的方向,也可随时定义、保存和使用多个用户坐标系。在观察或创建三维实体时,应合理设置用户坐标系统。

【操作步骤】

在命令提示行输入用户自定义坐标命令 UCS 后回车,然后根据 AutoCAD 2008 的提示进行如下操作:

```
命令: ucs                                  ←输入命令,按【Enter】键
当前 UCS 名称: *世界*
指定 UCS 的原点或[面(F)/命名(NA)/对象(OB)/上一个(P)/视图(V)/世界(W)/X/Y/Z/Z 轴(ZA)]
<世界>: 100,100                            ←输入坐标值,按【Enter】键,设置新坐标原点
指定 X 轴上的点或 <接受>: @100<45          ←输入相对坐标,按【Enter】键,将与原坐标系 X 方向呈 45°夹
                                             角方向指定为新坐标系 X 轴方向
指定 XY 平面上的点或 <接受>:               ←按【Enter】键,接受设置
```

【知识链接】

1. 命令调用方式

- 命令行:UCS
- 菜单:【工具】→【新建 UCS】→【世界】/【上一个】/【面】/【对象】/【视图】/【原点】/【Z 轴矢量】/【三点】/【X】/【Y】/【Z】
- 工具栏按钮:UCS 工具栏→

2. 命令选项说明

输入 UCS 命令后,只要选中相应的选项,就可以完成用户坐标系的定义、储存、设置以及删除等。下面主要对新建用户坐标系时各选项作介绍:

- "指定 UCS 的原点":通过输入坐标值或使用鼠标在绘图窗口中选择一点指定 UCS 的

坐标原点,UCS 将以该点作为坐标原点。指定坐标原点后,系统提示"指定 X 轴上的点或 <接受>:",如果直接按【Enter】键,则新建 UCS 的 *X*、*Y*、*Z* 轴方向保持不变,即新坐标系与原坐标系完全平行;如果继续指定第 2 点,AutoCAD 继续提示"指定 XY 平面上的点或 <接受>:",如果直接按【Enter】键,则新建 UCS 的 *X* 轴正方向将通过第 2 点;如果继续指定第 3 点,则新的 UCS 将以第 1 点为坐标原点,*X* 轴的正方向通过第 2 点,*Y* 轴的正方向通过第 3 点。

- "面":选择该项后,新建 UCS 将与选定空间平面或三维实体的选定面对齐,其中 *X* 轴将与选择第一个面上的最近的一条边对齐。

- "命名":选择该项,AutoCAD 提示"输入选项 [恢复(R)/保存(S)/删除(D)/?]:",调用相应选项可以按名称保存或恢复已保存的 UCS 方向。

- "对象":选择该项后,AutoCAD 可以根据选定二维对象或三维实体创建新的 UCS,执行该选项后将提示:"选择对齐 UCS 对象"。除三维多段线外,其余实体对象都可以用于定义 UCS。根据选择的对象类型不同,所确定 UCS 的原点、*X* 轴正方向、*Y* 轴正方向也不相同。表 9-1 列举了几种典型对象所定义的 UCS 情况。

典型实体对象定义的用户坐标系 表 9-1

实体类型	原点	*X* 轴正方向	*XY* 平面
直线	选择点	从原点指向另一端点在 *XY* 平面的投影点	过原点与绘制直线时坐标系的 *XY* 平面平行
圆弧	圆心	从圆心指向离选择点最近的圆弧端点	圆弧所在平面
圆	圆心	从圆心指向选择点	圆所在平面
二维多段线	起点	从起点指向多段线第一段的终点	多段线所在平面
文字	文字插入点	文字的旋转方向	文字所在平面
尺寸标注	尺寸文字中点	平行于尺寸标注时坐标系的正方向	尺寸标注所在平面

- "上一个":选择该项后,AutoCAD 则恢复到上一个 UCS。AutoCAD 会分别保留在模型空间和布局空间中创建的最后 10 个坐标系,重复该选项则逐步返回一个 UCS 或其他 UCS,这取决于哪一空间是当前空间。

- "视图":选中该项可以将新建 UCS 的 *XOY* 平面设置在与当前视图平行的平面上,坐标原点不动。此种设置方法在为三维状态下显示的实体对象进行文字标注时非常实用。

- "世界":选中该项,可以将当前用户坐标系设置为世界坐标系。

- "X/Y/Z":选择相应坐标轴后,可以将当前坐标系绕 *XYZ* 轴中某轴旋转一定的角度,从而形成一个新的 UCS。

- "Z 轴":选择该项后可以用指定的 *Z* 轴正半轴定义 UCS。

特别提示:

一旦用户坐标系定义完成,该坐标系就成为当前坐标系,坐标系的图标会按照当前用户坐标系的状态显示坐标轴方向。

二、观察三维实体

在创建三维实体的过程中,用户经常需要从不同的方向观察图形。当用户设定某个查看方向后，AutoCAD 2008 会显示出对应的视图，具有立体感的三维视图将有助于用户完成三维建模。AutoCAD 2008 的默认视图是 *XY* 平面视图，用户可以选择采用不同的视点，不同的视觉样式来观察图形图像。

1. 使用标准视点观察三维实体

在 AutoCAD 中，任何三维实体都可以从任意一个方向观察。在"三维建模"工作空间面板的三维导航控制台中，通过视图控制下拉列表提供了 10 种标准视点，如图 9-3 所示。使用鼠标单击选择这些视点就能获得 3D 对象的 10 种视图，如前视图、后视图、左视图及东南轴测图等。

标准视点是相对于某个基准坐标系（世界坐标系或用户创建的坐标系）设定的，基准坐标系不同，视图也是不同的。如果需要重新指定基准坐标系，可以在【视图】菜单下选择【命名视图】，打开"视图管理器"对话框，如图 9-4 所示，在对话框左侧的列表框中列出了所有预设标准视图，通过右侧的"设定相对于"下拉列表，可以设置这些视图的基准坐标系。

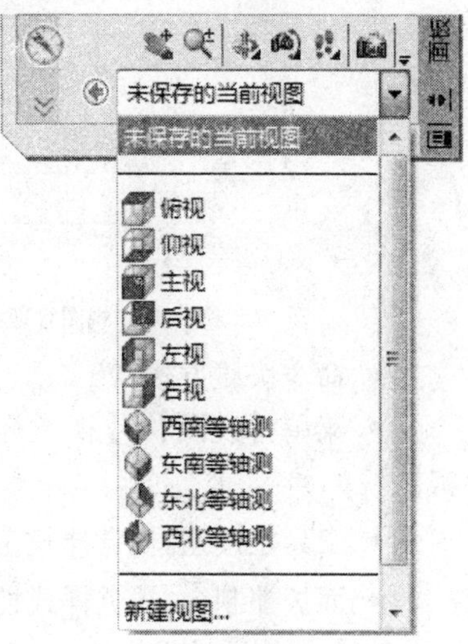

图 9-3　视图控制下拉列表

【知识链接】

1）命令调用方式

- 命令行：VIEW
- 命令快捷方式：V
- 菜单：【视图】→【三维视图】→【俯视】/【仰视】/【左视】/【右视】/【主视】/【后视】/【西南等轴测】/【东南等轴测】/【东北等轴测】/【西北等轴测】
- 工具栏按钮：视图工具栏→
- 面板控制台：三维导航控制台下拉选项列表

2）命令功能说明

- 直接执行 VIEW 命令无法直接改变观察的视图，而是打开如图 9-4 所示的"视图管理器"对话框，在对话框左侧列表中选择相应视图后，单击 置为当前(U) 按钮，再单击 应用(A) 按钮，可以完成视图观察方式的调整。
- 使用其他方式调整视图观察方式时，可以直接单击菜单选项、下拉列表选项或对应工具栏按钮就可以完成视图调整。

2. 改变观察三维实体的视觉样式

使用标准视点观察三维实体的实质是改变观察者的位置，而视觉样式则是改变三维实体的外观显示方式。AutoCAD 2008 提供了"二维线框"、"三维线框"、"三维隐藏"、"概念"、"真实"等 5 种默认视觉样式。通过"三维建模"工作空间面板中的"视觉样式控制台"下拉选择列表，可以完成视觉样式的切换，如图 9-5 所示。

【知识链接】

1）命令调用方式

- 命令行：VSCURRENT

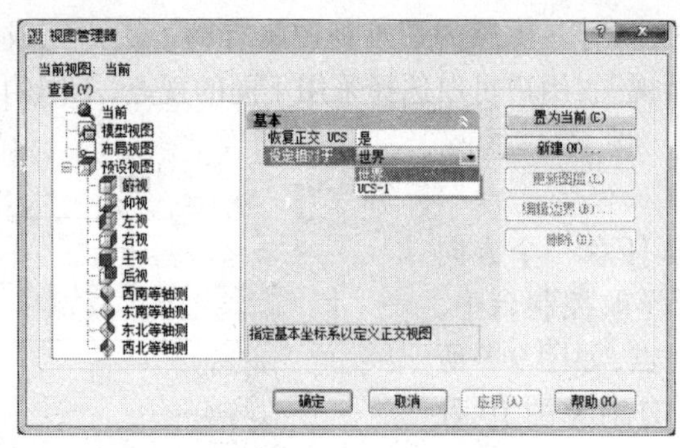

图 9-4 “视图管理器”对话框

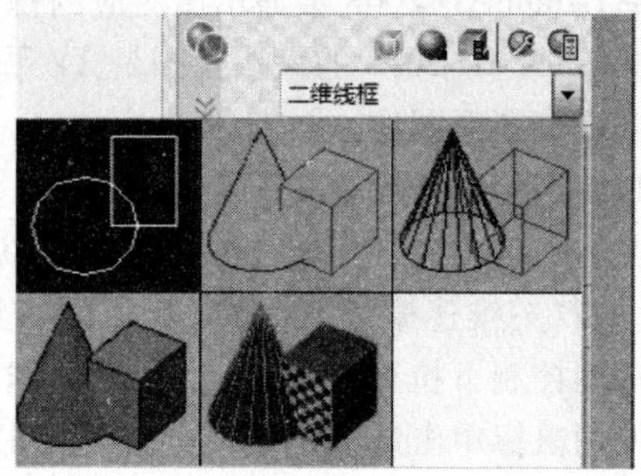

图 9-5 视觉样式控制下拉列表

- 命令快捷方式：VS
- 菜单：【视图】→【视觉样式】→【二维线框】/【三维线框】/【三维隐藏】/【概念】/【真实】
- 工具栏按钮：视觉样式工具栏→
- 面板控制台：视觉样式控制台下拉选项列表

2）命令功能说明

- “二维线框”：显示用直线和曲线表示边界的对象。在这种视觉样式下，光栅图像和 OLE 对象、线型和线宽都是可见的，如图 9-6 所示。

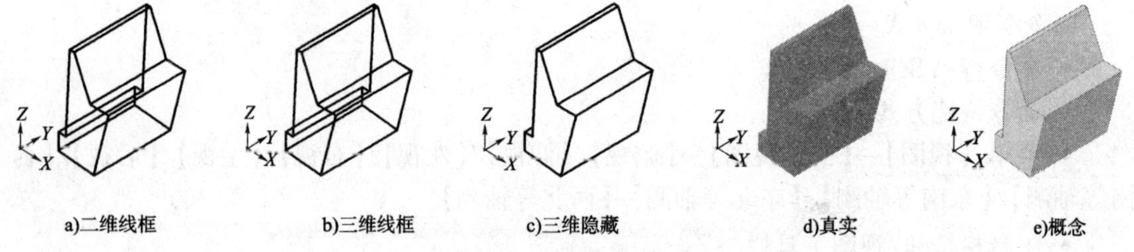

图 9-6 视觉样式示例

- “三维线框”：该选项用于显示用直线和曲线表示边界的对象，同时显示一个已着色的三维 UCS 图标。在这种视觉样式下，光栅图像和 OLE 对象、线型和线宽仍然是可见的，如图 9-6 所示。
- “三维隐藏”：该选项用于显示用三维线框表示的对象并隐藏不可见的面上的直线。在这种视觉样式下，光栅图像和 OLE 对象和线宽都是可见的，但线型不可见，如图 9-6 所示。
- “真实”：该选项用于对三维实体表面进行着色，并使对象的边平滑化，同时可以显示已附着到对象的材质，如图 9-6 所示。
- “概念”：该选项用于对三维实体表面进行着色，并使对象的边平滑化，但着色时使用从冷色到暖色之间的过渡而不是从深色到浅色的过渡，效果缺乏真实感，但是可以更方便地查看模型的细节，如图 9-6 所示。

用户可以对已有视觉样式进行修改或者创建新的视觉样式。单击“视觉样式”控制台或者“视觉样式”工具栏中的按钮，可以打开如图 9-7 所示的“视觉样式管理器”对话框。通过该对话框可以更改视觉样式的设置或新建视觉样式。

3. 动态观察三维实体

AutoCAD 提供了一种交互式的动态观察视图方便用户获得不同方向的三维视图。执行自由动态观察命令3DFORBIT后，通过单击并拖动鼠标的方式就可以方便地改变观察方向。此时AutoCAD 2008会围绕待观察的对象形成一个辅助圆，该圆被4个小圆分成4等份，如图9-8所示。辅助圆的圆心是观察目标点，按住鼠标左键并拖动动时，待观察的对象静止不动，而视点绕着3D对象旋转，显示结果是视图在不断地转动。

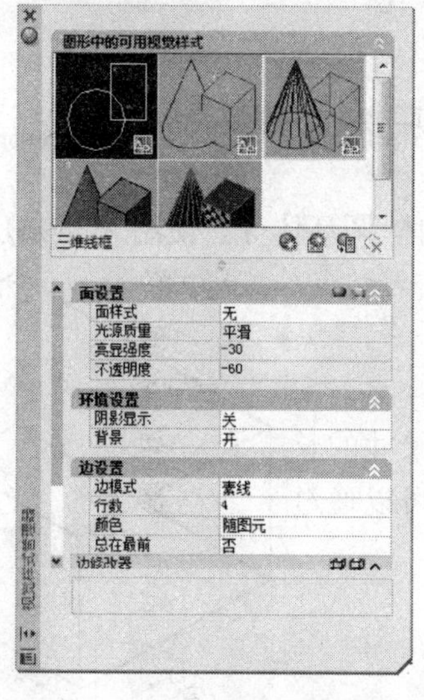

图9-7 “视觉样式管理器”对话框

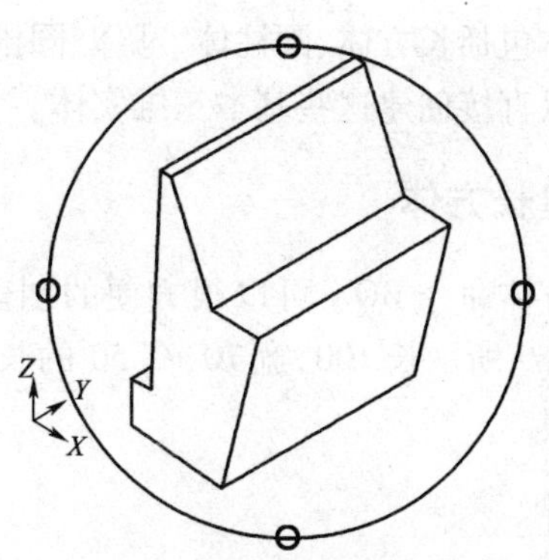

图9-8 动态观察三维实体

【知识链接】

1)命令调用方式

- 命令行:3DFORBIT
- 菜单:【视图】→【动态观察】→【自由动态观察】
- 工具栏按钮:三维导航工具栏→
- 面板控制台:三维导航控制台按钮
- 键盘快捷方式:【Shift】+【Ctrl】+单击鼠标滚轮

2)命令功能说明

- 执行3DFORBIT命令后，AutoCAD 2008的绘图窗口中就会出现一个大圆和4个均布的小圆，如图9-8所示。当鼠标光标移至圆的不同位置时，其形状将发生变化，不同形状的鼠标光标表明当前视图的旋转方向。

- 当光标位于辅助圆内时，会变为形状。此时可假想一个球体将目标对象包裹起来。单击并拖动光标，可以使球体沿鼠标光标拖动的方向旋转，因而模型视图也就旋转起来了。

- 移动鼠标贯标至辅助圆外，光标会变成形状，按住鼠标左键并将鼠标光标沿辅圆拖动，可以使三维视图旋转，旋转轴垂直于屏幕并通过辅助圆心。

- 当把光标移动到辅助圆左、右两侧的小圆中时，光标会变成形状。单击鼠标左键并拖动鼠标，可以使视图绕一个通过辅助圆圆心的铅垂方向轴线转动。

- 当把光标移动到辅助圆上、下位置的小圆中时，光标会变成形状。单击鼠标左键并拖动鼠标,可以使视图绕一个通过辅助圆圆心的水平方向轴线转动。

- AutoCAD 2008 还提供了三维连续动态观察命令 3DCORBIT,在绘图窗口中单击鼠标左键并沿任意方向拖动,可以使三维实体对象沿正在拖动的方向开始移动。松开鼠标后,对象会在指定的方向上继续进行它们的轨迹运动。为光标移动设置的速度决定了三维实体的旋转速度。

任务二　创建基本实体

基本实体包括长方体、圆柱体、球体、圆锥体、楔体、圆环体等。使用 AutoCAD 2008 提供的相关命令可以直接创建这些基本三维实体。

一、创建长方体

使用长方体命令 BOX 可以很方便的创建各种尺寸的长方体。如图 9-9 所示长 100,宽 70,高 50 的长方体,可以通过以下步骤创建。

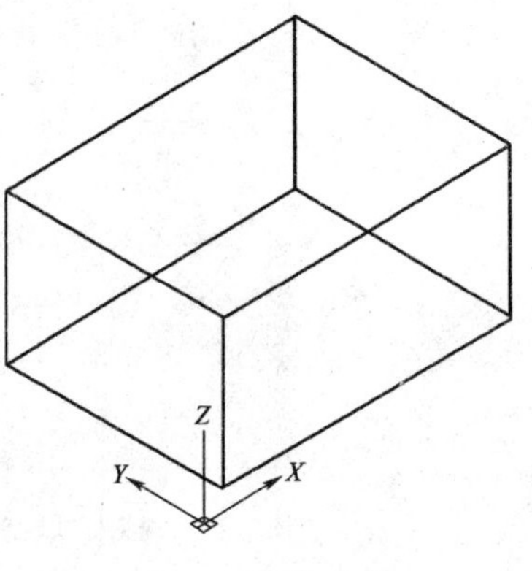

图 9-9　创建长方体

【操作步骤】

在命令提示行输入长方体命令 BOX 后回车,然后根据 AutoCAD 2008 的提示进行如下操作:

命令: box	←输入命令,按【Enter】键
指定第一个角点或[中心(C)]: 0,0,0	←输入长方体角点空间坐标值,按【Enter】键
指定其他角点或[立方体(C)/长度(L)]: L	←输入选项参数“L”,按【Enter】键,使用指定长、宽、高数值方式创建长方体
指定长度: 100	←输入长度值,按【Enter】键
指定宽度: 70	←输入宽度值,按【Enter】键
指定高度或[两点(2P)]: 50	←输入高度值,按【Enter】键,完成长方体创建

【知识链接】

1. 命令调用方式

- 命令行:BOX
- 菜单:【绘图】→【建模】→【长方体】
- 工具栏按钮:建模工具栏→
- 面板控制台:三维制作控制台 按钮

2. 命令功能说明

- 长方体创建的默认方式是通过指定长方体的两个对角顶点位置来完成的。顶点位置可以直接输入坐标值确定,如果使用鼠标点击,只能确定长方体的一个面,还必须在“指定高度”提示下给出高度值。
- 在“指定角点或[立方体(C)/长度(L)]:”提示下选择参数“C”可以给出边长后创建立方体;选择参数“L”可以通过给定长方体的长、宽、高三个特征值来创建长方体。

二、创建球体

使用球体命令 SPHERE 可以创建圆球体。如图 9-10 所示直径为 100 的球体,可以通过以下步骤创建。

【操作步骤】

(1)在绘图窗口单击鼠标右键打开快捷菜单,单击“选项(O)…”菜单选项,打开“选项”对话框。在“显示”选项卡的“显示精度”设置区将“每个曲面的轮廓素线”设置为“20”,如图 9-11 所示。

(2)在命令提示行输入球体命令 SPHERE 后回车,然后根据 AutoCAD 2008 的提示进行如下操作:

```
命令: sphere                                        ←输入命令,按【Enter】键
指定中心点或[三点(3P)/两点(2P)/相切、相切、半径(T)]: 0,0
                                                    ←输入坐标值,按【Enter】键,将球心设置在坐标原点
指定半径或[直径(D)] <100.0000>:100                  ←输入半径值,按【Enter】键,完成球体创建
```

其结果如图 9-10 所示。

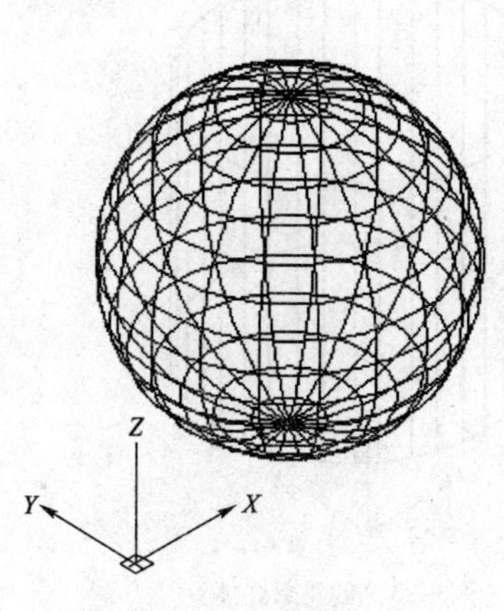

图 9-10　创建球体

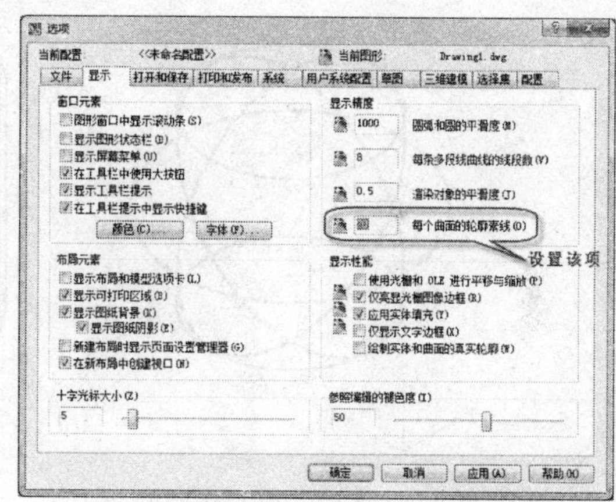

图 9-11　在“选项”对话框中设置轮廓素线数目

【知识链接】

1. 命令调用方式

- 命令行:SPHERE
- 菜单:【绘图】→【建模】→【球体】
- 工具栏按钮:建模工具栏→
- 面板控制台:三维制作控制台按钮

2. 命令功能说明

- 创建球体时,除了可以采用指定圆心和半径(直径)的方法外,还可以采用“三点”、“两点”以及“相切、相切、半径”等方式创建球体。其中,“三点”方式通过在三维空间的任意位置指定三个点来定义球体的圆周;“两点”方式通过在三维空间的任意位置指定两个点来定义球体的圆周,并用第一点的 Z 坐标值定义圆周所在平面;“相切、相切、半径”方式通过指定半径

定义可与两个对象相切的球体，指定的切点将投影到当前 UCS。

- 在二维线框和三维线框视觉样式下，AutoCAD 是通过轮廓素线来表达曲面。轮廓素线的数量越多，表达得曲面越真实，但显示性能也越差，渲染时间也越长。由于 AutoCAD 2008 默认曲面轮廓素线的数量是 4，通常情况下根本无法真实表达曲面情况，如图 9-12 所示，因此，在创建曲面三维实体之前，需要在"选项"对话框中对每个曲面的轮廓素线数目进行设置，如图 9-11 所示。轮廓素线的有效取值范围为 0 ~ 2047。

特别提示：

如果是在创建完三维实体后再设置曲面轮廓素线数目，需要执行"重生成"命令 REGEN 才能将设置值应用于所创建的三维实体。

三、创建圆柱体

使用圆柱体命令 CYLINDER 可以创建圆柱体。如图 9-13 所示直径 100，高 100 的圆柱体，可以通过以下步骤创建。

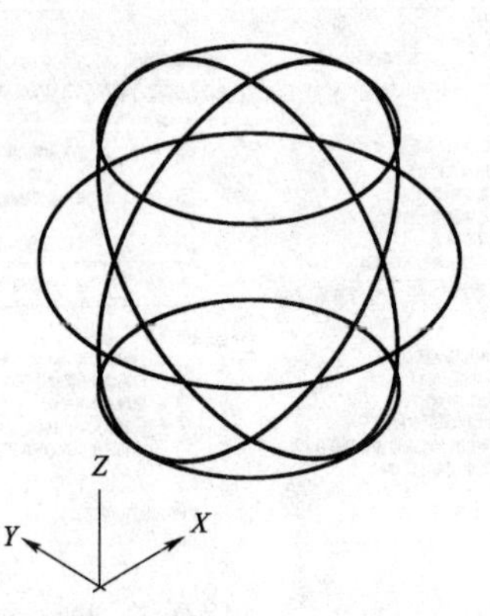

图 9-12　默认轮廓素线表达曲面

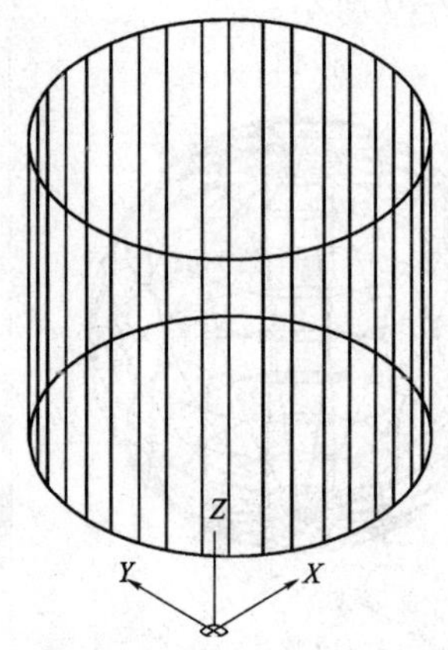

图 9-13　创建圆柱体

【操作步骤】

(1) 打开"选项"对话框。在"显示"选项卡的"显示精度"设置区将"每个曲面的轮廓素线"设置为"20"。

(2) 在命令提示行输入圆柱体命令 CYLINDER 后回车，然后根据 AutoCAD 2008 的提示进行如下操作：

命令：cylinder	←输入命令，按【Enter】键
指定底面的中心点或［三点(3P)/两点(2P)/相切、相切、半径(T)/椭圆(E)］：0,0	
	←输入坐标值，按【Enter】键，将圆柱底面中心设置在坐标原点
指定底面半径或［直径(D)］:100	←输入圆柱半径值，按【Enter】键
指定高度或［两点(2P)/轴端点(A)］：100	←输入圆柱高度值，按【Enter】键，完成圆柱体创建

其结果如图 9-13 所示。

【知识链接】

1. 命令调用方式

- 命令行:CYLINDER
- 命令快捷方式:CYL
- 菜单:【绘图】→【建模】→【圆柱体】
- 工具栏按钮:建模工具栏→
- 面板控制台:三维制作控制台按钮

2. 命令功能说明

- 圆柱体命令 CYLINDER 除了可以创建正圆柱体外,还可以创建椭圆柱。指定圆柱底面圆时可以采用“三点”、“两点”和“相切、相切、半径”方式,其含义与绘制二维平面圆相同。
- 圆柱或椭圆柱的高度可以直接输入高度值确定,也可以在绘图窗口直接拖动鼠标确定高度,如果采用“两点”方式指定圆柱高度,则可以在绘图窗口使用鼠标点击任意两点,两点之间的距离将作为圆柱的高度。

四、创建圆锥体

使用圆锥体命令 CONE 可以创建圆锥体。如图 9-14 所示底面圆直径为 80,高 100 的圆锥体,可以通过以下步骤创建。

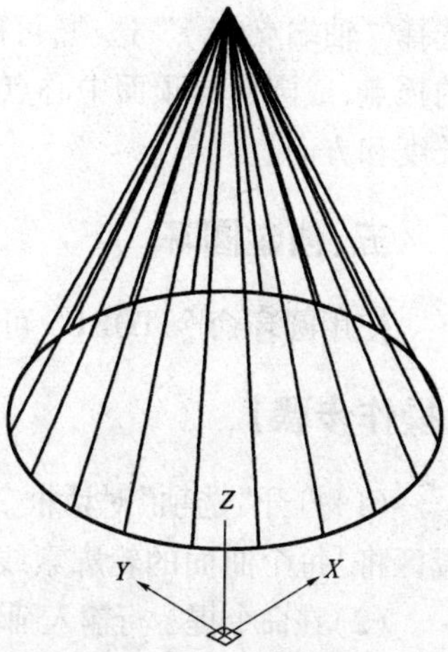

图 9-14　创建圆锥体

【操作步骤】

(1)打开“选项”对话框。在“显示”选项卡的“显示精度”设置区将“每个曲面的轮廓素线”设置为“20”。

(2)在命令提示行输入圆锥体命令 CONE 后回车,然后根据 AutoCAD 2008 的提示进行如下操作:

命令: cone	←输入命令,按【Enter】键
指定底面的中心点或[三点(3P)/两点(2P)/相切、相切、半径(T)/椭圆(E)]: 0,0	
	←输入坐标值,按【Enter】键,将圆锥体底面中心设置在坐标原点
指定底面半径或[直径(D)]: 80	←输入圆锥底面圆半径值,按【Enter】键
指定高度或[两点(2P)/轴端点(A)/顶面半径(T)]: 100	
	←输入圆锥高度值,按【Enter】键,完成圆柱体创建

其结果如图 9-14 所示。

【知识链接】

1. 命令调用方式

- 命令行:CONE
- 菜单:【绘图】→【建模】→【圆锥体】

- 工具栏按钮：建模工具栏→
- 面板控制台：三维制作控制台按钮

2. 命令功能说明

- 与圆柱体命令类似，圆锥体命令 CONE 除了可以创建正圆锥体外，还可以创建椭圆锥。指定圆锥底面圆时也可以采用"三点"、"两点"和"相切、相切、半径"方式。
- 创建圆锥体时，如果在"指定高度或［两点(2P)/轴端点(A)/顶面半径(T)］："提示下选择"顶面半径(T)"选项并输入顶面半径值，可以创建圆台或椭圆台。
- 创建圆锥体时，如果在"指定高度或［两点(2P)/轴端点(A)/顶面半径(T)］："提示下选择"轴端点(A)"选项，可以通过移动鼠标指定圆锥体轴线的端点位置。轴端点是圆锥体的顶点，或圆台的顶面中心点。轴端点可以位于三维空间的任何位置，轴端点定义了圆锥体的长度和方向。

五、创建圆环

使用圆环命令 TORUS 可以创建如图 9-15 所示圆环。

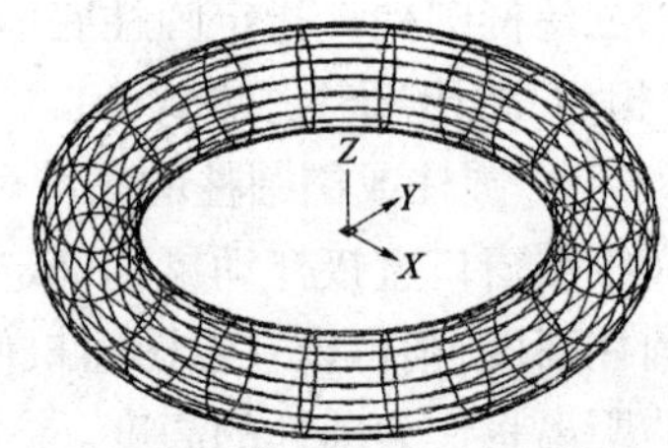

图 9-15　创建圆环

【操作步骤】

(1)打开"选项"对话框。在"显示"选项卡的"显示精度"设置区将"每个曲面的轮廓素线"设置为"20"。

(2)在命令提示行输入圆环命令 TORUS 后回车，然后根据 AutoCAD 2008 提示进行如下操作：

命令：torus	←输入命令，按【Enter】键
指定中心点或［三点(3P)/两点(2P)/相切、相切、半径(T)］：0,0	
	←输入坐标值，按【Enter】键，将圆锥体底面中心设置在坐标原点
指定半径或［直径(D)］：100	←输入圆环半径值，按【Enter】键
指定圆管半径或［两点(2P)/直径(D)］：20	←输入圆管半径值，按【Enter】键，完成圆环体创建

其结果如图 9-15 所示。

【知识链接】

1. 命令调用方式

- 命令行：TORUS
- 命令快捷方式：TOR
- 菜单：【绘图】→【建模】→【圆环体】
- 工具栏按钮：建模工具栏→
- 面板控制台：三维制作控制台按钮

2. 命令功能说明

- 圆环体是一种环形管状结构，圆环和圆管的半(直)径取值决定了其形状。其中，圆环半径取值可以为负，但圆管的半径取值必须为非零正值。当圆环半径的绝对值大于圆管半径时，可以创建圆环体，如图 9-16a)所示；若圆环半径为负，且绝对值小于圆管半径，则创建的为纺锤状实体，如图 9-16b)所示；如果圆环半径为正但小于圆管半径，则创建的实体为两端凹陷的扁球体，如图 9-16c）所示。

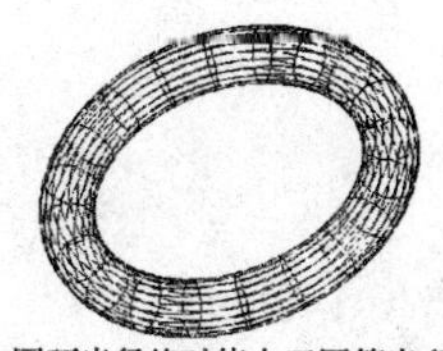
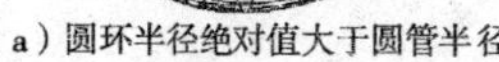
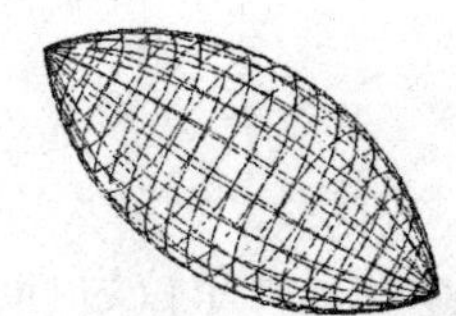
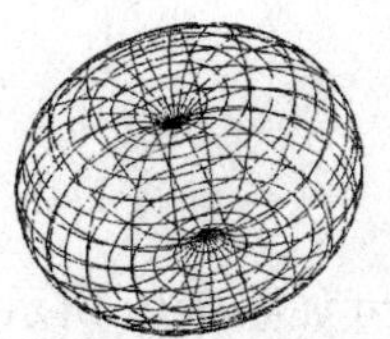

a）圆环半径绝对值大于圆管半径　b）圆环半径为负，绝对值小于圆管半径　c）圆环半径为正，小于圆管半径

图 9-16　圆环半径与圆管半径关系

任务三　创建复杂实体对象

目前，三维建模在公路工程的设计工作中已经非常常见，它可以非常直观地将设计人员的意图展现出来，然而路桥工程的三维实体模型并非某一个或几个简单实体的组合。下面以图 9-17 所示 1-13m 预应力空心板桥的三维建模为例，介绍创建复杂三维实体模型的方法。

一、创建重力式桥台三维模型

重力式桥台是由台帽、前墙、侧墙和基础 4 个部分组成。其三维建模可以按以下顺序进行：先分别对台帽、前墙、侧墙和基础进行建模，然后再组装成一个整体的桥台。

1. 台帽建模

【基本资料】

台帽为长方体，长 90cm，宽 1470cm，厚度为 60cm，如图 9-18 所示。

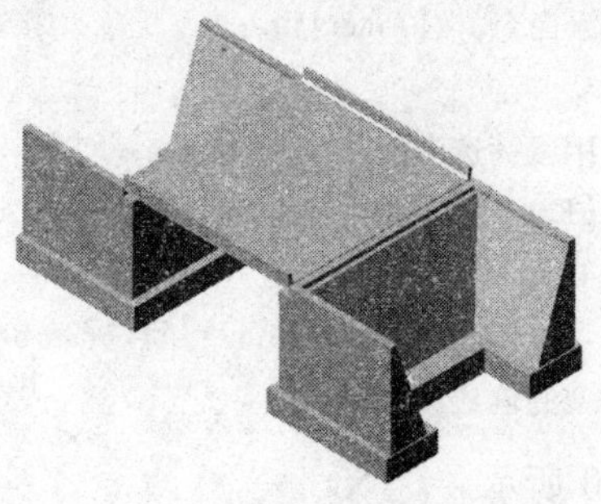

图 9-17　1～13m 预应力空心板桥实体模型

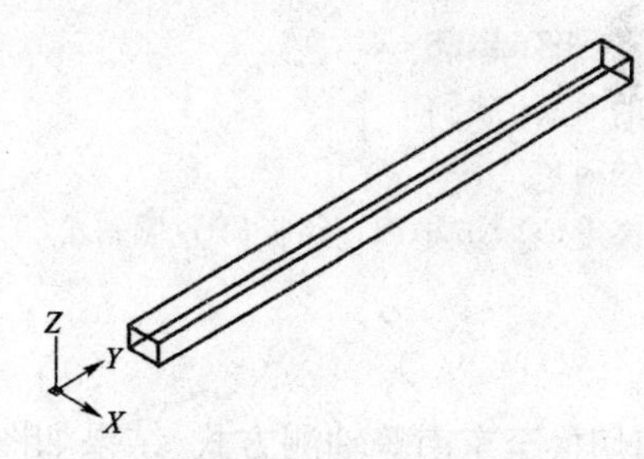

图 9-18　台帽三维模型

【操作步骤】

在命令提示行输入长方体命令 BOX 后回车，然后根据 AutoCAD 2008 的提示进行如下操作：

命令：box	←输入命令，按【Enter】键
指定第一个角点或［中心(C)］：	←在绘图区任意位置单击鼠标左键，确定长方体第一个角点位置
指定其他角点或［立方体(C)/长度(L)］：L	←输入选项参数“L”，按【Enter】键，使用指定长、宽、高数值方式创建长方体
指定长度：90	←输入长度值，按【Enter】键
指定宽度：1470	←输入宽度值，按【Enter】键
指定高度或［两点(2P)］：60	←输入高度值，按【Enter】键，完成台帽创建

台帽在东南等轴测视图中的创建结果如图 9-18 所示。

2. 前墙建模

【基本资料】

前墙断面尺寸如图 9-19 所示。图中的尺寸单位为 cm，前墙长 1450cm。

【操作步骤】

(1)根据前墙断面尺寸用直线命令 LINE 或多段线命令 PLINE 绘制前墙断面轮廓线，如图 9-19 所示。

(2)在命令提示行输入创建面域命令 REGION 后回车，然后根据 AutoCAD 2008 的提示进行如下操作：

```
命令：region                                ←输入命令，按【Enter】键
选择对象：指定对角点：找到 8 个               ←使用窗口选择方式选中步骤 1 绘制的桥台前墙轮
廓线
选择对象：                                  ←按【Enter】键，确认对象选择完成并创建面域
已提取 1 个环。
已创建 1 个面域。
```

命令执行后，线框围成的区域被创建为一个面域，原来各自独立的 8 条线段形成一个整体。

(3)在命令提示行输入拉伸实体命令 EXTRUDE 后回车，然后根据 AutoCAD 2008 的提示进行如下操作：

```
命令：extrude                               ←输入命令，按【Enter】键
当前线框密度：ISOLINES = 4
选择要拉伸的对象：找到 1 个                   ←使用鼠标选中前一步创建的面域对象
选择要拉伸的对象：                            ←按【Enter】键，确认对象选择完成
指定拉伸的高度或[方向(D)/路径(P)/倾斜角(T)]：1450
                                            ←输入拉伸长度值，按【Enter】键，完成桥台前墙三维
                                              模型的创建
```

将视图切换至东南等轴测方式，结果如图 9-20 所示。

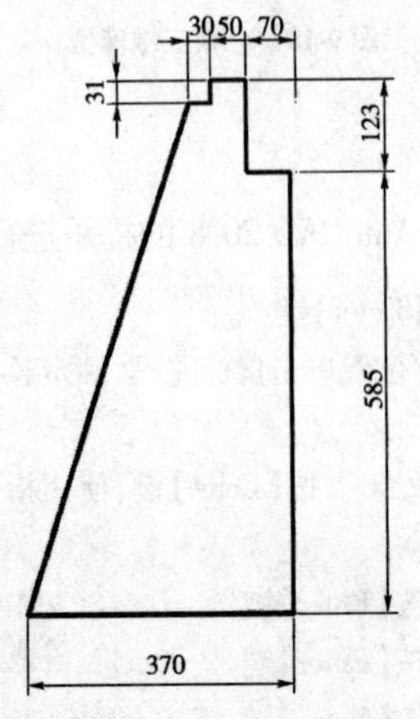

图 9-19　前墙断面尺寸

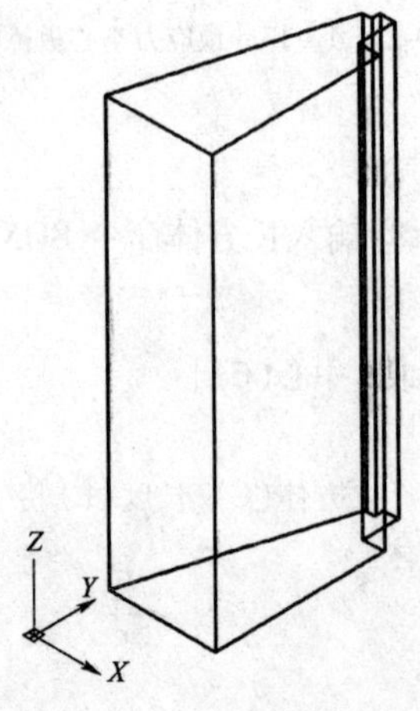

图 9-20　拉伸实体命令创建桥台前墙模型

(4)在命令提示行输入三维旋转命令 ROTATE3D 后回车，然后根据 AutoCAD 2008 的提示进行如下操作：

命令：rotate3d ←输入命令，按【Enter】键
当前正向角度：ANGDIR = 逆时针 ANGBASE = 0
选择对象：找到 1 个 ←使用鼠标选中前一步创建的实体对象
选择对象： ←按【Enter】键，确认对象选择完成
指定轴上的第一个点或定义轴依据［对象(O)/最近的(L)/视图(V)/X 轴(X)/Y 轴(Y)/Z 轴(Z)/两点(2)］：x ←选项参数“X”，使实体对象绕 X 轴方向旋转
指定 X 轴上的点 <0,0,0>： ←移动鼠标捕捉到实体对象上任意一点，单击鼠标左键
指定旋转角度或［参照(R)］：90 ←输入旋转角度值，按【Enter】键，完成旋转

其结果如图 9-21 所示。

3. 侧墙建模

【基本资料】

侧墙断面尺寸如图 9-22 所示。图中尺寸单位为 cm，侧墙长 800cm。

【操作步骤】

(1)根据侧墙断面尺寸用直线命令 LINE 或多段线命令 PLINE 绘制侧墙断面轮廓线，如图 9-22 所示。

(2)使用创建面域命令 REGION 将侧墙断面轮廓线创建为面域。

(3)在命令提示行输入拉伸实体命令 EXTRUDE 后回车，然后根据 AutoCAD 2008 的提示进行如下操作：

当前线框密度：ISOLINES = 4
选择要拉伸的对象：找到 1 个 ←使用鼠标选中前一步创建的面域对象
选择要拉伸的对象： ←按【Enter】键，确认对象选择完成
指定拉伸的高度或［方向(D)/路径(P)/倾斜角(T)］：800
←输入拉伸长度值，按【Enter】键，完成桥台前墙三维模型的创建

将视图切换至东南等轴测方式，结果如图 9-23 所示。

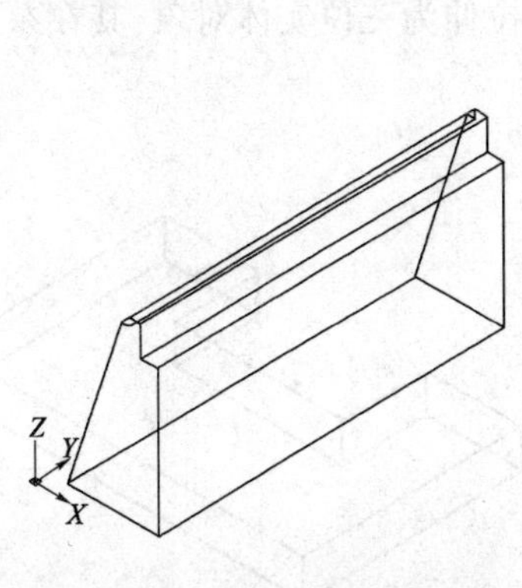

图 9-21 桥台前墙模型

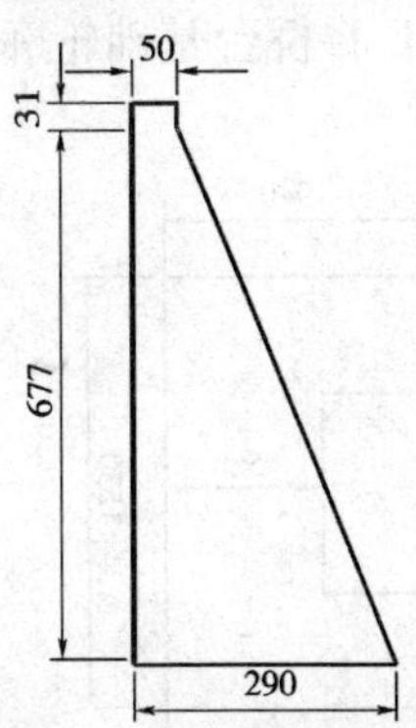

图 9-22 侧墙断面尺寸

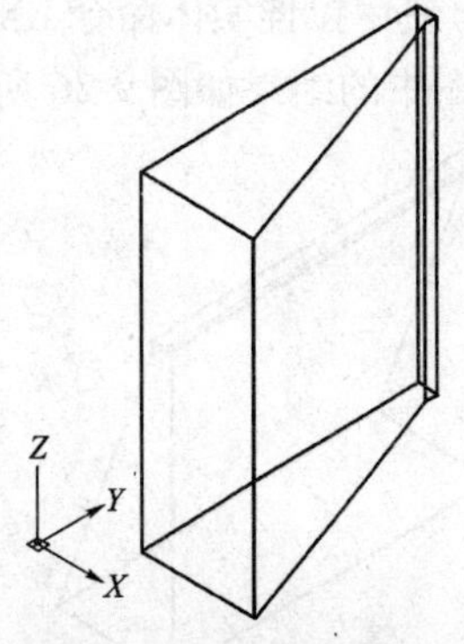

图 9-23 拉伸实体命令创建桥台侧墙模型

(4)在命令提示行输入三维旋转命令 ROTATE3D 后回车，然后根据 AutoCAD 2008 的提示进行如下操作：

```
当前正向角度：ANGDIR = 逆时针 ANGBASE = 0
选择对象：找到 1 个                        ←使用鼠标选中前一步创建的实体对象
选择对象：                                 ←按【Enter】键，确认对象选择完成
指定轴上的第一个点或定义轴依据［对象(O)/最近的(L)/视图(V)/X 轴(X)/Y 轴(Y)/Z 轴(Z)/两点
(2)］：x                                   ←选项参数"X"，使实体对象绕 X 轴方向旋转
指定 X 轴上的点 <0,0,0>：                  ←移动鼠标捕捉到实体对象上任意一点，单击鼠标左键
指定旋转角度或［参照(R)］：90              ←输入旋转角度值，按【Enter】键，完成旋转
命令：                                     ←按【Enter】键，再次执行三维旋转命令
ROTATE3D
当前正向角度：ANGDIR = 逆时针 ANGBASE = 0
选择对象：找到 1 个                        ←使用鼠标再次选中桥台侧墙实体对象
选择对象：                                 ←按【Enter】键，确认对象选择完成
指定轴上的第一个点或定义轴依据［对象(O)/最近的(L)/视图(V)/X 轴(X)/Y 轴(Y)/Z 轴(Z)/两点
(2)］：z                                   ←选项参数"Z"，使实体对象绕 Z 轴方向旋转
指定 Z 轴上的点 <0,0,0>：                  ←移动鼠标捕捉到实体对象上任意一点，单击鼠标左键
指定旋转角度或［参照(R)］：90              ←输入旋转角度值，按【Enter】键，完成旋转
```

其结果如图 9-24 所示。

4. 桥台基础建模

【基本资料】

桥台基础形状为"凹"字形，其平面尺寸如图 9-25 所示，图中尺寸单位为 cm，桥台厚 150cm。

【操作步骤】

(1)根据桥台基础平面尺寸用直线命令 LINE 或多段线命令 PLINE 绘制桥台基础轮廓线，如图 9-25 所示。

(2)使用创建面域命令 REGION 将桥台基础轮廓线创建为面域。

(3)使用拉伸实体命令 EXTRUDE 将桥台基础轮廓面域拉伸为三位实体对象，其在东南等轴测视图中的结果如图 9-26 所示。

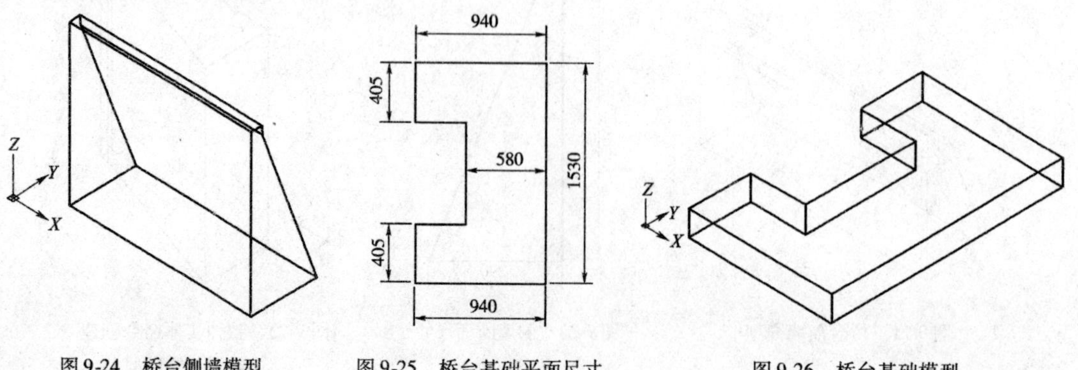

图 9-24 桥台侧墙模型　　图 9-25 桥台基础平面尺寸　　图 9-26 桥台基础模型

5. 桥台组装

桥台组装需要参照图 9-27 所示桥台平面设计图完成。

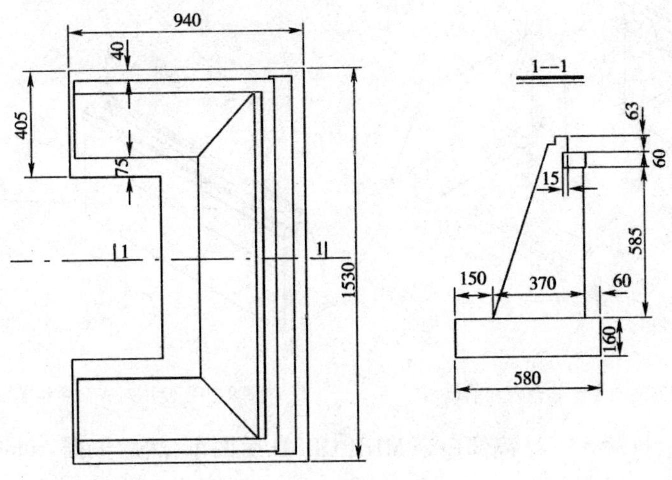

图 9-27　桥台平面图

【操作步骤】

(1)在命令提示行输入移动命令 MOVE 后回车,然后根据 AutoCAD 2008 的提示进行如下操作:

选择对象:找到 1 个	←使用鼠标选中台帽实体对象
选择对象:	←按【Enter】键,确认对象选择完成
指定基点或[位移(D)] <位移>:	←移动鼠标捕捉到台帽底面内侧棱线中点,单击鼠标左键确认
指定第二个点或 <使用第一个点作为位移>:	←移动鼠标捕捉到桥台前墙端面台阶内侧棱线中点,如图 9-28 所示,单击鼠标左键,完成移动

(2)根据图 9-27 所示桥台平面图,再次使用移动命令 MOVE,将台帽沿长度方向向前墙内移动 15cm。

(3)在命令提示行输入对齐命令 ALIGN 后回车,然后根据 AutoCAD 2008 的提示进行如下操作:

选择对象:找到 1 个	←使用鼠标选中侧墙实体对象
选择对象:	←按【Enter】键,确认对象选择完成
指定第一个源点:	←移动鼠标捕捉到侧墙顶面 1 点,如图 9-29 所示,单击鼠标左键确认
指定第一个目标点:	←移动鼠标捕捉到前墙顶面 2 点,如图 9-29 所示,单击鼠标左键确认
指定第二个源点:	←移动鼠标捕捉到侧墙顶面 3 点,如图 9-29 所示,单击鼠标左键确认
指定第二个目标点:	←移动鼠标捕捉到前墙顶面 4 点,如图 9-29 所示,单击鼠标左键确认
指定第三个源点或 <继续>:	←按【Enter】键,完成源点与目标点匹配
是否基于对齐点缩放对象?[是(Y)/否(N)] <否>:	←按【Enter】键,确认不缩放对象并完成对齐操作

其结果如图 9-30 所示。

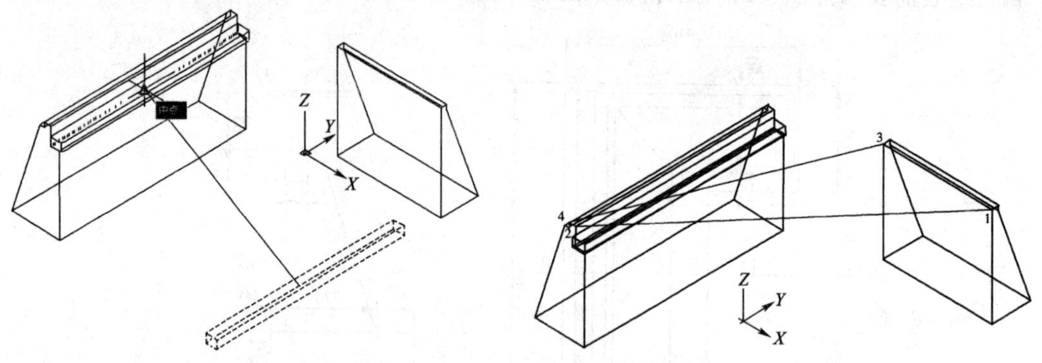

图 9-28　使用移动命令组装台帽和前墙　　　图 9-29　使用对齐命令组装前墙和侧墙

(4)在命令提示行输入三维镜像命令 MIRROR3D 后回车,然后根据 AutoCAD 2008 的提示进行如下操作:

选择对象: 找到 1 个	←使用鼠标选中侧墙实体对象
选择对象:	←按【Enter】键,确认对象选择完成
指定镜像平面（三点）的第一个点或[对象(O)/最近的(L)/Z 轴(Z)/视图(V)/XY 平面(XY)/YZ 平面(YZ)/ZX 平面(ZX)/三点(3)] <三点>: zx	←选项参数“ZX”,使对称面与 ZX 平面平行
指定 ZX 平面上的点 <0,0,0>:	←移动鼠标捕捉到前墙底面棱线中点,单击鼠标左键确认
是否删除源对象? [是(Y)/否(N)] <否>:	←按【Enter】键,确认不删除源对象并完成镜像操作

其结果如图 9-31 所示。

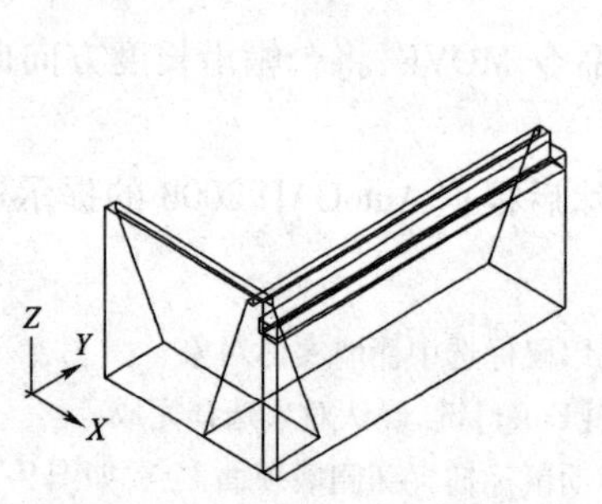

图 9-30　单侧侧墙与前墙组装效果

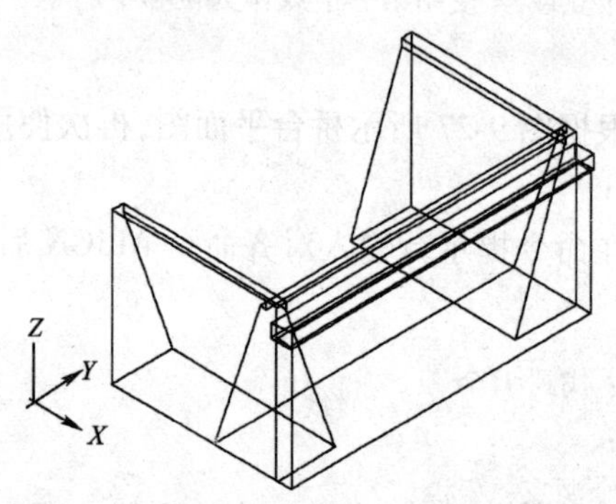

图 9-31　单侧侧墙三维镜像操作完成效果

(5)参照图 9-27,使用移动命令完成桥台基础与前墙、侧墙的组装,结果如图 9-32 所示。

(6)在命令提示行输入并集运算命令 UNION 后回车,然后根据 AutoCAD 2008 的提示进行如下操作:

选择对象: 找到 1 个	←使用鼠标选中所有实体对象
选择对象:	←按【Enter】键,确认对象选择完成

执行完并运算后,将前台个部分合并为一个整体,其结果如图 9-33 所示。

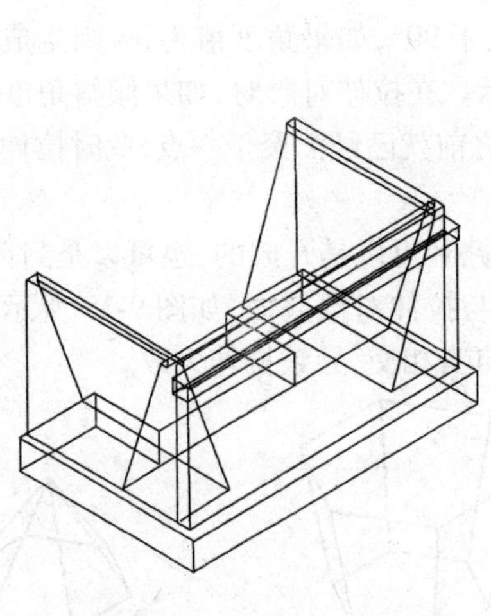

图 9-32 桥台组装完成效果

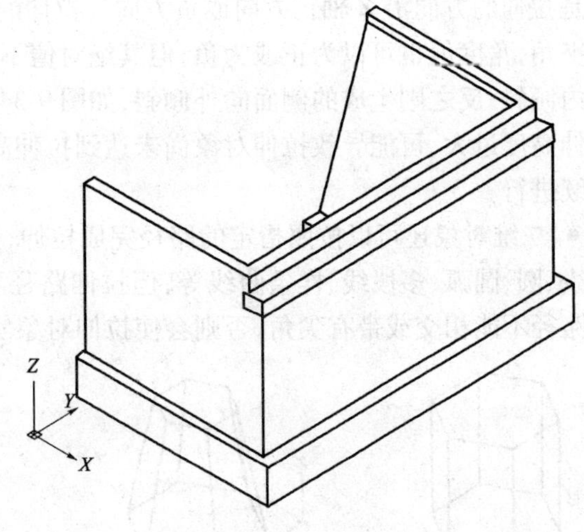

图 9-33 桥台三维模型

【知识链接】

1. 关于创建面域命令 REGION

1)命令调用方式

- 命令行:REGION
- 命令快捷方式:REG
- 菜单:【绘图】→【面域】
- 工具栏按钮:建模工具栏→

2)命令功能说明

- 面域是指具有封闭边界的二维平面。构成边界的对象可以是直线、多段线、圆弧、椭圆弧、样条曲线等,但要求组成边界的对象必须共面,即在同一个平面上,且构成边界的对象相互之间不能相交。创建面域后,所有组成边界的对象构成一个平面整体。
- 面域可以通过分解命令 EXPLODE 分解成各个独立对象。面域命令对于通过拉伸或旋转方式创建三维实体非常有用。

2. 关于创拉伸实体命令 EXTRUDE

1)命令调用方式

- 命令行:EXTRUDE
- 命令快捷方式:EXT
- 菜单:【绘图】→【建模】→【拉伸】
- 工具栏按钮:建模工具栏→
- 面板控制台:三维制作控制台按钮

2)命令功能说明

- 二维封闭图形,如封闭的多段线、正多边形、圆、椭圆、封闭的样条曲线、圆环以及面域等可以通过拉伸使之具有一定厚度,变成三维实体。
- 在默认情况下,对象的拉伸是沿 Z 轴方向完成的。在使用 EXTRUDE 命令进行拉伸操作时只需要指定拉伸的高度和倾斜角度就可以了。拉伸的高度值可以为正也可以为负,它表明的是拉伸的方向沿 Z 轴正方向或负方向。拉伸的角度值表示生成实体的侧面与 XY 平面之间的夹角,角度值也可以为正或为负,但其绝对值不得大于 90°,如果角度值为正,则生成的侧面向内倾斜,反之则生成的侧面向外倾斜,如图 9-34 所示。在拉伸对象时,如果倾斜角度过大或拉伸高度过大,可能导致拉伸对象尚未达到拉伸高度之前就已经汇聚于一点,此时拉伸将无法继续进行。

• 二维对象还可以按照指定的路径完成拉伸,拉伸路径可以是开放的,也可以是封闭的,如直线、圆、圆弧、多段线、样条曲线等,但拉伸路径不能与拉伸对象共面,如图 9-35 所示。拉伸的路径不能相交或带有尖角,否则会使拉伸对象实体自身相交,导致拉伸失败。

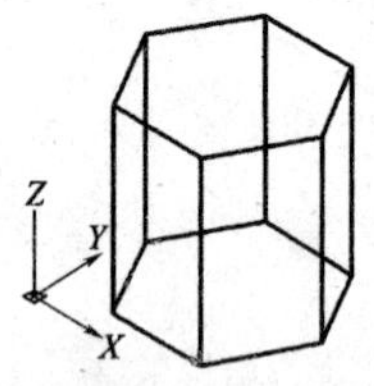

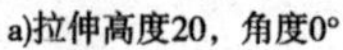
a)拉伸高度20，角度0°

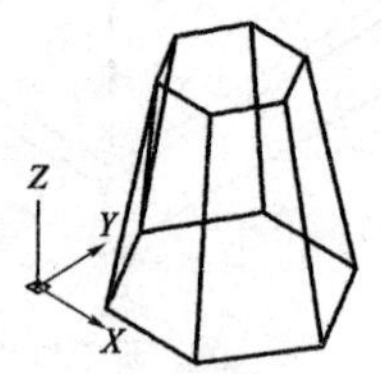

b)拉伸高度20，角度10°

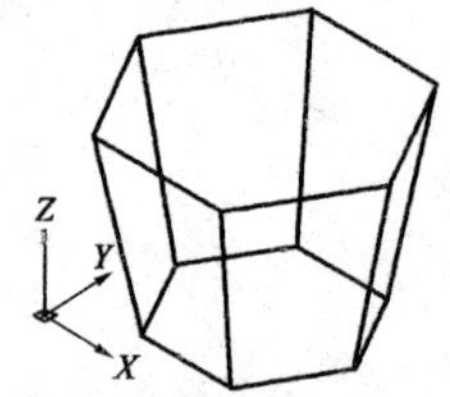

c)拉伸高度20，角度-10°

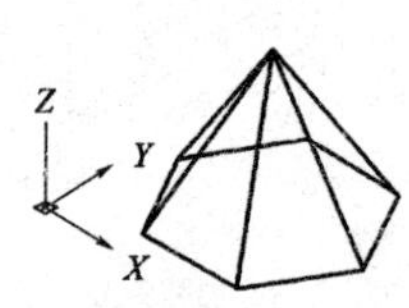

d)拉伸高度20，角度30°

图 9-34 拉伸二维对象创建三维实体示例

• 如果拉伸对象具有厚度或由多段线构成的拉伸对象具有线宽,在拉伸后,厚度和线宽均会被忽略。

3. 关于三维旋转命令 ROTATE3D

1)命令调用方式

• 命令行:ROTATE3D 或 3DROTATE

• 菜单:【修改】→【三维操作】→【三维旋转】

• 工具栏按钮:建模工具栏→

2)命令功能说明

• 三维旋转可以使平面对象或实体对象在三维空间中绕任意轴(X、Y 或 Z 轴)、视图、对象或两点进行旋转。

• 如果使用 ROTATE3D 命令旋转对象,在执行命令后,AutoCAD 2008 会提示"指定轴上的第一个点或定义轴依据[对象(O)/最近的(L)/视图(V)/X 轴(X)/Y 轴(Y)/Z 轴(Z)/两点(2)]:"。选择相应的参数,可以自由设置旋转对象时所围绕的旋转轴。

• 如果使用 3DROTATE 命令、菜单方式或者工具栏按钮方式旋转对象,在执行命令后,会在绘图窗口出现图 9-36 所示的由 3 个不同颜色,并且互相垂直的辅助圆构成的旋转工具。使用时先通过旋转工具的夹点来指定旋转基点,再点击不同颜色的圆环指定通过旋转方向,输入旋转角度后可以完成三维旋转操作。但此种方式只能沿与当前坐标轴平行的方向来设置旋转方向,在这一点上,没有 ROTATE3D 命令便利。

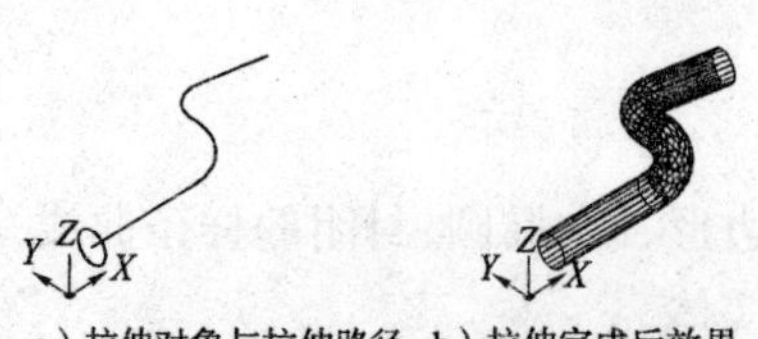

a)拉伸对象与拉伸路径 b)拉伸完成后效果

图 9-35 沿指定路径拉伸对象

图 9-36 旋转工具

4. 关于三维镜像命令 MIRROR3D

1)命令调用方式

- 命令行:MIRROR3D
- 菜单:【修改】→【三维操作】→【三维镜像】

2)命令功能说明

- 三维镜像可以在三维空间中将指定对象相对于某一平面进行镜像操作,而不同于镜像命令 MIRROR 的相对于某一对称轴的镜像操作。
- 在执行 MIRROR3D 命令后,AutoCAD 2008 会提示“指定镜像平面(三点)的第一个点或[对象(O)/最近的(L)/Z 轴(Z)/视图(V)/XY 平面(XY)/YZ 平面(YZ)/ZX 平面(ZX)/三点(3)] <三点>:”。选择相应的参数,可以设置对称平面的位置。其中“XY 平面”、“YZ 平面”和“ZX 平面”参数并非是将镜像平面放置在对应的投影面上,而是将对称平面放置在通过某一指定点并与相应投影面平行的平面上。

5. 关于并集运算

在三维实体创建过程中,复杂实体往往不能一次生成,一般都是由简单实体通过布尔运算组合而成。布尔运算就是对多个三维实体进行求并、求差和求交的运算,使它们进行组合,最终形成需要的实体。并集运算是布尔运算的一种,它可以使多个面域或实体构成一个整体。

1)命令调用方式

- 命令行:UNION
- 命令快捷方式:UNI
- 菜单:【修改】→【实体编辑】→【并集】
- 工具栏按钮:建模工具栏→
- 面板控制台:三维制作控制台按钮

2)命令功能说明

- 并集操作可以使两个或者多个面域或者实体合并在一起,形成单一面域或实体,如图 9-37 所示。
- 进行并集运算的操作对象既可以是相交的,也可以是分离的,但是如果操作对象是两个或者多个面域,则要求参与并集运算的面域必须共面。

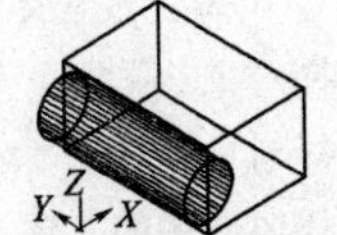

a)并集运算前的两个实体

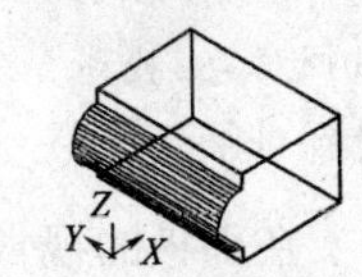

b)完成并集运算后的实体

图 9-37 并集运算示例

二、创建上部构造三维模型

上部结构包括 3 部分:预应力空心板、桥面铺装和刚性护栏。建模时可以先分别对空心板、桥面铺装和护栏建模,然后再进行拼装。

1. 预应力空心板建模

【基本资料】

桥面由 9 块中板与 2 块边板构成,其断面尺寸及板间铰缝情况如图 9-38 所示。图中尺寸单位为 cm,板长 1300cm。

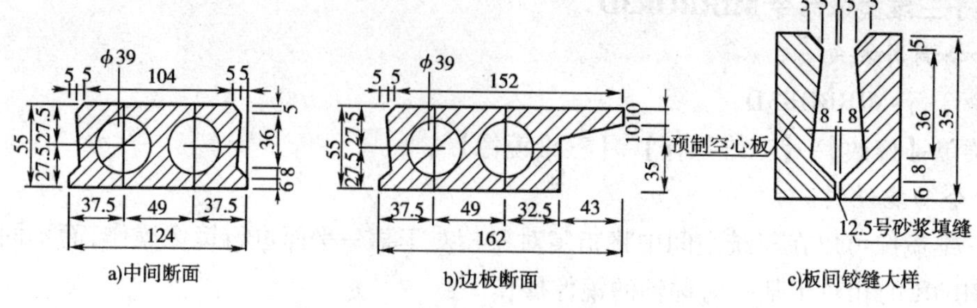

图 9-38　预应力空心板断面尺寸

【操作步骤】

(1)根据图示边板和中板尺寸用直线命令 LINE 或多段线命令 PLINE 分别绘制预应力空心板边板和中板断面轮廓线,无需填充。

(2)使用创建面域命令 REGION 将中板外部轮廓线、边板外部轮廓线以及圆孔创建为 6 个各自独立的面域。

(3)在命令提示行输入差集运算命令 SUBTRACT 后回车,然后根据 AutoCAD 2008 的提示进行如下操作:

```
选择要从中减去的实体或面域...
选择对象: 找到 1 个                    ←使用鼠标选中板轮廓线所创建面域,单击左键
选择对象:                              ←按【Enter】键,确认对象选择完成
选择要减去的实体或面域 ..
选择对象: 找到 1 个                    ←使用鼠标选中板轮廓线内一个圆形面域,单击左键
选择对象: 找到 1 个,总计 2 个          ←使用鼠标选中板轮廓线内另一个圆形面域,单击左键
选择对象:                              ←按【Enter】键,确认对象选择完成并结束差集运算操作
命令:                                  ←按【Enter】键,再次执行差集运算命令
SUBTRACT 选择要从中减去的实体或面域...
选择对象: 找到 1 个                    ←使用鼠标选边板轮廓线所创建面域,单击左键
选择对象:                              ←按【Enter】键,确认对象选择完成
选择要减去的实体或面域 ..
选择对象: 找到 1 个                    ←使用鼠标选边板轮廓线内一个圆形面域,单击左键
选择对象: 找到 1 个,总计 2 个          ←使用鼠标选边板轮廓线内另一个圆形面域,单击左键
选择对象:                              ←按【Enter】键,确认对象选择完成并结束差集运算操作
```

在面板的视觉样式控制台中将视觉样式设置为"真实",结果如图 9-39 所示。

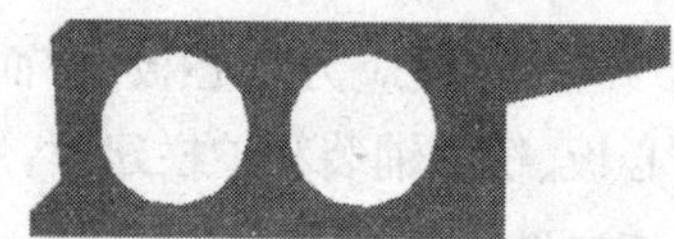

图 9-39　空心板完成差集运算效果

(4)分别使用复制命令 COPY 和镜像命令 MIRROR 完成其余 8 块中板和另一块边板的创建,并按图 9-38 板间铰缝大样图所示间距完成各板的位置放置,如图 9-40 所示。

(5)在命令提示行输入拉伸实体命令 EXTRUDE 后回车,然后根据 AutoCAD 2008 的提示

图 9-40　完成其余中板和边板的创建和布置

进行如下操作：

当前线框密度：ISOLINES＝4

选择要拉伸的对象：找到 10 个　　←选中前一步创建的所有面域对象

选择要拉伸的对象：　　←按【Enter】键，确认对象选择完成

指定拉伸的高度或［方向(D)/路径(P)/倾斜角(T)］：1300

←输入拉伸长度值，按【Enter】键，完成空心板三维模型的创建

(6)使用三维旋转命令 ROTATE3D 将所有空心板旋转至与桥台对应的方向，将视图设置为东南等轴测图后，其效果如图 9-41 所示。

2. 桥面铺装建模

【基本资料】

桥面铺装简化为长方体，不考虑桥面横坡，其尺寸为长 1450cm，宽 1300cm，厚 12cm。

【操作步骤】

在命令提示行输入长方体命令 BOX 后回车，然后根据 AutoCAD 2008 的提示进行如下操作：

指定第一个角点或［中心(C)］：　　←在绘图区任意位置单击鼠标左键，确定长方体第一个角点位置

指定其他角点或［立方体(C)/长度(L)］：L　　←输入选项参数“L”，按【Enter】键，使用指定长、宽、高数值方式创建长方体

指定长度：1300　　←输入长度值，按【Enter】键

指定宽度：1350　　←输入宽度值，按【Enter】键

指定高度或［两点(2P)］：12　　←输入高度值，按【Enter】键，完成台帽创建

台帽在东南等轴测视图中的创建结果如图 9-42 所示。

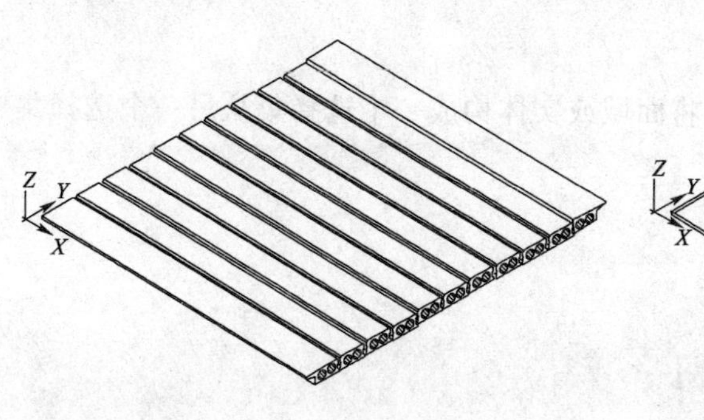

图 9-41　桥面空心板三维模型

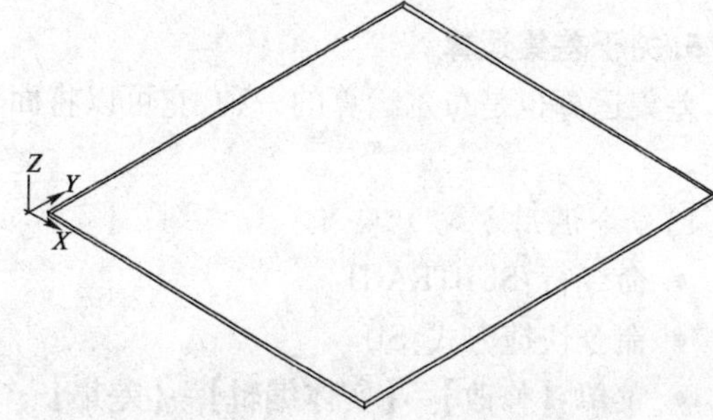

图 9-42　桥面铺装三维模型

3. 刚性护栏建模

【基本资料】

刚性护栏断面尺寸及安装位置如图 9-43 所示。

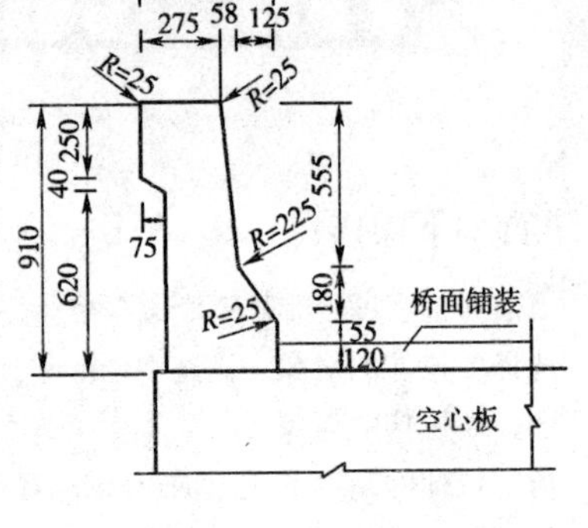

图 9-43 护栏断面图（尺寸单位：cm）

【操作步骤】

（1）根据图示护栏断面尺寸用直线命令 LINE 或多段线命令 PLINE 绘制护栏断面轮廓。

（2）使用创建面域命令 REGION 将绘制完成的护栏断面创建为一个面域。

（3）使用拉伸实体命令 EXTRUDE 将护栏断面面域拉伸 1300cm 后，使用三维旋转命令 ROTATE3D 将其旋转至与桥面铺装对应的方向。将视图设置为东南等轴测图后，其效果如图 9-44 所示。

4. 桥梁上部构造组装

【操作步骤】

（1）使用移动命令 MOVE 先将桥面铺装叠放在空心板上，再将右侧刚性护栏与桥板及桥面铺装拼装在一起。

（2）使用三维镜像命令 MIRROR3D 生成左侧护栏。

操作结束后，生成的桥梁上部构造三维模型如图 9-45 所示。

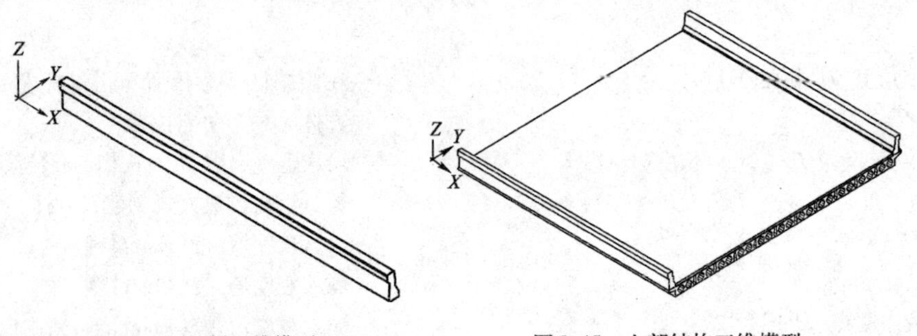

图 9-44 护栏三维模型　　　　图 9-45 上部结构三维模型

【知识链接】

5. 关于差集运算

差集运算也是布尔运算的一种，它可以将面域或实体构成一个选择集从另一个选择集中减去。

1）命令调用方式

- 命令行：SUBTRACT
- 命令快捷方式：SU
- 菜单：【修改】→【实体编辑】→【差集】
- 工具栏按钮：建模工具栏→
- 面板控制台：三维制作控制台按钮

2)命令功能说明

● 差集运算是从第一个选择集中的对象减去第二个选择集中的对象,然后创建一个新的实体或面域。因此,选择对象的顺序决定了运算结果,如图9-46所示。

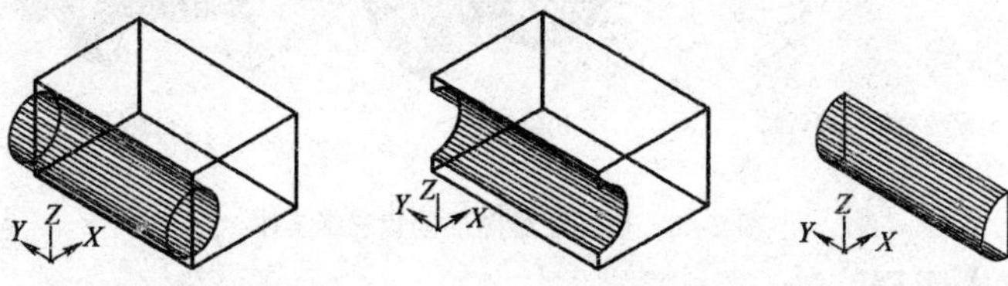

图9-46 差集运算示例

● 差集运算的操作对象可以是实体,也可以是面域,但执行差集操作的两个面域必须位于同一平面上。

三、全桥模型组装

桥梁各部分建模完成后,需要将各部分组装在一起,其中,由于两岸桥台结构尺寸相同,可以通过三维镜像命令MIRROR3D先复制生成另一侧桥台,如图9-47所示。

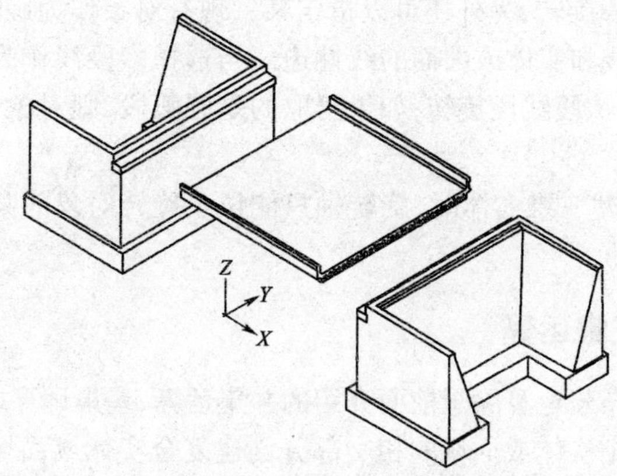

图9-47 桥梁各部分组装

组装时,需要多次使用到移动命令MOVE来完成精确移动,可以使用对象捕捉和极轴等辅助完成。组装完成并着色的效果如图9-17所示。

项目拓展

本项目拓展将介绍AutoCAD 2008三维建模常使用的其他命令及其操作方法。

一、通过旋转二维对象创建三维实体

在AutoCAD中,除了可以通过拉平面图形的方式创建三维实体之外,还可以通过将二维封闭图形,如封闭的多段线、正多边形、圆、椭圆、封闭的样条曲线、圆环以及面域等绕某一旋转轴旋转一定角度,使之形成三维实体,如图9-48所示。

1. 命令调用方式

● 命令行:REVOLVE

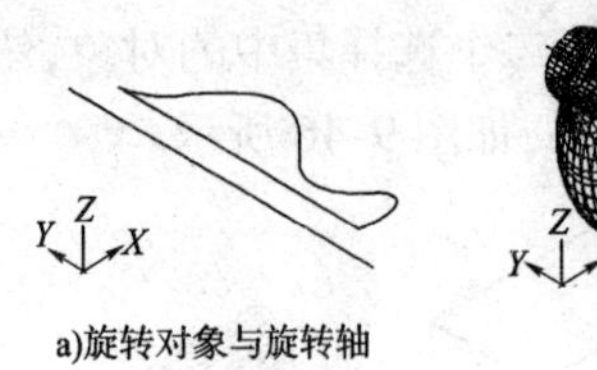

a)旋转对象与旋转轴

b)旋转360°

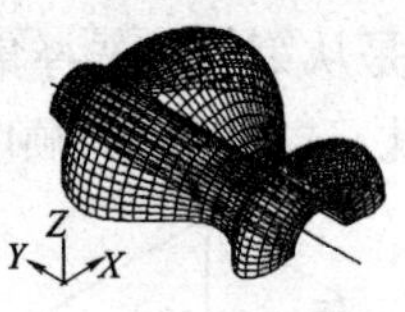

c)旋转180°

图9-48　旋转二维图形创建三维实体

- 命令快捷方式:REV
- 菜单:【绘图】→【建模】→【旋转】
- 工具栏按钮:建模工具栏→
- 面板控制台:三维制作控制台按钮

2. 命令功能说明

- 可以使用旋转命令 REVOLVE 创建三维实体的对象包括:直线、圆弧、椭圆弧、二维多段线、二维样条曲线、圆、椭圆、三维平面、二维实体、宽线、面域以及实体或曲面上的平面等。
- 指定旋转轴时,可以在绘图时自行指定两点作为旋转轴的端点,也可以让对象围绕与 X、Y、Z 轴平行的某一轴线旋转,另外还可以指定某一现有对象作为旋转轴。可以作为旋转轴的对象包括:直线、多段线和实体或曲面的线性边。当选择多段线作为旋转轴时,如果拾取的是线段部分,则对象将绕该段线段旋转;如果拾取的是圆弧段,则对象以该圆弧的两端点之间的连线作为旋转轴旋转。
- 使用旋转方式创建三维实体时,旋转轴只能位于旋转对象的某一侧,否则无法执行旋转命令。

二、三维实体的交集运算

三维实体或面域的布尔运算除了前面介绍的并集运算、差集运算之外,还有交集运算。通过交集可以从两个或多个实体或面域的相交部分创建复合实体或面域,然后删除交集外的区域,如图9-49所示。

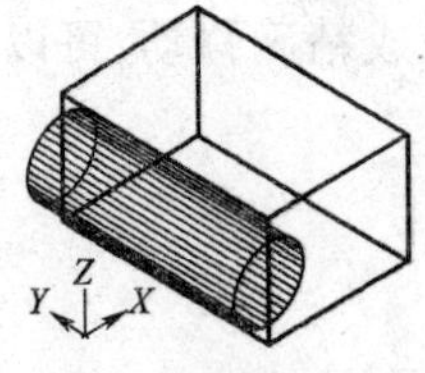

a)组合前的两个实体

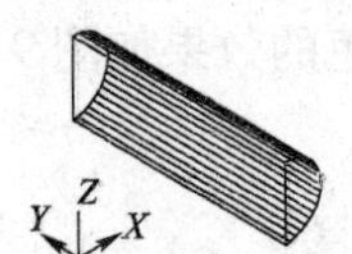

b)完成交运算后的实体

图9-49　交集运算示例

1. 命令调用方式

- 命令行:INTERSECT
- 命令快捷方式:IN
- 菜单:【修改】→【实体编辑】→【交集】
- 工具栏按钮:建模工具栏→
- 面板控制台:三维制作控制台按钮

2. 命令功能说明

● 交集运算的对象只能是面域或者实体。使用交集运算可以计算两个或多个现有面域的重叠面积和两个或多个现有实体的公共体积。

● 差集运算的操作对象可以是实体,也可以是面域,但执行差集操作的两个面域必须位于同一平面上。

● 如果是对两个或多个面域进行交集运算,执行交集运算的面域必须位于同一平面上。

三、在三维空间阵列对象

三维阵列可以在三维空间中使用矩形阵列或环形阵列方式复制对象,如图 9-50 所示。与阵列命令 ARRAY 通过对话框操作不同,三维阵列命令 3DARRAY 的操作方式是通过命令提示行进行的。

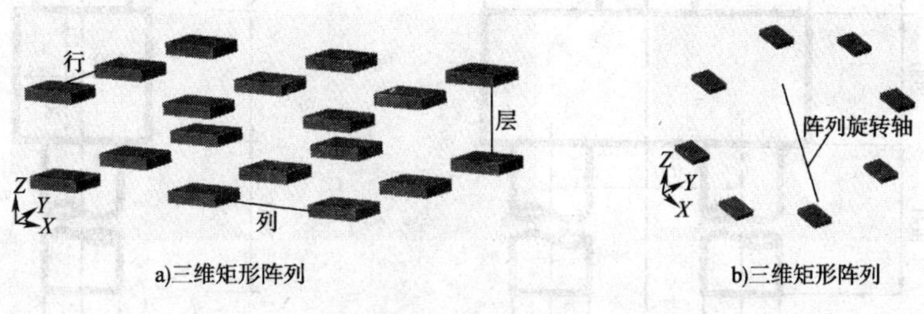

图 9-50 三维阵列示例

1. 命令调用方式

● 命令行:3DARRAY

● 菜单:【修改】→【三维操作】→【三维阵列】

2. 命令功能说明

● 如果在三维阵列操作时采用的是矩形阵列,可以通过设置在行数、列数和层数以及间距,在三维空间中复制对象,使其排列成空间矩形。但矩形阵列操作时,一个阵列必须具有至少两个行、列或层。

● 如果在三维阵列操作时采用的是环形阵列,可以使选中对象绕指定的任意空间轴线复制和排列对象。指定环形阵列旋转轴后,可以通过指定的角度用于确定对象距旋转轴的距离。角度值可以为正值,也可以为负值,正数值表示沿逆时针方向旋转。负数值表示沿顺时针方向旋转。

项目小结

本项目主要内容总结如下:

◆ 利用标准视点可以从不同角度观察 AutoCAD 创建的三维实体,还可以动态观察模型。

◆ 使用 AutoCAD 提供的基本实体创建命令可以直接创建长方体、圆柱体、球体等基本立体的实体模型。

◆ 圆、矩形、闭合多段线和面域等二维对象可以通过实体拉伸、实体旋转等方式创建三维实体。

◆ 在三维空间中同样可以对选中的对象进行镜像、旋转、阵列等编辑操作。

◆ 对于复杂形体,可以使用布尔运算(并运算、差运算、交运算)完成组合体的构建。

实训

根据桥墩构造图(图9-51)创建桥墩实体模型。

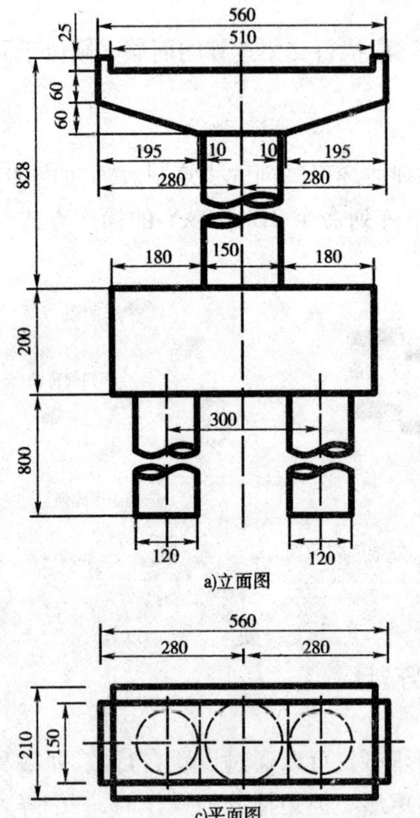

a)立面图

150
25
60
60
828
150
200
200
200
800
120

b)侧面图

560
280
280
210
150

c)平面图

图9-51　实训1图

项目十　AutoCAD应用技巧

除了基本的图形对象创建和编辑修改外，AutoCAD 2008 还提供了很多辅助功能，方便用户快速查询图形对象的信息，与其他图形文件或应用程序进行数据交换等。通过本项目的学习，可以掌握图形对象的快速筛选和查询，创建和插入图块、外部参照、光栅图像以及如何与Excel、Word 的结合应用等。

学习目标：

掌握快速对图形对象进行筛选的方法。
学会如何使用工具查询图形对象的信息。
掌握图块的创建、插入、编辑方法。
了解在图形文件中插入光栅图像、外部参照的方法。
学会 WORD、EXCEL 与 AutoCAD 结合绘图的方法。

任务一　快速筛选图形对象

AutoCAD 2008 提供了两种不同的方式以方便用户在多个图形对象中快速准确地选中需要编辑修改的对象。

一、快速选择图形对象

在对象编辑中，可能经常需要对某一些具有相同属性的对象进行统一编辑修改，如具有相同颜色，位于同一图层或相同线型、线宽等。如何迅速从大量图形对象中准确选中这些对象经常是令人头疼的问题。例如，需要从图 10-1 所示多个图形对象中将面积大于 100 的圆选择出来，可以使用快速选择命令 QSELECT 迅速选中符合条件的对象。

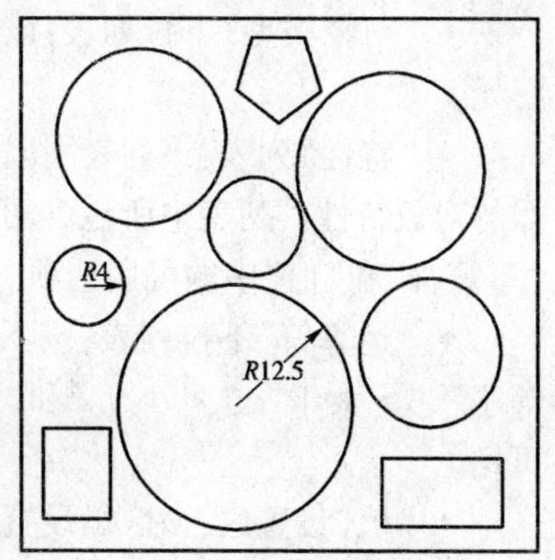

图 10-1　快速选择对象示例

【操作步骤】

（1）在命令提示行输入快速选择命令 QSELECT 后回车，打开如图 10-2 所示的“快速选择对话框”。

（2）在“快速选择”对话框中依次进行如下设置：在“对象类型”下拉列表中选择“圆”；在“特性”列表中选择“面积”；在“运算符”下拉列表中选择“ > 大于”；在“值”文本框中输入数值“100”；在“如何运用”设置区选择“包含在新选择集

中”选项，如图 10-2 所示。

(3)单击 确定 按钮关闭“快速选择”对话框，并返回绘图窗口，此时，绘图窗口中所有符合条件(面积大于 100)的圆将被选中，如图 10-3 所示。

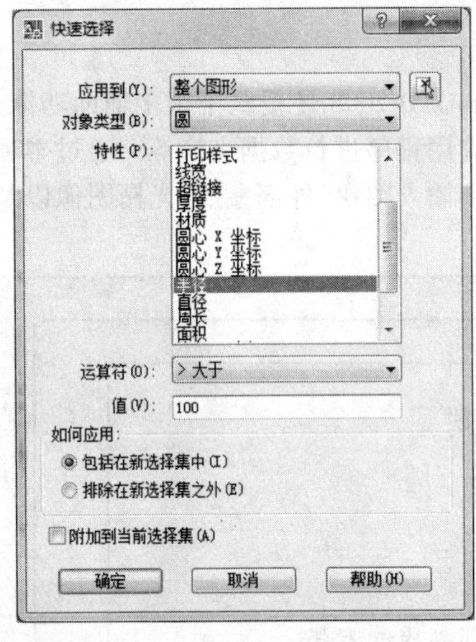

图 10-2 “快速选择”对话框

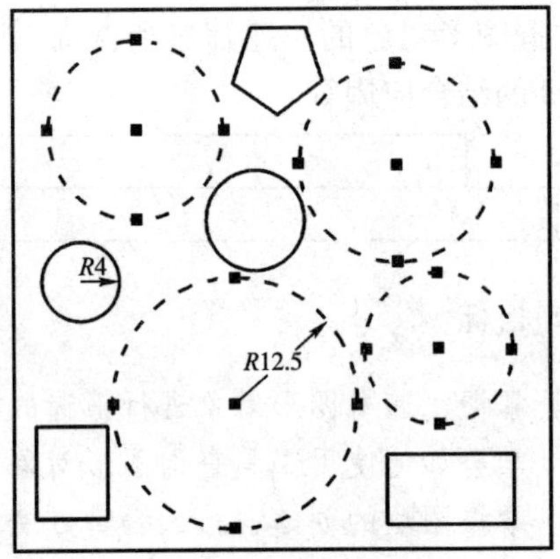

图 10-3 快速选择完成效果

【知识链接】

1. 命令调用方式

- 命令行：QSELECT
- 菜单：【工具】→【快速选择】
- 快捷菜单：绘图窗口单击鼠标右键打开快捷菜单→快速选择

2. 命令功能说明

快速选择命令 QSELECT 是通过“快速选择”对话框来设置过滤条件并根据该过滤条件创建选择集的方式。关于“快速选择”对话框功能说明如下：

- “应用到”下拉列表：该选项用以设置本次操作的对象是整个图形或是当前选择集。当前选择集可以通过单击右侧的选择按钮返回绘图窗口来建立。
- “对象类型”下拉列表：该选项用以指定对象的类型和调整选择的范围。默认值为所有图元。
- “特性”列表：该列表用以指定选择对象时的过滤条件，如颜色、线型、图层等；指定过滤器的对象特性。列表中所包含可选择特性与设置的“对象类型”有关，并且选定的特性决定“运算符”和“值”中的可用选项。
- “运算符”下拉列表：该下拉列表用于指定选择运算格式，其选项有“＝等于”、“＜＞不等于”、“＞大于”、“＜小于”和“全部选择”五种。对于某些特性，“大于”和“小于”选项不可用。
- “值”设置区：该区以设置与制定过滤特性相匹配的值，如颜色、图层、大小等。如果选定对象的已知值可用，则“值”设置区会成为一个列表，可以从中选择一个值，如需要选择的对象特性为红色,则在“值”设置区中可以打开下拉列表选择“红色”。否则,可以输入一个具体的数值来确定过滤条件。

• “如何运用”设置区:该设置区用以指定是否将符合给定过滤条件的对象包括在新选择集内或是排除在新选择集之外。若选择“包括在新选择集中”,可以按设定条件创建新的选择集;若选择“排除在新选择集之外”则符合设定条件的对象将被排除在选择集之外。

• “附加到当前选择集”复选框:选中该复选框,可以将符合条件的对象增加到当前的选择集中,否则,符合条件的选择集将取代当前的选择集。

特别提示:

如果绘图区没有可以选择的对象,则在输入 QSELECT 命令后,会弹出对话框提示“没有图元可以选择”。

二、使用对象选择过滤器快速选择图形对象

使用对象选择过滤器可以将图形中满足一定条件的对象迅速过滤出来。其作用类似于快速选择命令 QSELECT,但其过滤条件比快速选择命令更丰富,包括对象的类型、颜色、所在图层、坐标数据等。同时,经过编辑和命名的对象选择过滤器可以重复调用。

1. 命令调用方式

• 命令行:FILTER

• 命令快捷方式:FI

2. 命令功能说明

在命令提示行输入对象选择过滤器命令 FILTER 并回车后,将打开如图 10-4 所示的“对象选择过滤器”对话框。对话框功能说明如下:

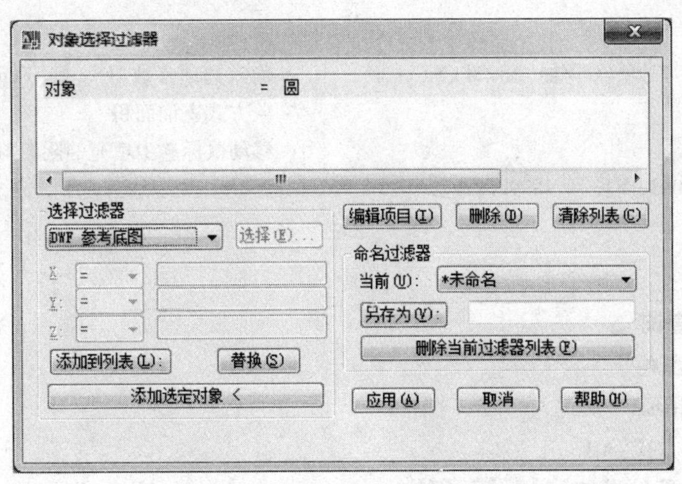

图 10-4 “对象选择过滤器”对话框

• 过滤器特性列表:该列表显示组成当前过滤器的过滤特性。当前过滤器就是在“命名的过滤器”设置区的“当前”列表中选择的过滤器。

• “选择过滤器”设置区:通过该区域的设置可以为当前过滤器添加过滤器特性。在该项

的下拉菜单中选择过滤对象类型并赋值。其中:"选择"按钮用于选择与过滤器对象类型相匹配的值;"替换"按钮用于将"选择过滤器"中显示的某一过滤器特性替换过滤器特性列表中选定的特性;"添加到列表"按钮用于向过滤器列表中添加当前的"选择过滤器"特性。"添加选定对象"按钮可以回到绘图窗口选择对象,然后将选中对象的特性加入列表。

- "编辑项目"按钮[编辑项目(I)]:单击该按钮后可以将选定的过滤器特性移动到"选择过滤器"区域进行编辑。
- "清除列表"按钮[清除列表(C)]:单击该按钮可以从当前过滤器中删除所有列出的特性。
- "命名过滤器"设置区:该设置区的选项用于显示、保存和删除过滤器。
- 设置完成后,单击[应用(A)]按钮退出对话框,在"选择对象"提示下创建一个选择集。在选定对象上就可以使用当前过滤器。

任务二　查询图形对象信息

完成图形对象的创建后,往往无法直接获取某些图形对象的信息,如面积、体积、形心位置等,例如,要了解如图 10-5 所示图形阴影部分的面积大小,在通常情况下,需要分别计算外轮廓面积和两个正方向面积,然后再使用减运算得到阴影部分面积。而 AutoCAD 2008 为用户提供了一系列查询命令,可以方便地查询到所需要的信息。

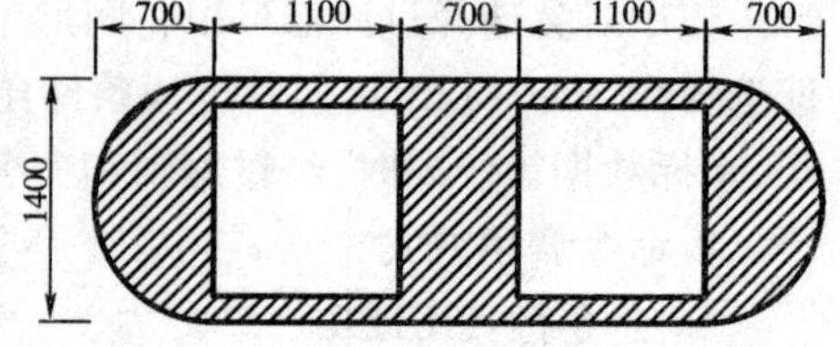

图 10-5　阴影部分面积查询实例

【操作步骤】

(1)根据图示尺寸关系绘制图形对象并完成阴影部分的填充。

(2)在命令提示行输入面积查询命令 AREA 后回车,然后根据 AutoCAD 2008 的提示进行如下操作:

指定第一个角点或[对象(O)/加(A)/减(S)]: o	←输入选项参数"O",按【Enter】键,使用指定对象方式查询面积
选择对象:	←移动鼠标选中填充的阴影对象,单击鼠标左键
面积 = 3179380.4003,周长 = 18998.2297	

【知识链接】

1. 关于面积查询

1)命令调用方式

- 命令行:AREA
- 命令快捷方式:AA
- 菜单:【工具】→【查询】→【面积】
- 工具栏按钮:查询工具栏→

2)命令功能说明

- 面积查询命令 AREA 用于查询特定图形对象或区域的面积和周长等信息。
- "指定第一个角点"是默认的指定方式,可以通过依次指定封闭区域的每一个角点,完成对这些角点连线所围成的多边形区域的查询。指定方式可以输入坐标或用鼠标依次点击各个角点。

• “对象”选项参数可以通过指定查询对象的方式完成面积和周长的查询计算。选择查询的对象必须是独立封闭的,如圆、椭圆、正多边形和填充图案等,如果要以对象方式查询由多条直线构成的封闭区域,必须先将该区域设置为一个面域,然后再选择面域对象进行查询。

• 使用 AREA 命令查询的对象如果是一个三维实体,则查询的结果只有面积,没有周长,并且查询得到的面积是该实体对象所有外表面的总面积。

• 如果需要进行面积间的加减计算,在执行了 AREA 命令后,应先选择参数,再根据提示依次选择对象。其中“加(A)”选项用于计算多个定义区域和对象的面积、周长,同时计算所有定义区域和对象的总面积。而“减(S)”选项是“添加(A)”的相反项,用于计算从多个区域和对象中减去的面积、周长,并同时计算减去的所有区域和对象的总面积。

2. 关于距离查询

屏幕上任意两点间的距离及两点连线与当前 *XY* 平面的夹角等信息可以通过距离查询命令 DISTANCE 完成。

1)命令调用方式

• 命令行:DIST

• 菜单:【工具】→【查询】→【距离】

• 工具栏按钮:查询工具栏→

2)命令功能说明

• 距离查询命令 DIST 查询的是两点之间的空间距离,若两点的 *Z* 坐标相同,则查询的距离是两点间的平面距离。

• 查询结果中的“*XY* 平面中的倾角”是两点的虚构线在 *XY* 平面内的投影与 *X* 轴的夹角。

• 查询结果中“与 *XY* 平面的夹角”是两点的虚构线与 *XY* 平面所夹的空间角。

3. 关于面域和质量特性查询

使用面域/质量特性查询命令 MASSPROP 除了能直接查询到对象的面积、体积外,还可以直接得到对象的形(质)心位置、惯性矩、惯性积等几何特性。

1)命令调用方式

• 命令行:MASSPROP

• 菜单:【工具】→【查询】→【面域/质量特性】

• 工具栏按钮:查询工具栏→

2)命令功能说明

• 在选中需要查询的对象后,在绘图窗口会弹出如图 10-6 所示的文本框,文本框中以列表形式显示查询结果。

• 面域/质量特性查询命令 MASSPROP 的使用对象只能是面域或实体。若选择的对象为二维图形,如圆、正多边形或封闭的样条曲线、多段线等,必须先将这些图形转换为面域。

• 若在“是否将分析结果写入文件? [是(Y)/否(N)] <否>:”提示下选择“是”,可以将查询出的质量特性用后缀为“.mpr”的文件进行保存,该文件可以使用 Windows 操作系统自带的“记事本”程序打开。

4. 关于指定位置坐标查询

查询指定位置的坐标是计算机辅助设计中经常要遇到的工作,它对于精确绘图有非常重要的意义。使用坐标查询命令 ID 可以列出指定位置的 *X*、*Y*、*Z* 坐标值。

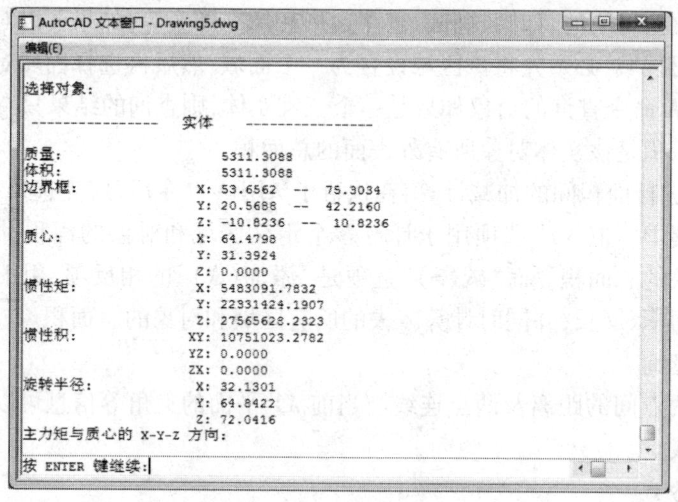

图 10-6 面域/质量特性查询结果显示文本框

1)命令调用方式

- 命令行:ID
- 菜单:【工具】→【查询】→【点坐标】
- 工具栏按钮:查询工具栏→

2)命令功能说明

- 当命令提示行中出现"指定点:"提示后,在绘图窗口需要查询坐标的位置上单击鼠标左键,此时,命令提示行中会显示该点的坐标值。
- 为了准确查询各点的坐标值,在指定点时,最好配合对象捕捉进行。其他查询命令配合对象捕捉使用也可以提高查询的准确性。

5. 关于列表查询

列表查询命令 LIST 可以将所选中对象的各种信息,如对象类型、所在空间、图层,大小、位置等特性在文本框中以列表的方式显示。

1)命令调用方式

- 命令行:LIST
- 菜单:【工具】→【查询】→【列表显示】
- 工具栏按钮:查询工具栏→

2)命令功能说明

- 在选中需要查询的对象后,系统会弹出如图 10-7 所示的文本框,以列表形式显示查询结果。
- 如果查询内容在文本框中无法一屏显示,在文本框下方的提示窗口中将提示"按 ENTER 键继续:",按下【Enter】键,将继续显示剩余的内容。关闭提示窗口后,列表显示的内容将在命令窗口中保留。

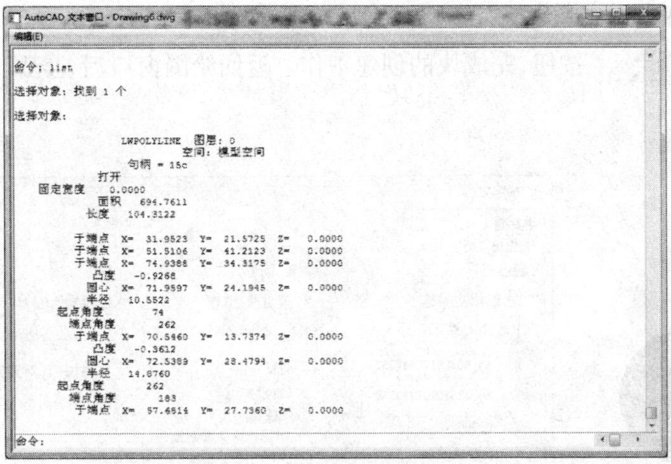

图 10-7　列表显示文本框

任务三　创建和插入图块

块是由用户定义的一组图形对象。块有利于用户建立图形库，便于对图形的修改和重定义，合理使用块可以大幅度提高绘图速度，达到事半功倍的效果。例如：在桥梁制图中，经常会遇到桥墩、桥台、基础等的标准图，用户可以将这些标准图形制作成块，在需要时插入即可。

一、创建块

用户可将图形中重复出现的图形对象定义成块，并可定义块的属性，在插入时填写可变信息。图 10-8 所示公路路线平面图中的公里桩图例，在绘制路线平面图时会多次使用到，可以将其创建为一个图块，在需要时直接将其插入指定位置就可以了。

【操作步骤】

(1)按照一定比例关系绘制图示公里桩图例。

(2)在命令提示行输入创建块命令 BLOCK 后回车，AutoCAD 2008 会打开如图 10-9 所示的“块定义”对话框。

(3)在“块定义”对话框的“名称”文本框中输入需要定义的图块的名称“公里桩”。

(4)在“基点”设置区单击拾取点按钮，返回绘图窗口。配合对象捕捉功能，使用鼠标捕捉到步骤 1 绘制公里桩图例的直线下端点，单击鼠标左键，将其设置为图块的插入基点，并回到“块定义”对话框。

(5)在“对象”设置区点击选择对象按钮，回到绘图窗口。选中步骤 1 创建的公里桩图例，按【Enter】键或单击鼠标右键，返回“块定义”对话框，再将该设置区中的“转换为块”单选框选中。

(6)在“方式”设置区选中“允许分解”选项，并选中对话框中的“在块编辑器中打开”选项。

(7)在“说明”文本框中输入对本图块的简短说明文字“公路路线平面图公里桩图例”。

以上设置如图 10-9 所示。

(8)单击 确定 按钮,完成块的创建工作。返回绘图窗口后,步骤 1 创建的图形对象将转换为图块。

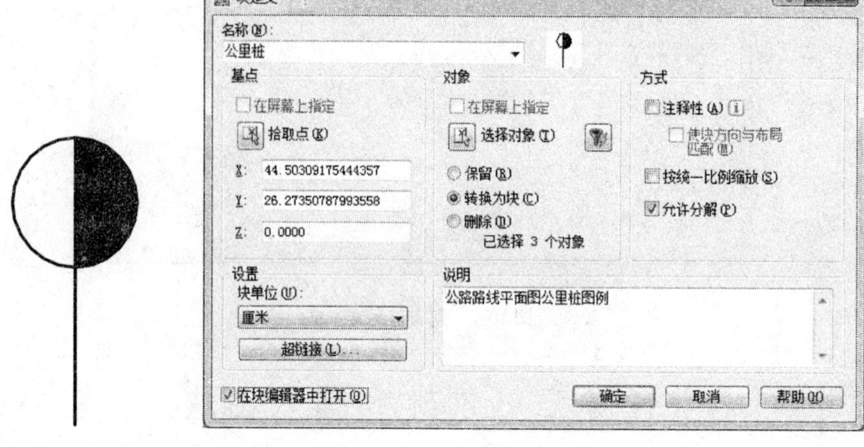

图 10-8 创建块实例　　　　图 10-9 “块定义”对话框

【知识链接】

1. 命令调用方式

- 命令行:BLOCK
- 命令快捷方式:B
- 菜单:【绘图】→【块】→【创建】
- 工具栏按钮:绘图工具栏→

2. 命令功能说明

执行块定义命令 BLOCK 后,屏幕上会出现如图 10-9 所示的“块定义”对话框。对话框中各选项的功能如下:

- “名称”设置区:该区用于设置块的标识,新建图块可以直接在文本框中输入块名称。已创建的图块将记录在该设置区的下拉列表中,单击右侧小箭头可以进行选择。

- “基点”设置区:该设置区用于指定块插入时的基点,默认值是将新建图块的基点设置在坐标原点(0,0,0)。基点位置可以通过输入坐标的方式指定,也可以通过单击“拾取点”按钮返回到绘图窗口,在当前图形中拾取插入基点。

- “对象”设置区:该设置区可以指定新创建图块中要包含的对象以及创建块之后如何处理这些对象。单击“选择对象”按钮可以返回绘图窗口选择构成块的对象。完成对象选择后,按【Enter】键重新回到“块定义”对话框;单击“快速选择”按钮可以打开“快速选择”对话框,通过“快速选择”对话框定义选择集确定构成图块的图形对象;选择“保留”选项,创建块以后,将选定对象保留在图形中作为区别对象;选择“转换为块”选项,创建块以后,将选定对象直接转换成图形中的块实例;选择“删除”选项,创建块以后,将从图形中删除选定的对象。对象选择完成后,在本设置区的下方将显示构成图块的图形对象的数目。

● “方式”设置区:该设置区用于设置新建图块的使用方式,其中:“注释性”复选框可以将新建图块设置为具有注释性;“按统一比例缩放”选项可以指定是否在插入块参照时统一比例进行缩放,如果未选择该项,则在插入该图块时可以分别设置在 X、Y、Z 三个方向上的比例关系;“允许分解”选项可以指定块参照是否可以被分解,若未选择该项,则在插入改图块后,无法使用分解命令 EXPLODE 将其分解为多个独立图形对象。

● “设置”设置区:该区用于指定插入块的单位以及超链接相关设置。其中“块单位”下拉列表指定块参照插入单位。若选择“无单位”或“毫米”,该块在插入其他文件时将不作缩放。若选择其他单位,块插入时会按该单位与毫米单位的倍数进行缩放,如块单位为“厘米”则插入时图块会放大 10 倍。单击 [超链接(L)...] 按钮可以打开“插入超链接”对话框,通过该对话框可以将某个超链接与块定义相关联。

● “说明”文本框:在该文本框中输入文字可以为新建块做必要的文字说明。

● “在块编辑器中打开”复选框:选中该项,在插入图块后双击块对象,可以打开“块编辑器”并可以在“块编辑器”中对插入图块进行编辑修改。

特别提示:

用 BLOCK 命令创建的是内部块,它保存在当前图形中,且只能在当前图形中用块插入命令引用。

二、插入块

使用块插入命令 INSERT 可以将已创建的块插入到指定位置,并可控制插入块的缩放比例,旋转角度及是否分解。另外,还可以使用定数等分命令 DIVIDE 或定距等分命令 MEASURE 在等分点上插入图块。如果将图 10-10 所示由 PLINE 命令创建的多段线视为某公路路线平面图的设计线,可以通过如下操作在路线平面图的设计线上每隔 1000m 插入前面创建的公里桩图块。

【操作步骤】

(1)使用 PLINE 命令或 SPLINE 命令绘制足够长度(>2000 单位)的多段线或样条曲线,如图 10-10 所示。

(2)在命令提示行输入定距等分命令 MEASURE(命令缩写 ME)后回车,然后根据 AutoCAD 2008 的提示进行如下操作:

```
选择要定距等分的对象:                          ←使用鼠标单击选择第一步创建的多段线
指定线段长度或[块(B)]:b                        ←输入选项参数“B”,按【Enter】键,在等分点上插入图块
输入要插入的块名:公里桩                         ←输入要插入图块的名称“公里桩”,按【Enter】键
是否对齐块和对象?[是(Y)/否(N)] <Y>:y         ←输入选项参数“Y”,按【Enter】键,使插入的图块自动与
                                               等分对象对齐
指定线段长度:1000                              ←输入等分长度值,按【Enter】键
```

其结果如图 10-10 所示。

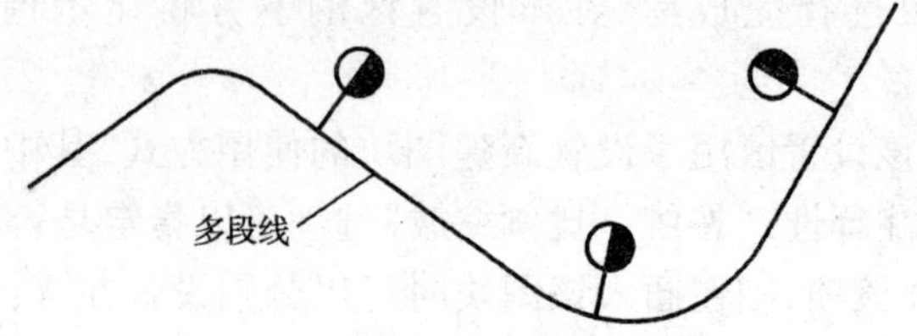

图 10-10　定距等分方式插入块实例

【知识链接】

1. 使用定距/定数等分方式插入块

使用定数等分命令 DIVIDE 或者定距等分命令 MEASURE 等分对象时，可以在"输入线段数目或［块(B)］:"或"指定线段长度或［块(B)］"提示下输入选项参数"B"，在等分位置上插入已创建的图块对象。指定了需要插入的图块名称后，系统会提示"是否对齐块和对象？［是(Y)/否(N)］ <是>："，如果输入"y"后按【Enter】键，插入的块将围绕它的插入点旋转，这样它的水平线就会与测量的对象对齐并相切。如果输入"n"后按【Enter】键，块将始终以零度旋转角插入。

2. 使用插入命令 INSERT 插入块

1)命令调用方式

- 命令行：INSERT
- 命令快捷方式：I
- 菜单：【插入】→【块】
- 工具栏按钮：绘图工具栏→

2)命令功能说明

执行插入命令 INSERT 后，屏幕上会出现如图 10-11 所示的"插入"对话框。对话框中各选项的功能如下：

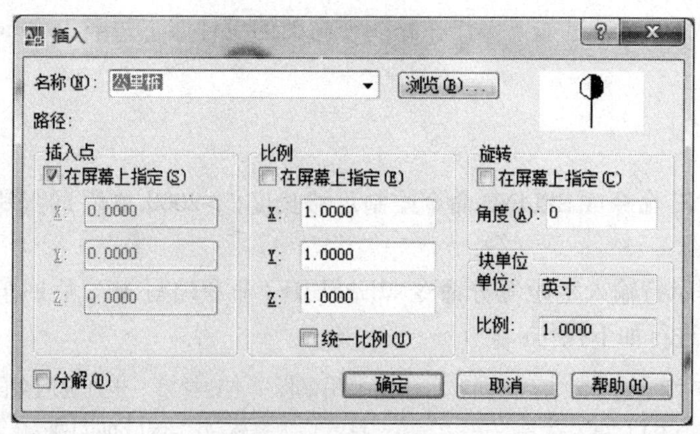

图 10-11　"插入"对话框

- "名称"下拉列表框：在该下拉列表框内可以选择当前图形中已定义的块，以供选用。
- "浏览"按钮：单击"浏览"按钮 浏览(B)... ，可以打开"选择图形文件"对话框，从中可选择要插入的块或图形文件。
- "插入点"设置区：该设置区用于指定块插入的位置。若选择了"在屏幕上指定"选项，可以在完成设置后回到绘图窗口,并通过鼠标单击在相应位置上插入图块;也可以直接在对话框中输入坐标值以确定块插入的位置。

● “比例”设置区:该设置区可以指定块插入时的比例大小。若选择了“在屏幕上指定”选项,可以在完成设置后回到绘图窗口,并通过鼠标移动确定缩放比例;也可以直接在对话框中输入 X、Y 和 Z 各个方向上的缩放比例数值完成比例设定。如果选中“统一比例”选项,可以为 X、Y 和 Z 坐标指定单一的比例值。为 X 指定的值也反映在 Y 和 Z 的值中。改变插入比例效果如图 10-12 所示。

● “旋转”设置区:该设置区用于指定块插入时的旋转角度。若选中“在屏幕上指定”选项,可以在回到绘图窗口后通过鼠标移动指定插入块的方向;也可以直接在对话框中输入角度值设置插入块的角度。改变插入角度效果如图 10-12 所示。

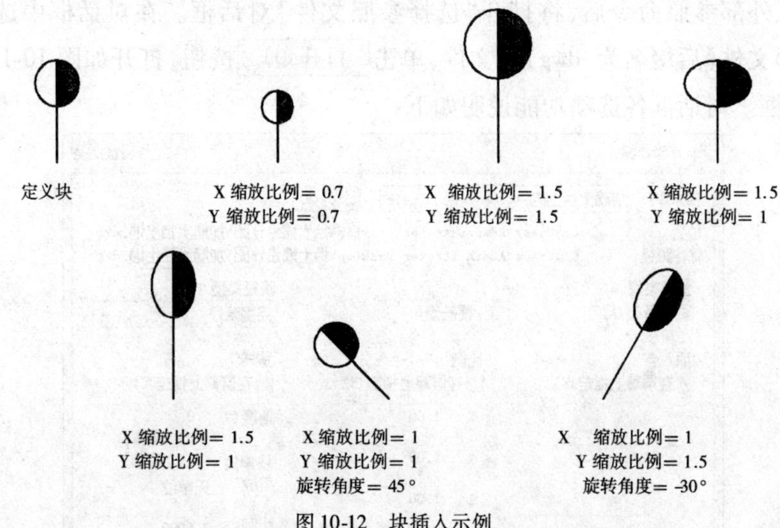

图 10-12　块插入示例

● “块单位”设置区:此处显示所插入块或图形的单位及插入到当前图形中的缩放比例因子。这两个对话框中的内容是在定义块时就确定了,不能进行编辑修改。

● “分解”复选框:选定“分解”选项后,插入块时会将块分解为各组成部分。

特别提示:

选定“分解”时选项后,在插入块时只可以采用统一比例因子。

● 选中需要插入的块后,在对话框的右上角会出现一个预览窗口,通过窗口观察插入块的情况。

● 插入的图块如果是在 0 层上建立的,不论其线型、线宽、颜色等属性是“bylayer”还是“byblock”,在插入后,都会自动使用当前层的设置,但如果在 0 层建立块时另外设定了颜色或线型等,则插入块后的颜色和线型等仍为原来设置的情况。

三、插入外部参照和光栅图像

1. 插入外部参照

外部参照是一种类似于块的图形引用方式,它是通过把已有的图形文件链接到当前图形中来完成图形引用，但当前图形中只记录链接信息而不像插入块那样将块中所有的图形数据全部存储在当前图形中。因此，引入的外部参照不能在当前文件中编辑和修改。同时打开图形时，对外部参照图形的任何改动，都可以反映到当前图形中。外部参照的这个特征使它适于多人合作完成一个设计项目。

1）命令调用方式

- 命令行：XATTACH
- 命令快捷方式：XA
- 菜单：【插入】→【外部参照】
- 工具栏按钮：绘图工具栏→

2）命令功能说明

执行插入外部参照命令后，将打开“选择参照文件”对话框。在对话框中选择要插入的AutoCAD图形文件（后缀名为.dwg）的文件，单击 打开(O) 按钮，打开如图10-13所示的“外部参照”对话框。对话框各选项功能说明如下：

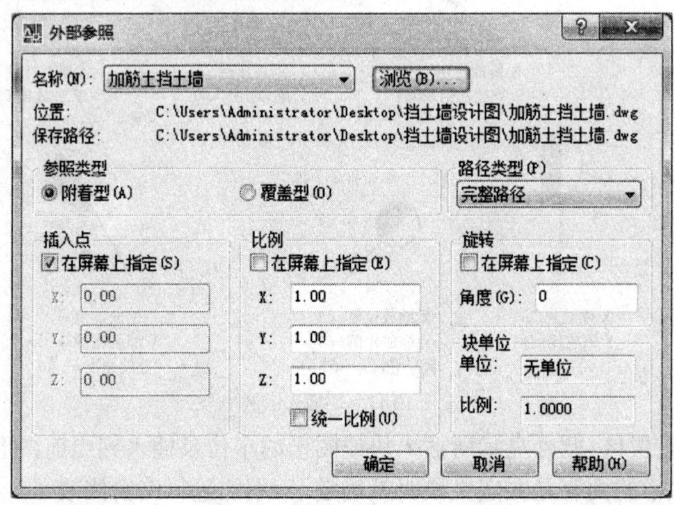

图10-13 “外部参照”对话框

- “名称”下拉列表：该下拉列表用于选择需要插入的外部参照图形文件。插入一个外部参照之后，该外部参照的名称会出现在列表里。当在列表中选择了一个附着的外部参照后，它的位置和保存路径将显示在下方的“位置”和“保存路径”显示区中。
- “浏览”按钮 浏览(B)... ：单击按钮可以直接打开“选择参照文件”对话框，以便为当前图形选择新的外部参照。
- “参照类型”设置区：在该设置区可以通过单选按钮确定插入外部参照的类型，其中：选择“附着型”可以在插入外部参照时，看见所有外部参照的下一级外部参照；选择“覆盖型”后，在插入外部参照时，无法看见嵌套在外部参照中的下一级外部参照。
- “路径类型”下拉列表：该下拉列表用于指定外部参照的保存路径是完整路径、相对路径，还是无路径。
- “插入点”设置区：该设置区用于指定外部参照插入的位置。需要注意的是，外部参照图形并没有像图块一样预先定义基点位置，如果需要准确插入外部参照，可以使用BASE命令来为作为外部参照的图形文件设定基点。

● “比例”设置区:该设置区用于设置插入所选外部参照的比例,其设置方法与插入块相同。

● “旋转”设置区:该设置区用于为外部参照引用指定旋转角度。

2. 插入光栅图像

光栅图像也可以像外部参照一样附着到当前的图形文件中,它们并不是图形的实际组成部分,每个插入的图像都有自己的剪裁边界和自己的亮度、对比度、褪色度和透明度设置。光栅图像插入后可以与 CAD 图形对象一起完成图样的表达,如图 10-14 所示。

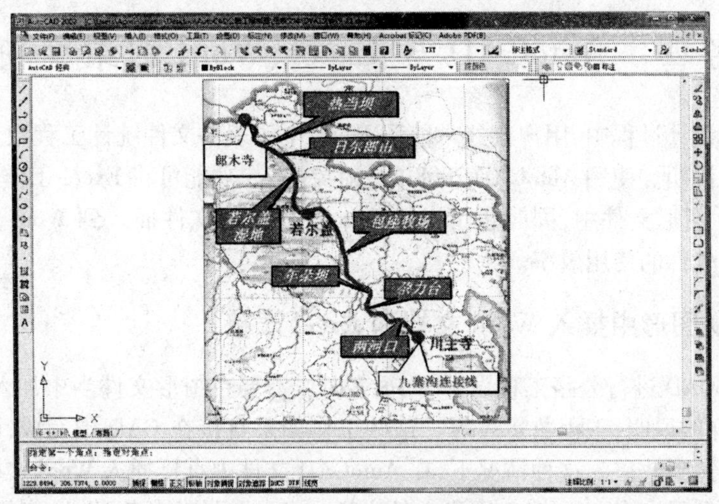

图 10-14 插入光栅图像示例

1)命令调用方式

● 命令行:IMAGEATTACH

● 命令快捷方式:IAT

● 菜单:【插入】→【光栅图像】

● 工具栏按钮:绘图工具栏→

2)命令功能说明

执行插入光栅图像命令后就会打开“选择参照文件”对话框。通过此对话框选定要插入的光栅图像后,会出现如图 10-15 所示的“图像”对话框。对话框各选项功能说明如下:

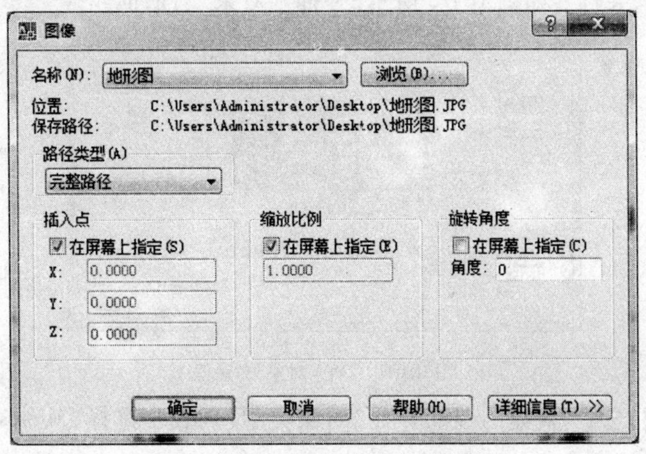

图 10-15 “图像”对话框

- “图像”对话框中各项的作用和含义与“外部参照”对话框相同。
- 单击 浏览(B)... 按钮,可以打开“选择图像文件”对话框重新选择光栅图像文件。
- 在 AutoCAD 图形文件中可以插入的光栅图像格式包括.bmp、.gif、.tif、.jpg 等。
- 对于已经插入的光栅图像,可以使用“参照”工具栏中的“剪裁图像”按钮、“调整图像”按钮、“图像质量”按钮、“图像透明度”按钮和“图像边框”按钮来进行相应调整。

任务四　AutoCAD 与 Excel、Word 的结合使用

在公路工程设计过程中,用户会经常使用 Excel 电子表格文件统计工程数量或用 Word 文档文件制作设计说明。使用 AutoCAD 2008 的“对象嵌入”功能可将 Excel 工作表或 Word 文档插入到 AutoCAD 图形文件中,同时也可以将 AutoCAD 图形文件插入到 Word 文档中,从而有利于提高这 3 种软件的使用效率。

一、在 CAD 图形中插入 Word 文档和 Excel 表格

在使用 AutoCAD 进行公路工程设计时,很多时候需要在图形文件当中加入大量的文字或表格,如设计图样的说明、工程数量表等。这些工作如果直接在 CAD 中完成,既费时间,同时在版式上也很难达到效果。这种情况下,在 AutoCAD 文件中直接插入 Word 文档和 Excel 表格等就显得非常便利了。在 AutoCAD 图形文件中插入 Word 文档或者 Excel 表格可以通过插入 OLE 对象方式,也可以直接采用“复制→粘贴”方式完成。

1. 插入 OLE 对象

AutoCAD 2008 具有非常强大的交互使用功能,通过插入 OLE 对象命令可以将其他应用程序创建的对象插入到 AutoCAD 图形文件中。例如,需要在 AutoCAD 图形中加入一段由 Word 文档创建的文字,可以通过以下操作完成。

【操作步骤】

(1)使用鼠标选择菜单命令【插入】→【OLE 对象】或在命令提示行输入“插入对象”命令 INSERTOBJ 后回车,会打开如图 10-16 所示的“插入对象”对话框。

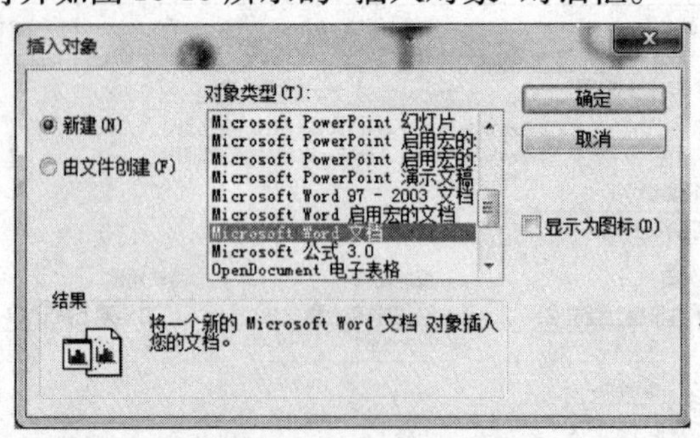

图 10-16　“插入对象”对话框

(2)在对话框中选中“新建”选项,并在“对象类型”列表中选择“Microsoft Word 文档”,单击 确定 按钮,打开一个空白 Word 文档。

(3)在 Word 文档中输入所需的文字、图表等内容并完成排版。

(4)保存创建的 Word 文档后,关闭 Microsoft Word 软件,返回 AutoCAD 图形文件,在绘图窗口将显示创建的 Word 文档内容。

【知识链接】

1)命令调用方式

- 命令行:INSERTOBJ
- 命令快捷方式:IO
- 菜单:【插入】→【OLE 对象】
- 工具栏按钮:绘图工具栏→

2)命令功能说明

OLE 是 Object Linking and Embedding 的缩写,直译为对象连接与嵌入。所谓插入 OLE 对象,实际上是通过 AutoCAD 2008 与其他应用软件,如 Word、Excel、PowerPoint 等相关联,并通过将相关软件创建的内容链接到当前图形文件中。

执行插入对象命令后会打开如图 10-16 所示的“插入对象”对话框。通过此对话框选定要插入的 OLE 对象类型后,可以直接打开相应的应用软件创建插入对象内容。对话框各选项功能说明如下:

- “新建”选项:选择该项后,在对话框中将以列表方式列出支持链接和嵌入的可用应用程序。选中相应的程序后双击鼠标左键或单击 确定 按钮可以打开应用程序以创建插入对象。

特别提示:

“对象类型”列表中的可用应用程序类型由当前使用计算机已经安装的应用程序决定。

- “由文件创建”选项:选中该选项后,用户可以通过对话框插入一个已经编辑好的文件。
- 在插入对象“由文件创建”的对象时,分为链接对象和嵌入对象。如果选择从其他文档链接到图形中时,信息将随源文档中的信息一起更新。而从其他文档嵌入到图形中时,信息不会随源文档中的信息一起更新。
- 如果需要对插入的 OLE 对象进行编辑修改,可以在绘图窗口选中插入的 OLE 对象后,双击鼠标左键,运行相应的应用程序,对插入对象进行编辑修改。修改完成后保存修改内容并关闭应用程序,返回 AutoCAD,插入的 OLE 对象会显示为编辑修改后的内容。

2. 以复制、粘贴的方式插入 Word 文档和 Excel 表格

需要在 AutoCAD 图形文件中插入文字或表格时,可以先在 Word 软件中编辑输入文字,在 Excel 软件中编辑好的表格,然后通过右键菜单或键盘快捷方式“【Ctrl】+【C】”将编辑好的内容复制到剪贴板上。回到 AutoCAD 绘图窗口后,再通过粘贴的方式,就可以将编辑好的 Word 文档或 Excel 表格加入到当前 CAD 图形文件中,如图 10-17 所示。

在粘贴文字和表格时,有两种不同的方式。一种是直接粘贴,即在绘图窗口单击鼠标右键,在菜单中选择“粘贴”或使用键盘快捷方式“【Ctrl】+【V】”将文字和表格粘贴为 OLE 对象。粘贴完成后,如果需要编辑修改,则需要通过右键菜单,选择 OLE→打开,进入相应程序

编辑修改。另外一种方式是通过菜单方式将文字和表格粘贴为 AutoCAD 图元，即选择菜单命令：【编辑】→【选择性粘贴】，打开如图 10-18 所示的“选择性粘贴”对话框，再选择“AutoCAD 图元”，完成粘贴后，粘贴内容将转换为 AutoCAD 对象，需要编辑修改时，可以直接通过双击鼠标激活文本框来进行修改。

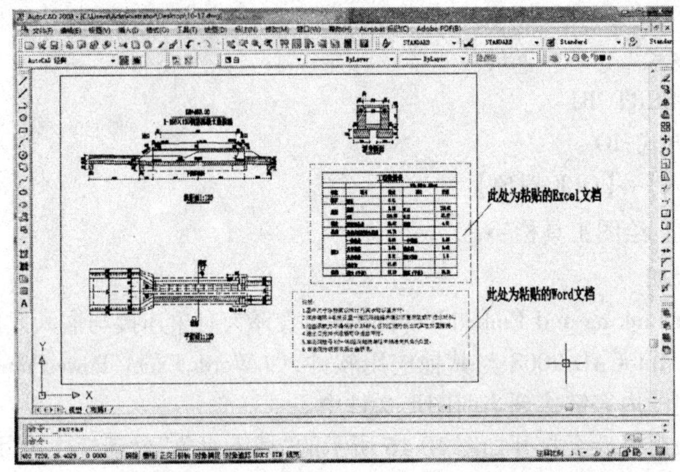

图 10-17　在 AutoCAD 图形中插入 OLE 对象示例

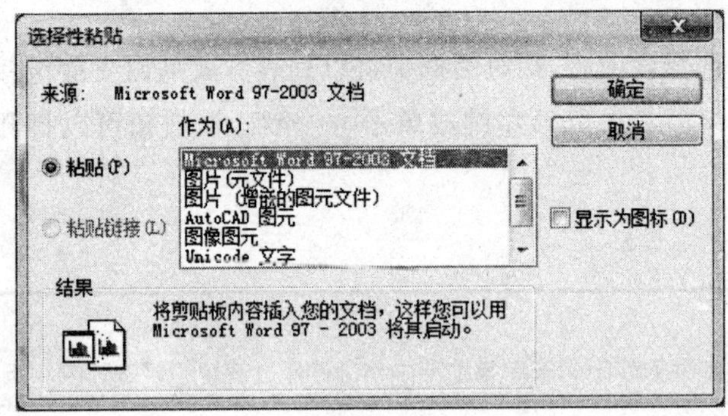

图 10-18　“选择性粘贴”对话框

二、将 CAD 图形添加到 Word 文档

Word 软件有出色的图文编排功能，可以把各种图形插入到所编辑的文档中，使所传递的信息更准确。但是，Word 本身绘制图形的能力有限，可绘制一些简单的图形，但不能绘制复杂图形，而 AutoCAD 则恰好可以弥补这些不足，用户不仅可以将 Word 创建的文档插入到 AutoCAD 图形中，也可以将 AutoCAD 中绘制的图形插入到 Word 文档中。这对于制作图文并茂的设计施工说明文件非常有用。

1. 命令调用方式

- 命令行：COPYCLIP
- 菜单：【编辑】→【复制】
- 键盘快捷键方式：【Ctrl】+【C】
- 工具栏按钮：标准工具栏→

2. 命令功能说明

- COPYCLIP 命令是将所有选定的对象复制到 Windows 剪贴板中。将内容复制到剪贴板中后，打开 Word 文档，使用 Word 菜单：编辑→粘贴或使用键盘快捷方式“【Ctrl】+【V】”，就可以将剪贴板中的内容插入到 Word 文档中，如图 10-19 所示。

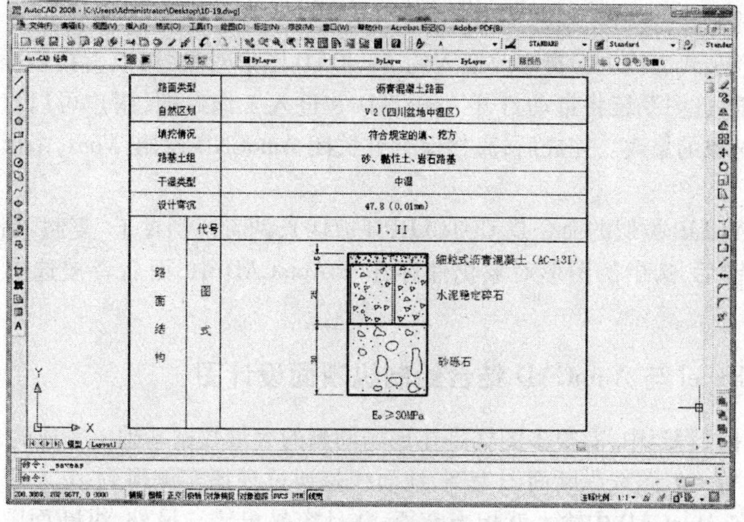

a)在AutoCAD中完成图样

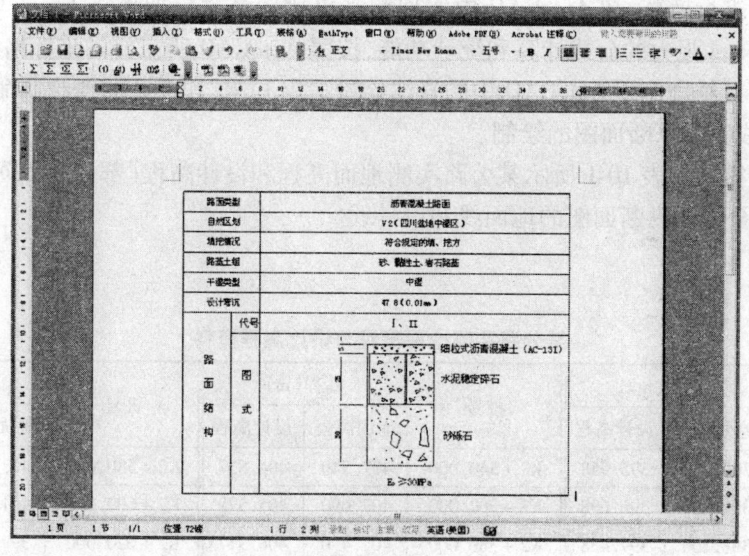

b)将图样复制到Word

图 10-19　AutoCAD 图形粘贴至 Word 示例

• 在 CAD 图形插入 Word 文档后，往往会出现大小不合适或空边过大，插入效果不理想等情况。此时可以利用 Word 提供的“图片”工具栏中的裁剪工具（参见图 10-20，但不同版本的 Word 应用软件使用时会有区别）对空边进行修整，再通过鼠标拖动角点来调整图形的大小。其余调整与在 Word 中插入图片相同。

图 10-20　Word 软件“图片”工具栏与“裁剪”工具

• AutoCAD 2008 绘图窗口的背景颜色对粘贴后效果没有任何影响，粘贴至 Word 文档后都会将背景色转换为白色，但对象颜色不会随着粘贴而改变，即在 AutoCAD 图形文件暗中中对象颜色采用的是什么颜色，粘贴到 Word 中仍然是什么颜色。

• 需要在 Word 文档中编辑修改插入的 AutoCAD 图形对象，可以直接在插入的图形对象上双击鼠标左键，此时系统将自动打开 AutoCAD 并进入工作界面，用户可以直接在 AutoCAD 中完成对图形对象的修改。完成后，直接保存并关闭 AutoCAD 返回 Word，图形对象的修改就完成了。

• 与 COPYCLIP 类似的命令是 CUTCLIIP（剪切），两者区别在于"复制"命令选择图形对象后按【Enter】键后，选中的图形对象仍然存在于 AutoCAD 中，而后者被选中的图形对象将消失。

三、使用 Excel 与 AutoCAD 结合绘制纵断面设计图

在公路设计过程当中，有很多图样是在现场勘测的大量数据基础上完成的，比如路线的平面图、纵断面图等。以路线纵断面图为例，地面线是通过现场实测得到，它与里程桩号一一对应，数据较多，在 AutoCAD 中输入就相当麻烦，并且容易出错。另外，纵断面图的横向与纵向比例不同，需要进行换算，在 AutoCAD 中实现起来也比较繁琐。如果将 Excel 与 AutoCAD 结合起来，利用 Excel 强大的公式计算和统计功能，按照 AutoCAD 所需要的坐标格式完成单位换算和坐标生成，再结合使用 AutoCAD 中的直线绘制命令 LINE 和样条曲线绘制命令 SPLINE 就可以很容易完成路线纵断面图的绘制。

例如，在获得了如表 10-1 所示某公路实测地面高程和设计高程（部分）后，可以通过 Excel 与 AutoCAD 结合绘制纵断面图的地面线和设计线。

【基本资料】

某公路实测地面高程与设计高程资料　　表 10-1

桩号	高程(m)		桩号	高程(m)		桩号	高程(m)	
	地面高程	设计高程		地面高程	设计高程		地面高程	设计高程
K2 +100.000	397.000	395.958	K2 +340.000	407.540	404.837	K2 +580.000	403.640	402.608
K2 +120.000	397.600	396.698	K2 +360.000	407.690	405.578	K2 +600.000	401.400	401.468
K2 +140.000	398.200	397.438	K2 +380.000	407.490	406.317	K2 +620.000	399.300	400.328
K2 +160.000	399.520	398.177	K2 +400.000	407.570	407.058	K2 +640.000	398.500	399.188
K2 +180.000	398.850	398.917	K2 +420.000	407.960	407.797	K2 +660.000	397.600	398.049
K2 +200.000	399.530	399.658	K2 +440.000	408.570	408.410	K2 +680.000	397.120	396.958
K2 +220.000	399.870	400.398	K2 +460.000	410.690	408.562	K2 +700.000	396.860	396.157
K2 +240.000	400.480	401.138	K2 +480.000	408.960	408.093	K2 +720.000	395.930	395.698
K2 +260.000	402.360	401.878	K2 +500.000	407.540	407.155	K2 +740.000	395.630	395.535
K2 +280.000	405.210	402.617	K2 +520.000	406.920	406.034	K2 +760.000	394.620	395.493
K2 +300.000	405.840	403.358	K2 +540.000	405.000	404.887	K2 +780.000	394.000	395.430
K2 +320.000	406.260	404.098	K2 +560.000	404.920	403.748	K2 +800.000	394.520	395.370

【操作步骤】

(1)首先将表 10-1 中的数据输入 Excel 表格中，如图 10-21 所示，其中"桩号"可以直接用

数字表示，如“K2 + 100”可以直接输入为“2100”。

	A	B	C	D
1	桩号	地面高程(m)	设计高程(m)	地面线XY
2	+2100	397.000	395.958	
3	+2120	397.600	396.698	
4	+2140	398.200	397.438	
5	+2160	399.520	398.177	
6	+2180	398.850	398.917	
7	+2200	399.530	399.658	
8	+2220	399.870	400.398	
9	+2240	400.480	401.138	
10	+2260	402.360	401.878	
11	+2280	405.210	402.617	
12	+2300	405.840	403.358	
13	+2320	406.260	404.098	
14	+2340	407.540	404.837	
15	+2360	407.690	405.578	
16	+2380	407.490	406.317	
17	+2400	407.570	407.058	
18	+2420	407.960	407.797	
19	+2440	408.570	408.410	
20	+2460	410.690	408.562	
21	+2480	408.960	408.093	

图 10-21　在 Excel 中输入数据

特别提示：

在 Excel 表格中输入数据时，所有数据都不能采用文本格式，否则，Excel 公式将无法使用。

(2)在 AutoCAD 中，直线和曲线对象均可以通过绝对坐标来进行绘制，现将里程桩号作为 *X* 坐标，地面高程和设计高程分别作为 *Y* 坐标，按照 Excel 中的坐标公式 X&“，”&Y，对数据行完成坐标转换。考虑到在通常情况下，路线纵断面图采用 A3 图幅绘制，且横向比例为 1∶2000，纵向比例为 1∶200，故在进行坐标转换时，同时对数据进行比例换算。选中 D2 栏，在上部公式栏中输入 = A2/2&“，”&B2/2 * 10，输入公式后按【Enter】键确认，则在 D2 栏中自动生成了绝对坐标，如图 10-22 所示。

SUM　=A2/2&","&B2/2*10

	A	B	C	D
1	桩号	地面高程(m)	设计高程(m)	地面线XY
2	+2100	397.000	395.958	=A2/2&","&B2/2*10
3	+2120	397.600	396.698	
4	+2140	398.200	397.438	
5	+2160	399.520	398.177	
6	+2180	398.850	398.917	
7	+2200	399.530	399.658	
8	+2220	399.870	400.398	
9	+2240	400.480	401.138	
10	+2260	402.360	401.878	
11	+2280	405.210	402.617	
12	+2300	405.840	403.358	
13	+2320	406.260	404.098	
14	+2340	407.540	404.837	
15	+2360	407.690	405.578	
16	+2380	407.490	406.317	
17	+2400	407.570	407.058	
18	+2420	407.960	407.797	
19	+2440	408.570	408.410	
20	+2460	410.690	408.562	
21	+2480	408.960	408.093	

图 10-22　编辑坐标计算公式

(3)选中 D2 栏,将光标放置在 D2 栏右下角,光标变成黑色十字标记,如图 10-23 所示。此时,按住鼠标左键并向下拖动十字标记,直至 D37 栏(最后一组数据)为止,如图 10-24 所示。在 D 列中将会自动生成 K2 +100 ~ K2 +800 的地面线绘制坐标。

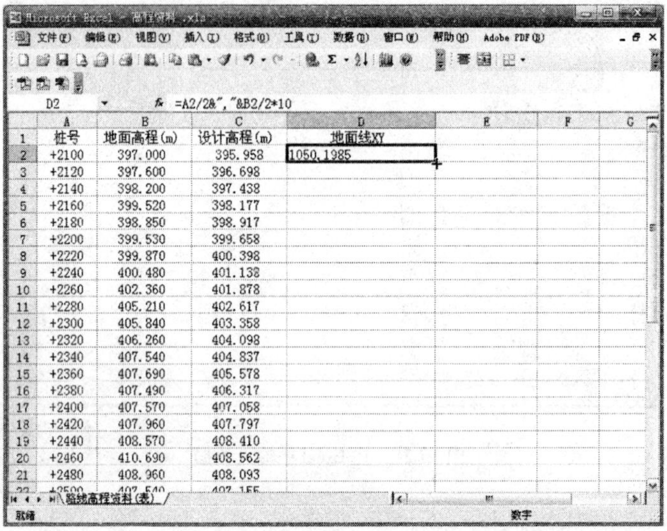

D2 =A2/2&","&B2/2*10

	A	B	C	D
1	桩号	地面高程(m)	设计高程(m)	地面线XY
2	+2100	397.000	395.958	1050,1985
3	+2120	397.600	396.698	
4	+2140	398.200	397.438	
5	+2160	399.520	398.177	
6	+2180	398.850	398.917	
7	+2200	399.530	399.658	
8	+2220	399.870	400.398	
9	+2240	400.480	401.138	
10	+2260	402.360	401.878	
11	+2280	405.210	402.617	
12	+2300	405.840	403.358	
13	+2320	406.260	404.098	
14	+2340	407.540	404.837	
15	+2360	407.690	405.578	
16	+2380	407.490	406.317	
17	+2400	407.570	407.058	
18	+2420	407.960	407.797	
19	+2440	408.570	408.410	
20	+2460	410.690	408.562	
21	+2480	408.960	408.093	

图 10-23 采用拖动方式计算各桩坐标

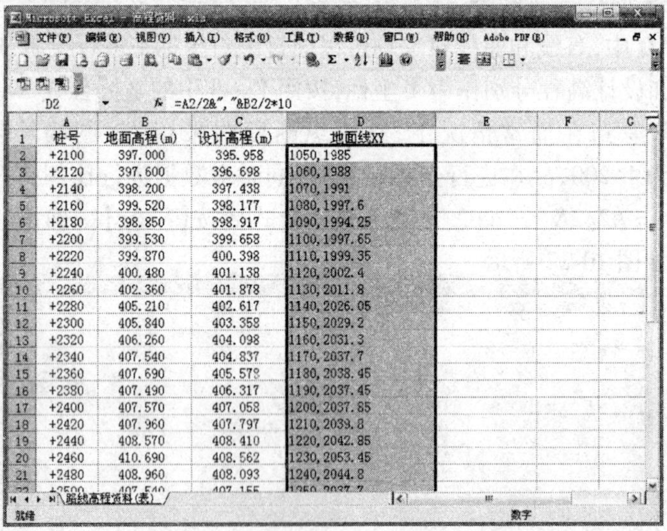

D2 =A2/2&","&B2/2*10

	A	B	C	D
1	桩号	地面高程(m)	设计高程(m)	地面线XY
2	+2100	397.000	395.958	1050,1985
3	+2120	397.600	396.698	1060,1988
4	+2140	398.200	397.438	1070,1991
5	+2160	399.520	398.177	1080,1997.6
6	+2180	398.850	398.917	1090,1994.25
7	+2200	399.530	399.658	1100,1997.65
8	+2220	399.870	400.398	1110,1999.35
9	+2240	400.480	401.138	1120,2002.4
10	+2260	402.360	401.878	1130,2011.8
11	+2280	405.210	402.617	1140,2026.05
12	+2300	405.840	403.358	1150,2029.2
13	+2320	406.260	404.098	1160,2031.3
14	+2340	407.540	404.837	1170,2037.7
15	+2360	407.690	405.578	1180,2038.45
16	+2380	407.490	406.317	1190,2037.45
17	+2400	407.570	407.058	1200,2037.85
18	+2420	407.960	407.797	1210,2039.8
19	+2440	408.570	408.410	1220,2042.85
20	+2460	410.690	408.562	1230,2053.45
21	+2480	408.960	408.093	1240,2044.8

图 10-24 坐标计算

(4)复制 D 列中生成的坐标值,回到 AutoCAD 中,建立"地面线"图层并将该图层作为当前工作图层。

(5)在命令提示行输入直线绘制命令 LINE 并回车,AutoCAD 2008 提示 "指定第一点:"。在命令提示行光标处,用【Ctrl】+【V】或单击鼠标右键快捷菜单中"粘贴"选项,将复制的坐标值粘贴到光标后,命令栏将自动将所有高程点坐标完成直线连接。在 AutoCAD 的命令提示行中的操作如下:

```
命令：line                                    ←输入命令，按【Enter】键
指定第一点：1050,1985                          ←在此处粘贴 Excel 表格复制数据
指定卜一点或[放弃(U)]:1060,1988
指定下一点或[放弃(U)]:1070,1991
指定下一点或[闭合(C)/放弃(U)]:1080,1997.6
指定下一点或[闭合(C)/放弃(U)]:1090,1994.25
指定下一点或[闭合(C)/放弃(U)]:1100,1997.65
指定下一点或[闭合(C)/放弃(U)]:1110,1999.35
指定下一点或[闭合(C)/放弃(U)]:1120,2002.4
指定下一点或[闭合(C)/放弃(U)]:1130,2011.8
指定下一点或[闭合(C)/放弃(U)]:1140,2026.05
指定下一点或[闭合(C)/放弃(U)]:1150,2029.2
指定下一点或[闭合(C)/放弃(U)]:1160,2031.3
指定下一点或[闭合(C)/放弃(U)]:1170,2037.7
指定下一点或[闭合(C)/放弃(U)]:1180,2038.45
指定下一点或[闭合(C)/放弃(U)]:1190,2037.45
指定下一点或[闭合(C)/放弃(U)]:1200,2037.85
指定下一点或[闭合(C)/放弃(U)]:1210,2039.8
指定下一点或[闭合(C)/放弃(U)]:1220,2042.85
指定下一点或[闭合(C)/放弃(U)]:1230,2053.45
指定下一点或[闭合(C)/放弃(U)]:1240,2044.8
指定下一点或[闭合(C)/放弃(U)]:1250,2037.7
指定下一点或[闭合(C)/放弃(U)]:1260,2034.6
指定下一点或[闭合(C)/放弃(U)]:1270,2025
指定下一点或[闭合(C)/放弃(U)]:1280,2024.6
指定下一点或[闭合(C)/放弃(U)]:1290,2018.2
指定下一点或[闭合(C)/放弃(U)]:1300,2007
指定下一点或[闭合(C)/放弃(U)]:1310,1996.5
指定下一点或[闭合(C)/放弃(U)]:1320,1992.5
指定下一点或[闭合(C)/放弃(U)]:1330,1988
指定下一点或[闭合(C)/放弃(U)]:1340,1985.6
指定下一点或[闭合(C)/放弃(U)]:1350,1984.3
指定下一点或[闭合(C)/放弃(U)]:1360,1979.65
指定下一点或[闭合(C)/放弃(U)]:1370,1978.15
指定下一点或[闭合(C)/放弃(U)]:1380,1973.1
指定下一点或[闭合(C)/放弃(U)]:1390,1970
指定下一点或[闭合(C)/放弃(U)]:1400,1972.6
                                              ←以上部分为粘贴 Excel 数据
指定下一点或[闭合(C)/放弃(U)]:                  ←按【Enter】键完成绘制
```

(6)使用视图缩放命令 ZOOM 并选择“全部”参数来观察绘制结果，结果如图 10-25 所示。

(7)在绘制完成的地面线附近绘制纵断面图的图框、坐标网格及各说明项。利用移动命令 MOVE 与对象捕捉相结合，将绘制完成的地面线移动到图框内的准确位置，结果如图 10-26 所示。

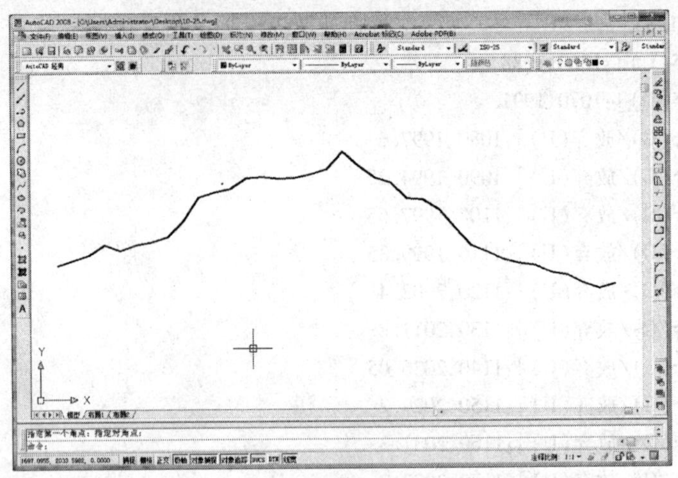

图 10-25　地面线绘制图

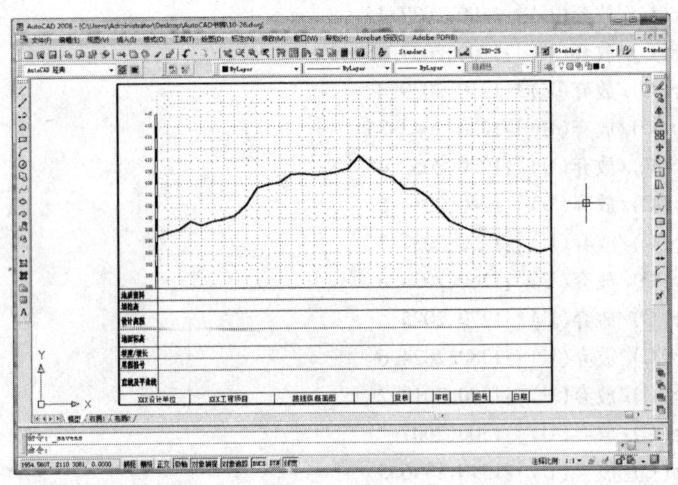

图 10-26　路线纵断面图(地面线部分)

项目小结

本项目主要内容总结如下:

◆ 利用 AutoCAD 的快速选择命令 QSELECT 和对象选择过滤器 FILTER 可以迅速准确地从大量图形对象中选中符合条件的图形对象。

◆ 对于创建完成的图形对象,可以使用相关命令获得其坐标、距离、面积、体积等准确信息。

◆ 用户可以使用 BLOCK 命令将经常使用的图形对象定义为块,需要时使用 INSERT 命令或者等分命令方便地插入块对象。

◆ AutoCAD 具有强大的交互使用功能,可以与 Word 文档、Excel 表格、PowerPoint 演示文件等多种应用软件实现图文的相互调用,另外,还可以使用 Excel 表格的函数功能快速完成特定图形对象的绘制。

实训

1. 完成图 10-27 所示半填半挖路基横断面绘制，并使用查询命令确定该断面的填挖高度和填挖面积。

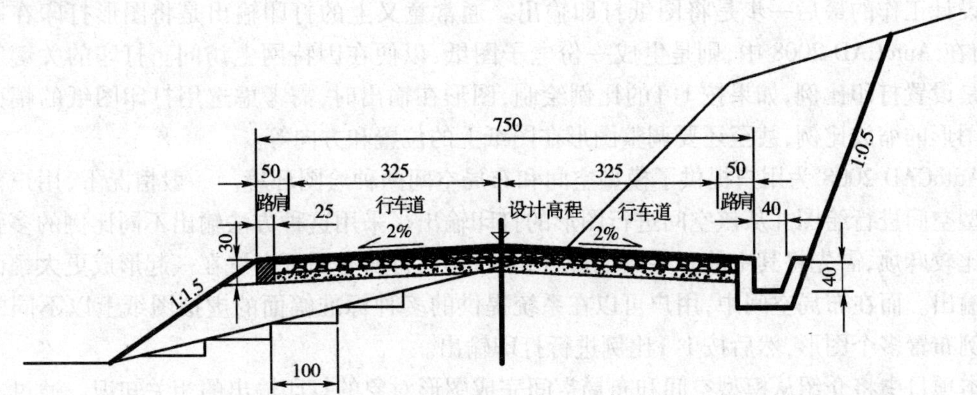

图 10-27　实训 1 图

2. 根据表 10-1 数据完成路线纵断面图绘制，包括设计线部分，如图 10-28 所示。

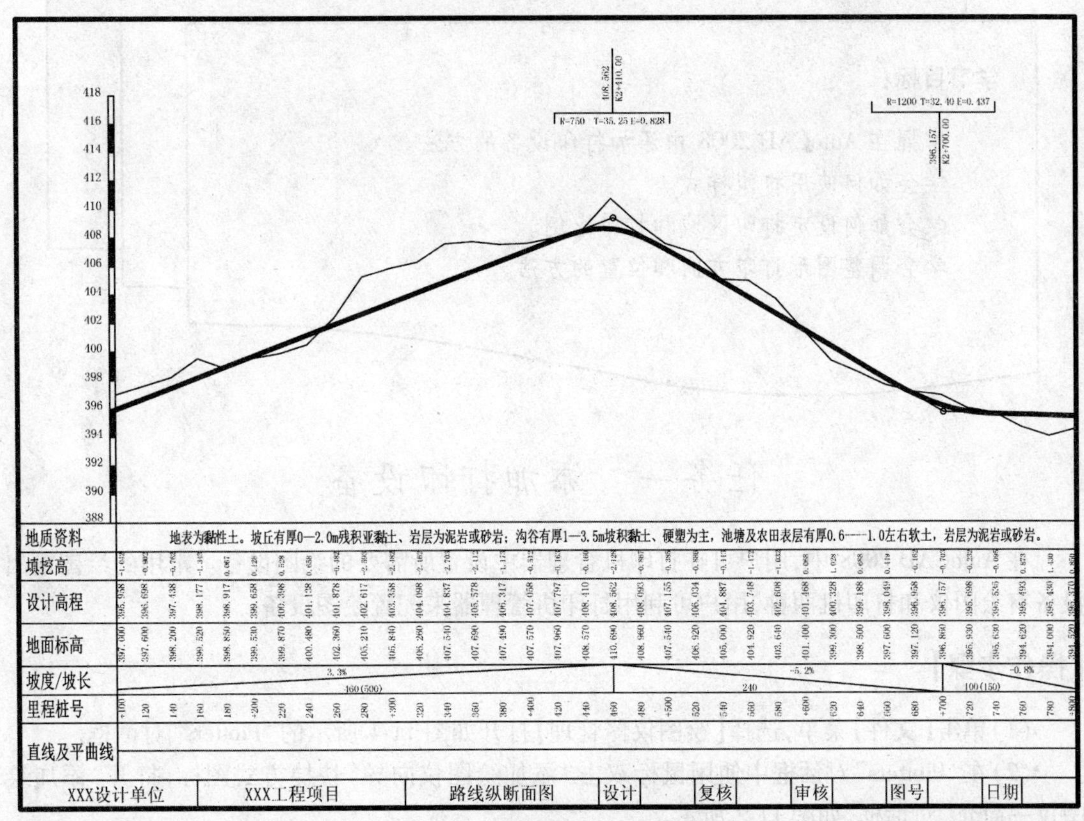

图 10-28　实训二图

项目十一　打印输出图纸

设计工作的最后一步是将图纸打印输出。通常意义上的打印输出是将图形打印在图纸上，而在 AutoCAD 2008 中，则是生成一份电子图纸，以便在因特网上访问。打印的关键问题之一是设置打印比例，如果按 1:1的比例绘制，图形在输出时，需考虑选用打印图纸的幅面大小及图形的缩放比例，甚至还要调整图形在图纸上的位置和方向等。

AutoCAD 2008 为用户提供了模型空间和布局空间两种绘图环境。一般情况下，用户都是在模型空间进行绘图并从该空间进行图形的打印输出。采用这种方法输出不同比例的多张图纸时比较麻烦，需先将其中的一些图纸进行缩放，然后将所有图纸布置在一起形成更大幅面的图纸输出。而在布局空间中，用户可以在系统提供的多种标准幅面的虚拟图纸上以不同的缩放比例布置多个图形，然后按 1:1比例进行打印输出。

本项目中将介绍从模型空间和布局空间完成图形对象的打印输出的相关知识。通过本项目的学习，可以掌握从模型空间打印图形的方法。

学习目标：

掌握在 AutoCAD 2008 中添加打印设备的方法。
学会如何使用打印样式。
学会如何设定打印区域和打印比例。
学会调整图形打印方向和位置的方法。

任务一　添加打印设备

在 AutoCAD 2008 中，用户可在打印机管理器中设置所需要的绘图设备。常用的绘图输出设备有绘图仪和打印机两种，用户可利用打印机管理器来配置绘图设备。

【操作步骤】

(1)单击【文件】菜单，选择【绘图仪器管理】打开如图 11-1 所示的“Plotters”对话框。

(2)在“Plotters”对话框中使用鼠标双击“添加绘图仪向导”快捷方式图标，打开“添加绘图仪—简介”对话框，如图 11-2 所示。

(3)单击 下一步(N) > 按钮，进入“添加绘图仪—开始”对话框，如图 11-3 所示。在对话框中选择“我的电脑”选项，单击 下一步(N) > 按钮，进入“添加绘图仪—绘图仪型号”对话框，如图

11-4 所示。

（4）在“添加绘图仪—绘图仪型号”对话框中选择生产商和型号，然后单击 下一步(N) > 按钮，进入“添加绘图仪—输入 PCP 或 PC2”对话框，如图 11-4 所示。

（5）在“添加绘图仪—输入 PCP 或 PC2”对话框中，用户可以单击 输入文件(I)... 按钮（图 11-5），在打开对话框中选择使用通过早期版本 AutoCAD 创建的 PCP 或 PC2 文件中的配置信息。

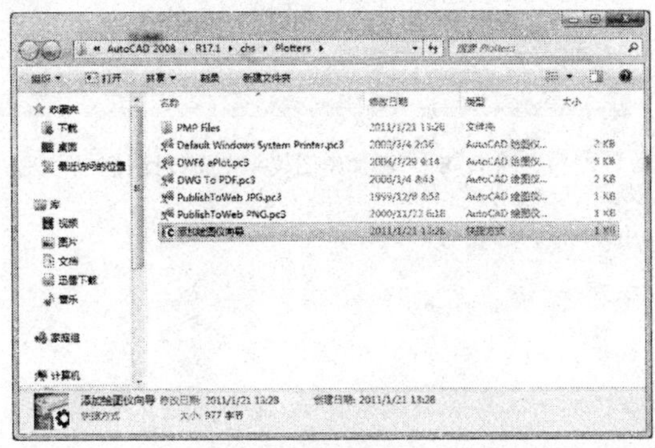

图 11-1 “Plotters”对话框

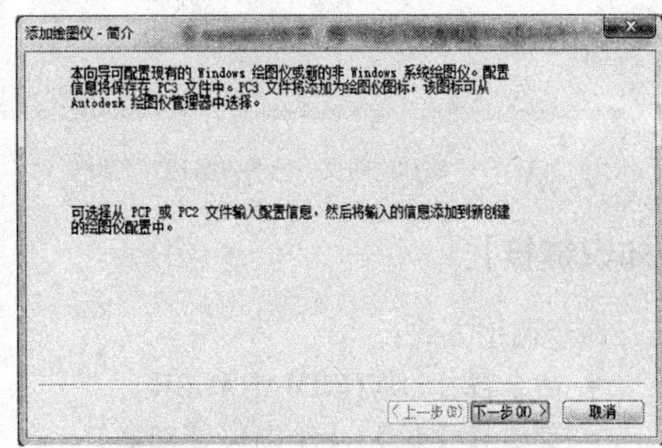

图 11-2 “添加绘图仪—简介”对话框

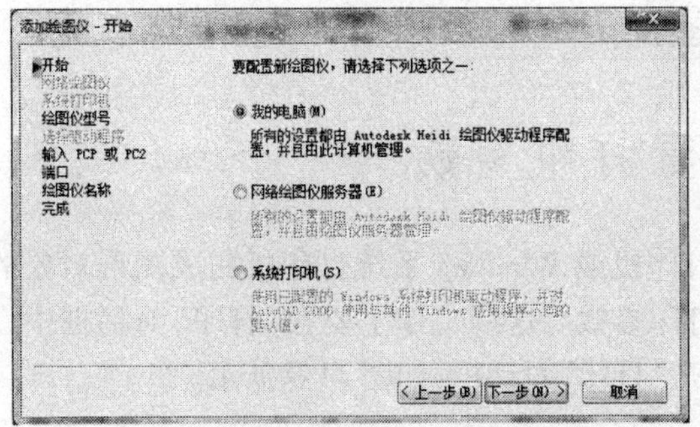

图 11-3 “添加绘图仪—开始”对话框

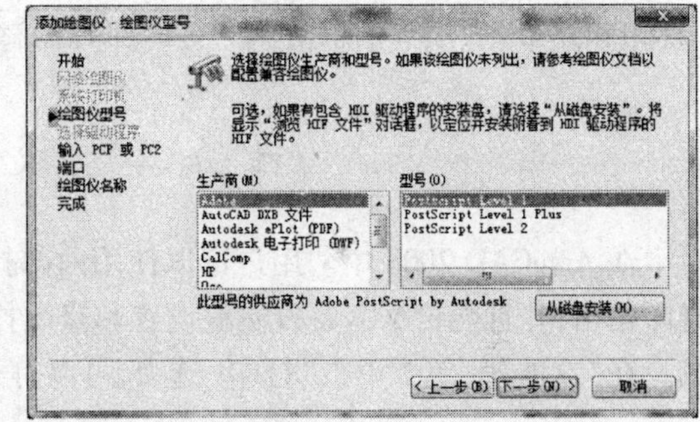

图 11-4 “添加绘图仪—绘图仪型号”对话框

（6）单击 下一步(N) > 按钮，进入“添加绘图仪—端口”对话框，如图 11-6 所示。在对话框中选择打印时使用的端口，然后单击 下一步(N) > 按钮进入“添加绘图仪—绘图仪名称”对话框，如图 11-7 所示。

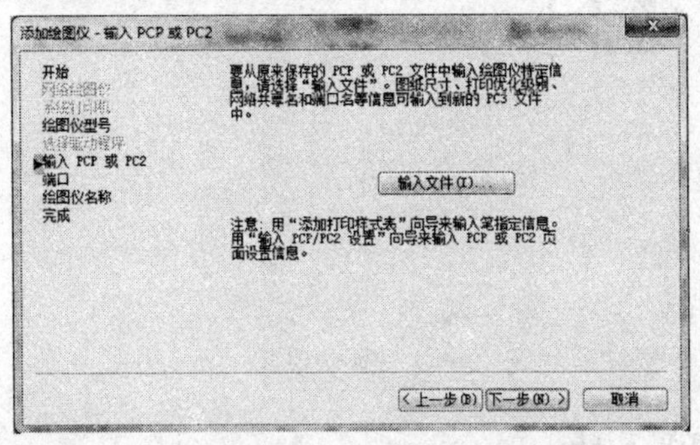

图 11-5 “添加绘图仪—输入 PCP 或 PC2”对话框

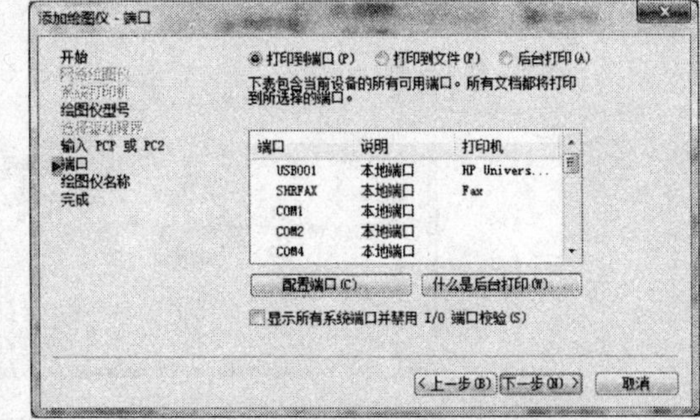

图 11-6 “添加绘图仪—端口”对话框

（7）在对话框的“绘图仪名称”文本框中输入一个名称，以标识当前配置的绘图仪。单击 下一步(N) > 按钮，进入“添加绘图仪—完成”对话框，如图 11-8 所示。单击 完成(F) 按钮，结束设置并退出添加绘图仪向导。

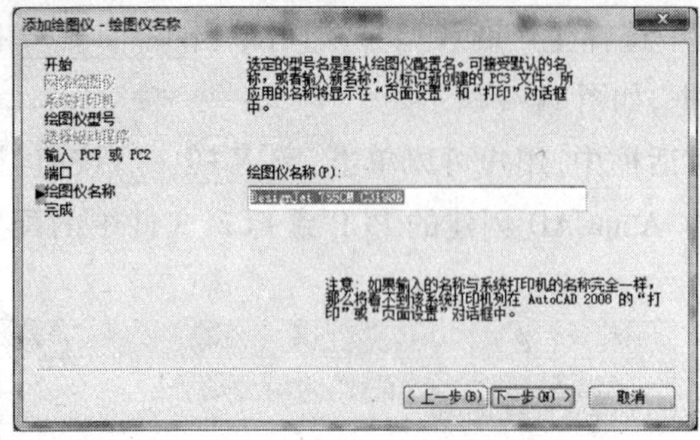

图 11-7　“添加绘图仪—绘图仪名称”对话框

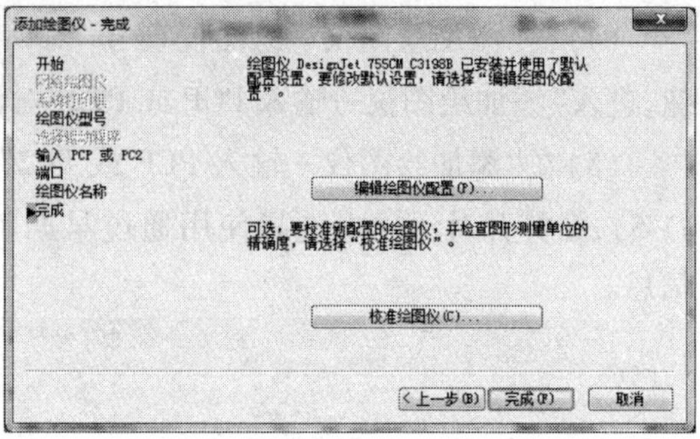

图 11-8　“添加绘图仪—完成”对话框

【知识链接】

命令调用方式：

- 命令行：PLOTTERMANAGER
- 菜单：【文件】→【绘图仪管理器】
- 其他：在绘图窗口单击鼠标右键，在快捷菜单中选择“选项…”，打开“选项”对话框，在“打印和发布”选项卡中单击 添加或配置绘图仪(P)... 按钮

任务二　设置打印参数

在 AutoCAD 2008 中。用户可以使用内部打印机或 Windows 系统打印机完成图形对象的打印输出，并且能根据需要方便地设置和修改打印参数。这些工作主要在“打印”对话框中完成。在“文件”菜单下单击“打印”选项，可以打开“打印”对话框，如图 11-9 所示。

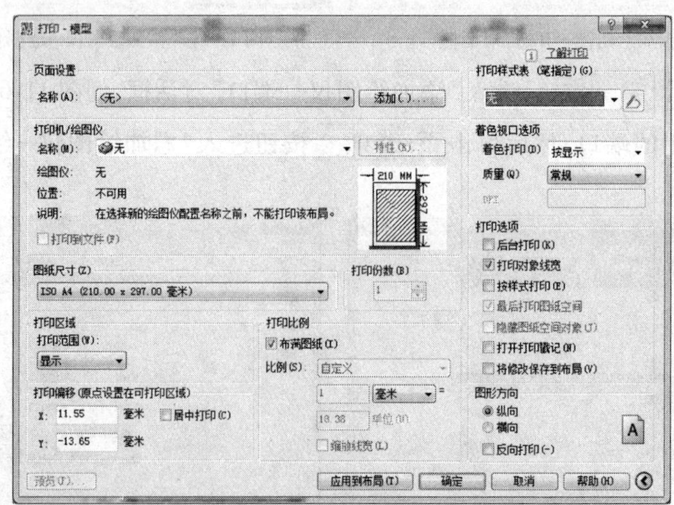

图 11-9　“打印”对话框

一、选择打印设备

在“打印”对话框的“打印机/绘图仪”设置区，打开“名称”下拉列表，可以选择 Windows

系统打印机或者 AutoCAD 2008 内部打印机作为图形对象的输出设备。一旦选定某种打印输出设备后，在“名称”下拉列表下面会显示设备的名称、连接端口信息以及其他有关该设备的注释信息。

特别提示：

AutoCAD 2008 的内部打印机在下拉列表中以“. pc3”文件形式显示。

如果只是想将图形对象输出到文件而非通过实体打印设备输出，可以在“打印机/绘图仪”设置区选中“打印到文件”选项。选中该项，单击 确定 按钮时会打开“浏览打印文件”对话框，用户可以通过此对话框设定输出文件的名称和路径。输出文件的后缀名为“. plt”。

如果要修改当前的打印机设置，可以单击“名称”下拉列表右侧的 特性(R)... 按钮，打开图 11-10 所示“绘图仪配置编辑器”对话框。在该对话框中可以重新设定打印机端口及其他输出设置，如打印介质、图形特性、自定义设置等。

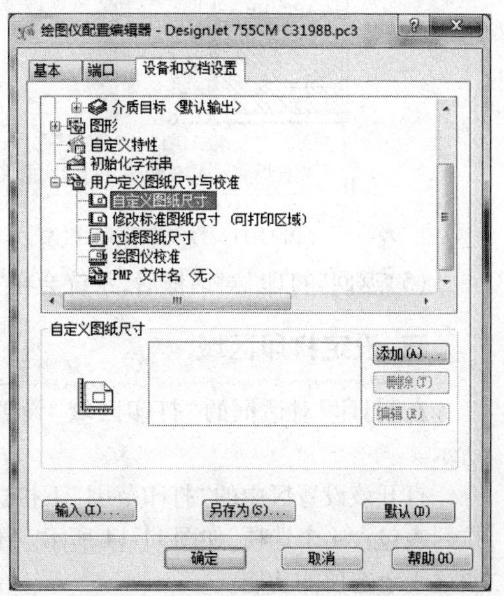

图 11-10 “绘图仪配置编辑器”对话框

“绘图仪配置编辑器”对话框中包含“基本”、“端口”、“设备和文档设置”3 个选项卡，其中，“基本”选项卡中包含打印设备配置文件（“. pc3”文件）的基本信息，如配置文件的名称、驱动程序的信息以及打印设备端口信息等。在“端口”选项卡中，用户可以修改打印输出设备与计算机的连接设置，如选定打印端口、指定打印到文件或者后台打印等。在“设备和文档设置”选项卡中，用户可以对图纸来源、尺寸和类型、打印颜色深度和打印分辨率等进行设置。

二、选择图纸幅面

在“打印”对话框的“图纸尺寸”设置区打开下拉列表，可以选择打印输出的图纸大小。“图纸尺寸”下拉列表中所包含的可用标准图幅会根据所选用的打印输出设备不同而发生变化。当选择某种幅面的图纸时，在“打印机/绘图仪”设置区的右下角会出现所选图纸及其实际打印范围的预览示意图，其中实际打印范围用阴影表示。将鼠标移动到预览图像上面，会弹出一个注释窗口（如图 11-11 所示），在窗口中将显示出精确的图纸尺寸和图纸上的可打印区域的尺寸。

除了可以在下拉列表中选择标准图幅的图纸外，用户还可以自定义图纸大小。

【操作步骤】

(1)在“打印”对话框的“打印机/绘图仪”设置区单击 特性(R)... 按钮，打开图 11-10所示“绘图仪配置编辑器”对话框。

(2)在对话框的“设备和文档设置”选项卡中选择“自定义图纸尺寸”选项，如图 11-10

所示。

(3)单击[添加(A)...]按钮,打开如图 11-12 所示的“自定义图纸尺寸”对话框。

(4)选中“创建新图纸”选项后,连续单击[下一步(N) >]按钮,并根据对话框中相应提示,可以设置自定义图纸的大小,可打区域的范围等。设置完成后单击[完成(F)]按钮,关闭对话框。

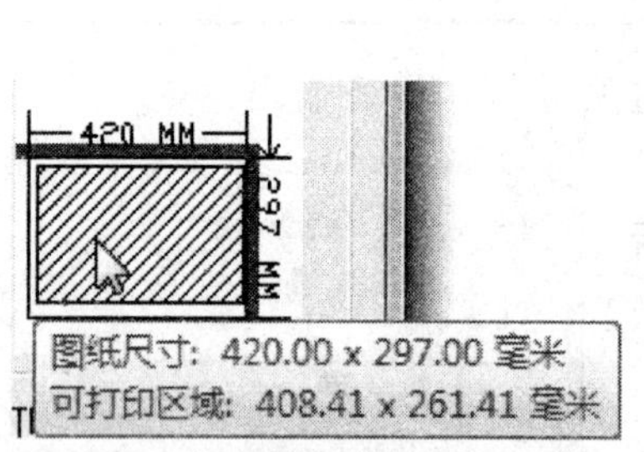

图 11-11　打印范围预览图像

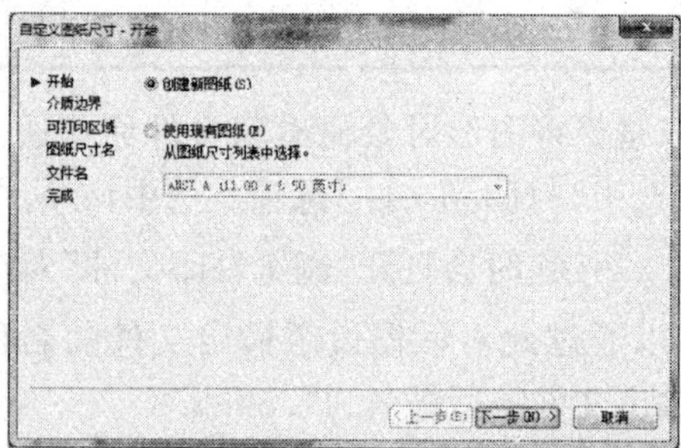

图 11-12　“自定义图纸尺寸”对话框

(5)返回“打印”对话框后,系统会在“图纸尺寸”下拉列表中显示自定义的图纸尺寸。

三、设定打印区域

在“打印”对话框的“打印区域”设置区,可以设置要打印输出的图形范围,如图 11-13 所示。

打开该设置区中的“打印范围”下拉选项列表,可以设置打印输出的范围。“打印范围”下拉列表包含 4 个选项,如图 11-14 所示。下面以图 11-15 所示图形对象的打印输出为例分别说明这 4 个选项的功能。

图 11-13　“打印区域”设置区

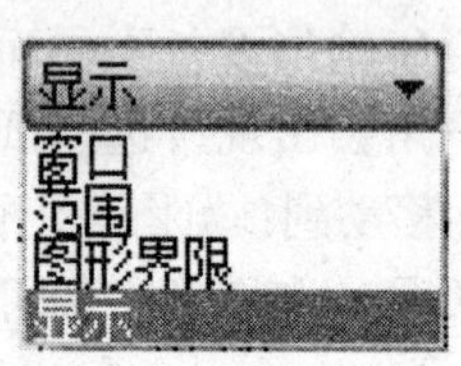

图 11-14　“打印范围”选项

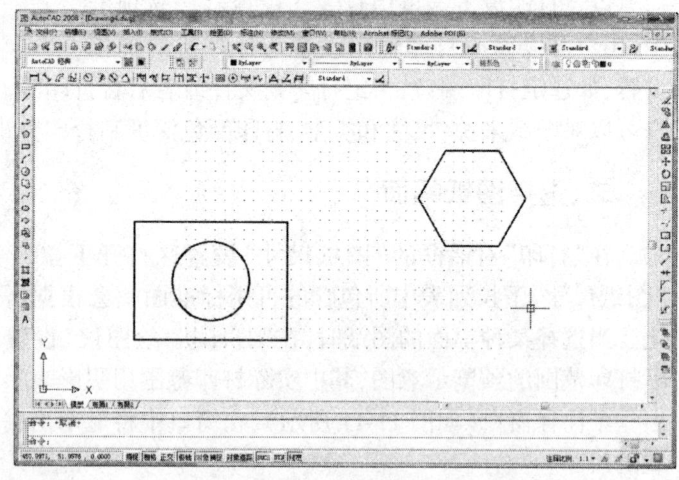

图 11-15　设定打印区域示例

- “显示”:选择该项,将打印整个绘图窗口中所包含的图形对象,如图 11-16 所示。
- “图形界限”:在模型空间打印时如果选择该项,AutoCAD 系统将把使用 LIMITS 命令设置的绘图界限范围内(图 11-15 所示栅格点范围内)的所有图形对象在图纸上打印输出,结果如图 11-17 所示。绘图界限范围之外的图形对象将不会打印输出。如果是在布局空间打印图形对象,则该项会被“布局”选项替代,选择“布局”选项,系统将打印虚拟图纸可打印区域内的所有内容。

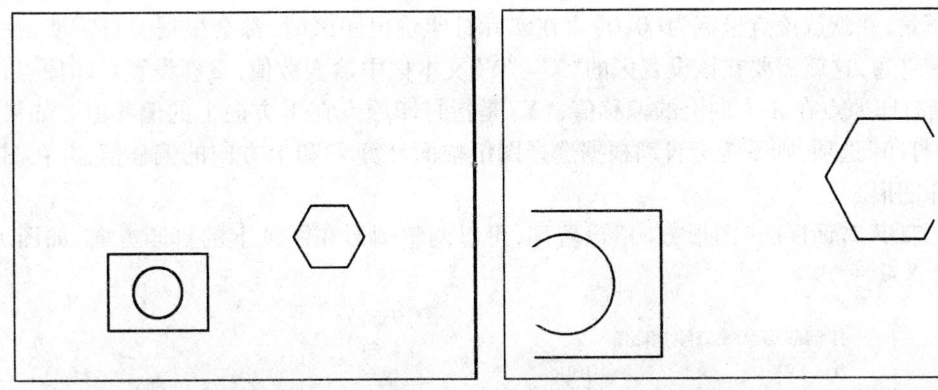

图 11-16　打印区域选择"显示"的输出效果　　　图 11-17　打印区域选择"图形界限"的输出效果

- "范围":选择该项,可以打印当前图形文件中的所有图形对象。AutoCAD 2008 会自动调整图形对象的大小,结果如图 11-18 所示。
- "窗口":选择该项后,用户可以自行设定打印区域。使用下拉选项列表选中该项后,系统会提示指定打印区域的两个角点,同时在对话框中显示 窗口(O)< 按钮,单击此按钮,可以重新设定打印区域。

四、设置打印比例

在"打印"对话框的"打印比例"设置区,可以设置图纸打印输出的比例,如图 11-19 所示。

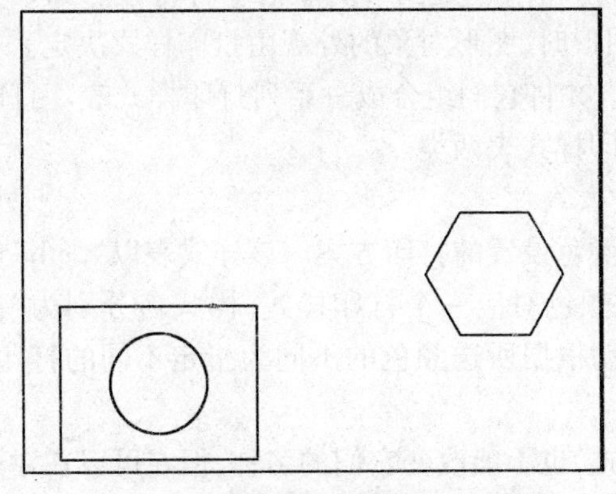

图 11-18　打印区域选择"范围"的输出效果

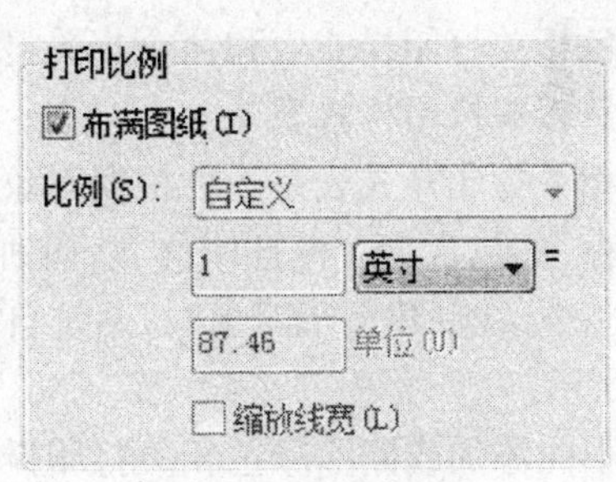

图 11-19　"打印比例"设置区

使用 AutoCAD 2008 绘图时,用户可以按 1:1的比例绘制图形对象,而在打印输出时需要根据图纸尺寸确定打印比例。从模型空间打印图形时,"打印比例"的默认选项是"布满图纸",此时,系统将根据选择的图纸幅面自动调整图形的打印比例,使其充满整个图纸。

取消"布满图纸"选择后,可以在"比例"下拉列表中选择 AutoCAD 预设的一些列标准比例值。此外,也可以在下拉列表下边的文本框中自行设置图纸尺寸单位与图形单位的比值,此时,"比例"下拉列表将显示"自定义"。

五、调整图形打印位置和打印方向

在"打印"对话框的"打印偏移"设置区,可以设置图形在图纸上的打印位置,如图 11-20 所示。

在默认情况下,AutoCAD 2008 将从图纸的左下角开始打印图形,即将打印原点设置在图纸的左下角,并默认该点坐标为(0,0)。在实际打印输出图纸时,都会根据装订需要,预留出一定的装订边,这就需要在该设置区的“X”、“Y”文本框中输入数值,重新设置打印原点,其中“X”是指打印原点在 X 方向上的偏移值,“Y”是指打印原点在 Y 方向上的偏移值。如果选择了“居中打印”选项,则系统会自动根据选择图纸幅面计算 X 和 Y 方向的偏移值,并在图纸正中间打印图形。

在“打印”对话框的“图形方向”设置区,可以调整图形在图纸上的打印方向,如图 11-21 所示。

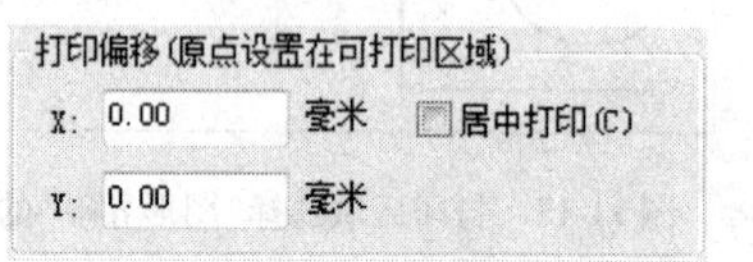

图 11-20 “打印偏移”设置区

图 11-21 “图形方向”设置区

该设置区包含“纵向”、“横向”两个单选框,一个“反向打印”复选框和一个图标。其中,选择“纵向”单选框表明图形是在竖直方向上打印,选择“横向”单选框表明图形是在水平方向上打印。如果要将图形旋转 180°后打印输出,则需要先选择“纵向”或“横向”,然后选择“反向打印”。图标用以表明图纸的放置方向,图标中的字母代表了图形在图纸上打印的方向。

六、使用打印样式

打印样式与颜色、线型、线宽等对象特性一样,也是图形对象的一种特性。如果为某个图形对象选定了一种打印样式,则打印输出图形时,图形对象的外观由打印样式决定。

AutoCAD 2008 提供了几百种打印样式,并将它们组合成一系列打印样式表。打印样式表有分为颜色相关打印样式表和命令相关打印样式表两类。

1. 颜色相关打印样式表

颜色相关打印样式表是一种根据对象颜色设置的打印方案。该样式表以“. ctb”作为文件扩展名保存,共包含 255 种打印样式,每种颜色对应一个打印样式,样式名分别为“颜色 1”、“颜色 2”……,在创建图形对象时,系统自动根据所选颜色的不同为指定不同的打印样式,如图 11-22 所示。

用户不能添加或删除颜色相关打印样式,也不能改变它们的名称,但在可以在对话框右侧的“特性”设置区对选中某个打印样式的打印输出颜色、线型、线宽等进行修改。修改完成后单击 保存并关闭 按钮将设置应用于图形文件的打印输出。

2. 命令相关打印样式表

命令相关打印样式表包括一系列已命名的,并以“. stb”作为文件扩展名的打印方案。如图 11-23 所示。这些打印样式与对象颜色无关,用户可以修改打印样式的设置及名称,还可以添加新的样式。与颜色相关打印样式相比,其优点在于:用户可以将其直接赋予指定的图形对象,而不必考虑其他属性。

选择图形对象的打印样式可以在命令窗口输入选项命令 OPTION,打开如图 11-24 所示的“选项”对话框,在其中的“打印和发布”选项卡中单击 打印样式表设置(S)... 按钮,打开“打印样式表设置”对话框,如图 11-25 所示。通过该对话框可以设置图形对象的默认打印样式。

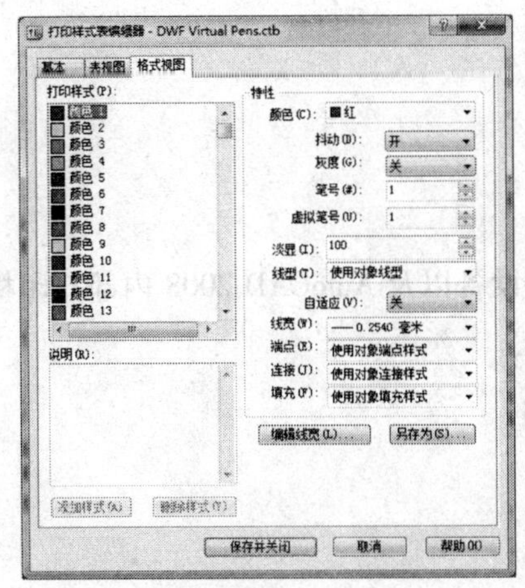

图 11-22　颜色相关打印样式表

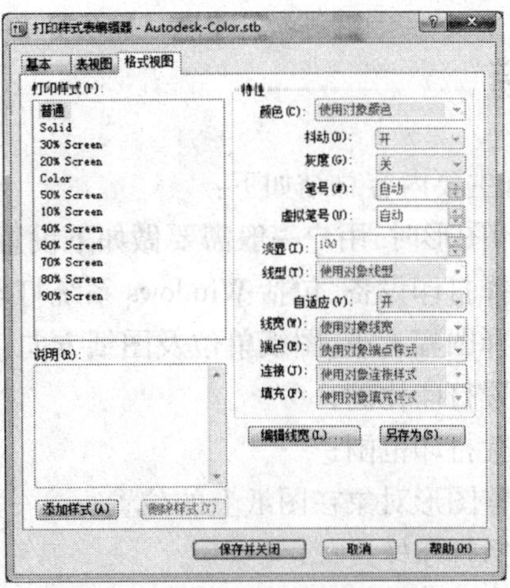

图 11-23　命令相关打印样式表

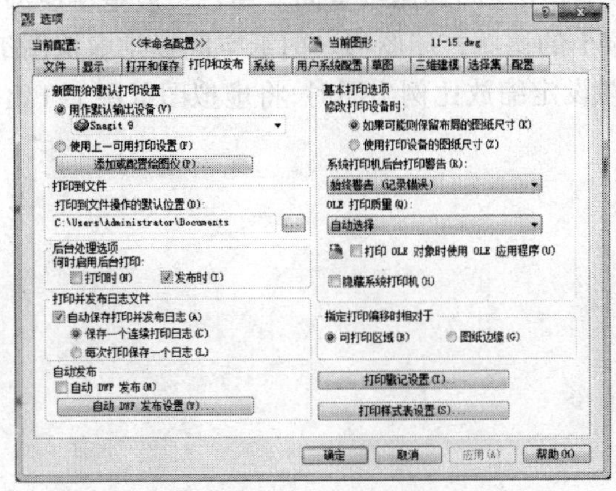

图 11-24　“选项”对话框“打印和发布”选项卡

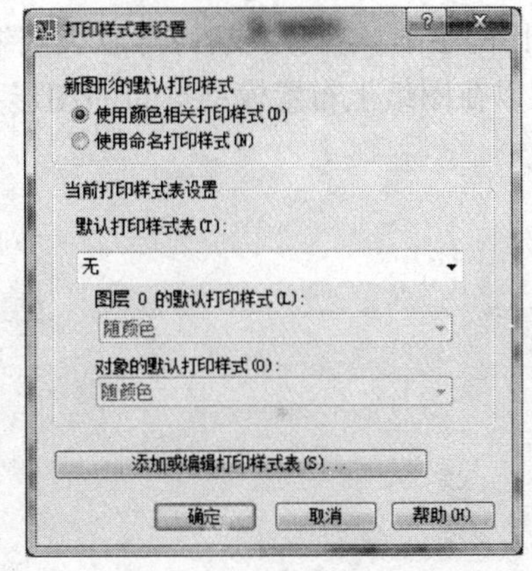

图 11-25　“打印样式表设置”对话框

另外，也可以在打印输出图形对象时，在“打印”对话框的“打印样式表（笔指定）”设置区通过下拉选项列表选择要使用的打印样式，如图 11-26 所示。选择列表中的“新建”选项，可以根据系统提示创建一个新的命令相关打印样式并添加至打印样式表中，也可以在选中某个样式后点击按钮对打印样式进行修改。

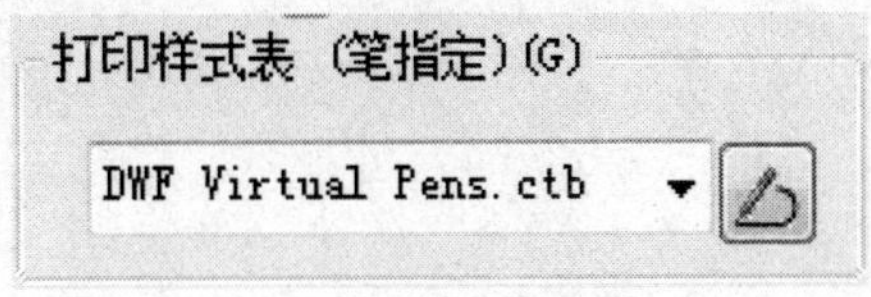

图 11-26　“打印样式表”设置区

七、预览打印效果

打印参数设置完成后，用户可通过打印预览观察图形的打印效果。如果不合适可重新调整，以免浪费图纸。

单击“打印”对话框下面的 预览(P)... 按钮，系统显示实际的打印效果。由于系统要重新生成图形，因此对于复杂图形的预览可能需要耗费较长的时间。

在完全预览时，光标将变成 形状。按住鼠标左键并拖动鼠标，可以对图形的预览效果进行实时缩放操作。观察完毕后，按【ESC】或【Enter】键可以返回“打印”对话框。

项目小结

本项目主要内容总结如下：

◆ 打印图形时，用户一般需要做如下设置：

(1)选择打印设备，包括 Windows 系统打印设备以及 AutoCAD 2008 内部打印机；

(2)选择图幅大小，图纸单位及图纸方向；

(3)设置打印比例；

(4)设置打印范围；

(5)调整图形对象在图纸上的位置；

(6)选择打印样式；

(7)预览打印效果；

(8)打印输出图纸。

◆ AutoCAD 2008 提供两种绘图环境：模型空间和图纸空间。用户一般是在模型空间中按 1∶1比例绘图，绘制完成后，再放大或缩小的比例打印图形。图纸空间提供虚拟图纸，设计人员可以在图纸上布置模型空间的图形并设定缩放比例出图时，将虚拟图纸用 1∶1比例打印出来。

附　录

AutoCAD 2008 命令与快捷键对照表　　附表 1

快　捷　键	执 行 命 令	命 令 说 明
A	ARC	绘制圆弧
ADC	ADCENTER	AutoCAD 设计中心
AA	AREA	面积查询
AR	ARRAY	阵列
-AR	- ARRAY	命令式阵列
AV	DSVIEWER	鸟瞰视图
B	BLOCK	创建块
-B	-BLOCK	命令式创建块
BH	BHATCH	绘制填充图案
BC	BCLOSE	关闭块编辑器
BE	BEDIT	块编辑器
BO	BOUNDARY	创建封闭边界
-BO	-BOUNDARY	命令式创建封闭边界
BR	BREAK	打断
BS	BSAVE	保存块编辑
C	CIRCLE	绘制圆
CH	PROPERTIES	修改对象特性
CHA	CHAMFER	倒角
CHK	CHECKSTANDARD	检查图形 CAD 关联标准
CLI	COMMANDLINE	调入命令行
CO 或 CP	COPY	复制
COL	COLOR	对话框式颜色设置
D	DIMSTYLE	标注样式设置
DAL	DIMALIGNED	对齐式标注
DAN	DIMANGULAR	角度标注
DBA	DIMBASELINE	基线式标注
DCE	DIMCENTER	圆心标记
DCO	DIMCONTINUE	连续式标注
DDA	DIMDISASSOCIATE	解除关联的标注
DDI	DIMDIAMETER	直径标注
DED	DIMEDIT	编辑标注
DI	DIST	求两点间的距离
DIV	DIVIDE	定数等分

续上表

快 捷 键	执 行 命 令	命 令 说 明
DLI	DIMLINEAR	线性标注
DO	DONUT	绘制圆环
DOR	DIMORDINATE	坐标式标注
DOV	DIMOVERRIDE	更新标注变量
DR	DRAWORDER	显示顺序
DRA	DIMRADIUS	半径标注
DRE	DIMREASSOCIATE	重新关联的标注
DS	DSETTINGS	草图设置
DT	TEXT	单行文字
E	ERASE	删除对象
ED	DDEDIT	编辑单行文字
EL	ELLIPSE	椭圆
EX	EXTEND	延伸
EXP	EXPORT	输出数据
F	FILLET	圆角
FI	FILTER	过滤器
G	GROUP	对象编组
– G	– GROUP	命令式对象编组
GD	GRADIENT	渐变色
GR	DDGRIPS	夹点控制设置
H	BHATCH	图案填充
– H	– HATCH	命令式图案填充
HE	HATCHEDIT	编辑图案填充
I	INSERT	插入块
– I	– INSERT	命令式插入块
IAD	IMAGEADJUST	图像调整
IAT	IMAGEATTACH	插入光栅图像
ICL	IMAGECLIP	图像剪裁
IM	IMAGE	图像管理器
– IM	– IMAGE	图像管理器
J	JOIN	合并
L	LINE	绘制直线
LA	LAYER	图层特性管理器
– LA	– LAYER	命令式图层管理
LE	LEADER	快速引线
LEN	LENGETHEN	调整长度
LI	LIST	查询对象数据
LO	– LAYOUT	布局设置

续上表

快 捷 键	执行命令	命令说明
LS	LIST	查询对象数据
LT	LINETYPE	线型管理器
-LT	-LINETYPE	命令式线型加载
LTS	LTSCALE	线型比例设置
LW	LWEIGHT	线宽设置
M	MOVE	移动对象
MA	MATCHPROP	特性匹配
ME	MEASURE	定距等分
MI	MIRROR	镜像对象
ML	MLINE	绘制多线
MO	PROPERTIES	对象特性修改
MS	MSPACE	切换至模型空间
MT	MTEXT	多行文字
MV	MVIEW	浮动视口
O	OFFSET	偏移复制
OP	OPTIONS	选项
OS	OSNAP	对象捕捉设置
-OS	-OSNAP	命令式对象捕捉设置
P	PAN	实时平移
-P	-PAN	两点式平移控制
PA	PASTESPEC	选择性粘贴
PE	PEDIT	编辑多段线
PL	PLINE	绘制多段线
PO	POINT	绘制点
POL	POLYGON	绘制正多边形
PR	PROPERTIES	对象特性
PRE	PREVIEW	输出预览
PRINT	PLOT	打印
PS	PSPACE	图纸空间
PU	PURGE	清理无用的对象
-PU	-PURGE	命令式清理
QC	QUICKCALE	快速计算器
R	REDRAW	重画
RA	REDRAWALL	所有视图重画
RE	REGEN	重生成
REA	REGENALL	所有视口重生成
REC	RECTANGEL	绘制矩形
REG	REGION	创建面域

续上表

快 捷 键	执 行 命 令	命 令 说 明
REN	RENAME	重命名
- REN	- RENAME	命令式重命名
RO	ROTATE	旋转
S	STRETCH	拉伸
SC	SCALE	比例缩放
SE	DSETTING	草图设置
SET	SETVAR	设置变量值
SN	SNAP	捕捉控制
SO	SOLID	填实的三角形或四边形
SP	SPELL	拼写
SPE	SPLINEDIT	编辑样条曲线
SPL	SPLINE	样条曲线
ST	STYLE	文字样式
STA	STANDARDS	规划 CAD 标准
T	MTEXT	多行文字输入
- T	- MTEXT	命令式多行文字输入
TA	TABLET	数字化仪规划
TB	TABLE	插入表格
TI	TILEMODE	图纸空间和模型空间的设置切换
TO	TOOLBAR	工具栏设置
TOL	TOLERANCE	形位公式
TR	TRIM	修剪
TS	TABLESTYLE	表格样式
UC	UCUMAN	UCS 管理器
UN	UNITS	单位设置
- UN	- UNITS	命令式单位设置
V	VIEW	视图
- V	- VIEW	视图控制
W	WBLOCK	写块
- W	- WBLOCK	命令式写块
X	EXPLODE	分解
XA	XATTACH	附着外部参照
XB	XBIND	绑定外部参照
- XB	- XBIND	文字式绑定外部参照
XC	XCLIP	剪裁外部参照
XL	XLINE	构造线
XR	XREF	外部参照管理器
- XR	- XREF	命令式外部参照管理器
Z	ZOOM	缩放视口

主要键盘快捷键功能对照表 附表2

快 捷 键	功 能 说 明
【ESC】	取消命令执行
【F1】	帮助
【F2】	图形/文本窗口切换
【F3】	打开/关闭对象捕捉
【F4】	打开/关闭数字化仪
【F5】	等轴测平面切换
【F6】	打开/关闭坐标显示
【F7】	打开/关闭栅格显示
【F8】	打开/关闭正交模式
【F9】	打开/关闭栅格捕捉
【F10】	打开/关闭极轴追踪
【F11】	打开/关闭对象捕捉追踪
【F12】	打开/关闭动态输入
【Ctrl】+1	打开/关闭对象特性窗口
【Ctrl】+2	打开关闭 AutoCAD 设计中心
【Ctrl】+3	打开/关闭工具选项板窗口
【Ctrl】+4	打开/关闭图纸集管理器
【Ctrl】+5	打开/关闭信息选项板窗口
【Ctrl】+6	打开/关闭数据库连接
【Ctrl】+7	打开/关闭标记集管理器
【Ctrl】+8	打开/关闭快速计算器
【Ctrl】+9	打开/关闭命令行
【Ctrl】+A	选择全部对象
【Ctrl】+B	打开/关闭捕捉模式,功能同【F9】
【Ctrl】+C	将选中对象复制到剪贴板
【Ctrl】+D	打开/关闭坐标显示,功能同【F6】
【Ctrl】+E	等轴测平面切换,功能同【F5】
【Ctrl】+F	打开/关闭对象捕捉,功能同【F3】
【Ctrl】+G	打开/关闭栅格显示,功能同【F7】
【Ctrl】+L	打开/关闭正交模式,功能同【F8】
【Ctrl】+N	新建文件,功能同命令 NEW
【Ctrl】+O	打开文件,功能同命令 OPEN
【Ctrl】+P	打印输出
【Ctrl】+Q	退出 AutoCAD
【Ctrl】+S	快速保存图形文件
【Ctrl】+U	打开/关闭极轴追踪,功能同【F10】
【Ctrl】+V	从剪贴板粘贴

续上表

快 捷 键	功能说明
【Ctrl】+W	打开/关闭对象捕捉追踪,功能同【F11】
【Ctrl】+X	将选中对象剪切到剪贴板
【Ctrl】+Y	恢复上一次取消的操作,功能同命令 REDO
【Ctrl】+Z	取消上一次的命令操作,功能同命令 UNDO
【Ctrl】+【Shift】+C	带基点复制
【Ctrl】+【Shift】+S	另存为
【Ctrl】+【Shift】+V	粘贴为块
【Alt】+F	打开“文件”菜单
【Alt】+E	打开“编辑”菜单
【Alt】+V	打开“视图”菜单
【Alt】+I	打开“插入”菜单
【Alt】+O	打开“格式”菜单
【Alt】+T	打开“工具”菜单
【Alt】+D	打开“绘图”菜单
【Alt】+N	打开“标注”菜单
【Alt】+M	打开“修改”菜单
【Alt】+W	打开“窗口”菜单
【Alt】+H	打开“帮助”菜单

参考文献

[1] 国家质量技术监督局. CAD 工程制图规则(GB/T 18229—2000)[S]. 北京:中国标准出版社,2000.

[2] 国家技术监督局,中华人民共和国建设部. 道路工程制图标准(GB 50162—92)[S]. 北京:中国计划出版社,1992.

[3] 张立明,韩清丽,王晓峰. AutoCAD 2006 道桥制图[M]. 北京:人民交通出版社,2006.

[4] 阮志刚. AutoCAD 公路工程制图[M]. 成都:西南交通大学出版社,2008.

[5] 李磊,李雪. 中文版 AutoCAD 2006 三维图形设计[M]. 北京:清华大学出版社,2006.

[6] 任爱珠,张建平. 土木工程 CAD 技术[M]. 北京:清华大学出版社,2006.

[7] 刘松雪,樊琳娟. 道路工程制图[M]. 北京:人民交通出版社,2002.

[8] 姜勇,刘义军,李善峰. 计算机辅助设计——AutoCAD 2008 中文版基础教程. 北京:人民邮电出版社,2008.

[9] 管文华,梁旭坤. AutoCAD 2008 中文版案例教程[M]. 长沙:中南大学出版社,2009.

[10] 王素英. AutoCAD 实训教程[M]. 北京:北京航空航天大学出版社,2008.

[11] 赵云华. 道路工程识图[M]. 北京:机械工业出版社,2008.

参考文献

[1] [illegible]

[2] [illegible]

[3] [illegible]

[4] [illegible]

[5] [illegible]

[6] [illegible]

[7] [illegible]

[8] [illegible]

[9] [illegible]

[10] [illegible]

[11] [illegible]